Thomas Metzinger
Der Ego-Tunnel

PIPER

Zu diesem Buch

Unser »Selbst« existiert gar nicht. Das bewusst erlebte Ich wird lediglich von unserem Gehirn erzeugt, und was wir wahrnehmen, ist nichts als »ein virtuelles Selbst in einer virtuellen Realität«. Dies beweisen, so der Philosoph und Bewusstseinsforscher Thomas Metzinger, die Erkenntnisse der aktuellen Forschung. Aber was bedeutet das für unser Menschenbild? Was sind die technologischen und kulturellen Konsequenzen? Brauchen wir neben der Neuroethik auch eine Bewusstseinsethik? In einer Zeit, in der Hirnforschung, Kognitionswissenschaften und Neuroethik so kontrovers diskutiert werden wie einst die Evolutionstheorie, eröffnet *Der Ego-Tunnel* einen ebenso faszinierenden wie fundierten Zugang zur geheimnisvollen Welt des menschlichen Geistes.

Thomas Metzinger, geboren 1958 in Frankfurt am Main, leitet den Arbeitsbereich Theoretische Philosophie und die Forschungsstelle Neuroethik an der Universität Mainz sowie die *MIND-Group* am *Frankfurt Institute for Advanced Studies.* Er war Präsident der *Association for the Scientific Study of Consciousness* und der deutschen Gesellschaft für Kognitionswissenschaft und gilt weltweit als einer der profiliertesten Philosophen des Geistes. *Der Ego-Tunnel* ist sein erstes Buch für ein breites Publikum.

Thomas Metzinger

DER EGO TUNNEL

Eine neue Philosophie des Selbst:
Von der Hirnforschung zur Bewusstseinsethik

Aus dem Englischen von Thomas Metzinger
und Thorsten Schmidt

PIPER

Mehr über unsere Autorinnen, Autoren und Bücher:
www.piper.de

Von Thomas Metzinger liegen im Piper Verlag vor:
Der Elefant und die Blinden
Bewusstseinskultur
Der Ego-Tunnel

Unser Versprechen für mehr Nachhaltigkeit
- Klimaneutrales Produkt
- FSC®-zertifiziertes Papier
- Hergestellt in Europa

FSC www.fsc.org MIX Papier | Fördert gute Waldnutzung FSC® C021394

Ungekürzte Taschenbuchausgabe
ISBN 978-3-492-30533-4
Piper Verlag GmbH, München
1. Auflage Februar 2014
9. Auflage November 2024

Titel der amerikanischen Originalausgabe: »The Ego Tunnel. The Science of the Mind and the Myth of the Self«, Basic Books, New York

Umschlaggestaltung: Rothfos & Gabler, Hamburg,
unter Verwendung des Designs der amerikanischen Ausgabe von
© Henry Sene Yee
Gesetzt aus der Minion Pro
Gedruckt von ScandBook in Litauen
Printed in the EU

Für Anja und meine Familie

Jede Theorie, die einen Fortschritt darstellt, wird *anfänglich* kontraintuitiv sein müssen.

DANIEL C. DENNETT, *The Intentional Stance* (1978)

Er [Ludwig Wittgenstein] begrüßte mich einmal mit der Frage: »Weshalb sagen die Leute, es wäre ganz natürlich, zu denken, dass die Sonne die Erde umläuft, statt dass sich die Erde um ihre eigene Achse dreht?« Ich antwortete: »Ich vermute, weil es so aussieht, als würde sich die Sonne um die Erde bewegen.« »Nun«, fragte er, »wie hätte es denn ausgesehen, wenn es so *ausgesehen* hätte, als würde sich die Erde um ihre Achse drehen?«

ELIZABETH ANSCOMBE, *An Introduction to Wittgenstein's Tractatus* (1959)

INHALTSVERZEICHNIS

DANKSAGUNG

Dieses Buch wurde nicht für Philosophieprofessoren oder Hirnforscher geschrieben. Ganz im Gegenteil: Es ist mein erster Versuch, der breiteren Öffentlichkeit eine erste Einführung in all jene Fragestellungen anzubieten, die aus meiner Perspektive heute die wirklich *wichtigen* Probleme für die Bewusstseinsforschung sind. Was nun folgt, ist in vielerlei Hinsicht ein Experiment: Die Auswahl der relevanten philosophischen Probleme und der neuen empirischen Erkenntnisse ist ausschließlich meine eigene – und natürlich hoffnungslos unvollständig und notwendigerweise oberflächlich. Dennoch hoffe ich, dass dieses Buch dem interessierten Laien eine realistische Vorstellung vom neuen Bild des bewussten menschlichen Geistes vermitteln wird. Das gilt insbesondere für das Ichgefühl und die Theorie des Selbstbewusstseins, die gegenwärtig im Entstehen begriffen ist – und hoffentlich auch für die damit verbundenen ethischen Herausforderungen, denen wir alle in der Zukunft werden ins Angesicht schauen müssen.

Von den vielen Personen, die mich bei diesem Projekt unterstützt haben, möchte ich an allererster Stelle Jennifer Windt danken, die mich in zahllosen Stunden bei der Erstellung des englischen Originaltexts unterstützt hat. Ich habe viel von ihr gelernt und bin ihr zu großem Dank verpflichtet. Ich habe dieses Buch zuerst auf Englisch geschrieben. Es ist dann stark gekürzt und für ein amerikanisches Publikum überarbeitet worden. In dieser für mich oft sehr schmerzhaften Phase habe ich in Sara Lippincott eine kompetente, mitfühlende und professionelle Lektorin gefunden. Auch ihr bin ich ganz besonders dankbar.

Bei der Rückübersetzung des englischen Buchs ins Deutsche haben mich Thorsten Schmidt, Ludger Ikas vom Berlin Verlag, meine

Frau Anja Krug-Metzinger sowie Sophia Pick und Nina Kitsos vom Wissenschaftskolleg zu Berlin auf großartige Weise unterstützt.

Von den vielen Kollegen, die mir bei Detailproblemen geholfen haben, danke ich insbesondere Susan Blackmore, Olaf Blanke, Peter Brugger, Holk Cruse, Daniel Dennett, Vittorio Gallese, Allan Hobson, Ruedi Imbach, Andreas Keller, Victor Lamme, Bigna Lenggenhager, Antoine Lutz, Angelo Maravita, Ulrich Ott, Martin Sauerland, Wolf Singer, Tej Tadi, Giulio Tononi, Kai Vogeley, Henrik Walter, Sarah Weigelt und Wanja Wiese. Entscheidend unterstützt wurde mein erstes Experiment auf dem Feld, das auf Englisch *Public Understanding of Science* heißt (und für das es vielleicht nicht ganz ohne Grund noch kein gutes deutsches Wort gibt), aber auch durch die schweizerische COGITO-Stiftung, das durch die EU geförderte DISCOS-Projekt (»*Disorders and Coherence of the Embodied Self*«, ein Forschungsverbund im Rahmen des Marie Curie Research Training Networks) und ein Fellowship am Wissenschaftskolleg zu Berlin. Ohne die Hilfe dieser Institutionen hätte es nicht durchgeführt werden können.

Thomas Metzinger
Berlin, Juli 2009

VORWORT ZUR ERWEITERTEN NEUAUFLAGE

Seit dem Erscheinen der deutschsprachigen Ausgabe meines Buchs *Der Ego Tunnel* im Jahr 2009 hat es sechs unveränderte Neuauflagen gegeben und ich freue mich, dass nun erstmals eine durchgesehene, aktualisierte und auch wesentlich erweiterte Fassung vorliegt. Neben dem Nachwort unter der Überschrift *»Spiritualität und intellektuelle Redlichkeit«* am Ende des Buchs und vielen kleineren Erweiterungen gibt es jetzt eine Reihe von neuen Passagen, etwa zu den Themen »Gehirn-Computer-Schnittstellen«, »geistige Autonomie«, *Mind Wandering* und »Bewusstseinsethik«. Für wissenschaftlich interessierte Leser habe ich auch den Anmerkungsteil überarbeitet und einige neuere Literaturhinweise eingefügt, die den ersten Einstieg in die Fachliteratur erleichtern sollen. Für ihre Unterstützung bei der Erstellung dieser erweiterten Fassung danke ich Susan Blackmore, Marius Jung, Stefan Klein, Anja Krug-Metzinger, Nicholas Langlitz, Frank Schüre und Jennifer Windt. Die Arbeit an dieser Neufassung wurde unterstützt durch das von der EU finanzierte VERE-Projekt (»Virtual Embodiment and Robotic Re-Embodiment«; FP7-ICT).

Thomas Metzinger
Mainz, November 2013

EINLEITUNG

In diesem Buch werde ich Sie davon zu überzeugen versuchen, dass es so etwas wie »das« Selbst nicht gibt. Ganz im Gegensatz zu dem, was die meisten Menschen glauben, *war* oder *hatte* niemand je ein Selbst. Es ist aber nicht nur so, dass die moderne Philosophie des Geistes und die kognitive Neurowissenschaft im Begriff stehen, den Mythos des Selbst zu zertrümmern. Vielmehr ist mittlerweile auch deutlich geworden, dass wir das philosophische Rätsel des Bewusstseins – die Frage, wie es jemals auf einer rein physikalischen Grundlage wie dem menschlichen Gehirn entstehen konnte – niemals lösen werden, wenn wir uns nicht direkt mit der folgenden, ganz einfachen Erkenntnis konfrontieren: Nach allem, was wir gegenwärtig wissen, gibt es kein Ding, keine einzelne unteilbare Entität, die *wir selbst* sind, weder im Gehirn noch in irgendeiner metaphysischen Sphäre jenseits dieser Welt. Wenn wir daher vom bewussten Erleben als einem *subjektiven* Phänomen sprechen, dann stellt sich die folgende Frage: Was ist eigentlich die Entität, die diese Erlebnisse *hat*?

Es gibt viele andere wichtige und neue Fragestellungen auf der großen Suche nach einem tieferen Verständnis unserer inneren Natur – spannende, neue Theorien über Emotionen und Empathie, über den Traum und die menschliche Rationalität, neueste Entdeckungen über Willensfreiheit und die bewusste Steuerung unserer eigenen Handlungen und sogar über künstliches Bewusstsein –, und alle von ihnen sind wertvoll als erste Schritte und begriffliche Bausteine auf dem Weg zu einem tieferen Verständnis unserer selbst. In diesem Buch werden wir nacheinander viele von ihnen berühren. Was uns gegenwärtig jedoch am dringendsten fehlt, ist ein allererstes Gesamtbild – also der übergeordnete, allgemeinere Bezugsrahmen, mit dem wir arbeiten können. Die neuen Naturwissenschaften vom

Geist haben zwar eine Flut wichtiger Daten geliefert, aber keine theoretische Vision, kein generelles Modell, das zumindest im Prinzip all diese Daten zu einer Ganzheit integrieren könnte. Einer zentralen Frage müssen wir uns so direkt wie möglich stellen: Weshalb gibt es immer jemanden, der das Erlebnis *hat*? Wer ist es, der Ihre Gefühle fühlt, wer genau ist es, der Ihre Träume träumt? Wer ist der Handelnde, der das Tun tut, und was ist die Entität, die ihre eigenen Gedanken denkt? Warum ist Ihre bewusste Wirklichkeit *Ihre* bewusste Wirklichkeit?

Dies ist der eigentliche Kern des Rätsels. Wenn es uns nicht nur um die Bausteine, sondern um ein vereinheitlichtes Ganzes geht, dann sind dies die entscheidenden Fragen. Jetzt gibt es eine neue Geschichte – eine provokante und für manche vielleicht sogar schockierende Geschichte –, die man über den Weg zur Lösung des Rätsels erzählen kann: Es ist die Geschichte vom Ego-Tunnel.

Die Person, die Ihnen diese Geschichte erzählt, ist ein Philosoph – aber einer, der seit vielen Jahren mit Hirnforschern, Kognitionswissenschaftlern und Forschern auf dem Gebiet der Künstlichen Intelligenz zusammengearbeitet hat. Im Unterschied zu vielen meiner Kollegen in der Philosophie bin ich der Auffassung, dass empirische Daten für philosophische Fragestellungen oft unmittelbar relevant sind und dass weite Teile der akademischen Philosophie solche Daten viel zu lange ignoriert haben. Die besten Philosophen in diesem Feld sind zweifellos die analytischen Philosophen, also jene Denker, die in der Tradition Gottlob Freges und Ludwig Wittgensteins stehen: In den letzten fünfzig Jahren kamen die besten und substanziellsten Beiträge eindeutig aus der analytischen Philosophie des Geistes. Neben den empirischen Daten gab es beim Aufstieg auf die begriffliche Ebene aber noch einen zweiten Aspekt, der viel zu sehr vernachlässigt wurde: die *Phänomenologie*, die feinkörnige und sorgfältige Beschreibung des inneren Erlebens als solchem. Insbesondere veränderte Bewusstseinszustände (wie etwa Meditation, Klarträume oder außerkörperliche Erfahrungen) und psychiatrische Krankheitsbilder (wie etwa die Schizophrenie oder das Cotard-Syndrom, bei dem die Patienten tatsächlich fest davon überzeugt sein können, dass sie selbst überhaupt nicht existieren) sollten keine philosophischen Tabuzonen sein. Im Gegenteil: Wenn wir dem Reichtum und der Tiefe des bewussten Erlebens unsere Aufmerksamkeit schenken, wenn wir uns nicht scheuen, Bewusstsein in all seinen subtilen Variationen und Grenzfällen wirklich ernst zu nehmen, dann werden wir möglicherweise genau hier auf jene begrifflichen Einsichten stoßen, die uns für das Gesamtbild noch fehlen.

In den folgenden Kapiteln werde ich Sie schrittweise durch die aktuell stattfindende Bewusstseinsrevolution führen. In den Kapiteln 1 und 2 werden einige grundlegende Konzepte der gegenwärtigen Bewusstseinsforschung eingeführt, und vor allem werfen wir bereits einen ersten Blick in die innere Landschaft des Ego-Tunnels. In Kapitel 3 werden wir außerkörperliche Erfahrungen, virtuelle Körper und Phantomglieder näher untersuchen. In Kapitel 4 wird es dann um das Gefühl der »Meinigkeit«, um Handlungsbewusstsein und Willensfreiheit gehen, in Kapitel 5 um Träume und das Phänomen des Klartraums, in Kapitel 6 um Empathie, Einfühlungsvermögen und Spiegelneuronen und in Kapitel 7 schließlich um Künstliches Bewusstsein und die Möglichkeit postbiotischer Ego-Maschinen. All dies wird uns dabei helfen, die innere Landschaft des Ego-Tunnels zu kartographieren und immer genauer kennenzulernen. Die beiden abschließenden Kapitel behandeln dann die Folgen dieser neuen wissenschaftlichen Erkenntnisse über die innere Natur unseres bewussten Geistes: die mit ihnen verbundenen ethischen Herausforderungen sowie die gesellschaftlichen und kulturellen Veränderungen, die als Folge der naturalistischen Wende im Menschenbild möglicherweise auftreten könnten (und zwar schneller, als viele von uns heute vielleicht noch denken). Am Ende des Buchs werde ich kurz dafür argumentieren, dass wir, um der Situation wirklich gerecht zu werden, im Grunde so etwas wie eine neue »Bewusstseinsethik« brauchen. Wenn es uns nämlich gelingt, eine umfassende Theorie des Bewusstseins aufzubauen, und wenn wir immer genauere und raffiniertere Werkzeuge zur Veränderung der Inhalte des subjektiven Erlebens entwickeln, dann werden wir uns bald sehr gründlich mit der Frage auseinandersetzen müssen, was überhaupt ein *guter*

Bewusstseinszustand ist. Wir benötigen dringend neue und überzeugende Antworten auf Fragen wie die folgenden: Welche Bewusstseinszustände wollen wir fördern und kultivieren, welche sollten wir aus ethischen Gründen aus unserer Gesellschaft verbannen? Welche Bewusstseinszustände dürfen wir anderen Tieren oder Maschinen aufzwingen? Welche Bewusstseinszustände wollen wir unseren Kindern zeigen, in welchen wollen wir sterben? Selbstverständlich kann ich keine abschließenden Antworten auf all diese Fragen geben. Die beiden Schlusskapitel sollen jedoch vielmehr unsere Aufmerksamkeit auf die wichtige neue Disziplin der »Neuroethik« lenken, eine normative Perspektive in die Bewusstseinsforschung einführen und auf diese Weise unseren Horizont noch einmal erweitern.

Das phänomenale Selbstmodell

Bevor ich das Bild des »Ego-Tunnels« erläutere – die zentrale Metapher, die uns als eine Art roter Faden durch die weitere Diskussion in diesem Buch begleiten wird –, möchte ich kurz auf ein Experiment eingehen, das einen starken Hinweis auf die rein subjektive, erlebnismäßige Natur des bewussten Selbst liefert. Im Jahr 1998 führten die Psychiater Matthew Botvinick und Jonathan Cohen von der Universität Pittsburgh ein mittlerweile klassisches Experiment durch, bei dem gesunde Versuchspersonen ein künstliches Gliedmaß als Teil ihres eigenen Körpers erlebten.[1] Die Probanden betrachteten eine Gummihand, die vor ihnen auf dem Schreibtisch lag, wobei die ihr entsprechende eigene Hand durch eine Abschirmung verdeckt war. Die sichtbare Gummihand und die unsichtbare Hand des Probanden wurden dann in einem synchronen Rhythmus mit einem Stäbchen gestreichelt. Das Experiment lässt sich leicht wiederholen: Nach einer gewissen Zeit (bei mir sind es zwischen sechzig und neunzig Sekunden) tritt die berühmte Gummihand-Illusion auf. Plötzlich erleben Sie die Gummihand als Ihre *eigene* Hand, und – was noch viel verblüffender ist – Sie fühlen die rhythmisch wiederholten Berührungen sogar *in* dieser Gummihand. Außerdem erleben Sie einen

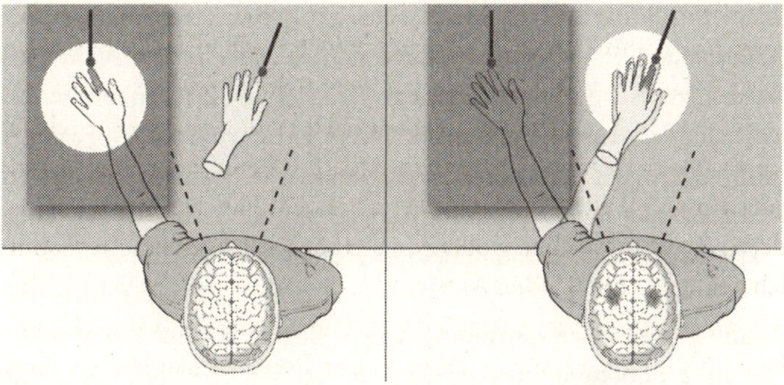

Abb. 1: *Die Gummihand-Illusion.* Eine gesunde Versuchsperson erlebt eine künstliche Gummihand als Teil ihres eigenen Körpers. Der Proband betrachtet eine Nachbildung einer menschlichen Hand, während seine eigene Hand verdeckt ist (dunkelgraues Feld). Sowohl die künstliche Gummihand als auch die unsichtbare Hand werden wiederholt und genau gleichzeitig mit einem Stäbchen gestreichelt. Die hellen Bereiche um die Hand und die schwarzen Bereiche um den Zeigefinger stellen die jeweiligen taktilen und visuellen rezeptiven Felder für Neuronen im prämotorischen Kortex dar. In der rechten Abbildung sieht man die Illusion der Versuchsperson, bei der die gefühlten Berührungen in Einklang gebracht werden mit den gesehenen Berührungen durch das Stäbchen (die dunklen Felder stellen Gebiete erhöhter Hirnaktivität dar; die phänomenal erlebte, illusorische Armstellung wird durch die helle Umrisslinie dargestellt). Die mit dem Auftreten der Illusion einhergehende Aktivierung von Neuronen im prämotorischen Kortex lässt sich experimentell nachweisen. (M. Botvinick & J. Cohen, »Rubber Hand ›Feels‹ Touch That Eyes See«, *Nature* 319 [1998], S. 756.) Abbildung *Litwak Illustrations Studio*, 2004.

vollständigen »virtuellen Arm«, das heißt eine durchgehende Verbindung von der Schulter bis zur Handattrappe, die vor Ihnen auf dem Tisch liegt.

Besonders interessant bei diesem Experiment war für mich das seltsame Kribbeln in der Schulter kurz vor dem Einsetzen der eigentlichen Illusion – kurz bevor mein »Seelenarm« oder mein »astrales Körperglied« sozusagen vom unsichtbaren physischen Arm in die Gummihand schlüpfte. Natürlich gibt es keinen »Geisterarm« und vermutlich auch keinen Astralleib. Das, was man bei der Gummihand-Illusion erlebt, ist das, was ich den Inhalt des *phänomenalen Selbstmodells* (PSM) nenne – das bewusste Modell des Organismus als Ganzem, welches vom Gehirn aktiviert wird. (»Phänomenal« wird hier und nachfolgend im philosophischen Sinne verwendet und bezieht sich auf alles, was wir allein auf der Ebene des bewussten Erlebens erfahren, eben auf die Art und Weise, wie uns die Welt subjektiv *erscheint.*) Der Inhalt des PSM ist das Ego.

Heute gibt es einen jahrhundertealten Begriff aus der Philosophie, der wieder hoch im Kurs steht, weil er die wahrscheinlich wichtigste Brücke zur Hirnforschung, zur Kognitionswissenschaft und zur Künstliche-Intelligenz-Forschung bildet. Fast alle Wissenschaftler, die den menschlichen Geist erforschen, sprechen von »Repräsentationen« – im Gehirn, im Geist oder auch in einem Roboter. »Repräsentation« meint dabei vor allem die Fähigkeit, die Außenwelt beziehungsweise das, was man wahrnimmt, im Geiste gleichsam widerzuspiegeln und darzustellen, indem man sich eine innere Vorstellung davon macht. Ein geistiger Zustand repräsentiert einen Teil der Wirklichkeit – etwa das Buch in Ihrer Hand –, indem er einen inneren Stellvertreter des Buchs erzeugt. Interessanterweise sind wir Menschen sogar in der Lage, uns sowohl die konkreten als auch die abstrakten Eigenschaften eines Gegenstands vorzustellen: Wir können die Farbe und das Gewicht des Buchs imaginieren, aber auch seinen Inhalt mental repräsentieren. »Repräsentieren« ist Wahrnehmen und Denken, und es kann manchmal (wie beim Gedächtnis) auch bedeuten, dass man etwas Vergangenes wieder in die Gegenwart zurückholt, indem man es gewissermaßen auf der inneren Bühne des Bewusstseins wieder »präsent« macht. Der interessanteste Fall ist jedoch der, dass ein Wesen sich *selbst* repräsentiert – zum Beispiel mit einem phänomenalen Selbstmodell.

Das PSM von *Homo sapiens* ist wahrscheinlich eine der besten Erfindungen von Mutter Natur. Es erlaubt einem biologischen Organismus auf effiziente Weise, sich selbst (und andere) bewusst als eine Ganzheit zu begreifen. Dadurch befähigt es den Organismus, auf intelligente und holistische Weise mit seiner Innenwelt wie auch der äußeren Umwelt in Wechselwirkung zu treten. Die meisten Tiere besitzen Bewusstsein in unterschiedlichen Graden der Ausprägung, aber ihr PSM ist anders als unseres. Unser in der Evolution entstandener Typ von bewusstem Selbstmodell ist einzigartig und für das menschliche Gehirn spezifisch, und zwar deshalb, weil wir den Vorgang des Repräsentierens an sich noch einmal repräsentieren und uns dadurch selbst – wie Antonio Damasio sagen würde – »im Akt des Wissens« ertappen können. Wir repräsentieren uns mental *als* repräsentationale Systeme, und wir tun es in phänomenologischer Echtzeit. Diese Fähigkeit verwandelt uns in Denker von Gedanken und in Wesen, die andere Denker in ihrer Umgebung entdecken können – Wesen, die fremde Bewusstseinsinhalte *als solche* erfassen. Sie war es auch, die es ermöglichte, dass die biologische Evolution gleichsam in die kulturelle Evolution hineinexplodierte. Das Ego erwies sich als ein extrem nützliches Werkzeug, als ein Instrument, das uns dabei geholfen hat, uns durch Empathie und soziale Kognition gegenseitig zu verstehen. Und schließlich befähigte uns das Ego dazu, die Inhalte unseres Geistes durch Kooperation und Kultur zu externalisieren, und damit zur Bildung komplexer Gesellschaften.

Was ist die Lektion der Gummihand-Illusion? Der erste Punkt ist leicht zu verstehen: Was immer Teil unseres PSM wird, was immer ein Element unseres bewussten Ego ist, ist durch das zusätzliche Gefühl der »Meinigkeit« charakterisiert, durch eine subjektive Form des Besitzens, nämlich das bewusste Erleben, dass es Teil meines eigenen Selbst ist. Ich erlebe es als *mein* Körperglied, *meine* Berührungsempfindung, *meine* Gefühle, *meinen* Körper oder *meine* Gedanken. Aber dann stellt sich eine tiefere Frage: Ist das bewusste Selbst nicht mehr als bloß das subjektive Erleben, dass Körperteile oder mentale Zustände Teil meines eigenen Selbst sind? Gibt es nicht auch so etwas wie »globale Meinigkeit«, ein tieferes Ichgefühl, das damit zu tun hat, dass man den Körper *als eine Ganzheit* besitzt und kontrolliert? Was ist mit dem subjektiven Erleben der *Identifikation* mit dem Körper? Ließe sich dieses tiefe Gefühl der Selbstheit womöglich experimentell beeinflussen? Als ich die Gummihand-Illusion zum ersten Mal erlebte, dachte ich sofort, es wäre wichtig, zu testen, ob so etwas auch mit einem vollständigen Gummikörper oder dem Ganzkörperbild einer Person funktionieren würde. Könnte man ein Ganzkörper-Analogon zur Gummihand-Illusion erzeugen, eine Version des Experiments, die sich auf den ganzen Körper bezieht? Ließe sich das gesamte Selbst an einen Ort außerhalb des Körpers versetzen?

Tatsächlich gibt es phänomenale Zustände, in denen Menschen fest davon überzeugt sind, sich außerhalb ihres eigenen Körpers zu befinden – dies sind sogenannte außerkörperliche Erfahrungen (oder AKEs; meistens nach dem englischen Ausdruck *out-of-body experiences* als OBEs bezeichnet). Außerkörperliche Erfahrungen sind eine seit langem bekannte Klasse von Zuständen, in denen man der höchst realistischen Illusion erliegt, den eigenen Körper zu verlassen (in der Regel in der Form eines »Seelenkörpers« oder ätherischen Doubles) und sich außerhalb desselben zu bewegen. Phänomenologisch gesehen, befindet sich das Subjekt des Erlebens in diesem Double. Eines scheint klar: Wenn man ein ernsthaftes Erkenntnisinteresse hat und verstehen will, was das bewusste Selbst ist, dann sind diese Erfahrungen von größter philosophischer und wissenschaftlicher Bedeutung. Könnte man sie vielleicht im Labor erzeugen?

Einer der Neurowissenschaftler, mit dem ich seit einiger Zeit zusammenarbeite, ist Olaf Blanke, ein brillanter junger Neurologe an der École Polytechnique Fédérale de Lausanne. Er hat als erster Wissenschaftler eine außerkörperliche Erfahrung dadurch ausgelöst, dass er das Gehirn einer Patientin direkt mit einer Elektrode stimulierte. Bei solchen Erlebnissen gibt es typischerweise zwei Repräsentationen des Körpers: eine visuelle (die Versuchsperson sieht den eigenen Körper, etwa als auf einem Bett oder einem OP-Tisch liegend) und eine gefühlte, bei der die Versuchsperson den Eindruck hat, entweder ruhend oder bewegt oberhalb im Raum zu schweben. Interessanterweise ist dieses zweite Körpermodell der Inhalt des PSM. Es ist der Ort, an dem sich das Ego befindet. In einer Reihe von Experimenten haben Olaf, seine Doktoranden Bigna Lenggenhager und Tej Tadi und ich mit Hilfe von Techniken der virtuellen Realität versucht, künstliche OBEs und Ganzkörper-Illusionen zu erzeugen (mehr davon in Kapitel 3).[2] Während dieser Illusionen hatten die

Versuchsteilnehmer das Gefühl, sich außerhalb ihres Körpers zu befinden, und sie identifizierten sich vorübergehend mit einem computergenerierten äußeren Bild des eigenen Körpers. Diese Experimente demonstrieren, dass auch das tiefere, ganzheitliche Ichgefühl kein Mysterium ist, welches sich jeder Art von wissenschaftlicher Erforschung entzieht – es ist eine Form von bewusstem repräsentationalem Inhalt, und es lässt sich unter sorgfältig kontrollierten experimentellen Bedingungen selektiv beeinflussen.

Im weiteren Verlauf dieses Buchs verwende ich eine zentrale Metapher für das bewusste Erleben: den »Ego-Tunnel«. Bewusstes Erleben gleicht einem Tunnel. Die moderne Neurowissenschaft hat gezeigt, dass der Inhalt unseres bewussten Erlebens nicht nur ein inneres Konstrukt, sondern auch eine höchst selektive Form der Darstellung von Information ist. Darum ist Bewusstsein wie ein Tunnel: Was wir sehen und hören oder ertasten und erfühlen, was wir riechen und schmecken, ist nur ein kleiner Bruchteil dessen, was tatsächlich in der Außenwelt existiert. Unser bewusstes Wirklichkeitsmodell ist eine niedrigdimensionale Projektion der unvorstellbar reicheren und gehaltvolleren physikalischen Wirklichkeit, die uns umgibt und uns trägt. Die Leistungsfähigkeit unserer Sinnesorgane ist begrenzt: Sie entstanden im Lauf der Evolution und verbesserten die Überlebenschancen der Individuen, aber sie wurden nicht mit dem Ziel entwickelt, die enorme Fülle und den Reichtum der Wirklichkeit in all ihren unauslotbaren Tiefen wahrheitsgetreu abzubilden. Aus diesem Grund ist der kontinuierlich ablaufende Vorgang des bewussten Erlebens weniger ein Abbild der Wirklichkeit als vielmehr ein Tunnel *durch* die Wirklichkeit.

Immer wenn unser Gehirn erfolgreich seine geniale Strategie der Erschaffung eines einheitlichen und dynamischen inneren Porträts der Wirklichkeit verfolgt, werden wir bewusst. Zuerst erzeugt unser Gehirn eine Simulation der Welt, die so perfekt ist, dass wir sie nicht als ein Bild in unserem eigenen Geist erkennen können. Dann generiert es ein inneres Bild von uns selbst als einer Ganzheit. Dieses Bild umfasst nicht nur unseren Körper und unsere mentalen Zustände, sondern auch unsere Beziehung zur Vergangenheit und zur Zukunft sowie zu anderen bewussten Wesen. Dieses innere Bild der Person-als-Ganzer ist das phänomenale Ego, das »Ich« oder »Selbst«, so wie es im bewussten Erleben erscheint. Daher verwende ich die Begriffe »phänomenales Ego« und »phänomenales Selbst« synonym. Das phänomenale Ego ist kein geheimnisvolles Ding und auch kein kleines Männchen im Kopf, sondern der Inhalt eines inneren Bildes – nämlich das bewusste Selbstmodell, das PSM. Durch die Einbettung des Selbstmodells in das Weltmodell wird ein Zentrum geschaffen. Dieses Zentrum ist das, was wir als unser Selbst erleben, das Ego. Es ist der Ursprung dessen, was Philosophen oft die »Erste-Person-Perspektive« nennen. Wir stehen also nicht in direktem Kontakt mit der äußeren Wirklichkeit oder mit uns selbst, aber trotzdem haben wir eine Innenperspektive. Wir wissen, wie man das Wort »ich« benutzt. Wir leben unser bewusstes Leben im Ego-Tunnel.

In gewöhnlichen Bewusstseinszuständen gibt es immer jemanden, der das Erlebnis *hat* – jemanden, der sich bewusst als auf die Welt gerichtet erlebt, und zwar als ein Selbst im Akt der Aufmerksamkeit, im Akt des Wissens, Begehrens, Wollens oder auch als ein Selbst im Moment des Handelns. Dafür gibt es hauptsächlich zwei Gründe. Erstens: Wir besitzen ein integriertes inneres Bild von uns, das fest in unseren Gefühlen und körperlichen Empfindungen verankert ist, denn die von unserem Gehirn erzeugte Weltsimulation schließt das Erleben eines eigenen *Standpunkts* ein. Zweitens: Wir können unsere Selbstmodelle nicht *als* Modelle erleben und sie introspektiv als solche erkennen, denn das Selbstmodell ist – wie Philosophen sagen würden – größtenteils »transparent«.[3] Transparenz bedeutet hier ganz einfach, dass wir uns des Mediums, durch das uns Informationen erreichen, nicht bewusst sind. Es ist sozusagen durchsichtig. Wir sehen nicht das Fenster, sondern nur den Vogel, der vorbeifliegt. Wir sehen nicht die Neuronen, die in unserem Gehirn vor sich hin feuern, sondern nur das, was sie für uns repräsentieren. Ein im Gehirn aktives, bewusstes Weltmodell ist genau dann transparent, wenn das System keine Möglichkeit hat, herauszufinden, *dass* es ein Modell ist – als Gesamtpersonen schauen wir sozusagen direkt durch es hindurch auf die Welt. Die zentrale These dieses Buchs – und der ihm zugrunde liegenden Theorie, der *Selbstmodell-Theorie der Subjektivität*[4] – lautet, dass das robuste bewusste Erleben, ein Selbst zu sein, dadurch verursacht wird, dass das PSM in unserem Gehirn fast vollständig transparent ist.

Das Ego ist, wie wir bereits festgestellt haben, lediglich der Inhalt unseres PSM zu einem bestimmten Zeitpunkt, in genau diesem Augenblick (unsere eigenen körperlichen Empfindungen, unser emotionaler Zustand, unsere Wahrnehmungen, Erinnerungen, Willensakte, Gedanken). Aber es kann nur deshalb überhaupt zum Ego werden, weil wir konstitutionell unfähig sind, erlebnismäßig zu erkennen, dass all dies lediglich der Inhalt einer Simulation in unserem Gehirn ist. Es ist nicht die Wirklichkeit an sich, sondern ein Bild der Wirklichkeit – und zwar ein ganz besonderes. Das Ego ist ein transparentes mentales Bild: Sie – die physische Person als Ganze – schauen direkt durch es hindurch. Sie *sehen* es nicht. Aber Sie sehen *mit* ihm. Das Ego ist ein Werkzeug zur Planung und Kontrolle unseres Verhaltens, und gleichzeitig ist es ein inneres Instrument, um das Verhalten anderer zu verstehen. Jedes Mal, wenn der Organismus dieses Werkzeug benötigt, aktiviert das Gehirn ein PSM. Sobald dieses Werkzeug nicht mehr benötigt wird – wie zum Beispiel im traumlosen Tiefschlaf –, wird es abgeschaltet.

Ich möchte gleich zu Anfang darauf hinweisen, dass unser eigenes Gehirn zwar den Ego-Tunnel erzeugt, es aber trotzdem niemanden gibt, der im wörtlichen Sinne *in* diesem Tunnel lebt. Wir leben mit ihm und durch ihn, aber es gibt kein kleines Männchen, das all diese Vorgänge im Gehirn aktiv organisiert und hinter der Bühne die Fäden in der Hand hält. Das Ego und der Tunnel sind in der natürlichen Evolution entstandene repräsentationale Phänomene – ein Produkt automatisch ablaufender, dynamischer Selbstorganisation auf vielen Ebenen. Letztlich ist subjektives Erleben ein biologisches Datenformat, eine innere Form des Gegebenseins, eine hochspezifische Weise der Präsentation von Information über die Welt, bei der diese so erscheint, als wäre sie das Wissen eines Ego. In Wirklichkeit aber existiert so etwas wie »das« Selbst nicht. Ein biologischer Organismus als solcher ist kein Selbst. Ein Ego ist ebenfalls kein

Selbst, sondern lediglich eine Form von repräsentationalem Inhalt – nämlich der Inhalt eines transparenten Selbstmodells, das im Gehirn eines Organismus aktiv ist.

Varianten dieser Tunnel-Metapher veranschaulichen neue Ideen, aber auch Kernfragen in den neuen *Mind Sciences*: Was würde es bedeuten, wenn sich ein Ego-Tunnel verzweigt und andere Ego-Tunnel in sein Realitätsmodell miteinbezieht? Was geschieht während des Traumzustands mit dem Ego-Tunnel? Können Maschinen eine künstliche Form von Selbstbewusstsein besitzen, und können sie einen echten, eigenen Ego-Tunnel entwickeln? Wie funktionieren Empathie und soziale Kognition? Wie ist die Kommunikation von Tunnel zu Tunnel möglich? Und natürlich müssen wir ganz am Ende fragen: Kann man den Ego-Tunnel *verlassen*?

Das Konzept des Ego-Tunnels basiert auf einem älteren Begriff, der seit geraumer Zeit an den verschiedensten Orten kursiert. Es ist die Idee eines »Realitätstunnels«, der in der wissenschaftlichen Erforschung virtueller Realitäten und bei der Programmierung fortgeschrittener Videospiele eine Rolle spielt, der sich aber auch in den populärwissenschaftlichen Schriften nichtakademischer Philosophen wie Robert Anton Wilson und Timothy Leary findet. Hier ist der Grundgedanke: Ja, es gibt eine Außenwelt, und es existiert auch eine objektive Realität. Doch wenn wir uns in dieser Welt bewegen, wenden wir fortwährend unbewusste Filtermechanismen an, und dabei konstruieren wir, ohne es zu bemerken, unsere ganz eigene individuelle Welt, die dann unser »Realitätstunnel« ist. Wir befinden uns niemals in direktem Kontakt mit der Wirklichkeit an sich, weil diese Filter uns daran hindern, die Welt so zu sehen, wie sie ist. Die Filtermechanismen sind unsere Sinnessysteme und unser Gehirn, dessen funktionale Architektur wir von unseren biologischen Vorfahren geerbt haben, und natürlich sind es auch unsere bereits bestehenden Überzeugungen und impliziten Annahmen über das Wesen der Wirklichkeit. Der Konstruktionsprozess selbst ist weitgehend unsichtbar. Am Ende sehen wir nur das, was unser Realitätstunnel uns zu sehen erlaubt, und die meisten von uns sind sich dieser Tatsache in keiner Weise bewusst.

Aus der Perspektive eines Berufsphilosophen enthält diese populäre Vorstellung jede Menge Unsinn. Wir erschaffen natürlich keine individuelle Welt, sondern nur ein Weltmodell. Allein die Annahme, wir könnten möglicherweise direkt mit der Wirklichkeit in Verbindung treten, ist eine altmodische Art von romantischer Folklore: Wir kennen die Welt überhaupt nur durch den Einsatz von Repräsentationen, denn Wissen und Erkenntnis *sind* nichts anderes als die (korrekte) Repräsentation eines äußeren Sachverhalts. Beim Ego-Tunnel geht es auch nicht um das, was Psychologen den *confirmation bias* nennen – also die Tendenz, genau solche Wahrnehmungen zu beachten und ihnen größere Bedeutung zuzuschreiben, die unsere Überzeugungen und Erwartungen bestätigen, während wir die Beobachtungen, bei denen das nicht der Fall ist, ausfiltern oder wegrationalisieren. Und es trifft auch nicht zu, dass wir den Tunnel niemals verlassen und nichts über die Außenwelt erfahren können: Erkenntnisgewinn und Wissen über die Außenwelt sind möglich, zum Beispiel durch die Kooperation und Kommunikation innerhalb großer Gruppen von Menschen – durch die Bildung wissenschaftlicher Gemeinschaften, die Theorien entwerfen und überprüfen, sich gegenseitig fortwährend kritisieren und ständig empirische Daten und neue Hypothesen austauschen. Schließlich wird der populäre Begriff eines »Realitätstunnels« einfach auf viel zu spielerische Art und Weise angewandt – er bleibt daher unterbestimmt und völlig vage.

Im ersten Kapitel beschränke ich deshalb die weitere Diskussion auf das Phänomen des *bewussten Erlebens* und entwickle ein besseres und tieferes Verständnis der Tatsache, dass es ein ausschließlich internes Phänomen ist. Es geht dann wirklich nur noch um phänomenales Bewusstsein und um nichts sonst. Dabei gehe ich unter anderem auf die folgende Frage ein: Wie kann all dies im Gehirn stattfinden und gleichzeitig die absolut robuste und subjektiv unhintergehbare Erfahrung erzeugen, in einer Wirklichkeit zu leben, die als eine äußere Wirklichkeit erlebt wird? Wir müssen verstehen, wie das möglich ist, was der finnische Philosoph und Neurowissenschaftler Antti Revonsuo eine *out-of-brain experience* (»außergehirnliche Erfahrung«) genannt hat, die Erfahrung, die wir ständig machen – auch Sie, zum Beispiel gerade jetzt, während Sie dieses Buch lesen. Das deutliche und stabile Erleben, *nicht* in einem Tunnel zu sein, sondern tatsächlich direkt und unmittelbar in Verbindung mit der äußeren Wirklichkeit zu stehen, ist nämlich eines der bemerkenswertesten Charakteristika des menschlichen Bewusstseins. Sogar wenn Sie jetzt gerade eine außerkörperliche Erfahrung hätten, wäre ihr bewusstes Erleben durch dieses Merkmal gekennzeichnet.

Sich streng auf die Erforschung des Bewusstseins *als solchem* zu beschränken bedeutet, dass man den »phänomenalen Gehalt« mentaler Repräsentationen untersucht, das heißt die Art, wie sich diese Repräsentationen von innen anfühlen, aus der Erste-Person-Perspektive, also *wie es ist*, sie (subjektiv, ganz privat, innerlich) zu haben. So ist beispielsweise der dominante phänomenale Gehalt beim Anblick einer roten Rose die Qualität der Röte selbst. Im bewussten Erleben des Riechens einer Mischung aus Ambra und Sandelholz ist dieser phänomenale Gehalt die pure, subjektive Qualität von »Ambrahaftigkeit« und »Sandelholzigkeit«, unaussprechlich und scheinbar einfach, ohne jede innere Struktur. Und wenn man eine Emotion erlebt – wenn man sich, sagen wir, besonders glücklich und entspannt fühlt –, dann ist der phänomenale Gehalt das Gefühl selbst und nicht das, worauf es sich bezieht.

Alle empirischen Daten deuten mittlerweile darauf hin, dass der phänomenale Gehalt lokal determiniert wird, nicht einmal ansatzweise durch die Umwelt, sondern allein durch innere Eigenschaften des Gehirns. Außerdem sind die relevanten Eigenschaften immer dieselben, ganz gleich, ob Sie eine rote Rose betrachten, sich vorstellen oder davon träumen. Das subjektive Erleben von Sandelholz und Ambra erfordert kein Räucherstäbchen, man braucht dazu nicht einmal eine Nase – prinzipiell lässt es sich auch dadurch auslösen, dass man die richtige Kombination der den Riechzellen nachgeschalteten Glomeruli im Riechkolben stimuliert. Diese Glomeruli (es gibt etwa 2000 davon) nehmen Geruchssignale von olfaktorischen Rezeptorzellen unterschiedlicher Typen auf. Angenommen, die einheitliche Sinnesqualität des Geruchseindrucks von Sandelholz und Ambra wäre mit der Aktivierung von Riechzellen der Typen 18, 93, 143 und 211 in der Nase verbunden, dann würden wir erwarten, dasselbe bewusste Erleben – eine identische Geruchsqualität – zu erhalten, wenn wir die entsprechenden Riechzellen mit einer Elektrode reizen. Die Kernfrage lautet: Was ist die minimal hinreichende Menge von neuronalen Eigenschaften? Könnten wir selektiv genau das gleiche Phänomen auslösen, indem wir sogar noch weniger tun, vielleicht an einer anderen Stelle im Gehirn? Die meisten Neurowissenschaftler (und vermutlich auch die Mehrheit der Philosophen) würden dies bejahen: Wenn man das minimale neuronale Korrelat eines gegebenen bewussten Erlebnisses aktiviert, dann erhält man das bewusste Erlebnis selbst.

Das gleiche allgemeine Grundprinzip gilt auch für komplexere Zustände. Ihr phänomenaler Gehalt ist genau jener Aspekt eines bestimmten Zustands (sagen wir, Glücksgefühl plus Entspannung), der nicht nur ganz natürlich und spontan in Alltagssituationen entsteht, sondern auch durch einen psychoaktiven Wirkstoff hervorgerufen werden kann – oder, zumindest im Prinzip, durch einen bösen Neurowissenschaftler, der an einem lebenden Gehirn in einer Nährlösung experimentiert. Beim Problem des Bewusstseins geht es ausschließlich um das subjektive Erleben selbst, um die Struktur unseres Innenlebens – und nicht um unser Wissen über die Außenwelt.

Man kann den Ego-Tunnel auch als eine komplexe Eigenschaft des globalen neuronalen Korrelats des Bewusstseins betrachten (entsprechend dem englischen Ausdruck *neural correlate of consciousness* spricht man auch im Deutschen heute meist einfach vom »NCC«). Unter dem NCC versteht man jene Menge neurofunktionaler Eigenschaften in Ihrem Gehirn, die hinreichend ist, um ein bestimmtes bewusstes Erlebnis hervorzubringen. Es gibt ein spezifisches NCC für die Röte der Rose, die Sie erleben, ein anderes für das Wahrnehmungsobjekt selbst (das heißt für die Rose als Ganze) und wieder ein anderes, das dem Gefühl des Glücklichseins und der Entspannung zugrunde liegt, das Sie vielleicht gleichzeitig empfinden. Aber es existiert auch ein *globales* NCC, das heißt eine viel größere Menge neuronaler Eigenschaften, die dem Bewusstsein als Ganzem entspricht und unserem erlebnismäßigen Modell der Welt zugrunde liegt – der Gesamtheit unseres subjektiven Fühlens und Empfindens. Der beständige Informationsfluss in diesem globalen NCC ist das, was den Tunnel erzeugt, die Welt, in der Sie selbst Ihr – selbstbewusstes – Leben leben.

Aber was ist dieses »Sie selbst«? Ganz am Anfang habe ich behauptet, dass wir niemals über eine wirklich befriedigende, umfassende Theorie des menschlichen Geistes verfügen werden, solange wir nicht den Kern des Problems auflösen. Wenn wir ein stimmiges Gesamtbild haben wollen – einen allgemeineren Bezugsrahmen, in dem alle Daten ihren Platz finden können –, dann müssen wir uns dieser Herausforderung stellen. Warum ist Bewusstsein *subjektiv*? Die wichtigste Frage, für die wir eine Antwort finden müssen, lautet: Weshalb hat ein bewusstes Weltmodell fast immer ein Zentrum – ein *Ich*, ein Ego, ein erlebendes Selbst? Was genau ist das Selbst, das die Gummihand-Illusion hat? Was genau verlässt scheinbar den Körper in einer *out-of-body experience*? Was genau ist es, das gerade jetzt diese Zeilen liest?

Ein Ego-Tunnel ist ein Bewusstseins-Tunnel, der die zusätzliche Eigenschaft entwickelt hat, eine stabile Erste-Person-Perspektive zu erzeugen, eine subjektive Sicht auf die Welt. Es ist ein Bewusstseins-Tunnel plus das Erscheinen eines phänomenalen Selbst. Das also ist die Herausforderung: Wenn wir ein Gesamtbild des bewussten Geistes haben wollen, dann müssen wir verstehen, wie ein echtes Ichgefühl entsteht. Wir müssen erklären, wieso Sie eine Berührungsempfindung in der Gummihand als Ihre *eigene* Empfindung erleben, wieso Sie das Verstehen der Sätze, die Sie gerade lesen, als Ihr *eigenes* Verstehen erleben. Dieses bewusste, ursprüngliche Ichgefühl ist die tiefste Form von Innerlichkeit, viel tiefer als die Tatsache, dass irgendetwas bloß »im Gehirn« oder »in einer simulierten Welt im Gehirn« ist. Diese nichttriviale Form von Innerlichkeit ist das, worum es in diesem Buch geht.

Teil I

DAS BEWUSSTSEINSPROBLEM

Kapitel 1

DAS ERSCHEINEN EINER WELT

Bewusstsein ist das *Erscheinen einer Welt.* Die Essenz des Phänomens des bewussten Erlebens besteht darin, dass eine einzige und einheitliche Wirklichkeit in die Gegenwart tritt: Wenn wir bewusst sind, erscheint uns eine Welt. Dies gilt für Träume ebenso wie für den Wachzustand; im traumlosen Tiefschlaf dagegen erscheint nichts: Die Tatsache, dass eine äußere Wirklichkeit existiert und dass wir darin anwesend sind, ist uns nicht zugänglich. Wir wissen nicht einmal, dass wir selbst existieren.

Bewusstsein ist ein ganz besonderes Phänomen, weil es Teil der Welt ist und gleichzeitig die Welt enthält. All unsere wissenschaftlichen Daten deuten drauf hin, dass Bewusstsein Teil der physikalischen Welt und zugleich ein evolvierendes biologisches Phänomen ist. Bewusstes Erleben ist jedoch weit mehr als Physik plus Biologie – mehr als der Tanz eines fantastisch komplexen, rhythmischen Musters neuronaler Entladungen in unserem Gehirn. Das menschliche Bewusstsein unterscheidet sich von anderen biologisch evolvierten Phänomenen grundlegend dadurch, dass es eine Wirklichkeit dazu bringt, *in sich selbst zu* erscheinen. Es erzeugt Innerlichkeit: Der Vorgang des Lebens ist sich seiner selbst bewusst geworden.

Nach den verfügbaren Daten über Gehirne von Tieren und evolutionäre Kontinuität zu urteilen, ist das *Erscheinen von Welten* in biologischen Nervensystemen ein neueres Phänomen, vielleicht nur ein paar Millionen Jahre alt. In der Darwin'schen Evolution könnte eine Frühform des Bewusstseins vielleicht vor etwa 200 Millionen Jahren in den primitiven Großhirnrinden von Säugetieren entstanden sein. Es verlieh ihnen eine Körperwahrnehmung, ein Gefühl für ihre Umwelt und steuerte Teile ihres Verhaltens. Meine eigene, rein intuitive Vermutung ist, dass auch Vögel, Reptilien und Fische schon seit langer Zeit eine einfache Art von Bewusstheit besitzen. Jedenfalls kann ein Tier, das nicht logisch denken und auch keine Sprache sprechen kann, zweifellos transparente phänomenale Zustände haben – und mehr bedarf es nicht, um eine Welt im Bewusstsein erscheinen zu lassen. Bekannte Bewusstseinsforscher und theoretische Neurobiologen wie Bernard Baars, Anil Seth und David Edelman haben siebzehn Kriterien für Hirnstrukturen aufgestellt, die sehr wahrscheinlich dem Bewusstsein dienlich sind, und nicht nur bei Säugetieren, sondern auch bei Vögeln und möglicherweise sogar bei Tintenfischen sind die Belege für die Existenz solcher Strukturen oder sehr ähnlicher Funktionen überwältigend. Die empirische Evidenz für die Existenz von Bewusstsein bei Tieren ist mittlerweile weit jenseits jedes vernünftigen Zweifels.[1] Genau wie wir sind auch Tiere »naive Realisten«, und wenn sie etwa Farbempfindungen haben, dann kann man plausiblerweise davon ausgehen, dass diese ihnen mit der gleichen Qualität der Direktheit, Gewissheit und Unmittelbarkeit erscheinen wie uns selbst. Der philosophische Punkt ist dagegen, dass wir all das in Wirklichkeit natürlich nicht wissen. Denn hierbei handelt es sich genau um die Art von Fragen, die wir erst genauer untersuchen können, wenn wir eine befriedigende Theorie des Bewusstseins aufgestellt haben.

Ein wesentlich jüngeres Phänomen trat vor wenigen tausend Jahren in Erscheinung: die bewusste Bildung von Theorien im Geist von menschlichen Philosophen und Wissenschaftlern. Jetzt spiegelte sich der Lebensprozess nicht nur in individuellen bewussten Organismen wider, sondern auch in Gruppen von menschlichen Wesen, die das Auftreten des selbstbewussten Geistes *als solchem* zu verstehen versuchten – also was genau es bedeutet, dass etwas »in sich selbst erscheint«. Vielleicht ist das faszinierendste Merkmal des menschlichen Geistes nicht so sehr, dass er manchmal bewusst sein kann oder sogar dass er die Entstehung eines phänomenalen Selbstmodells, eines PSM, ermöglicht. Wirklich bemerkenswert ist eher die Tatsache, dass wir die innere Aufmerksamkeit auch auf die Inhalte unseres PSM lenken und dann sogar Begriffe über sie bilden können. Wir können miteinander über seinen Inhalt kommunizieren, und wir können diesen Vorgang wiederum als unsere *eigene* Aktivität erleben. Der Prozess, bei dem wir unser inneres Erleben bündeln und es selbst noch einmal auf unsere Gedanken und Emotionen richten, auf unsere eigenen Wahrnehmungen und körperlichen Empfindungen, wird nämlich seinerseits wieder in das bereits bestehende Selbstmodell eingebunden. Und diese Eigenschaft unterscheidet uns, wie bereits bemerkt, wahrscheinlich von den meisten anderen Tieren auf diesem Planeten: die Fähigkeit, die Erste-Person-Perspektive aktiv nach innen zu wenden, unsere Gefühlszustände zu erforschen und die Aufmerksamkeit auf unsere Denkvorgänge zu lenken. Philosophen sprechen in diesem Zusammenhang von »höherstufigen« Ebenen des PSM. Diese erlaubten uns, uns der Tatsache bewusst zu werden, dass wir Repräsentationssysteme sind.

Im Verlauf der Jahrhunderte haben die Theorien, welche wir entwickelt haben, schrittweise unser eigenes Bild von uns selbst verändert, und indem sie das taten, haben sie auf subtile Weise auch den Inhalt des Bewusstseins selbst verändert. Es ist richtig, dass Bewusstsein ein robustes Phänomen ist, das sich nicht einfach dadurch verändert, dass wir auf einmal andere Meinungen über es besitzen. Es verändert sich aber durch die *Praxis* selbst, durch die Art, wie wir in unserer ganz eigenen Lebenswelt handeln (denken wir nur an Weinkenner, Parfümdesigner, Ausdruckstänzerinnen oder musikalische Genies). Menschen in anderen historischen Epochen – etwa während des vedischen Zeitalters im Alten Indien (also etwa von 1500 bis 600 v. Chr.) oder während des europäischen Mittelalters, als Gott noch als eine reale und konstante Gegenwart wahrgenommen wurde – kannten wahrscheinlich Formen des subjektiven Erlebens, die uns heute fast unzugänglich sind. Viele tiefe Formen des bewussten Selbsterlebens sind im Gefolge der philosophischen Aufklärung und des Aufstiegs von Naturwissenschaft und Technologie so gut wie unmöglich geworden – zumindest für die vielen Millionen von gebildeten und wissenschaftlich informierten Menschen in den reichen Ländern. Neue sind entstanden. Theorien verändern die soziale Praxis, und die Praxis verändert irgendwann die Gehirne selbst, die Art und Weise, wie wir die Welt wahrnehmen. Die Theorie der neuronalen Netze beschreibt die Informationsarchitektur im Gehirn von Menschen und anderen Tieren, bei der Milliarden einzelner Nervenzellen in der Art eines Netzes miteinander verknüpft sind, in dem sich dann ständig Aktivitätsmuster bilden und sich in immer neue Muster verwandeln. Durch diese Theorie haben wir gelernt, dass die Unterscheidung zwischen der Struktur und dem Inhalt – also zwischen dem Träger eines mentalen Zustands und dessen innerer Bedeutung – nicht so eindeutig ist, wie gerade viele Geisteswissenschaftler oft annehmen. Die Bedeutung verändert nämlich die Struktur selbst, wenn auch häufig nur langsam. Und die Struktur ist ihrerseits das, was am Ende unser inneres Leben bestimmt, den Fluss des bewussten Erlebens.

In den frühen 1970er Jahren, nachdem die große Zeit des Behaviorismus vorbei war, wuchs wieder das Interesse an Bewusstsein als einem Gegenstand ernsthafter Forschungen. In einer Reihe von wissenschaftlichen Disziplinen avancierte das Thema des subjektiven Erlebens nach und nach zur heimlichen Forschungsfront. Dann, im letzten Jahrzehnt des 20. Jahrhunderts, akzeptierten endlich etliche bedeutende Hirnforscher Bewusstsein auch in der Öffentlichkeit als ein für die streng naturwissenschaftliche Forschung angemessenes Erkenntnisziel. Von da an begannen die Dinge sich sehr schnell zu entwickeln. Im Jahr 1994, im Anschluss an eine sehr bunte Konferenz von Bewusstseinsforschern in Tucson, Arizona, half ich dabei, eine neue Organisation zu gründen, die *Association for the Scientific Study of Consciousness* (ASSC). Ihr Ziel besteht darin, den harten Kern der wirklich ernsthaften Forscher in der Naturwissenschaft und aus der Philosophie des Geistes zusammenzubringen. Die Zahl von wissenschaftlichen Tagungen und Zeitschriftenartikeln stieg steil an.[2] Im folgenden Jahr gab ich eine Sammlung philosophischer Texte unter dem Titel *Bewusstsein – Beiträge aus der Gegenwartsphilosophie* heraus, die gleichzeitig auch auf Englisch erschien.[3] Als ich mit einem meiner ASSC-Mitgründer, dem australischen Philosophen David Chalmers, die Bibliographie für dieses Buch zusammenstellte, deckte sie den Zeitraum von 1970 bis 1995 ab und enthielt etwa tausend Einträge. Zehn Jahre später, als ich diese Bibliographie für die fünfte deutsche Auflage überarbeitete, umfasste sie fast 2700 Einträge. An diesem Punkt gab ich jeden Versuch auf, die neu entstehende Fachliteratur über Bewusstsein komplett zu erfassen – es war ganz einfach nicht mehr möglich. Das Feld der seriösen Bewusstseinsforschung ist jetzt fest etabliert und entwickelt sich stetig weiter.

Auf dem Weg dahin haben wir viele Lektionen gelernt. Wir haben gelernt, wie groß die Angst vor dem Reduktionismus ist, in den Geisteswissenschaften genauso wie in der allgemeinen Öffentlichkeit, und wie groß der Markt für Irrationalismus und Obskurantismus ist, für das, was man in den angelsächsischen Ländern »Mysterianism« nennt – die Tendenz, immer neue Nebelkerzen zu werfen und das Problem des Bewusstseins zu einem unlösbaren Mysterium hochzustilisieren. Es gibt natürlich eine klare und eindeutige philosophische Antwort auf die weitverbreitete Furcht, wonach Philosophen oder Naturwissenschaftler »das Bewusstsein reduzieren« werden, und sie besteht in dem Hinweis, dass Reduktion ausschließlich eine Beziehung zwischen Theorien ist und nicht zwischen Phänomenen. Kein seriöser empirischer Forscher und kein Philosoph will »das Bewusstsein reduzieren«. Allenfalls lässt sich eine Theorie darüber, wie der Inhalt des Bewusstseins entstanden ist, auf eine andere Theorie reduzieren. Unsere Theorien über die Phänomene verändern sich, aber die Phänomene bleiben gleich. Ein schöner Regenbogen bleibt auch dann ein schöner Regenbogen, wenn er mit den Begriffen einer Theorie über elektromagnetische Strahlung erklärt worden ist. Sich eine primitive szientistische Ideologie zu eigen zu machen wäre genauso schlimm, wie sich dem antireduktionistischen Ressentiment, dem Irrationalismus und dem Obskurantismus zu unterwerfen. Darüber hinaus sind sich die meisten Beteiligten einig, dass die wissenschaftliche Methode nicht die einzige Form des Erkenntnisgewinns ist.

Aber das ist nicht alles, was zu diesem Thema gesagt werden muss. Ich denke, in Wahrheit könnte häufig tatsächlich eine tiefere, schwer zu artikulierende Einsicht hinter unserem Unbehagen gegenüber reduktiven Ansätzen bei der Erforschung des bewussten Geistes stehen. Wir wissen, dass unsere Überzeugungen über das Bewusstsein auf subtile Weise das verändern können, was wir wahrnehmen, indem sie den Inhalt und das funktionale Profil des subjektiven Erlebens selbst verändern – sie bilden nicht nur einen inneren Filter, sie bestimmen auch, welchen Situationen wir uns überhaupt aussetzen und wie wir miteinander umgehen. Manche von uns befürchten, eine materialistische »Entzauberung« als Folge von Fortschritten in den neuen Naturwissenschaften vom menschlichen Geist könnte unerwünschte soziale und kulturelle Konsequenzen mit sich bringen. Wie ich in den beiden abschließenden Kapiteln dieses Buches zeigen werde, haben auch diese Stimmen vollkommen recht: Auch dies ist ein wichtiger Aspekt der Entwicklung in den sogenannten *Mind Sciences* (die bald die Nachfolge der *Life Sciences*, der Lebenswissenschaften, antreten könnten). Wir haben auf vielen neuen Ebenen verstanden, dass Bewusstsein – wie auch die Wissenschaft selbst – ein kulturell eingebettetes Phänomen ist.

Eine andere Lektion, die wir gelernt haben, lautet, dass Bewusstsein kein »Alles-oder-Nichts«-Phänomen ist, nicht etwas, das entweder existiert oder nicht existiert. Es ist ein graduell auftretendes Phänomen, und es zeigt sich in vielen verschiedenen Schattierungen und Stärkegraden. Bewusstsein ist außerdem kein einheitliches Phänomen, sondern es besitzt eine Reihe voneinander unterscheidbarer Aspekte: Gedächtnis, Aufmerksamkeit, Gefühle, die Wahrnehmung von Farbe oder Selbstbewusstsein und Gedanken höherer Ordnung. Gleichwohl scheint es so zu sein, dass sich die Essenz des Phänomens – das, was ich das *Erscheinen einer Welt* nenne – durchgängig erhält. Eines der wesentlichen Merkmale von Bewusstsein besteht nämlich darin, dass es uns auf eine ganz neue Weise in dieser Welt situiert. Wenn wir am Morgen aufwachen, dann erleben wir uns als zu einem bestimmten Zeitpunkt existierend, an einem bestimmten Ort und als eingebettet in eine Szene: eine spezifische, eindeutige und integrierte *Situation* entsteht. Dasselbe gilt für Träume oder Halluzinationen, in denen man nicht bloß sich selbst erlebt, sondern sich selbst im Kontext einer bestimmten Situation, als Teil einer Welt, die eben zum Vorschein gekommen ist und sich nun schrittweise weiter enthüllt. Wir haben auch gelernt, dass das Bewusstsein weit ins Tierreich hinabreicht.[4] Wir haben viele neue Einsichten über psychiatrische Störungsbilder und Hirnverletzungen, über Koma und minimal bewusste Zustände, über Träume, luzide Träume und andere veränderte Bewusstseinszustände gewonnen. All das hat zu einem allgemeinen Bild geführt, dem Bild eines komplexen Phänomens, das in sehr verschiedenen Ausprägungsgraden und Erscheinungsformen auftritt. Es gibt keinen An-Aus-Schalter. Die Tatsache, dass Bewusstsein ein graduelles, in Stufen auftretendes Phänomen ist, verursacht manchmal begriffliche Probleme. Gleichzeitig finden wir jedoch bereits die ersten neuronalen Korrelate für spezifische Formen von Bewusstseinsinhalten.[5] Irgendwann wird es uns möglich sein, die minimale Menge von Eigenschaften zu bestimmen, die unsere Gehirne besitzen müssen, um spezifische Qualitäten des Erlebens zu aktivieren, wie etwa die rosa-aprikosenfarbene Tönung des Abendhimmels oder den Duft einer Mischung aus Ambra und Sandelholz.

Was wir jedoch nicht wissen, ist, wie weit uns die Entdeckung solcher neuronalen Korrelate in Richtung auf eine *Erklärung* von Bewusstsein tragen könnte. Korrelation ist jedenfalls nicht gleichzusetzen mit Verursachung. Wenn zum Beispiel fast alle Uhren in einer Zeitzone dieselbe Zeigerstellung aufweisen, dann bedeutet das noch lange nicht, dass zwischen ihnen auch Ursache-Wirkungs-Beziehungen bestehen. Vor allem ist auch eine noch so enge Korrelation keine wissenschaftliche Erklärung – wenn die beobachtbaren Mondphasen eng mit den Gezeiten korreliert sind, dann heißt das noch lange nicht, dass man Ebbe und Flut auch durch die Mondphasen *erklären* kann. Und wenn bestimmte Aspekte des Bewusstseins unaussprechlich sind, dann können wir sie ganz offensichtlich nicht direkt mit Zuständen in unseren Gehirnen in Beziehung setzen. Wir haben gegenwärtig kein gutes Verständnis dessen, was genau es bedeutet, zu sagen, dass Bewusstsein »subjektiv« ist, ein »privates« Phänomen, das an ein individuelles Selbst gebunden ist. Aber wenn wir die neuronalen Korrelate für spezifische Bewusstseinsinhalte schrittweise fixieren, dann wird das die Grundlagen für die Neurotechnologie der Zukunft legen. Sobald wir die hinreichenden physikalischen Korrelate für Bewusstseinsqualitäten wie »Rosa-Aprikosenfarben«

und »Sandelholz-Ambra« kennen, werden wir im Prinzip in der Lage sein, diese Zustände zu aktivieren, indem wir das Gehirn in einer angemessenen Weise stimulieren. Wir werden in der Lage sein, unsere bewussten Empfindungen von Farbe oder Geruch zu modulieren, sie zu intensivieren oder zu löschen, indem wir die relevanten Gruppen von Neuronen reizen oder hemmen. Das könnte dann auch für emotionale Zustände gelten, wie etwa Einfühlung, Dankbarkeit oder religiöse Ekstase.

Zunächst benötigen wir jedoch eine solide Grundlage. Bevor wir verstehen können, was das ist, was wir in der Vergangenheit das »Selbst« genannt haben, müssen wir uns zuerst einen Überblick über den gegenwärtigen Stand der Bewusstseinsforschung verschaffen, indem wir einen kurzen Ausflug in die Landschaft des Bewusstseins unternehmen, eine einzigartige und faszinierende Landschaft aus theoretischen Problemen und philosophischen Rätseln. Es hat natürlich bereits beträchtliche Fortschritte gegeben, aber was unseren bewussten Geist angeht, leben wir gleichsam immer noch in prähistorischen Zeiten. Unsere Theorien über das Bewusstsein sind so naiv wie die ersten Vorstellungen, die sich die Höhlenmenschen über das wirkliche Wesen der Sterne gemacht haben dürften. Aus der Perspektive der aktuellen Forschung stehen wir erst am Anfang einer echten Wissenschaft des Bewusstseins.

Das bewusste Gehirn ist eine biologische Maschine – ein Wirklichkeitsgenerator, der vorgibt, uns zu sagen, was existiert und was nicht existiert. Es ist anfänglich vielleicht beunruhigend, zu entdecken und erstmals wirklich zu verstehen, dass es vor unseren Augen keine Farben gibt. Das zarte aprikosenfarbene Rosa der untergehenden Sonne ist keine Eigenschaft des Abendhimmels; es ist eine Eigenschaft des inneren *Modells* des Abendhimmels, eines Modells, das durch unser Gehirn erzeugt wird. Der Abendhimmel ist farblos. In der Außenwelt gibt es überhaupt keine farbigen Gegenstände. Es ist alles genau so, wie es uns schon der Physiklehrer in der Schule gesagt hat: Da draußen, vor Ihren Augen, gibt es nur einen Ozean aus elektromagnetischer Strahlung, eine wild wogende Mischung verschiedener Wellenlängen. Die meisten davon sind für Sie unsichtbar und können niemals ein Teil Ihres bewussten Realitätsmodells werden. Was in Wirklichkeit geschieht, ist, dass das visuelle System in Ihrem Gehirn einen Tunnel durch die unvorstellbar reichhaltige physikalische Umwelt bohrt und im Verlauf dieses Vorgangs die Innenwände des Tunnels sozusagen in verschiedenen Farbtönen anmalt. *Phänomenale* Farbe. *Erscheinung.* Nur für das Auge des Bewusstseins.

Aber das ist nur der Anfang. Es gibt keine saubere und systematische Eins-zu-eins-Abbildung von bewusst erlebten Farben auf irgendwelche physikalischen Eigenschaften »da draußen«. Viele verschiedene Wellenlängenmischungen können dieselbe qualitative Empfindung von Aprikosen- und Rosafarben erzeugen (Wissenschaftler nennen solche Mischungen *Metamere*). Es ist auch interessant, festzustellen, wie die wahrgenommene Farbe eines Gegenstands unter sehr verschiedenen Beleuchtungsbedingungen fast vollständig konstant bleibt. Ein Apfel sieht zum Beispiel am Mittag grün für uns aus, wenn die Hauptbeleuchtung aus weißem Sonnenlicht besteht, und auch abends, beim Sonnenuntergang, wenn die Hauptbeleuchtung Rot ist, aber mit einer beträchtlichen Menge von dazugemischtem Gelb. Diese subjektive Farbkonstanz ist eines der faszinierendsten Merkmale der menschlichen Farbwahrnehmung, eine neurokomputationale Leistung ersten Ranges. Auf der anderen Seite ist es so, dass Sie auf der Ebene des Bewusstseins dieselbe physikalische Eigenschaft – sagen wir, die heiße Herdplatte vor Ihnen – durch zwei grundverschiedene phänomenale Qualitäten erleben können. Sie können sie als eine Empfindung der Wärme erleben und als eine Empfindung von glühendem Rot, als etwas, das Sie auf Ihrer Haut spüren, und als etwas, das Sie in den Raum vor Ihren Augen hineinprojizieren. *Phänomenaler* Raum. *Erscheinung.*

Um sich eines bewussten Farberlebnisses zu erfreuen, ist es nicht einmal notwendig, dass Ihre Augen geöffnet sind. Natürlich kann man von einem rosa-aprikosenfarbenen Abendhimmel auch träumen, oder man kann ihn halluzinieren. Es ist sogar möglich, eine noch dramatischere (sozusagen »überwirkliche«) Farberfahrung unter dem Einfluss einer halluzinogenen Droge zu machen, während Sie in die Leere hinter Ihren geschlossenen Augenlidern starren. Viele experimentelle Daten aus der modernen Bewusstseinsforschung zeigen übereinstimmend, dass das, was alle möglichen bewussten Empfindungen von *Rosa-Aprikosenfarben* miteinander gemein haben, nicht so sehr die Existenz eines Gegenstands »da draußen« ist, sondern vielmehr ein hochgradig spezifisches Aktivierungsmuster in unserem Gehirn. Im Prinzip könnten wir dieses Erlebnis also auch ohne Augen haben, und wir könnten es sogar als entkörpertes Gehirn in einer Nährlösung haben. Woher nehmen Sie eigentlich die Gewissheit, dass Sie sich nicht jetzt gerade, während Sie dieses Buch lesen, in einem Gefäß mit einer Nährlösung befinden? Wie können Sie beweisen, dass das Buch in Ihrer Hand – oder auch die Hand selbst – in Wirklichkeit existiert? In der Philosophie nennen wir dieses Spiel »Erkenntnistheorie«, die Suche nach einer Theorie darüber, wie sicheres und verlässliches Wissen möglich ist. Wir spielen es schon seit Jahrhunderten.

Das bewusste Erleben als solches ist dagegen eine ausschließlich innere Angelegenheit. Was immer sonst noch vom Bewusstsein gelten mag, eines scheint sicher: Wenn alle internen Eigenschaften unseres Nervensystems festgelegt sind, dann sind auch alle Eigenschaften unseres bewussten Erlebens – sein subjektiv erlebter Inhalt und die Art und Weise, wie es sich von innen für uns *anfühlt* – vollständig determiniert. Mit dieser »Internalität« meine ich nicht nur räumliche, sondern auch zeitliche Innerlichkeit – also das, was immer gerade jetzt stattfindet, in genau diesem Moment. Sobald gewisse Eigenschaften unseres Gehirns festgelegt sind, ist alles, was wir genau in diesem Moment erleben, ebenfalls festgelegt.

Philosophisch gesehen bedeutet all das aber noch lange nicht, dass eine reduktive Erklärung von Bewusstsein wirklich möglich ist. Zum Beispiel ist nicht klar, was überhaupt als eine einzige Erfahrung, als ein ganzes Erlebnis zählt: Sind Erlebnisse diskrete, zählbare Dinge? Haben Sie einen Anfang und ein Ende? Eines ist klar: Der *Fluss* des Erlebens existiert auf jeden Fall, und die kognitive Neurowissenschaft hat gezeigt, dass der Vorgang des bewussten Erlebens lediglich ein sehr idiosynkratischer, ein besonderer und ganz eigener Pfad durch eine physikalische Wirklichkeit ist, die so unvorstellbar komplex und reich an Informationen ist, dass es immer sehr schwierig für uns sein wird, wirklich zu verstehen, *wie* stark reduziert unser subjektives Erleben tatsächlich ist. Wenn wir uns tiefer auf das intensive Empfinden all der Farben, Klänge und Gerüche einlassen, auf das weite Spektrum unserer Emotionen und unserer Sinneswahrnehmungen, dann ist es schwer, zu glauben, dass all dies nur der innere Schatten von etwas unfassbar Reicherem und Größerem sein soll. Aber genau so ist es.

Schatten besitzen keine unabhängige Existenz. Und das Buch, das Sie jetzt gerade in der Hand halten – das heißt die zu einer Ganzheit vereinigten Empfindungen seiner Farbe, seines Gewichts und seiner Oberflächentextur –, ist ebenfalls nur ein Schatten, die niedrigdimensionale Projektion eines höherdimensionalen Gegenstands »da draußen«. Es ist ein Bild, eine Repräsentation, die wissenschaftlich als eine Region in Ihrem neuronalen Zustandsraum beschrieben werden kann. Dieser Zustandsraum selbst mag durchaus Millionen von Dimensionen besitzen – trotzdem hat die physikalische Wirklichkeit, durch die Sie sich mit seiner Hilfe bewegen, eine unvorstellbar höhere Anzahl von Dimensionen.

Die Schattenmetapher erinnert uns natürlich an das siebte Buch in Platons *Der Staat*. In Platons wunderschöner Parabel sind die Gefangenen in der Höhle an Schenkeln und Nacken gefesselt. Sie können nur geradeaus schauen, und ihre Köpfe sind seit der Geburt in einer festen Position angekettet gewesen. Alles, was sie jemals von sich selbst und den anderen Gefangenen gesehen haben, sind die Schatten, die durch das Feuer, das hinter ihnen brennt, auf die gegenüberliegende Höhlenwand geworfen werden. Sie glauben, dass die Schatten reale Gegenstände seien. Dasselbe gilt für die Schatten, die von den Gegenständen geworfen werden, die oberhalb der Mauer hinter ihren Köpfen entlanggetragen werden. Sind wir selbst vielleicht wie die Gefangenen, weil die Gegenstände einer unbekannten Außenwelt einen Schatten auf die Wand vor uns werfen? Sind wir am Ende selbst nur Schatten? Tatsächlich hat sich die philosophische Version unserer aktuellen Grundeinstellung zur bewusst erlebten Wirklichkeit aus dem platonischen Mythos heraus entwickelt – mit dem kleinen Unterschied, dass unsere heutige Version weder die Realität der materiellen Welt leugnet noch die Existenz ewiger Formen annimmt, die die eigentlichen Gegenstände darstellen, welche durch die Schatten auf der Wand von Platons Höhle abgebildet werden. Was wir allerdings annehmen, ist, dass die Bilder, die im Ego-Tunnel erscheinen, dynamische Projektionen von etwas wesentlich Größerem und Reichhaltigerem sind.

Was aber ist die Höhle, und was sind die Schatten? *Phänomenale* Schatten sind niedrigdimensionale Projektionen innerhalb des zentralen Nervensystems eines biologischen Organismus. Nehmen wir einmal an, dass das Buch, das Sie gerade in der Hand halten, so wie es von Ihnen jetzt genau in diesem Moment erlebt wird, ein dynamischer, niedrigdimensionaler Schatten des tatsächlichen physikalischen Gegenstands in Ihrer tatsächlich physikalischen Hand ist, ein tanzendes Muster in Ihrem zentralen Nervensystem. Dann können wir die folgende Frage stellen: Was ist das Feuer, das die Projektion der flackernden Schatten im Bewusstsein verursacht, die sozusagen als Aktivierungsmuster auf der Wand Ihrer neuronalen Höhle tanzen? Das Feuer ist die neuronale Dynamik. Das Feuer ist der unaufhörliche, sich selbst regulierende Fluss der neuronalen Informationsverarbeitung, welcher auf der Suche nach einem stabilen Gleichgewicht ist und dabei ständig durch Sinneswahrnehmungen und kognitive Vorgänge gestört, geformt und immer wieder von neuem aufgewühlt wird. Die Wand der Höhle ist nämlich keine zweidimensionale Oberfläche, sondern der hochdimensionale phänomenale Zustandsraum der menschlichen Technicolor-Phänomenologie.[6] Bewusste Erlebnisse sind komplette mentale Modelle in dem repräsentationalen Raum, der sich durch das gigantische neuronale Netzwerk in unseren Köpfen öffnet – und weil dieser Raum durch eine Person erzeugt wird, die ein Gedächtnis besitzt und sich in der Zeit vorwärtsbewegt, ist er gleichzeitig ein Tunnel. Die Kernfrage ist jetzt jedoch die folgende: Wenn so etwas wirklich die ganze Zeit in uns selbst geschieht, warum sind wir uns dieser Tatsache niemals bewusst?

Antti Revonsuo spielte auf das faszinierende Phänomen der außerkörperlichen Erfahrungen an, als er das bewusste Erleben mit einer anhaltenden und anstrengungslosen *außergehirnlichen Erfahrung* verglich.[7] Genau wie ich es getan habe, benutzt er das Modell einer Weltsimulation, um zu erklären, in welchem Sinn das Gefühl der Anwesenheit und Gegenwärtigkeit, dessen Sie sich jetzt gerade erfreuen, nur eine innere, subjektive Art von Anwesenheit und Gegenwärtigkeit ist. *Phänomenales* In-der-Welt-Sein. *Erscheinung.* Die Grundidee besagt, dass der Inhalt des Bewusstseins der Inhalt einer simulierten Wirklichkeit in unserem Gehirn ist und dass das Gefühl des Daseins selbst ein Teil dieser Simulation ist. Unser bewusstes Erleben der Welt ist auf systematische Weise externalisiert, weil das Gehirn ständig die Erfahrung erzeugt, dass *ich in einer Welt außerhalb meines Gehirns anwesend bin.* Alles, was wir heute über das menschliche Gehirn wissen, deutet darauf hin, dass die Erfahrung, sich außerhalb des eigenen Gehirns zu befinden und nicht in einem Tunnel, durch neuronale Systeme tief im Inneren des Gehirns hervorgebracht wird. Natürlich existiert eine Außenwelt, und Wissen und Handeln verbinden uns auf kausale Weise mit dieser Außenwelt – aber das bewusste Erleben des Wissens, des Handelns und des Verbundenseins selbst ist eine ausschließlich innere Angelegenheit.

Jede überzeugende Theorie des Bewusstseins wird erklären müssen, warum uns dies nicht so erscheint. Lassen Sie uns daher zu einem kurzen Ausflug in den Ego-Tunnel aufbrechen und einen Blick auf eine Reihe der wichtigsten Probleme für eine Theorie des Bewusstseins werfen, die sowohl philosophisch als auch neurowissenschaftlich überzeugend sein will. Wir werden uns sechs dieser Probleme im Einzelnen anschauen: das *Eine-Welt-Problem* oder die Frage nach der Einheit des Bewusstseins; das *Jetzt-Problem* oder das Rätsel, wie das Erscheinen eines gelebten Moments möglich sein kann; das *Wirklichkeits-Problem* oder die Frage, warum wir als naive Realisten geboren wurden; das *Problem der Unaussprechlichkeit* oder die Frage nach dem, worüber wir niemals werden sprechen können; das *Evolutions-Problem* oder die Frage, wozu Bewusstsein eigentlich gut war, und schließlich das *Wer-Problem* oder die Frage nach der Entität, die all die bewussten Erlebnisse in Wirklichkeit hat. Wir beginnen mit dem einfachsten Problem und enden mit dem schwierigsten. Danach besitzen wir die Grundlagen, um endlich tiefer in das eigentliche Wesen des Bewusstseins eindringen zu können.

Kapitel 2

EINE TOUR DURCH DEN TUNNEL

Das Eine-Welt-Problem: Die Einheit des Bewusstseins

Vor einiger Zeit musste ich einen Lexikonartikel zu dem Stichwort »Bewussstein« verfassen. Ich begann damit, zunächst alle existierenden Lexikonartikel zum Thema zu kopieren und die historischen Literaturverweise einen nach dem anderen zu den Originalquellen zurückzuverfolgen. Ich wollte wissen, ob es in der langen Geschichte der westlichen Philosophie so etwas wie eine gemeinsame philosophische Einsicht gegeben hatte – einen Grundgedanken, der sich wie ein roter Faden durch die jahrtausendelangen Bemühungen der Menschheit zog, den bewussten Geist zu verstehen. Zu meiner Überraschung fand ich zwei solcher wesentlichen Einsichten.

Die erste ist, dass Bewusstsein eine höherstufige Form des Wissens zu sein scheint, die Gedanken und andere geistige Zustände begleitet. Der lateinische Begriff der *conscientia* ist die ursprüngliche Wurzel, aus der sich alle späteren Terminologien in den englischen und romanischen Sprachen entwickelt haben. Er leitet sich seinerseits von *cum* (»mit«, »zusammen«) und *scire* (»wissen«) ab. In der Antike, genau wie in der scholastischen Philosophie des Mittelalters, bezog sich *conscientia* üblicherweise auf das moralische Gewissen oder auf Wissen, das von bestimmten Gruppen von Menschen geteilt wurde – wiederum überwiegend moralisches Wissen, Wissen über Werte. Interessanterweise wurde echtes Bewusstsein also mit moralischer Einsicht verknüpft. Ist es nicht ein Gedanke von großer Schönheit und Tiefe, dass jemand, der im wirklichen Sinne bewusst wird, zugleich ein moralisches Gewissen entwickelt? Vielleicht ist es ja sogar richtig, dass nur wer ein Gewissen hat, Bewusstsein im eigentlich *interessanten* Sinn besitzt. Wir Philosophen hätten auf einmal eine neue Definition des Wesens, das als *Zombie* durch die Gegenwartsdiskussion spukt – nämlich als einer amoralischen Person, die sich ethisch im Tiefschlaf befindet, obwohl ihre Augen weit geöffnet sind.[1]

Auf jeden Fall sagten viele der klassischen Theorien auf die eine oder andere Weise, dass Bewusstwerdung damit zu tun hatte, einen idealen Beobachter im Geist zu installieren, einen inneren Zeugen, der moralische Orientierung und außerdem ein verborgenes, vollständig privates Wissen über den Inhalt der eigenen geistigen Zustände bot. Bewusstsein war etwas, was unsere Gedanken mit unseren Handlungen verband, indem es sie dem moralischen Urteil des idealen Beobachters unterwarf. Was immer wir auch über diese frühen Theorien des Bewusstseins-als-Gewissen heute denken mögen, sie besaßen mit Sicherheit philosophische Tiefe und große Schönheit: Bewusstsein war ein innerer Raum, der einen Berührungspunkt zwischen dem wirklichen Menschen und dem idealen Menschen in seinem Inneren herstellte – und es war der einzige Raum, in dem man bereits vor dem Tod mit Gott zusammen sein konnte. Seit der Zeit von René Descartes (1596–1650) begann jedoch die philosophische Interpretation der *conscientia* als höherstufigem Wissen über die eigenen geistigen Zustände zu dominieren. Jetzt hat sie zunehmend etwas mit Gewissheit zu tun. In einem wichtigen Sinn ist Bewusstsein das Wissen, *dass* man weiß, *während* man weiß.

Die zweite wichtige Grundeinsicht scheint im Gedanken der *Integration* zu liegen: Bewusstsein ist das, was verschiedene Bestandteile gleichzeitig zusammenbindet, so dass sie als Teile eines umfassenden Ganzen erscheinen. Wenn man diese Ganzheit hat, erscheint einem eine Welt. Wenn der Informationsfluss aus unseren Sinnesorganen vereinheitlicht ist, erleben wir die Welt – Bewusstheit ist »Zusammenschau«. Wenn die Sinne dagegen auseinanderfallen und schwinden, verliert man das Bewusstsein. Philosophen wie Immanuel Kant oder Franz Brentano haben Theorien über diese »Einheit des Bewusstseins« aufgestellt: Was genau ist es, das in jedem einzelnen Moment all die verschiedenen Teile unseres bewussten Erlebens zu einer einzigen Wirklichkeit – einer »realen Einheit« – zusammenfügt? Besonders interessant ist heute, dass die erste wesentliche Einsicht – wissen, dass man etwas weiß; denken, dass man etwas denkt – überwiegend in der Philosophie des Geistes diskutiert wird,[2] wohingegen sich die Neurowissenschaft des Bewusstseins auf das Problem der Integration konzentriert, nämlich darauf, wie die verschiedenen wahrgenommenen Merkmale von Gegenständen zu einer Ganzheit verbunden werden. Dies nennt man das Problem der »Eigenschaftsbindung«, das sich jedoch auf vielen Ebenen erneut stellt. Wenn wir die Einheit des Bewusstseins verstehen wollen, müssen wir das zuletzt genannte Phänomen untersuchen – das Eine-Welt-Problem der dynamischen globalen Integration. Aber vielleicht werden wir im Verlauf dieser Untersuchung entdecken, wie die beiden wesentlichen Fragen – die *Top-Down*-Version, die in der Philosophie des Geistes diskutiert wird, und die *Bottom-Up*-Version, die von der Hirnforschung entwickelt wird – in Wirklichkeit nur zwei Seiten ein und derselben Medaille sind.[3]

Wie wäre es wohl, das bewusste Erlebnis zu haben, dass man zur gleichen Zeit in mehreren Welten lebt, dass sich echte Parallelwirklichkeiten im eigenen Geist öffnen? Gäbe es dann auch parallele Beobachter? Das Eine-Welt-Problem ist so einfach, dass man es leicht übersehen kann: Damit eine Welt uns erscheinen kann, muss es zuerst einmal *eine* Welt sein. Für die meisten von uns scheint es offensichtlich, dass wir unser bewusstes Leben in einer einzigen Realität leben und dass die Welt, in der wir jeden Morgen aufwachen, dieselbe Welt ist, in der wir am Tag davor eingeschlafen sind. Unser Tunnel ist *ein* Tunnel. Es gibt keine Nebenstraßen, geheimen Seitengassen oder alternativen Pfade durch die Wirklichkeit. Nur Menschen, die schwere psychiatrische Störungen durchlebt haben, oder Personen, die mit höheren Dosen von Halluzinogenen experimentiert haben, können sich vielleicht ansatzweise vorstellen, was es bedeuten würde, zu ein und demselben Zeitpunkt in mehr als einem Bewusstseins-Tunnel zu leben. Die Einheit des Bewusstseins ist eine der größten Leistungen des Gehirns: Es ist die gar nicht so einfache oder selbstverständliche phänomenologische Tatsache, dass alle Inhalte unseres gegenwärtigen Erlebens nahtlos miteinander verbunden sind, dass sie ein zusammenhängendes Ganzes bilden – die Welt, in der wir unser Leben leben.

Das Problem der Integration von Bewusstseinsinhalten muss allerdings zuerst auf einer ganzen Reihe von subglobalen Ebenen gelöst werden. Stellen Sie sich vor, Sie wären nicht mehr in der Lage, die verschiedenen Eigenschaften eines gesehenen Gegenstands – seine Farbe, seine Oberflächentextur, die Kanten und so weiter – zu einem einzelnen Inhalt zu verbinden. Es gibt zum Beispiel eine Störung, die als »apperzeptive Agnosie« bekannt ist, bei der kein zusammenhängendes visuelles Modell auf der Ebene des Bewusstseins entsteht, obwohl alle niedrigstufigen visuellen Verarbeitungsvorgänge des Patienten vollkommen intakt sind. Die Betroffenen haben in der Regel ein vollständig intaktes Sehfeld, das bewusst wahrgenommen wird, aber können nicht erkennen, was es ist, das sie gerade anschauen. Sie sind beispielsweise nicht in der Lage, Formen voneinander zu unterscheiden oder einander zuzuordnen, indem sie sie im eigenen Geist aufeinander abbilden, und sie können auch keine Zeichnungen kopieren. Die apperzeptive Agnosie wird häufig durch eine mangelnde Sauerstoffversorgung des Gehirns verursacht – etwa durch eine Vergiftung mit Kohlenmonoxid. Solche Patienten können sehr wohl ein zusammenhängendes, integriertes visuelles Weltmodell besitzen, aber bestimmte Arten von visueller Information sind für sie nicht mehr verfügbar, um damit ihre eigenen Handlungen zu kontrollieren. Auf der rein funktionalen Ebene können sie Gestaltmerkmale oder Hinweisreize, die die Trennung zwischen Figur und Hintergrund betreffen, nicht mehr benutzen, um ihr Sehfeld zu organisieren.[4] Stellen Sie sich nun als Nächstes vor, Sie wären nicht mehr in der Lage, Ihre Wahrnehmung eines Gegenstands mit dem begrifflichen Wissen zu verknüpfen, das es Ihnen gestatten würde, ihn zu identifizieren. Sie könnten deshalb auch nicht subjektiv erleben, *was es ist*, das Sie wahrnehmen. Beispiele hierfür sind die »Astereognosie« (die Unfähigkeit, Gegenstände mit Hilfe des Tastsinns zu erkennen, die typischerweise im Zusammenhang mit Verletzungen zweier bestimmter Regionen im primären somatosensorischen Kortex auftritt) oder die »Autotopagnosie« (die Unfähigkeit, Teile des eigenen

Körpers zu identifizieren und zu benennen, ebenfalls verursacht durch bestimmte kortikale Hirnverletzungen). Es gibt auch Patienten, die unter der sogenannten disjunktiven Agnosie leiden und ihr Sehen nicht mehr mit ihrem Hören verschmelzen können. Ihr bewusstes Leben scheint sich in einem Stummfilm abzuspielen, bei dem zusätzlich eine falsche Tonspur läuft. Einer dieser Patienten beschrieb sein Erleben wie folgt: »Jemand stand direkt vor mir, und ich konnte sehen, wie sich sein Mund bewegte, aber ich bemerkte, dass die Mundbewegungen nichts mit dem zu tun hatten, was ich hörte.«[5]

Wie wäre es nun, wenn *alles* sich auflösen und auseinanderfallen würde? Es gibt neurologische Patienten mit schweren Hirnverletzungen, die »zerschmetterte Welten« beschreiben, aber in diesen Fällen besteht zumindest noch irgendeine Art von Welt – etwas, das man überhaupt als zerschmettert erleben kann. Wenn die vereinheitlichte, multimodale Szene – das Hier und Jetzt, die Situation als solche – sich vollständig auflöst, dann verlieren wir einfach das Bewusstsein. Die Welt erscheint uns nicht mehr.

Eine ganze Reihe neuerer Ideen und Hypothesen in der Hirnforschung legen eine Vorstellung davon nahe, wie diese »Weltbindungsfunktion« realisiert sein könnte. Eine davon ist die sogenannte Hypothese des dynamischen Kernzustands[6] (*dynamical core hypothesis*), welche postuliert, dass aus dem konstanten Hintergrundgeräusch von Millionen von Nervenzellen, die unermüdlich vor sich hin feuern und auf diese Weise »miteinander sprechen«, ein großes neurodynamisches Muster hervortritt, das gleichzeitig hochgradig integriert ist und eine stark differenzierte innere Struktur besitzt. Giulio Tononi, ein Neurowissenschaftler an der Universität von Wisconsin in Madison, ist der führende Vertreter dieser Hypothese. Er spricht von einem »funktionalen Cluster« aus Nervenzellen, wohingegen ich selbst den Begriff der *kausalen Dichte* eingeführt habe.[7]

Der Grundgedanke ist einfach: Das globale neuronale Korrelat des Bewusstseins ist wie eine Insel, die aus dem Meer auftaucht. Wie wir bereits festgestellt haben, handelt es sich dabei um eine große Menge von neuronalen Eigenschaften, die dem Bewusstsein als einer Ganzheit zugrunde liegt, die also in jedem einzelnen Moment die tragende Basis für unser erlebnismäßiges Modell der Welt in seiner Totalität darstellt. Für das globale NCC gibt es viele verschiedene Beschreibungsebenen: Auf der Ebene der Dynamik könnten wir es zum Beispiel als eine kohärente Insel beschreiben, die aus dicht gekoppelten Ursache-Wirkungs-Beziehungen besteht und aus den Fluten eines viel weniger zusammenhängenden neuronalen Aktivitätsstroms auftaucht. Wir könnten aber auch eine neurokomputationale Perspektive einnehmen und das globale NCC als etwas betrachten, das eine noch unbekannte Funktion realisiert, sich aus Informationsverarbeitung im Gehirn ergibt und deshalb für uns als Träger von Information fungiert. Dann würde es zu etwas eher Abstraktem, das wir uns vielleicht als eine Informationswolke vorstellen könnten, die sozusagen über dem neurobiologischen Substrat schwebt. Die »Grenze« dieser Informationswolke ist etwas Funktionales, nichts Physikalisches. Die Wolke wird nur auf der physikalischen Ebene durch eine große Menge räumlich weit verteilter feuernder Neuronen in unserem Kopf realisiert. Genau wie eine Regenwolke aus winzigen Wassertröpfchen besteht, die in der Luft schweben, setzt sich das neuronale Aktivierungsmuster, das die Grundlage der Gesamtheit unseres bewussten Erlebens bildet, aus Millionen von winzigen elektrischen Entladungen und chemischen Übergängen an den Synapsen zusammen. Genau genommen hat die Informationswolke des Bewusstseins keinen festen Ort im Gehirn, obwohl sie kohärent ist.

Aber warum ist die Wolke kohärent? Was hält all die kleinen Tröpfchen – all die Mikroereignisse – zusammen? Wir wissen es noch nicht, aber es gibt Hinweise darauf, dass das einheitliche Ganze des Bewusstseins mit Hilfe der zeitlichen Feinstruktur in Erscheinung tritt, die die Aktivität des bewussten Gehirns kennzeichnet – das heißt durch den rhythmischen Tanz neuronaler Entladungen und synchroner Oszillationen. Aus diesem Grund ist die Grenze dieser Ganzheit eine funktionale Grenze, die den Rand der Insel des Bewusstseins in einem Ozean bildet, der aus Myriaden von weniger integrierten und weniger dicht miteinander gekoppelten neuronalen Mikroereignissen besteht. Alle Information innerhalb dieser Wolke aus feuernden Neuronen ist *bewusste* Information. Was immer sich innerhalb der Grenzen dieser Wolke befindet (innerhalb des »dynamischen Kerns«), ist Teil unserer inneren Welt, und was immer sich außerhalb davon befindet, ist kein Teil unserer subjektiven Wirklichkeit. In diesem Sinne lässt sich das bewusste Erleben als eine ganz besondere globale Eigenschaft der neuronalen Gesamtdynamik in unserem Gehirn verstehen, als eine besondere Form der Informationsverarbeitung, die auf einem global integrierten Datenformat beruht.

Wir besitzen sogar bereits die ersten mathematischen Werkzeuge, die uns erlauben, die kausale Komplexität innerhalb des dynamischen Bewusstseinskerns genauer zu beschreiben. Wenn man alle technischen Details beiseitelässt, dann zeigen diese Werkzeuge uns, wie ein Vorgang der Selbstorganisation in unseren Gehirnen eine optimale Balance zwischen Integration und Differenzierung ermöglicht, zwischen Einheit und innerem Nuancenreichtum, und auf diese Weise den wunderbaren Reichtum und die innere Vielfalt von Bewusstseinsinhalten zusammen mit dem Erleben der Einheit erzeugt.

Was bedeutet all dies? Was wir für Bewusstsein wirklich brauchen, ist kein gleichförmiger Zustand globaler Synchronizität, ein Zustand, in dem einfach viele Nervenzellen gleichzeitig zusammen feuern. Diese Gleichförmigkeit finden wir in Zuständen der Unbewusstheit, wie zum Beispiel im Tiefschlaf oder während epileptischer Anfälle. In diesen Fällen löscht die Synchronizität alle innere Komplexität schlichtweg aus: Es ist, als würde das gleichzeitige Feuern all die Farben und Formen, die Gegenstände, aus denen unsere Welt besteht, regelrecht ausradieren. Was wir brauchen, ist eine Kohärenz im großen Maßstab, einen Vorgang, der weit entfernte Gehirnregionen überspannt und miteinander verbindet und gleichzeitig auf flexible Weise viele verschiedene Arten von Inhalten in eine bewusste Hierarchie einbettet: die Buchstaben in die Seite, die Seite in das Buch, die Hand, die das Buch hält, in unser körperliches Selbst, und das Selbst als etwas, das sich nicht nur in einem Sessel im Zimmer sieht, sondern das auch die *Bedeutung* der Worte versteht – ein »Selbst im Akt des Wissens«. Wir benötigen eine Einheit des Bewusstseins, die, von innen gesehen, so differenziert wie möglich ist. Auf der anderen Seite ist maximale Differenzierung für sich genommen auch nicht optimal, weil diese dazu führen würde, dass unsere Welt in unverbundene Stücke aus geistigen Inhalten zerfiele und wir das Bewusstsein verlieren würden. Der eigentliche Trick am Bewusstsein scheint darin zu bestehen, immer genau die richtige Abstimmung zwischen den Teilen und dem Ganzen zu erreichen – und in jedem einzelnen Moment unseres bewussten Lebens scheint ein weit verteiltes Netzwerk aus Nervenzellen im Gehirn genau das zu leisten, als Wolke aus einzelnen Neuronen, die im Raum verteilt sind und in sehr feinen, subtil organisierten Mustern aus gleichzeitiger Aktivität vor sich hin feuern, wobei vielleicht ein Muster immer in das nächste eingebettet wird. Genau wie bei den Wassertröpfchen, die unsere Regenwolke in der äußeren Wirklichkeit bilden, verlassen in jedem Moment manche Elemente den Gesamtverband, während andere zu ihm hinzutreten. Bewusstsein findet in großem Maßstab statt und ist ein vereinheitlichtes Gesamtphänomen, das aus unzähligen physikalischen Mikroereignissen hervortritt. Solange ein hinreichend starkes Ausmaß an interner Korrelation und kausaler Kopplung es dieser Insel aus tanzenden Mikroereignissen erlaubt, aus der chaotischen Dynamik in unserem Gehirn aufzutauchen, leben wir in einer einzigen Wirklichkeit. Eine einzige und einheitliche Welt *erscheint* uns.

Dieses Hervortreten einer Wirklichkeit kann auch in »*Offline*-Zuständen« geschehen: Im Traum funktioniert die Verknüpfung der Inhalte jedoch nicht ganz so gut, und genau das erklärt auch, weshalb unsere Traumwirklichkeit häufig so bizarr ist, warum wir Schwierigkeiten haben, unsere Aufmerksamkeit zu bündeln, und warum einzelne Traumszenen so schnell aufeinanderfolgen. Trotzdem gibt es auch hier nach wie vor so etwas wie eine übergreifende *Situation*, wir sind immer noch gegenwärtig und in ihr anwesend, und aus diesem Grund dauert das phänomenale Erleben weiter an. Aber wenn wir allmählich in den Schlaf sinken und die Insel sich wieder im Meer auflöst, dann verschwindet auch unsere Welt. Die Menschheit weiß dies mindestens seit der griechischen Antike: Der Schlaf ist der kleine Bruder des Todes, denn auch Einschlafen bedeutet, die Welt loszulassen.[8]

Eines der faszinierenden Merkmale der aktuellen Bewusstseinsforschung ist die Tatsache, dass alte philosophische Ideen plötzlich in den interessantesten Bereichen der neurowissenschaftlichen Forschungsfront sozusagen in neuem Gewand wieder auftauchen. Sowohl Aristoteles als auch Franz Brentano haben darauf hingewiesen, dass das bewusste Wahrnehmen auch darin bestehen muss, dass man sich der Tatsache gewahr ist, dass man gerade jetzt etwas bewusst wahrnimmt, in genau diesem Moment. In einem gewissen Sinne müssen wir das Wahrnehmen wahrnehmen, und zwar während es geschieht. Wenn dieser Gedanke richtig ist, dann muss der Gehirnzustand, der gerade jetzt Ihre bewusste Wahrnehmung des Buchs in Ihrer Hand erzeugt, zwei logische Teile besitzen: einen Teil, der ein inneres Porträt des Buchs erzeugt, und einen Teil, der ständig den Gesamtzustand selbst repräsentiert, ihn noch einmal darstellt. Ein Teil zeigt auf die Welt und ein Teil auf den Darstellungsvorgang an sich. Bewusste Zustände könnten genau die Zustände sein, die sich selbst noch einmal »metarepräsentieren«, während sie etwas anderes darstellen. Dieser klassische Gedanke ist nicht frei von logischen Problemen, aber vielleicht kann man die philosophische Grundidee innerhalb eines empirisch plausiblen Begriffrahmens bewahren und auf präzisere Weise weiterentwickeln.

Die Arbeiten des niederländischen Hirnforschers Victor Lamme in Amsterdam und die des französischen Neurowissenschaftlers Stanislas Dehaene am NeuroSpin Center auf dem CEA Campus von Saclay und im Pariser Klinikum Pitié-Salpêtrière verweisen jeweils auf die zentrale Bedeutung sogenannter »rekurrenter Verbindungen« als der funktionalen Basis des Bewusstseins.[9] Bei der bewussten visuellen Verarbeitung zum Beispiel wird Information auf einer hohen – also: späteren – Stufe ständig dynamisch zurück abgebildet auf Information, die jetzt gerade erst auf einer frühen Ebene entsteht. Trotzdem bezieht sich der gesamte rückgekoppelte Vorgang immer auf dasselbe Netzhautbild im Auge. Wie wir alle wissen, machen unsere Augen pro Sekunde etwa drei kleine Sprünge, sogenannte Sakkaden. Jedes Mal, wenn sie eine bestimmte Szene erfassen, entsteht ein innerer Kreislauf, ein Feedforward-Feedback-Zyklus, der sich auf das aktuelle Bild bezieht, und dieser Zyklus liefert uns das detaillierte bewusste Wahrnehmungsbild dieser Szene. Wir machen ständig bewusste Schnappschüsse der Welt mit Hilfe dieser Feedforward-Feedback-Zyklen. Sehr allgemein gesprochen, scheint das Prinzip dabei darin zu bestehen, dass die fast kontinuierlich ablaufenden Feedback-Schleifen von höheren zu niedrigeren Bereichen im Gehirn einen anhaltenden Zyklus erschaffen, einen kreisförmigen, in sich selbst eingebetteten Informationsfluss, bei dem das, was gerade vor ein paar Millisekunden passiert ist, ständig dynamisch auf das zurück abgebildet wird, was gerade jetzt hereinkommt. Ein innerer Kreislauf entsteht. Auf diese Weise erzeugt die unmittelbar zurückliegende Vergangenheit kontinuierlich einen Kontext für die Gegenwart – sie filtert das, was wir jetzt gerade bewusst erleben können. Man sieht, wie eine alte philosophische Idee verfeinert, angereichert und durch die moderne Hirnforschung dann auf der Ebene des neuronalen Mechanismus detailliert ausbuchstabiert wird. In der bewussten Wahrnehmung wird eine stehende Kontextschleife erschaffen. Und das könnte eine tiefere Einsicht in das innere Wesen der welterzeugenden Funktion des bewussten Erlebens sein: Bewusste Information könnte genau deshalb integriert und einheitlich sein, weil der ihr zugrunde liegende physikalische Vorgang immer wieder auf sich selbst abgebildet wird und dadurch *zu seinem eigenen Kontext* wird. Wir können diese Überlegung jetzt nicht nur auf einzelne Repräsentationen anwenden, wie etwa auf das visuelle Erleben eines Apfels in Ihrer Hand, sondern auf das vereinheitlichte Porträt der Welt *als einer Ganzheit*, das vom Gehirn erzeugt wird. Dann erscheint der dynamische Fluss des bewussten Erlebens als das Ergebnis einer ständig ablaufenden Anwendung des Vorwissens, das unser Gehirn besitzt, auf die gerade gegebene Situation – und zwar in einem sehr großen, globalen Maßstab. Wenn wir bewusst sind, erzeugt der Gesamtvorgang des Wahrnehmens, Lernens und Lebens einen Kontext für sich selbst – und genau dadurch verwandelt sich unsere Wirklichkeit in eine *gelebte* Wirklichkeit.

Es gibt einen anderen wissenschaftlichen Weg, um tiefer in das Eine-Welt-Problem einzudringen, der besonders faszinierend ist und der sich zunehmender Aufmerksamkeit erfreut. Wir wissen seit langem, dass das Erlebnis der Einheit und der holistischen Integration in Zuständen tiefer Meditation ganz besonders klar und deutlich ausgeprägt ist. Wenn wir also wissen wollen, was die Essenz des Bewusstseins ist, warum sollten wir dann nicht diejenigen Menschen konsultieren, die es in seiner reinsten Form kultivieren? Oder noch besser, warum sollten wir nicht moderne bildgebende Verfahren benutzen und direkt in ihr Gehirn schauen, während sie die Einheit und die Ganzheitlichkeit ihres bewussten Geistes maximieren?

Antoine Lutz und seine Kollegen am W. M. Keck Labor für funktionale Bildgebung und Verhaltensforschung an der Universität von Wisconsin haben tibetanische Mönche untersucht, die eine Meditationserfahrung von mindestens 10 000 Stunden besaßen. Sie fanden heraus, dass Meditierende lang anhaltende Gammaband-Oszillationen mit einer hohen Amplitude und eine globale Phasensynchronizität in ihrem Gehirn erzeugten, die in EEG-Messungen während der Meditation deutlich sichtbar waren.[10] Die bei manchen dieser Langzeitmeditierenden beobachtete Gamma-Aktivität scheint die stärkste zu sein, über die jemals in der wissenschaftlichen Literatur berichtet wurde. Warum ist diese Tatsache interessant? Wie Wolf Singer und seine Mitarbeiter gezeigt haben, gehören Oszillationen im Gammaband – die durch Gruppen von Nervenzellen verursacht werden, die gleichzeitig etwa vierzigmal pro Sekunde feuern – zu unseren gegenwärtig heißesten Kandidaten für die Erzeugung von Einheit und Ganzheit (obwohl ihre spezifische Rolle in dieser Hinsicht immer noch Gegenstand kontroverser Diskussionen ist). Zum Beispiel scheinen diese synchronen Oszillationen auf der Ebene der bewussten Gegenstandswahrnehmung häufig genau das zu sein, was die verschiedenen Merkmale eines Objekts – die Kanten, die Farbe, die Oberflächentextur eines Apfels etwa – zu einem einzigen vereinheitlichten Wahrnehmungsinhalt verbindet. Viele Experimente haben gezeigt, dass synchrones Feuern genau das sein könnte, was einen Verband von Nervenzellen, der Zugang zum Bewusstsein besitzt, von einem anderen unterscheidet, der ebenfalls feuert, allerdings auf unkoordinierte Weise und daher auch ohne Zugang zum Bewusstsein. Gleichzeitigkeit ist eine mächtige kausale Kraft: Wenn tausend Soldaten zusammen über eine Brücke gehen, geschieht nichts; marschieren sie dabei jedoch im Gleichschritt, kann es durchaus geschehen, dass die Brücke zusammenstürzt.

Die Synchronizität neuronaler Antworten spielt auch eine entscheidende Rolle bei der Trennung einer wahrgenommenen Figur vom Hintergrund, das heißt bei dem sogenannten *Pop-out*-Effekt, der es uns gestattet, einen Gegenstand vor einem Hintergrund wahrzunehmen und so eine neue Gestalt aus dem Gesamtbild einer Wahrnehmungsszene hervortreten zu lassen. Ulrich Ott ist Deutschlands führender Meditationsforscher und arbeitet am *Bender Institute of Neuroimaging* der Justus-Liebig-Universität in Gießen. Er hat mich mit einem faszinierenden Gedanken konfrontiert: Könnte tiefe Meditation vielleicht genau der Vorgang sein – vielleicht der einzige Vorgang –, bei dem Menschen manchmal den globalen Hintergrund des Erlebens *in die Gestalt* verwandeln können, in das dominierende Merkmal des bewussten Erlebens selbst? Diese Annahme würde sehr gut zu einer intuitiven Vermutung passen, die viele andere führende Forscher hegen, unter ihnen auch Antoine Lutz – nämlich, dass man in derartigen Bewusstseinszuständen die grundlegende Subjekt-Objekt-Struktur des Erlebens transzendieren kann.

Interessanterweise braucht diese oszillatorische Aktivität mit einer hohen Amplitude im Gehirn von erfahrenen Langzeitmeditierenden mehrere Dutzend Sekunden, um sich schrittweise aufzubauen. Sie können es nicht einfach anschalten. Im Gegenteil, es scheint sich nur genau dann entfalten zu können, wenn der Meditierende es schafft, achtsam, aber anstrengungslos »beiseitezutreten«. Der tiefe, vollständig entfaltete Meditationszustand entwickelt sich nur langsam, aber genau das sagt die Theorie auch voraus: Weil es sich um ein gigantisches Netzwerkphänomen handelt, wird das Ausmaß an neuronaler Synchronisierung, das der Einheit des Bewusstseins zugrunde liegt, längere Zeit brauchen, um sich zu entwickeln. Denn die erforderliche Zeit zur Herstellung von Synchronizität ist proportional zur Größe des neuronalen Zellverbands – und in der Meditation muss eine orchestrierte Gruppe von vielen Hundert Millionen Nervenzellen gebildet werden. Die Oszillationen stehen darüber hinaus in direkter Beziehung zu den verbalen Berichten der Meditierenden über die Intensität des meditativen Erlebens – es besteht also ein unmittelbarer Zusammenhang zwischen den Oszillationen und der berichteten Intensität selbst. Eine weitere interessante Entdeckung ist, dass es im Anschluss an die Meditationspraxis signifikante Veränderungen der Hirnaktivität im normalen Ruhezustand gibt. Anscheinend verändert also wiederholte Meditationspraxis die Tiefenstruktur des Bewusstseins selbst. Betrachtet man Meditation einmal nicht als Weg zur Befreiung, sondern als eine Form des mentalen Trainings mit therapeutischem Potenzial, dann zeigt sich, dass die oszillatorische Synchronizität im Gamma-Bereich genau das richtige Zeitfenster öffnet, das auch aus der Perspektive der Wissenschaft notwendig wäre, um Veränderungen an den synaptischen Verbindungen auf besonders wirksame Weise hervorzubringen.

Fassen wir zusammen: Im Moment scheint es so, dass eine Bindung von Eigenschaften genau dann auftritt, wenn im Gehirn weit verteilte Nervenzellen, die die Reflexion des Lichts, die Oberflächeneigenschaften und, sagen wir, das Gewicht dieses Buchs darstellen, damit beginnen, zusammen zu tanzen, indem sie genau gleichzeitig feuern. Dieses rhythmische Muster des Feuerns erzeugt eine kleine zusammenhängende Wolke in Ihrem Gehirn, ein Netzwerk aus Neuronen, die einen einzelnen Gegenstand – das Buch – für Sie darstellen, und zwar *in einem bestimmten Moment*. Das, was alles zusammenhält, ist also Kohärenz *in der Zeit*. Die Verschmelzung und Bindung von Eigenschaften erfolgt in der zeitlichen Dimension. Die Einheit des Bewusstseins erscheint deshalb als eine dynamische Eigenschaft des menschlichen Gehirns. Sie erstreckt sich über viele Organisationsstufen, sie organisiert sich selbst über die Zeit hinweg, und sie versucht ständig, eine optimale Balance zwischen den Teilen und dem Ganzen zu erreichen, während diese sich schrittweise entfalten und weiterentwickeln. Im EEG zeigt sie sich als eine langsam evolvierende globale Eigenschaft, und wie unsere Meditierenden demonstrieren, kann man sie auch von innen kultivieren und tiefer erforschen, aus der Erste-Person-Perspektive heraus. Lesen Sie dazu auch das Interview mit Wolf Singer am Ende dieses Kapitels.

Die Einheit des Bewusstseins ist also nichts Starres oder Metaphysisches, sondern ein Vorgang in der Welt – wenngleich einer, der viele Ebenen gleichzeitig durchdringt. Das nächste Problem für eine vollständige Theorie des Bewusstseins ist allerdings bereits etwas schwieriger.

Das Jetzt-Problem: Die Entstehung eines gelebten Moments

Hier ist ein Beispiel für einen einfachen Punkt, den ich als Philosoph immer sowohl als faszinierend wie auch als hochgradig rätselhaft empfunden habe: Eine vollständige wissenschaftliche Beschreibung des physikalischen Universums würde keine Information darüber enthalten, welche Zeit »jetzt« ist. Das ist deshalb so, weil eine solche objektive Beschreibung vollkommen frei von dem wäre, was Philosophen »indexikalische Ausdrücke« nennen. In ihr gäbe es keine Zeiger oder kleine rote Pfeile, die uns sagen würden: »Sie sind hier!« oder »Gerade jetzt!«. Im wirklichen Leben ist dies die Aufgabe des bewussten Gehirns: Es sagt dem es beherbergenden Organismus fortwährend, welcher Ort *hier* ist und welche Zeit *jetzt* ist. Dieses erlebte Jetzt ist das zweite große Problem für eine moderne Theorie des Bewusstseins.[11]

Der biologische Bewusstseins-Tunnel ist ein Tunnel nicht einfach nur in dem Sinne, dass es sich um ein internes Realitätsmodell in unserem Gehirn handelt. Er ist auch ein Zeittunnel – oder, genauer gesagt, ein Tunnel der Gegenwärtigkeit. An dieser Stelle begegnen wir einer subtileren Form von Innerlichkeit, nämlich Innerlichkeit innerhalb der zeitlichen Dimension, so wie sie subjektiv erlebt wird.

Der empirische Teil der Geschichte wird sich mit dem Kurzzeitgedächtnis und dem Arbeitsgedächtnis auseinanderzusetzen haben, mit rekurrenten Schleifen in neuronalen Netzwerken und mit der Einbindung einzelner Ereignisse in größere zeitliche Gestalten (die wir häufig einfach den »psychologischen Moment« nennen). Der wirklich irritierende Aspekt des Jetzt-Problems ist begrifflicher Natur: Es lässt sich sehr schwer genau sagen, *worin* eigentlich das philosophische Rätsel besteht. Es ist fast schon zur Tradition geworden, dass Philosophen und auch Wissenschaftler an diesem Punkt eine Passage aus dem 14. Kapitel des 11. Buchs der *Bekenntnisse* des heiligen Augustinus zitieren. In dieser berühmten Passage bemerkt der Bischof von Hippo: »Was also ist die Zeit? Wenn mich niemand danach fragt, weiß ich es. Wenn ich es einem erklären will, der danach fragt, weiß ich es nicht.« Die Hauptschwierigkeit bei der Lösung des Jetzt-Problems liegt nicht in der Hirnforschung, sondern in der Frage, wie man es richtig formuliert. Lassen Sie es mich zumindest versuchen: Bewusstsein ist Innerlichkeit in der Zeit. Es macht die Welt für uns gegenwärtig, indem es einen neuen Raum in unserem Geist öffnet – den Raum der zeitlichen Internalität: Alles ist *innerhalb des Jetzt*. Was auch immer wir erleben, wir erleben es notwendigerweise als *in diesem Moment* geschehend.

Vielleicht sind Sie zunächst anderer Meinung: Stimmt es etwa nicht, dass sich mein bewusstes episodisches Gedächtnis, die Erinnerung an meinen letzten Spaziergang am Strand, auf etwas in der Vergangenheit bezieht? Und stimmt es etwa nicht, dass meine bewussten Gedanken und Pläne über den für das nächste Wochenende geplanten Ausflug in die Berge sich auf die Zukunft beziehen? Doch, das stimmt alles – aber sie sind immer eingebettet in ein bewusstes Modell des Selbst, das sich *gerade jetzt* an die Seesterne am Strand erinnert beziehungsweise *genau in diesem Moment* eine neue Route zum Gipfel plant.

Wenn wir Richard Gregory, dem großen alten Mann der britischen Psychologie, folgen, dann besteht eine der Hauptfunktionen des bewussten Erlebens darin, »die gefährliche Gegenwart zu markieren«, als ob man eine rote Flagge setzt, die einen besonders gefährlichen Bereich der Wirklichkeit auszeichnet.[12] Eine der wesentlichen Funktionen des Bewusstseins ist es demnach, einem Organismus zu helfen, in Kontakt mit der unmittelbaren Gegenwart zu bleiben – mit all den Eigenschaften sowohl seiner selbst als auch seiner Umgebung, die sich plötzlich und unvorhersagbar verändern können. Diese Idee steht in Beziehung zu einem klassischen Begriff, den Bernard Baars vom *Neurosciences Institute* in San Diego eingeführt hat, der in der Bewusstseinsforschung für sein im Jahre 1988 erschienenes Buch *A Cognitive Theory of Consciousness* bekannt ist. In diesem Buch skizzierte er die sogenannte Theorie des globalen Arbeitsspeichers als ein Modell für Bewusstsein. Diese Metapher für Bewusstsein als Inhalt eines globalen Arbeitsspeichers im Geist hat sich als fruchtbar erwiesen und führt zu der Schlussfolgerung, dass nur die kritischen Aspekte der Wirklichkeit im Bewusstsein dargestellt werden. Bewusste Information ist dann genau die Information, die für jede einzelne unserer kognitiven Fähigkeiten gleichzeitig verfügbar gehalten werden muss. Eine bewusste Repräsentation brauchen wir also nur, wenn wir nicht genau wissen, was als Nächstes passieren wird und welche unserer geistigen Fähigkeiten (Aufmerksamkeit, begriffliches Denken, Gedächtnis, Bewegungskontrolle) wir benötigen werden, um angemessen auf die Herausforderung zu reagieren, die hinter der nächsten Ecke auf uns wartet. Diese kritische Information muss aktiv gehalten werden, damit verschiedene Module oder Gehirnmechanismen gleichzeitig auf sie zugreifen können.

Meine eigene Vorstellung geht dahin, dass es genau diese Gleichzeitigkeit ist, für die wir das bewusste Jetzt benötigen. Um eine Antwort auf das eben angesprochene logistische Problem zu finden, haben unsere Gehirne gelernt, Innerlichkeit in der Zeit zu erzeugen, indem sie temporale Internalität simulieren. Um eine gemeinsame Plattform zu schaffen – sozusagen eine große Tafel, ein schwarzes Brett, auf das Botschaften an die verschiedenen spezialisierten Hirnregionen geschrieben werden können –, brauchen wir einen gemeinsamen Bezugsrahmen, und dieser Bezugsrahmen ist zeitlicher Natur. Obwohl streng genommen so etwas wie »das Jetzt« in der Außenwelt nicht existiert, hat es sich doch als adaptiv und vorteilhaft erwiesen, das innere *Modell* der Welt um ein solches Jetzt herum zu organisieren – und zwar indem wir einen gemeinsamen zeitlichen Bezugsrahmen für all die verschiedenen Mechanismen im Gehirn schaffen, damit sie alle auf dieselbe Information zum selben Zeitpunkt zugreifen können. Ein bestimmter Punkt in der Zeit musste auf privilegierte Weise dargestellt werden, damit er als »die Wirklichkeit« gekennzeichnet werden konnte. Die Vergangenheit ist Außenzeit, und dasselbe gilt auch für die Zukunft. Es gibt aber auch Innenzeit, *diese* Zeit, das Jetzt, den Moment, den wir gerade subjektiv durchleben. Alle unsere bewussten Gedanken und Gefühle finden ihren Ort in diesem gelebten Moment.

Wie könnten wir diese spezielle Form der Innerlichkeit im biologischen Gehirn finden? Natürlich hat das bewusste Zeiterleben noch andere Elemente. Wir erleben Gleichzeitigkeit. Haben Sie jemals bemerkt, dass Sie nicht durch einen Willensakt zwei verschieden Handlungen in genau demselben Moment auslösen können oder dass Sie nicht gleichzeitig zwei Entscheidungen fällen können? Wir erleben auch das Aufeinanderfolgen: zweier Noten in einem Musikstück, zweier Gedanken, die in unserem Geist vorbeitreiben, einer nach dem anderen. Und wir erleben Dauer: Ein musikalischer Ton oder ein bestimmtes Gefühl kann während eines bestimmten Zeitraums konstant bleiben. Aus all diesen verschiedenen Aspekten tritt das hervor, was der Neurowissenschaftler Ernst Pöppel – einer der großen Pioniere in diesem Forschungsfeld – und seine Kollegin Eva Ruhnau, die Direktorin des Humanwissenschaftlichen Zentrums der Ludwig-Maximilians-Universität München, als eine »zeitliche Gestalt« beschreiben:[13] Musikalische Noten können nämlich ein Motiv bilden, ein gebundenes Muster von Klängen, die eine Ganzheit konstituieren, die wir von einem Augenblick zum nächsten wiedererkennen. Auf gleiche Weise können einzelne Gedanken zu komplexeren bewussten Erlebnissen verknüpft werden, die wir dann als ein sich in der Zeit entfaltendes Muster beschreiben können, als den Gang einer Überlegung.

Übrigens gibt es auch eine Obergrenze für das, was wir bewusst als innerhalb eines einzigen Augenblicks stattfindend erleben können: Es ist fast unmöglich, ein musikalisches Motiv, den rhythmischen Teil einer längeren Gedichtpassage oder einen komplizierten Gedanken, der mehr als drei Sekunden dauert, als eine einheitliche zeitliche Gestalt zu erleben. Als ich in Frankfurt am Main Philosophie studierte, versuchten die meisten Professoren in der Regel nicht, frei zu sprechen und ihre Vorlesungen aus dem Stegreif zu präsentieren; stattdessen lasen sie häufig neunzig Minuten lang aus einem Manuskript ab, wobei sie Salven von außerordentlich langen Schachtelsätzen auf ihre Zuhörer abfeuerten, eine nach der anderen. Ich hatte bald den Verdacht, dass es in diesen Vorlesungen und bei manchen geisteswissenschaftlichen Vorträgen überhaupt nicht um gelingende Kommunikation ging (obwohl sie recht häufig *von* Kommunikation handelten), sondern dass es sich hier um eine pseudointellektuelle Art von Angeberei und Drohverhalten handelte: »Ich werde euch eure eigene geistige Unterlegenheit demonstrieren, indem ich sorgfältig vorbereitete, phantastisch komplexe und scheinbar endlose Sätze auf euch abfeuere, einen nach dem anderen. Sie werden euren Kurzzeit-Puffer zum Zusammenbruch bringen, weil ihr sie nicht mehr in eine einzelne zeitliche Gestalt integrieren könnt. Ihr werdet nichts verstehen, aber ihr werdet zugeben müssen, dass euer Tunnel kleiner ist als meiner!«

Ich nehme an, dass viele meiner Leser solchen Verhaltensweisen bereits selbst begegnet sind. Es handelt sich um eine psychologische Strategie, die wir von unseren Vorfahren, den Primaten, geerbt haben, eine etwas subtilere Form von Imponiergehabe, die ihren Weg in die akademische Welt gefunden hat. Die Bedingung der Möglichkeit für diese neue Art von Machoverhalten ist die begrenzte Kapazität unseres sich durch die Zeit bewegenden Gegenwartsfensters. Wenn wir durch dieses Fenster schauen, sehen wir stabile, dauerhafte Gegenstände und bedeutungsvolle Folgen von Ereignissen. All diesen Erlebnissen von Dauer, Aufeinanderfolge und Bildung zeitlicher Ganzheiten liegt das felsenfeste Fundament der *Gegenwärtigkeit* zugrunde. Um wirklich zu verstehen, was das *Erscheinen einer Welt* ist, benötigen wir dringend eine Theorie, die uns erklärt, wie das menschliche Gehirn dieses zeitliche Gefühl der Gegenwärtigkeit erzeugt.

Gegenwärtigkeit ist eine notwendige Bedingung für bewusstes Erleben. Wenn das Gehirn das Eine-Welt-Problem lösen könnte, nicht aber das Jetzt-Problem, dann könnte uns keine Welt erscheinen.

Präsenz – Gegenwärtigwerden – erzeugt das subjektive Gefühl der zeitlichen Unmittelbarkeit, indem sie einen inneren Raum für das Zeiterleben schafft. Die Teile der Welt, die uns in der zeitlichen Unmittelbarkeit des Jetzt erscheinen, werden dadurch zu einer subjektiven Wirklichkeit, dass sie uns als direkt gegeben erscheinen.

Ist es möglich, diese subjektive Jetzt-haftigkeit zu transzendieren, aus dem Tunnel der Gegenwärtigkeit zu fliehen? Stellen Sie sich vor, Sie sind in einem Tagtraum verloren, und zwar vollständig: Ihr bewusster Geist ist nicht mehr damit beschäftigt, »die gefährliche Gegenwart zu markieren«. Diejenigen Tiere in der Geschichte unseres Planeten, die so etwas zu oft gemacht haben, hatten kaum eine Chance, zu unseren Vorfahren zu werden – denn sie wurden von anderen, weniger verträumten Tieren gefressen. Aber was genau passiert eigentlich in dem Moment, in dem wir vollständig den Kontakt zu unserer gegenwärtigen Umgebung verlieren, also etwa in einem manifest gewordenen Tagtraum? Plötzlich sind wir an einem anderen Ort. Ein *anderes* gelebtes Jetzt hat sich in unserem Bewusstsein etabliert. Jetzt-heit ist also ein wesentliches Merkmal des Bewusstseins.

Und natürlich ist sie eine Illusion. Wie uns die moderne Hirnforschung sagt, sind wir niemals in direktem Kontakt mit der Gegenwart, weil die neuronale Informationsverarbeitung an sich bereits Zeit verbraucht. Signale benötigen Zeit, um von den Sinnesorganen über die vielfältigen neuronalen Pfade unseres Körpers in unser Gehirn vorzudringen, und sie benötigen Zeit, um verarbeitet und in Gegenstände, Szenen und komplexe Situationen verwandelt zu werden. Genau genommen ist also das, was wir als den gegenwärtigen Moment erleben, in Wirklichkeit die Vergangenheit.

An diesem Punkt wird auch klar, warum Philosophen über »phänomenales« Bewusstsein oder »phänomenales« Erleben sprechen. Ein Phänomen ist eine Erscheinung. Das phänomenale Jetzt ist die Erscheinung eines Jetzt. Die Natur hat unser Zeiterleben über einen Zeitraum von Millionen von Jahren optimiert, und darum erleben wir heute etwas als *jetzt* gerade stattfindend, weil diese Konfiguration für die Organisation unseres Verhaltensraums funktional adäquat war. Aber aus einer etwas strengeren philosophischen Perspektive gesehen, ist die zeitliche Innerlichkeit des bewussten Jetzt eine Illusion. Es *gibt* einfach keinen unmittelbaren Kontakt mit der Wirklichkeit.

Dieser Punkt führt uns zu einer zweiten fundamentalen Einsicht in die tunnelartige Natur des Bewusstseins: Das Gefühl der Gegenwärtigkeit ist ein inneres Phänomen, das durch das menschliche Gehirn erzeugt wird. Es ist nicht nur einfach so, dass es da draußen keine Farben gibt, es gibt auch keinen gegenwärtigen Moment. Die physikalische Zeit fließt kontinuierlich. Das physikalische Universum kennt das nicht, was William James *specious present*, die »trügerische Gegenwart« nannte, und es kennt auch keinen ausgedehnten oder »verschmierten« gegenwärtigen Moment. Das Gehirn ist eine Ausnahme: Für bestimmte physikalische Systeme, Organismen wie uns selbst, hat es sich als eine gangbare Strategie erwiesen, unseren Pfad durch die Wirklichkeit so darzustellen, *als ob* es eine ausgedehnte Gegenwart gäbe, eine Kette individueller Momente, durch die wir unser Leben leben. Mir gefällt James' klassische Metapher sehr gut, wonach die Gegenwart nicht wie die Schneide eines Messers ist, sondern wie die ausgedehnte Sitzfläche eines Sattels, auf dem wir Platz nehmen und von dem aus wir in zwei Richtungen in die Zeit hinausschauen können. Natürlich folgt aus der illusorischen Ausgedehntheit des gegenwärtigen Moments im menschlichen Bewusstsein nicht, dass so etwas wie eine unausgedehnte Gegenwart auf der Ebene der Physik nicht existieren könnte. Aber erinnern wir uns daran, dass eine vollständige physikalische Beschreibung des Universums das Wort »jetzt« nicht enthalten würde, denn es gäbe keinen kleinen roten Pfeil, der uns sagt: »Dies ist *dein* Ort in der zeitlichen Ordnung.« Der Ego-Tunnel ist genau das Gegenteil einer absoluten und der Zeit enthobenen Sichtweise mit dem Auge Gottes. Er hat ein Jetzt, ein Hier – und ein Ich, welches *jetzt hier ist.*

Das gelebte Jetzt besitzt einen faszinierenden Doppelaspekt. Aus erkenntnistheoretischer Perspektive ist es eine Illusion (die subjektive Gegenwart ist eine Erscheinung). Andererseits ist es auch wahr, dass das bewegliche bewusste Gegenwartsfenster sich für Geschöpfe wie uns als funktional adäquat und vorteilhaft erwiesen hat: Erfolgreich bündelt es Wahrnehmung, Denken und bewusste Willensakte auf eine Weise, die genau die richtigen Parameter für die Wechselwirkung mit der physikalischen Welt auswählt, in Umwelten wie denen, in denen unsere Vorfahren ums Überleben kämpften. Es sagt uns etwas über die kausale Tiefenstruktur unserer ökologischen Nische und unseres eigenen Körpers. In diesem Sinne ist es eine tiefe Form von Wissen: funktionales, nichtbegriffliches Wissen darüber, was sich mit dieser Art von Körper und dieser Art von Augen, Ohren und Gliedmaßen als vorteilhaft erweisen wird.

Was wir als den gegenwärtigen Moment erleben, verkörpert implizites Wissen darüber, wie wir unsere Sinneswahrnehmungen mit unseren körperlichen Bewegungen auf flüssige und adaptive Weise verbinden und aufeinander abstimmen können. Trotzdem bezieht sich diese Art von Wissen nur auf die Art von Umwelt, die wir auf der Oberfläche dieses Planeten vorfanden. Andere bewusste Wesen in anderen Teilen des Universums haben vielleicht vollständig andere Formen des Zeiterlebens entwickelt. Vielleicht sind sie eingefroren in einem ewigen Jetzt oder besitzen eine phantastisch hohe Auflösung, vielleicht leben sie nur für die Dauer einiger weniger Erdminuten und erleben trotzdem mehr und intensivere einzelne Momente als eine Million menschlicher Wesen in ihrem ganzen Leben. Vielleicht sind sie Meister der Langeweile, Subjekte einer extrem langsam verfließenden inneren Zeit. Eine gute (und etwas schwerere) Frage ist in diesem Zusammenhang, wie groß eigentlich der Spielraum für verschiedene Variationen des subjektiven Zeiterlebens ist. Wenn meine Argumentation in die richtige Richtung deutet, dann kann ein bewusster Geist immer nur innerhalb eines einzigen, als real erlebten Jetzt situiert sein, denn genau dies ist eines der notwendigen Merkmale des Bewusstseins. Ist es logisch möglich, gleichzeitig in zwei oder mehr absolut gleichwertigen Gegenwarten zu leben, also eine subjektive Perspektive zu besitzen, die ihren Ursprung in *mehreren* Punkten einer zeitlichen Ordnung hat? Ich denke, dies ist ausgeschlossen, weil es dann nicht mehr ein einzelnes, gegenwärtiges »Selbst« gäbe, das all diese Erlebnisse *hätte*. Außerdem lässt sich kaum eine Situation vorstellen, in der das bewusste Erleben mehrerer gelebter Gegenwarten in unserer eigenen Welt tatsächlich adaptiv gewesen wäre. Obwohl also aus einer strengen philosophischen Perspektive oder vom Standpunkt eines Physikers aus betrachtet, so etwas wie eine ausgedehnte Gegenwart nicht existiert, muss es doch tiefere biologische Wahrheiten und möglicherweise auch eine profunde evolutionäre Weisheit hinter der Art und Weise geben, in der Wesen wie wir selbst Zeit in unserem eigenen Gehirn darstellen.

Selbst wenn man eine radikal materialistische Sichtweise von Geist und Bewusstsein voraussetzt, muss man zugestehen, dass es eine komplexe physikalische Eigenschaft gibt, die (soweit wir bis jetzt wissen) nur in biologischen Nervensystemen auf diesem Planeten entstanden ist. Diese neue Eigenschaft ist das virtuelle Gegenwartsfenster des Bewusstseins. Es wurde zum ersten Mal in den Gehirnen von Wirbeltieren und insbesondere von höheren Säugetieren implementiert. Es ist das gelebte Jetzt. Die physikalische Zeit existierte, lange bevor diese Eigenschaft entstand, aber mit ihr wurde dem physikalischen Universum etwas Neues hinzugefügt – eine *Repräsentation* der Zeit, einschließlich einer illusorischen, verschmierten Gegenwart plus der Tatsache, dass die Wesen, in deren Gehirnen diese neue Eigenschaft auftrat, sie nicht als eine Repräsentation erkennen konnten. Milliarden von bewussten, die Zeit darstellenden Nervensystemen erschufen Milliarden von individuellen Perspektiven.

An diesem Punkt berühren wir auch erstmals ein tieferes und allgemeineres Prinzip, das sich an vielen Stellen in der modernen Bewusstseinsforschung immer wieder zeigt. Je mehr Aspekte des subjektiven Erlebens wir auf nüchterne, strenge und materialistische Weise erklären können, desto mehr wird sich auch unsere Sicht auf das selbstorganisierende physikalische Universum verändern. Ganz offensichtlich – und in einem absolut klaren, nichtmetaphorischen und nichtmysteriösen Sinne – scheint das physikalische Universum selbst ein intrinsisches Potenzial für das Auftreten von Subjektivität zu besitzen. Grobe Versionen des Objektivismus sind daher fehl am Platz, und die Wirklichkeit ist viel reicher, als wir in der Vergangenheit gedacht haben.

Das Wirklichkeits-Problem: Wie wir als naive Realisten geboren wurden

Minimales Bewusstsein ist das Erscheinen einer Welt. Aber selbst dann, wenn wir das Eine-Welt-Problem und das Jetzt-Problem gelöst haben, verfügen wir lediglich über ein *Modell* einer einheitlichen Welt und ein *Modell* des gegenwärtigen Moments im Gehirn. Wir haben die Darstellung einer einzelnen Welt und die Darstellung eines einzelnen Moments. Eines scheint klar: Das echte Erscheinen einer Welt ist etwas anderes. Stellen Sie sich vor, Sie könnten plötzlich die gesamte Welt, Ihren eigenen Körper, das Buch in Ihrer Hand und Ihre gesamte Umgebung als ein »mentales Modell« wahrnehmen. Wenn alles ein einziger großer Gedanke ist – wäre das noch bewusstes Erleben?

Bitte versuchen Sie jetzt, sich etwas sogar noch Schwierigeres vorzustellen: Das robuste Gefühl der Gegenwart, das Sie gerade jetzt empfinden, ist seinerseits nur eine besondere Art von Bild. Es ist eine Zeitrepräsentation in Ihrem Gehirn – eine Fiktion, nicht die Wirklichkeit selbst. Was würde geschehen, wenn Sie sich vom gegenwärtigen Moment distanzieren könnten – wenn die Jetzt-heit dieses gegenwärtigen Moments sich nicht mehr als das reale Jetzt erweisen würde, sondern nur als ein elegantes Porträt von Gegenwärtigkeit in Ihrem eigenen Geist? Wären Sie noch bewusst? Das ist nicht einfach nur eine empirische Frage, es besitzt auch eine ganz eigene philosophisch-begriffliche Färbung. Das Kernproblem besteht nämlich darin, wie man von einem Weltmodell und einem Jetztmodell zu genau dem kommt, was Sie haben, während Sie diesen Satz lesen: die Gegenwart einer Welt.

Die Antwort liegt in der Transparenz phänomenaler Repräsentationen. Erinnern wir uns: Eine Repräsentation ist transparent, wenn das System, das sie benutzt, sie selbst nicht als eine Repräsentation erkennen kann. Ein Weltmodell, das gerade im Gehirn aktiv ist, ist transparent, solange das Gehirn keine Möglichkeit hat, die Tatsache zu entdecken, dass es ein Modell ist. Ein Modell des gegenwärtigen Moments ist transparent, wenn das Gehirn keine Chance hat, zu entdecken, dass es einfach das Ergebnis von Informationsverarbeitungsvorgängen ist, die gegenwärtig in ihm selbst stattfinden. Stellen wir uns vor, wir würden einen Spielfilm im Fernsehen betrachten, zum Beispiel *2001: Odyssee im Weltraum*, und wir hätten gerade die Szene gesehen, in der der siegreiche Affenmensch seine Knochenkeule hoch in die Luft schleudert. Genau in diesem Moment springt der Film in die Zukunft, indem sich das Bild des durch die Luft taumelnden Knochens in das eines Raumschiffs verwandelt. Gerade hat Dr. Heywood R. Floyd die Mondbasis Clavius in seiner Landefähre erreicht und diskutiert mit den schon vor Ort tätigen sowjetischen Wissenschaftlern über die Frage, ob die Entdeckung eines Monolithen auf dem Mond zu einem »Kulturschock und zu gesellschaftlicher Desorientierung« führen könnte. Als sie den gigantischen schwarzen Monolithen erreichen, streckt ein Mitglied des Forschungsteams die Hand aus und streicht über seine glatte Oberfläche, während sich in seinem Gesicht dieselbe Ehrfurcht und Neugier widerspiegeln, die sich schon Millionen Jahre zuvor bei den Affenmenschen gezeigt haben. Die Wissenschaftler und Astronauten versammeln sich um den Monolithen, um ein Gruppenbild aufzunehmen, aber plötzlich hören sie alle in ihren Kopfhörern einen schmerzhaften, unerträglich hohen Ton – einen Ton, den der Monolith aussendet, während die Sonne auf ihn herabscheint. Wir sind voll und ganz von der Szene gefangen genommen, die sich vor uns entfaltet, so stark, dass wir uns vollkommen mit den verblüfften und zunehmend verstörten Menschen in ihren Raumanzügen identifizieren. Trotzdem können wir uns zu jedem Zeitpunkt von der Handlung des Films distanzieren und uns der Tatsache bewusst werden, dass es ein separates, eigenständiges Selbst ist, das da gerade auf dem Sofa im Wohnzimmer sitzt und all dies anschaut. Wir können auch nah an den Bildschirm herantreten und die kleinen Bildpunkte untersuchen, Tausende von kleinen beleuchteten Vierecken, die in einem schnellen Tempo an- und ausgehen und dabei ein kontinuierliches, fließendes Bild erzeugen, sobald man ein paar Meter zurücktritt. Es ist nicht nur so, dass dieses fließende Bild aus vielen einzelnen Bildpunkten besteht, auch die zeitliche Dynamik ist in Wirklichkeit nicht kontinuierlich –

die einzelnen Bildpunkte leuchten in einem ganz bestimmte Rhythmus auf und verschwinden wieder, wobei sie ihre Farbe in abrupten Schritten verändern.

Diese Art der Selbstdistanzierung können wir bei unserem eigenen Bewusstsein nicht durchführen. Es ist eine andere Art von Medium. Wenn Sie das Buch in Ihrer Hand betrachten und einzelne Bildpunkte wahrzunehmen versuchen, dann können Sie keine sehen. Die Erscheinung des Buchs ist dicht und undurchdringlich. Die visuelle Aufmerksamkeit kann die Flüssigkeit und die Kontinuierlichkeit Ihres bewussten Bucherlebnisses nicht auf dieselbe Weise auflösen, wie sie die individuellen Bildpunkte auf dem Fernsehbildschirm entdecken kann, wenn Sie ihn aus der Nähe betrachten. Die atemberaubende Geschwindigkeit, mit der Ihr Gehirn das visuelle Modell des Buchs aktiviert und es mit den Tastempfindungen in Ihren Fingern verschmilzt, ist einfach zu hoch.

Man könnte argumentieren, dass dieser Unterschied zwischen den beiden Medien deshalb existiert, weil das System, das die »Pixel« im Bewusstsein erzeugt, dasselbe System ist, das auch versucht, sie zu entdecken. Natürlich gibt es im kontinuierlichen Fluss der Informationsverarbeitung im Gehirn in Wirklichkeit nichts, was einzelnen Bildpunkten ähnelt. Könnte es nicht dennoch sein, dass unsere Unfähigkeit, die Buchwahrnehmung in einzelne Elemente zu zerlegen, durch etwas anderes verursacht wird als einfach die hohe Geschwindigkeit der Integration im Gehirn? Selbst wenn unser Gehirn viel langsamer arbeitete (wenn es beispielsweise nur Zeitspannen von einem Jahr erkennen könnte, aber keine kürzeren), würden wir immer noch nicht in der Lage sein, diese »Pixel« des Bewusstseins zu entdecken. Wir würden nach wie vor ein nahtloses Fließen der Zeit wahrnehmen, weil die bewusste Arbeitsweise unseres Gehirns nicht ein einziges, einförmiges Ereignis ist, sondern eine enorm vielschichtige Kette von Ereignissen, innerhalb derer verschiedene Prozesse eng miteinander verkoppelt sind und die ganze Zeit in Wechselwirkung miteinander stehen. Das Gehirn erzeugt etwas, das manchmal auch als *höherstufige Repräsentationen* bezeichnet wird. Wenn Sie Ihre Aufmerksamkeit auf die Wahrnehmung eines visuellen Gegenstands (wie dieses Buchs) richten, dann gibt es mindestens einen Vorgang zweiter Ordnung (nämlich die Verarbeitung durch die Aufmerksamkeit), der einen Vorgang erster Ordnung – in diesem Fall die visuelle Wahrnehmung – zu seinem Gegenstand macht. Wenn der Vorgang erster Ordnung – der Vorgang, der den gesehenen Gegenstand erzeugt, das Buch in Ihrer Hand – seine Informationen in einem kleineren Zeitfenster integriert als der Vorgang zweiter Ordnung (nämlich die Aufmerksamkeit, die Sie gerade auf dieses neue innere Modell richten), dann wird der Integrationsvorgang auf der Ebene erster Ordnung selbst durchsichtig oder transparent. Das führt dazu, dass Sie diesen Vorgang an sich nicht mehr bewusst erleben können. Sie sind jetzt notwendigerweise blind für den grundlegenden Konstruktionsvorgang. Transparenz ist also nicht so sehr eine Frage der Geschwindigkeit der Informationsverarbeitung, sondern eher eine der Geschwindigkeit verschiedener Formen von Verarbeitung (wie etwa Aufmerksamkeit und visueller Wahrnehmung) im Verhältnis zueinander.

Auf ebenso flinke, elegante und anstrengungslose Weise wird das Buchmodell mit anderen Modellen verbunden oder in sie eingebettet, wie etwa den Modellen Ihrer Hand oder des Tischs, und dadurch nahtlos in den Gesamtraum unseres bewussten Erlebens integriert. Weil dieser Mechanismus über Millionen von Jahre optimiert worden ist, ist er so schnell und so zuverlässig, dass wir von seiner Existenz niemals Notiz nehmen. Er macht unser Gehirn unsichtbar für sich selbst. Wir kommen nur mit seinem Inhalt in Berührung und sehen niemals die Repräsentation als solche – und genau darum haben wir die Illusion, in unmittelbarem Kontakt zur Welt zu stehen. Auf ebendiese Weise werden Sie zu einem *naiven Realisten*, einer Person, die der Überzeugung ist, dass sie direkten Zugang zu einer vom Beobachter unabhängigen Wirklichkeit hat.

Wenn man als Philosoph etwas ernsthafter mit Neurowissenschaftlern redet, dann wird man neue Begriffe kennenlernen, von denen manche äußerst nützlich sind. Eine Idee, die ich selbst besonders hilfreich fand, war die des »metabolischen Preises«. Wenn ein biologisches Gehirn eine neue kognitive Fähigkeit entwickeln will, muss es dafür einen Preis zahlen. Die Währung, in der dieser Preis bezahlt wird, ist Zucker. Zusätzliche Energie muss verfügbar gemacht und im Gehirn muss mehr Glukose verbrannt werden, um diese neue Fähigkeit zu entwickeln und zu stabilisieren. Wie in der Natur im Allgemeinen so gibt es auch hier nichts umsonst. Wenn eine Tierart beispielsweise das Farbensehen evolvieren soll, muss sich dieses neue Merkmal auch bezahlt machen, indem es dem einzelnen Tier neue Quellen von Nahrung und Zucker erschließt. Wenn ein biologischer Organismus ein bewusstes Selbst entwickeln will oder wenn er lernen will, mit Hilfe von Begriffen zu denken und eine Sprache zu beherrschen, dann muss dieser Schritt auf eine neue Ebene geistiger Komplexität nachhaltig sein. Er erfordert nämlich zusätzliche neuronale Hardware, und diese Hardware wiederum erfordert Brennstoff. Dieser Brennstoff ist Zucker, und deshalb muss das neue Merkmal unser Tier in die Lage versetzen, die zusätzlich benötigte Energie auch tatsächlich in seiner Umwelt zu finden.

In ähnlicher Weise müsste jede gute Theorie des Bewusstseins uns verständlich machen, wodurch genau das subjektive Erleben sich bezahlt gemacht hat. (Im Prinzip könnte Bewusstsein ein Nebenprodukt anderer Merkmale sein, die sich bereits bezahlt gemacht haben, aber die Tatsache, dass es anscheinend über die Zeit hinweg stabil geblieben ist, legt den Schluss nahe, dass es adaptiv war.) Eine überzeugende Theorie muss uns erklären, wie das Erscheinen einer Welt es uns ermöglicht hat, mehr Energie aus unserer Umwelt herauszuziehen, als ein Zombie es könnte. Diese evolutionäre Sichtweise hilft uns vielleicht auch dabei, das Rätsel des naiven Realismus zu lösen.

Unsere Vorfahren mussten nicht wissen, dass gerade eine Bär-Repräsentation in ihrem Gehirn aktiv war oder dass sie gerade ihre Aufmerksamkeit auf einen inneren Zustand lenkten, der einen langsam heranschleichenden Wolf darstellt. Darum war es auch nicht nötig, für geistige Bilder dieser Art wertvollen Zucker zu verbrennen. Alles, was sie wissen mussten, war: »Da drüben ist ein Bär!« oder »Ein Wolf nähert sich von links!«. Für das Überleben war es nicht notwendig zu wissen, dass all das nur ein *Modell* der Welt und des Jetzt ist.

Dieses zusätzliche Wissen hätte nämlich zwingend erfordert, dass das gebildet wird, was Philosophen *Meta-Repräsentationen* nennen, also Bilder über andere Bilder, Gedanken über Gedanken. Es hätte zusätzliche Hardware im Gehirn und mehr Brennstoff erfordert. Manchmal erzeugt die Evolution tatsächlich zufällig überflüssige neue Eigenschaften, aber ein solcher Luxus kann sich nur selten über längere Zeiträume hinweg halten. Deshalb lautet die Antwort auf die Frage, warum unsere bewussten Repräsentationen der Welt transparent sind – warum wir konstitutionell unfähig sind, sie *als* Repräsentation zu erleben – und warum sich dies als eine gangbare, stabile Überlebens- und Fortpflanzungsstrategie erwies: Wahrscheinlich hätte die Bildung von Meta-Repräsentationen kein gutes Preis-Leistungs-Verhältnis gehabt. Mit Blick auf den zusätzlichen Zucker, den wir in unserer Umwelt hätten finden müssen, wäre es einfach zu teuer gewesen.

Ein viel kleinerer Zeitrahmen bietet uns eine weitere Möglichkeit, zu verstehen, warum wir alle als naive Realisten geboren wurden. Warum sind wir uns der tunnelartigen Natur des Bewusstseins nicht gewahr? Wie bereits festgestellt, hat die robuste Illusion, tatsächlich in direktem Kontakt zur Außenwelt zu stehen, etwas mit der Geschwindigkeit der neuronalen Informationsverarbeitung in unseren Gehirnen zu tun. Außerdem wird das subjektive Erleben nicht durch einen einzigen Vorgang allein erzeugt, sondern durch verschiedene, miteinander in Wechselwirkung stehende Funktionen: multisensorische Integration, Kurzzeitgedächtnis, Aufmerksamkeit und so weiter. Meine eigene Theorie sagt, dass die Essenz des Bewusstseins darin liegt, dass es den *Raum attentionaler Agentivität* öffnet: Bewusste Information ist genau die Teilmenge der gegenwärtig in unserem Gehirn aktiven Information, auf die wir willentlich unsere Aufmerksamkeit lenken können, und zwar die Aufmerksamkeit der höchsten Stufe. Niedrigstufige Aufmerksamkeit ist automatisch und kann durch vollständig unbewusste Ereignisse ausgelöst werden. Dass eine Wahrnehmung bewusst ist, bedeutet nicht, dass wir auch aktuell und willentlich mit Hilfe unserer Aufmerksamkeitsmechanismen auf sie zugreifen. Im Gegenteil: Die meisten Dinge, deren wir gewahr sind, befinden sich im Randbereich des Bewusstseins und nicht in seinem Brennpunkt. Aber was immer für die willentlich gerichtete Aufmerksamkeit *verfügbar* ist, ist auch das, was wir bewusst erleben. Und trotzdem sind wir, wenn wir die visuelle Aufmerksamkeit auf einen Gegenstand richten, konstitutionell unfähig, die früheren Verarbeitungsstufen wahrzunehmen. »Genauer hinschauen« hilft einfach nicht: Wir sind nicht in der Lage, unsere Aufmerksamkeit auf den Konstruktionsvorgang zu richten, der das Modell des Buchs in unseren Gehirnen erzeugt. In Wirklichkeit scheint erhöhte Aufmerksamkeit häufig sogar genau das Gegenteil zu erreichen: Dadurch, dass wir den sinnlich wahrgenommenen Gegenstand jetzt zusätzlich stabilisieren, machen wir ihn noch realer.

Aus diesem Grund sind auch die Wände des Tunnels für uns undurchdringlich. Selbst wenn wir der Überzeugung sind, dass etwas nur ein inneres Konstrukt ist, können wir es immer nur als *gegeben* erleben und niemals als *konstruiert*. Diese Tatsache mag uns durchaus auf der Ebene des Denkens zugänglich sein (weil wir die richtigen Begriffe oder eine korrekte Theorie besitzen), aber sie ist weder für die Aufmerksamkeit noch für die Introspektion verfügbar, und zwar ganz einfach deshalb, weil wir auf der Ebene des subjektiven Erlebens keinen Bezugspunkt »außerhalb« des Tunnels haben. Was immer uns erscheint – wie immer es uns vermittelt ist –, erscheint als die Wirklichkeit.

Versuchen Sie bitte für einen kurzen Moment, das holistische Erlebnis zu untersuchen, das darin besteht, dass Sie das Buch in Ihrer Hand sehen und gleichzeitig berühren und auch sein Gewicht spüren. Bemühen Sie sich also ernsthaft und nach Kräften, sich des Konstruktionsvorgangs in Ihrem Gehirn bewusst zu werden. Sie werden zwei Dinge feststellen. Erstens gelingt es Ihnen nicht, und zweitens ist die innere Oberfläche des Tunnels nicht zweidimensional: Sie besitzt selbst eine beträchtliche Tiefe und baut sich aus verschiedenen Sinnesqualitäten auf – nicht nur Seh-, Gewichts- und Tastempfindungen, sondern auch Klang, sogar Geruch. Kurzum, der Tunnel hat eine hochdimensionale, multimodale innere Oberfläche. All das trägt dazu bei, dass Sie die Wände des Tunnels nicht als eine innere

Oberfläche erkennen können; das Ganze gleicht einfach keiner anderen Tunnelerfahrung, die Sie jemals gehabt haben.

Warum sind die Wände der neurophänomenologischen Höhle so undurchdringlich? Eine Antwort besteht darin, dass die innere Oberfläche der Höhle, um ihre Funktion zu erfüllen, geschlossen und vollkommen realistisch sein *muss* (wie der Desktop der graphischen Benutzeroberfläche Ihres Computers). Sie funktioniert wie ein dynamischer Filter. Stellen Sie sich vor, es würde Ihnen tatsächlich gelingen, sich introspektiv immer tieferer und früherer Phasen der Informationsverarbeitung bewusst zu werden, während Sie das Buch in Ihrer Hand betrachten. Was würde geschehen? Die Repräsentation wäre dann nicht mehr durchsichtig, aber sie wäre immer noch innerhalb des Tunnels. Eine Flut von miteinander wechselwirkenden Mustern würde plötzlich auf Sie einströmen. Es gäbe einen Ansturm alternativer Interpretationen, und eine Vielzahl intensiv miteinander im Wettstreit stehender Assoziationen würde in Ihre Wirklichkeit eindringen. Sie würden sich selbst vollständig in den unzähligen Mikroereignissen verlieren, die in jeder einzelnen Millisekunde in Ihrem Gehirn stattfinden – Sie würden sich in sich selbst verlieren. Ihr Geist würde in einen Raum unendlicher Schleifen der Selbsterforschung hineinexplodieren. Vielleicht war es das, was Aldous Huxley meinte, als er in *Die Pforten der Wahrnehmung*, seinem klassischen Werk aus dem Jahre 1954, William Blake zitierte: »Würden die Pforten der Wahrnehmung gereinigt, erschien dem Menschen alles, wie es ist: unendlich. Aber der Mensch hat sich selbst eingeschlossen, bis er alle Dinge nur durch schmale Spalten seiner Höhle sieht.«

Der dynamische Filter der phänomenalen Transparenz ist eine der faszinierendsten Erfindungen der Natur, und er hat zu weitreichenden Konsequenzen geführt. Die inneren Bilder der Welt um uns herum sind recht zuverlässig. Damit es gute Repräsentationen sind, müssen unsere bewussten Modelle von Bären, von Wölfen, von Büchern in unseren Händen oder vom Lächeln im Gesicht unserer Freunde als Fenster zur Welt dienen. Dieses Fenster muss sauber und kristallklar sein. Und genau das ist phänomenale Transparenz:

Sie leistet ihren Beitrag zu der Qualität von Mühelosigkeit und Nahtlosigkeit, die das besondere Kennzeichen zuverlässiger bewusster Wahrnehmungen ist, welche die Welt um uns hinreichend genau porträtieren. Wir müssen uns nicht dafür interessieren und auch nicht wissen, *wie* sich diese Kette von kleinen Wundern in unseren Gehirnen entfaltet. Wir können das bewusste Erleben einfach als eine unsichtbare Schnittstelle zur Wirklichkeit genießen. Solange nichts schiefgeht, ist der naive Realismus eine sehr entspannte Weise, sein Leben zu leben.

Und doch ergeben sich Fragen. Gibt es Menschen, die keine naiven Realisten sind, oder besondere Situationen, in denen der naive Realismus verschwindet? Meine Theorie – die Selbstmodell-Theorie der Subjektivität – sagt voraus, dass wir den naiven Realismus genau in dem Moment verlieren, in dem eine bewusste Repräsentation undurchsichtig wird (also sobald wir sie *als eine Repräsentation* erleben). Bewusstsein ohne naiven Realismus existiert tatsächlich. Es tritt immer dann auf, wenn wir uns mit der Hilfe anderer, höherstufiger Repräsentationen des Konstruktionsvorgangs selbst bewusst werden – also all der Doppeldeutigkeiten und der dynamischen Vorstufen, die dem stabilen Zustand vorangehen, der sich am Ende etabliert. Wenn das Fenster schmutzig ist oder einen Sprung aufweist, dann erkennen wir unmittelbar, dass die bewusste Wahrnehmung nur eine Schnittstelle, ein Interface zur Wirklichkeit ist, und wir werden uns des Mediums selbst bewusst. Wir zweifeln daran, dass unsere Sinnesorgane richtig funktionieren. Wir zweifeln an der Existenz dessen, was immer wir gerade sehen oder fühlen, und wir erkennen, dass das Medium selbst fehlerhaft sein kann. Kurz gesagt: Wenn das Buch in Ihren Händen seine Transparenz verlöre, würden Sie es plötzlich als einen Zustand Ihres eigenen Geistes erleben und nicht mehr als ein Element der Außenwelt. Sie würden sofort an seiner unabhängigen Existenz zweifeln. Es wäre mehr wie ein Buch-Gedanke als eine Buch-Wahrnehmung.

Und genau das passiert in verschiedenen Situationen – zum Beispiel bei visuellen Halluzinationen, in denen der Patient sich der Tatsache bewusst ist, dass er halluziniert, oder auch bei ganz gewöhnlichen optischen Täuschungen, bei denen wir uns plötzlich bewusst werden, dass wir nicht in unmittelbarem Kontakt zur Wirklichkeit stehen. Normalerweise ist unser erster Gedanke bei solchen Erlebnissen, dass etwas mit unseren Augen nicht stimmt. Wenn Sie die früheren Verarbeitungsstufen der Repräsentation des Buchs in Ihren Händen bewusst erleben könnten, würde das Bild wahrscheinlich instabil und mehrdeutig werden, es würde beginnen, zu atmen und sich leicht zu bewegen. Seine Oberfläche würde anfangen, zu schillern und in verschiedenen Farben gleichzeitig zu changieren. Sie würden sich sofort fragen, ob das vielleicht ein Traum ist, ob etwas mit Ihren Augen nicht stimmt oder ob Ihnen jemand ein starkes Halluzinogen ins Getränk gemischt hat. Ein bestimmter Teilbereich der Wand des Ego-Tunnels hätte seine Transparenz verloren, und das selbstkonstruierte Wesen des gesamten Flusses bewussten Erlebens würde Ihnen langsam dämmern. Auf nichtbegriffliche und ganz und gar nichttheoretische Art und Weise würden Sie auf einmal ein tieferes Verständnis der Tatsache erreichen, dass diese Welt, genau in diesem Moment, nur eine *Erscheinung* ist.

Wie wäre es, wenn wir mit einem Bewusstsein unserer inneren Verarbeitungsvorgänge geboren worden wären? Selbstverständlich wären wir dann immer noch nicht in Kontakt mit der Wirklichkeit als solcher, weil wir sie nach wie vor nur unter einer bestimmten Repräsentation kennen würden. Aber wir würden uns auch ständig *als repräsentierend* repräsentieren. Genau wie in einem Traum, in dem wir uns der Tatsache bewusst geworden sind, dass wir träumen, würden wir unsere Welt dann nicht mehr als eine Wirklichkeit erleben, sondern als eine Form geistigen Inhalts. Alles wäre dann ein einziger großer Gedanke in unserem Geist, dem Geist eines idealen Beobachters.

Damit sind wir zu einem minimalistischen Begriff des subjektiven Bewusstseins gelangt. Wir haben eine Antwort auf die Frage, wie das Gehirn den Schritt von einem inneren Weltmodell und einem inneren Jetztmodell zum vollständigen Erscheinen einer Welt macht. Die Antwort lautet wie folgt: Wenn das System, in dem diese Modelle konstruiert werden, konstitutionell unfähig ist, sowohl das Weltmodell als auch den gegenwärtigen psychologischen Moment, das Gegenwartserleben, als ein Modell zu erkennen, als etwas, das nur eine interne Konstruktion ist, dann wird das System notwendigerweise einen Realitätstunnel erzeugen. Es wird das bewusste Erleben haben, in unmittelbarem Kontakt mit einer einzigen, einheitlichen Welt in einem einzigen Jetzt zu stehen. Für jedes System dieser Art *erscheint eine Welt*. Das entspricht dem Minimalbegriff des Bewusstseins, den wir als unseren Ausgangspunkt gewählt haben.

Wenn wir das Eine-Welt-Problem, das Jetzt-Problem und das Wirklichkeits-Problem lösen können, können wir auch das globale neuronale Korrelat des Bewusstseins im menschlichen Gehirn finden. Erinnern wir uns: Es gibt ein spezielles NCC für einzelne Bewusstseinsinhalte (eines für die Röte der Rose, ein anderes für die Rose als eine Ganzheit und so weiter), und es gibt auch ein globales NCC, das sich aus einer viel größeren Menge neuronaler Eigenschaften zusammensetzt. Diese liegen dem Bewusstsein als Ganzem zugrunde, also allen gegenwärtig aktiven Arten von Bewusstseinsinhalten in ihrer Gesamtheit. Das globale NCC bildet also das Fundament der Totalität unseres erlebnismäßigen Modells der Wirklichkeit, jeweils zu einem gegebenen Zeitpunkt. Die Lösung des Eine-Welt-Problems, des Jetzt-Problems und des Wirklichkeits-Problems besteht aus drei Schritten: Erstens benötigt man eine passende phänomenologische Beschreibung davon, *wie es ist*, all diese Erlebnisse zu haben; zweitens muss deren Inhalt detailliert beschrieben werden (die repräsentationalistische Beschreibungsebene); und drittens müssen wir die Funktionen analysieren, die diese Inhalte hervorbringen. Das globale NCC zu entdecken bedeutet schließlich, zu entdecken, wie diese Funktionen im Nervensystem implementiert sind. Das würde uns auch gestatten, zu entscheiden, welchen anderen Lebewesen auf diesem Planeten eine Welt erscheint, denn diese Wesen werden dann ein klar erkennbares physikalisches Gegenstück in ihren Gehirnen aufweisen. Wenn Sie ein NCC haben, dann haben Sie auch Bewusstsein.

Auf der allereinfachsten und grundlegendsten Ebene wird das globale NCC ein dynamischer Hirnzustand sein, der sich durch einen inneren Zusammenhalt, durch Kohärenz in großem Maßstab auszeichnet. Es wird vollständig integriert sein mit dem Vorgang, der auch das virtuelle Gegenwartsfenster erzeugt, weil es ja gewissermaßen dieses Fenster *ist*. Schließlich wird es die Eigenschaft besitzen, frühere Verarbeitungsstufen für die willentliche Aufmerksamkeit unerkennbar zu machen. Meine Voraussage ist, dass wir bis zum Jahr 2050 das GNCC gefunden haben werden, das globale neuronale Korrelat des Bewusstseins. Aber ich sage auch voraus, dass wir auf dem Weg dorthin einer ganzen Reihe von rein technischen Problemen begegnen werden, die vielleicht nicht so einfach zu lösen sind.

Das Problem der Unaussprechlichkeit: Worüber wir niemals sprechen können

Stellen Sie sich vor, ich zeige Ihnen zwei Farbmuster mit zwei sehr ähnlichen Schattierungen von Grün. Es gibt einen Unterschied zwischen den Farbtönen, aber er ist fast nicht erkennbar. (Der von den Experten in der Psychophysik manchmal verwendete Fachbegriff lautet »Unterschiedsschwelle«, also ein Unterschied, den man *gerade noch* erkennen kann. Bei der Unterschiedsschwelle handelt es sich um eine statistische Unterscheidung, nicht um eine exakte Größe.) Ich werde die zwei Farbtöne »Grün Nr. 24« und »Grün Nr. 25« nennen. Sie sind die nächstmöglichen Nachbarn im Farbspektrum, es gibt also keinen grünen Farbton zwischen ihnen, den wir noch unterscheiden könnten. Jetzt nehme ich meine Hände hinter den Rücken, mische die Farbmuster und halte Ihnen eines von beiden vors Gesicht. Ist es Grün Nr. 24, oder ist es Grün Nr. 25? Interessanterweise zeigt sich, dass die bewusste Wahrnehmung allein es uns nicht ermöglicht, eine Antwort zu geben. Das bedeutet, dass wir, um Bewusstsein zu verstehen, nicht nur seine Ganzheit verstehen müssen, sondern auch seine subtilen und ultrafeinen Aspekte.

Wir müssen nun den Schritt von den globalen zu den subtileren Aspekten des Bewusstseins machen. Wenn es wirklich zutrifft, dass manche Aspekte unserer Bewusstseinsinhalte unaussprechlich sind – und viele Philosophen, mich eingeschlossen, denken, dass dies der

Fall ist –, wie sollen wir sie dann zum Gegenstand solider naturwissenschaftlicher Forschung machen? Wie können wir etwas reduktiv erklären, über das wir noch nicht einmal vernünftig sprechen können?

Es gibt viele verschiedene Weisen, in denen der Inhalt des Bewusstseins unaussprechlich sein kann. Man kann einem Blinden nicht die Röte einer Rose erklären. Wenn die Sprachgemeinschaft, in der wir leben, einfach keinen Begriff für ein bestimmtes Gefühl hat, dann mag es unmöglich sein, es in sich selbst zu entdecken oder es zu benennen, um es mit anderen zu teilen. Einen dritten Typ von Unaussprechlichkeit stellen all jene bewussten Zustände dar, auf die man zwar im Prinzip die Aufmerksamkeit lenken könnte, die aber so flüchtig sind, dass wir keine Gedächtnisspur bilden können: ein kurzes Flackern oder Aufleuchten am Rand des subjektiven Erlebens – vielleicht eine kaum merkliche Veränderung in einem Farbton, eine sanfte Schwankung innerhalb eines emotionalen Zustands oder ein zartes, kaum spürbares Flimmern in dem subtilen Gemisch Ihrer Körperempfindungen. Es könnte sogar längere Episoden im Strom des bewussten Erlebens geben – zum Beispiel während des Traumzustands oder in der Aufwachphase nach einer Narkose –, die für die gedächtnisbildenden Systeme im Gehirn systematisch unzugänglich sind und über die deshalb auch noch kein Mensch jemals berichtet hat. Vielleicht gilt dasselbe auch für die allerletzten Momente vor dem Tod. In unserem Kontext möchte ich das Problem der Unaussprechlichkeit jedoch mit einem wesentlich klareren und besser definierten Beispiel von Unaussprechlichkeit illustrieren.

Sie können mir nicht sagen, ob das grüne Farbmuster, das ich gerade in Ihr Gesichtsfeld halte, Grün Nr. 24 oder Grün Nr. 25 ist. Aus wahrnehmungspsychologischen Experimenten wissen wir gut, dass unsere Fähigkeit, sensorische Werte wie etwa bestimmte Farbtöne zu unterscheiden, wesentlich besser ist als unsere Fähigkeit, direkte Begriffe für sie zu bilden. Um aber wirklich über diesen spezifischen grünen Farbton sprechen zu können, braucht man einen Begriff. Es reicht nicht aus, einfach eine vage Kategorie wie »irgendein helles Grün« zu verwenden, weil man dadurch den determinierten Wert im sinnlichen Bewusstsein verliert, das ganz konkrete, qualitative *So-Sein* des Erlebens.

Im Bereich zwischen 430 und 650 Nanometern können Menschen mehr als 150 verschiedene Wellenlängen unterscheiden und verschiedene subjektive Farbtöne erleben. Wenn man sie aber bittet, einzelne Farben mit einem großen Grad an Genauigkeit und Zuverlässigkeit erneut zu identifizieren, so gelingt ihnen dies für weniger als 15 davon.[14] Dasselbe gilt für andere Arten von Sinneserfahrungen. Normale Versuchspersonen können innerhalb des hörbaren Frequenzbereichs etwa 1400 Stufen verschiedener Tonhöhen unterscheiden, aber sie können diese einzelnen Stufen nur als Beispiele von etwa 80 verschiedenen Tonhöhen wiedererkennen. Die Philosophin Diana Raffman von der Universität in Toronto hat den Punkt klar und deutlich formuliert: »Wir sind viel besser darin, Wahrnehmungswerte zu unterscheiden (das heißt, Urteile über Selbigkeit und Unterschiedlichkeit abzugeben), als sie zu identifizieren oder wiederzuerkennen.«[15] Technisch gesprochen bedeutet dies, dass wir für viele der einfachsten Bewusstseinszustände keine *introspektiven Identitätskriterien* besitzen. Unser Wahrnehmungsgedächtnis ist extrem begrenzt. Wenn man Grün Nr. 24 und Grün Nr. 25 gleichzeitig wahrnimmt, kann man den *Unterschied* zwischen ihnen sehen und bewusst erleben, aber wir sind unfähig, die *Selbigkeit* von Grün Nr. 25 über die Zeit hinweg im Bewusstsein darzustellen. Natürlich mag es uns so *erscheinen*, als ob es sich um denselben Farbton von Grün Nr. 25 handelt, aber das subjektive Gewissheitserlebnis, das mit dieser introspektiven Überzeugung einhergeht, ist selbst nur eine Erscheinung und keine Form von Wissen. Darum finden wir hier auf einfache und wohldefinierte Weise ein Element der Unaussprechlichkeit schon im sinnlichen Bewusstsein. Wir können eine unfassbare Anzahl von Dingen in all ihrem herrlichen phänomenologischen Reichtum, ihrer sinnlichen Tiefe und ihrer Subtilität erleben, ohne dabei die Mittel zu besitzen, sie zuverlässig zu identifizieren. Wenn das aber so ist, dann können wir eigentlich nicht über sie sprechen. Manche Experten – Weinkenner, Musiker oder Parfümdesigner – können ihre Sinnesorgane trainieren und ein viel feineres Unterscheidungsvermögen entwickeln, und sie können auch besondere technische Begriffe bilden, um ihr introspektives Erleben zu beschreiben. So beschreiben echte Kenner den Geschmack eines Weins als »halbtrocken«, »rassig« oder »abgerundet«, als »erdig«, »holzig« oder »brandig«. Nichtsdestotrotz werden auch Experten der Introspektion niemals in der Lage sein, den unfassbar großen Raum an unaussprechlichen Nuancen erschöpfend zu beschreiben. Und auch gewöhnliche Menschen können eine Farbprobe nicht mit Sicherheit genau jenem wunderschönen grünen Farbton zuordnen, den sie gestern gesehen haben. Die individuelle Schattierung, der Farbton selbst, ist aber in keiner Weise vage oder unterbestimmt; er ist das, was ein Naturwissenschaftler als einen »maximal determinaten Wert« bezeichnen würde – ein konkreter und absolut eindeutiger Inhalt des Bewusstseins.

Als Philosoph mag ich solche Forschungsergebnisse, weil sie auf elegante Weise demonstrieren, wie subtil und fein der Fluss bewussten Erlebens ist. Sie zeigen, dass es unendlich viele Dinge im Leben gibt, die man nur ergründen kann, indem man sich dem Erleben selbst ausliefert, dass es eine Tiefendimension in der reinen Wahrnehmung gibt, die sich weder durch Denken noch durch Sprache erfassen und durchdringen oder vollständig erobern lässt. Mir gefällt auch die Einsicht, dass es *Qualia* – im klassischen Sinne des Begriffs, so wie er durch den Philosophen Clarence Irving Lewis eingeführt wurde – niemals wirklich gegeben hat, ein Punkt, auf den auch der vielleicht berühmteste lebende Bewusstseinsphilosoph, Daniel C. Dennett, mit großem Nachdruck hingewiesen hat.[16] »Qualia« ist ein Begriff, den Philosophen für einfache Qualitäten des sinnlichen Erlebens benutzen, wie etwa die Röte innerhalb eines Roterlebnisses, die Schmerzhaftigkeit von Schmerzen oder die Süße eines Aprikosenkuchens. In der Regel ging man davon aus, dass Qualia wiedererkennbare innere Essenzen sind, irreduzible einfache Eigenschaften im Bewusstsein – die Atome des Erlebens. Jetzt zeigt sich jedoch auf wunderbare Weise, dass diese traditionelle Geschichte viel zu einfach war, denn die empirische Bewusstseinsforschung demonstriert uns die Flüssigkeit des subjektiven Erlebens, seine Einzigartigkeit, das unersetzliche Wesen des einzelnen Moments der Aufmerksamkeit. Es gibt keine Atome, keine festen kleinen Bausteine des Bewusstseins.

Das Unaussprechlichkeitsproblem ist eine ernste Herausforderung für jede wissenschaftliche Theorie des Bewusstseins – zumindest jedoch für die Suche nach all seinen neuronalen Korrelaten. Man kann das Problem sehr einfach formulieren: Um das minimal hinreichende neuronale Korrelat von Grün Nr. 24 im Gehirn dingfest zu machen, muss man annehmen, dass die verbalen Berichte der jeweiligen Versuchspersonen zuverlässig sind, dass sie also den phänomenalen Aspekt von Grün Nr. 24 über die Zeit hinweg korrekt identifizieren können, bei wiederholten Versuchen im Rahmen eines kontrollierten experimentellen Aufbaus. Sie müssen in der Lage sein, introspektiv die subjektiv erlebte »So-heit« dieses besonderen grünen Farbtons wiederzuerkennen – und bereits das scheint unmöglich zu sein.

Das Unaussprechlichkeitsproblem ergibt sich für die einfachsten Formen des sensorischen Gewahrseins, für die feinsten Nuancen des Sehens und Tastens, des Riechens und Schmeckens, und für all jene Aspekte des bewussten Hörens, die dem Zauber und der Schönheit eines intensiven Musikerlebens zugrunde liegen.[17] Es könnte sich aber auch für das Einfühlungsvermögen stellen, für alle emotionalen und ihrem Wesen nach körpergebundenen Kommunikationsformen (mehr darüber findet sich im Kapitel 6 und in meinem Gespräch mit Vittorio Gallese auf Seite 248). Noch einmal: Diese empirischen Ergebnisse sind philosophisch bedeutsam, weil sie unsere Aufmerksamkeit wieder auf etwas lenken, das wir eigentlich schon immer wussten. Viele der Dinge, die man durch Musik (oder andere Kunstformen, wie zum Beispiel den Tanz) ausdrücken kann, sind unaussprechlich, weil sie niemals zum Inhalt eines geistigen Begriffs werden können oder sich in Worte fassen lassen. Wenn dem aber so ist, dann wird andererseits auch das Mitteilen der unaussprechlichen Aspekte unseres bewussten Lebens zu einer recht zweifelhaften Angelegenheit: Wir können uns nie wirklich sicher sein, ob unsere wortlose Kommunikation erfolgreich war, und es gibt keine Gewissheit darüber, *was* es eigentlich war, das wir miteinander geteilt haben. Außerdem bedroht das Problem der Unaussprechlichkeit auch die

Vollständigkeit jeder neurowissenschaftlichen Theorie des Bewusstseins. Wenn sich bereits die einfachsten Bestandteile des sinnlichen Bewusstseins dem Zugriff entziehen – und zwar in dem Sinne, dass nicht einmal das erlebende Subjekt selbst innere Kriterien besitzt, um sie beim Blick ins eigene Bewusstsein zuverlässig erneut zu identifizieren –, dann können wir sie auch nicht mit dem repräsentationalen Inhalt von Hirnzuständen in Beziehung setzen – dies scheint dann prinzipiell unmöglich. Natürlich gibt es einige innere Kriterien, aber sie sind recht grob: absolute Werte wie etwa »reine Süße«, »reines Blau«, »reines Rot« und so weiter. Aber es scheint unmöglich zu sein, Grün Nr. 24 oder Grün Nr. 25 auf systematische Weise zu dem ihnen zugrunde liegenden physikalischen Substrat in Beziehung zu setzen, denn dafür sind die Unterschiede zwischen einzelnen Tönen oder Schattierungen einfach zu subtil. Wenn wir die Abbildung auf Hirnzustände nicht durchführen können, dann können wir auch die Reduktion nicht durchführen – und das bedeutet, dass wir auch nicht zu der Schlussfolgerung gelangen werden, dass Ihr bewusstes Erleben von Grün Nr. 24 mit einem bestimmten Hirnzustand in Ihrem Kopf identisch ist.

Wir hatten bereits gesehen, dass Reduktion keine Beziehung zwischen den Phänomenen selbst ist, sondern nur eine zwischen Theorien. T 1 wird auf T 2 zurückgeführt. Eine Theorie – beispielsweise über unser subjektives, bewusstes Erleben – wird auf eine andere zurückgeführt – etwa über die neuronale Dynamik im Gehirn. Theorien bauen sich aus Sätzen und Begriffen auf. Wenn es aber keine Begriffe für bestimmte Dinge im Gegenstandsbereich der einen Theorie *gibt*, dann können sie auch nicht auf Begriffe in der anderen Theorie abgebildet oder zurückgeführt werden. Deshalb könnte es unmöglich sein, das zu tun, was die meisten Naturwissenschaftler auf dem Feld der Bewusstseinsforschung am liebsten tun würden, nämlich zu demonstrieren, das Grün Nr. 24 in einem strengen Sinn mit einem Zustand in unserem Kopf identisch ist.

Was nun? Wenn Identifikation unmöglich ist, scheint Elimination die einzige Alternative zu sein. Wenn sich die subtilen Qualitäten des sensorischen Bewusstseins nicht in das verwandeln lassen, was

Philosophen echte »theoretische Entitäten« nennen, und zwar deshalb, weil wir einfach keine Identitätskriterien für sie besitzen, dann könnte der sauberste Weg zur Lösung des Unaussprechlichkeitsproblems der sein, den der Neurophilosoph Paul Churchland und andere schon vor langer Zeit vorgeschlagen haben. Er besteht darin, die Existenz von Qualia von vornherein zu bestreiten. Wäre es nicht die beste Lösung, einfach zu sagen, dass wir dadurch, dass wir unsere visuelle Aufmerksamkeit auf den unaussprechlichen Farbton von Grün Nr. 24 vor uns richten, bereits direkt mit einer Hardware-Eigenschaft in Berührung sind? Dass also das, was wir erleben, nicht einfach irgendeine Form von Inhalt einer bewussten Repräsentation ist, sondern schlicht und einfach die neuronale Dynamik *selbst*? Nach dieser Sichtweise wäre unsere innere Erfahrung von Grün Nr. 24 überhaupt kein bewusstes Erlebnis, sondern stattdessen etwas Physikalisches, nämlich ein Gehirnzustand. In diesem Fall hätten wir seit Jahrhunderten immer dann, wenn wir über »Qualitäten« und Farberlebnisse gesprochen haben, eigentlich Zustände unseres eigenen Körpers auf falsche Weise beschrieben, eigene innere Zustände, die wir nie wirklich als solche erkannt haben – die Wände des Ego-Tunnels.

Wir könnten dann die These aufstellen, dass wir, wenn uns schon das notwendige Wissen aus der Erste-Person-Perspektive fehlt, Dritte-Person-Kriterien für diese unaussprechlichen Zustände definieren müssen. Wenn es einfach keine passenden phänomenologischen Begriffe gibt, müssen wir stattdessen eben adäquate neurobiologische Konzepte entwickeln. Und wenn wir uns die Hirndynamik genauer anschauen, die dem zugrunde liegt, was die Versuchspersonen später als ihr bewusstes Erleben von *Grünheit* beschreiben, dann werden wir bestimmt Selbigkeit über die Zeit hinweg entdecken. Im Prinzip können wir objektive Identitätskriterien finden, irgendeine mathematische Eigenschaft, etwas, das gleich bleibt in unserer Beschreibung, die das Erlebnis von Grün, dass Sie gestern hatten, mit dem Erlebnis, das Sie jetzt gerade haben, verknüpft. Und könnten wir dann nicht über unsere inneren Erlebnisse mit Hilfe neurobiologischer Begriffe kommunizieren, indem wir so etwas sagen wie: »Stellen Sie sich das kartesische Produkt der Mannigfaltigkeit des erlebnismäßigen Grüns und des Möbiusbands der Ruhe vor – also eine sanfte Form von K-314_{γ}, aber in Bewegung auf Q-512_{δ}, die gleichzeitig der 372509-dimensionalen Form von irischem Moos im normierten Raum ähnelt«?

Eigentlich mag ich Science-Fiction ganz gerne. Im Prinzip ist ein solches Zukunftsszenario zumindest denkbar, es scheint auf den ersten Blick keine logischen Widersprüche zu enthalten. Sind wir aber wirklich gewillt, die Autorität über unsere eigenen inneren Zustände aufzugeben – jene Autorität, die uns gestattet zu sagen, dass diese zwei Zustände dieselben sein *müssen*, weil sie sich gleich *anfühlen*? Sind wir bereit, diese erkenntnistheoretische Autorität an die empirischen Wissenschaften vom menschlichen Geist zu übergeben? Dies ist der Kern des Problems der Unaussprechlichkeit, und sicherlich wären viele von uns nicht bereit, den Sprung in ein neues Beschreibungssystem zu wagen. Weil die traditionelle Alltagspsychologie nicht einfach nur eine Theorie ist, sondern auch eine lebensweltliche Praxis, könnte es eine Reihe von tieferen Problemen mit Churchlands philosophischer Strategie geben, die er selbst »eliminativen Materialismus« nennt. In seinen eigenen Worten: »Eliminativer Materialismus ist durch die These charakterisiert, dass unsere Alltagskonzeption psychologischer Phänomene eine radikal falsche Theorie ist; eine Theorie, die so fundamentale Defekte aufweist, dass sowohl ihre Prinzipien als auch ihre Ontologie irgendwann schließlich durch eine entwickelte Neurowissenschaft ersetzt werden, statt problemlos auf diese reduziert zu werden.«[18] Churchland besitzt eine originelle und erfrischend andere Perspektive: Wenn wir einfach nur die Idee aufgeben könnten, dass wir überhaupt jemals so etwas wie einen bewussten Geist besessen haben, und damit begännen, mit Hilfe der neuen und viel feinkörnigeren begrifflichen Unterscheidungen, die uns die Hirnforschung anbietet, unsere angeborenen Mechanismen der Introspektion zu trainieren, dann würden wir viel mehr in unserem eigenen Bewusstsein *entdecken*, wir würden unser inneres Leben *bereichern*, indem wir Materialisten würden. »Ich möchte deshalb nahelegen«, schreibt er an anderer Stelle, »dass diejenigen von uns, die den Fluss und den Inhalt unseres subjektiven phänomenologischen Erlebens wertschätzen, den Aufstieg der materialistischen Neurowissenschaft nicht mit Ängsten und düsteren Vorahnungen betrachten sollten.« »Ganz im Gegenteil. Mit der Ankunft einer echten materialistischen Kinematik und Dynamik für psychologische Zustände und kognitive Vorgänge wird keine Finsternis anbrechen, in der unser inneres Leben unterdrückt oder verdunkelt wird, sondern ihre Ankunft wird viel eher so etwas wie eine Morgendämmerung sein, in der sich die wunderbare Komplexität unseres inneren Lebens endlich *offenbart* – und zwar ganz besonders dann, wenn wir die neuen Begriffe auf uns selbst anwenden, bei der direkten, selbstbewussten Introspektion.«[19]

Trotzdem würden viele Leute wahrscheinlich nur eine geringe Neigung verspüren, etwas, das vorher unaussprechlich war, in eine öffentliche Eigenschaft zu verwandeln, über die sie jetzt mit Hilfe des Vokabulars der Hirnforschung kommunizieren könnten. Sie hätten das Gefühl, dass dies nicht das ist, was sie am Anfang wissen wollten. Wichtiger noch, vielleicht würden sie befürchten, dass wir auf unserem Weg zu einer Lösung des Problems etwas Tieferes verloren hätten – eben genau die erkenntnistheoretische Autorität über unser eigenes Bewusstsein. Theorien des Bewusstseins haben auch psychologische und kulturelle Konsequenzen. Ich werde auf diesen Punkt zurückkommen.

Das Evolutions-Problem: Hätte all das nicht im Dunkeln geschehen können?

Das Evolutions-Problem ist eines der schwierigsten Probleme für eine Theorie des Bewusstseins. Warum und in welchem Sinn war es überhaupt notwendig, dass sich so etwas wie Bewusstsein in den Nervensystemen von Tieren entwickelte? Hätte die Evolution nicht stattdessen Zombies hervorbringen können? Hier lautet die Antwort gleichzeitig ja und nein.

Wie ich in der Einleitung gesagt habe, ist das bewusste Erleben kein Alles-oder-Nichts-Phänomen. Es tritt in vielen verschiedenen

Schattierungen und Ausprägungen auf. Es gibt eine lange Geschichte des Bewusstseins auf diesem Planeten. Wir besitzen starke, in dieselbe Richtung weisende Belege dafür, dass zumindest alle warmblütigen Wirbeltiere auf der Erde (und wahrscheinlich eine ganze Reihe anderer Lebewesen) phänomenales Erleben besitzen. Die grundlegenden Merkmale des sinnlichen Bewusstseins sind bei den Säugetieren vorhanden, erhalten sich auf der Ebene ihrer Gehirne und weisen aufgrund der gemeinsamen Vorfahren starke Homologien auf. Sie mögen keine Sprache besitzen und nicht zum begrifflichen Denken in der Lage sein, aber es ist sehr wahrscheinlich, dass sie alle Empfindungen und Gefühle haben. Sie sind eindeutig in der Lage, Schmerz und Leid zu empfinden. Da sie selbst aber darüber zumindest sprachlich keine Auskunft geben können, ist es fast unmöglich, diese Frage gründlicher zu untersuchen. Deshalb müssen wir zuerst verstehen, wie *Homo sapiens* es geschafft hat – sowohl im Verlauf der biologischen Geschichte als auch in der individuellen Säuglingsentwicklung –, die faszinierende Eigenschaft zu erwerben, die darin besteht, dass wir unser subjektives Leben erfolgreich innerhalb des Ego-Tunnels leben und uns dieser Tatsache nicht bewusst sind.

Zunächst dürfen wir nicht vergessen, dass die Evolution von Zufallsereignissen angetrieben wird, dass sie kein Ziel verfolgt oder eine Richtung besitzt und dass sie das, was uns heute als eine kontinuierliche Optimierung von Nervensystemen erscheint, in einem blinden Vorgang von Variation des Erbguts und Selektion durch die Umwelt geleistet hat. Es ist falsch, anzunehmen, dass die Evolution Bewusstsein erfinden *musste* – im Prinzip hätte es auch ein nutzloses Nebenprodukt sein können. Zu keinem Zeitpunkt gab es so etwas wie eine Notwendigkeit. Nicht alles ist eine Adaption, und sogar Adaptionen beruhen nicht auf optimalen Entwürfen, weil die natürliche Selektion überhaupt nur auf das einwirken kann, was bereits vorhanden ist. Andere Pfade und andere Lösungen waren und bleiben immer möglich. Trotzdem ist mehr als deutlich, dass viel von dem, was in unseren Gehirnen und denen unserer Vorfahren geschehen ist, adaptiv war und einen Wert im Kampf ums Überleben besessen hat.

Heute gibt es bereits eine lange Liste mit potenziellen Kandidaten für die Funktion von Bewusstsein: Zu ihnen gehören das Auftreten von intrinsisch motivierenden Zuständen, die Verbesserung der sozialen Koordination, eine Strategie zur Verbesserung der inneren Selektion und internen Ressourcenverteilung in Gehirnen, die zu kompliziert geworden waren, um sich selbst noch erfolgreich zu regulieren, die ständige Modifikation und Anpassung von Zielhierarchien und Handlungsplänen für längere Zeiträume, das Abrufen von kompletten Episoden aus dem Langzeitgedächtnis, die Konstruktion speicherbarer Repräsentationen, gesteigerte Flexibilität und Verfeinerung der Verhaltenskontrolle, das Verstehen der geistigen Zustände von Artgenossen und die Vorhersage ihres Verhaltens in sozialen Interaktionen, die Auflösung von Konflikten und inneren Problemen, die durch »festgefahrene« geistige Verarbeitungsvorgänge entstehen können, die Erzeugung einer dichten und integrierten Darstellung der Wirklichkeit als einer Ganzheit, das Setzen eines globalen Kontexts, Lernvorgänge, die nur einen einzigen Schritt benötigen, und so weiter. Es fällt schwer, zu glauben, dass Bewusstsein tatsächlich *keine* dieser Funktionen haben könnte. Lassen Sie uns hier aber nur ein Beispiel betrachten.

Unter vielen führenden Bewusstseinsforschern herrscht Konsens darüber, dass mindestens eine der zentralen Funktionen des phänomenalen Erlebens darin besteht, Informationen für einen Organismus »global verfügbar« zu machen. Bernard Baars' Metapher vom globalen Arbeitsspeicher besitzt auch einen funktionalen Aspekt: Einfach gesagt, behauptet diese Theorie, dass bewusste Information genau die Teilmenge gerade im Gehirn aktiver Informationen ist, die eine ständige Überwachung erfordert, weil nicht klar ist, welche unserer geistigen Fähigkeiten wir als Nächstes benötigen werden, um auf diese Information zuzugreifen. Werden wir unsere konzentrierte Aufmerksamkeit darauf richten müssen? Werden wir einen Begriff davon bilden, darüber nachdenken, anderen Menschen darüber berichten müssen? Werden wir eine flexible Verhaltensantwort entwickeln müssen – eine, die wir ausgewählt und gegenüber möglichen Alternativen abgewogen haben? Werden wir diese Information mit dem episodischen Gedächtnis verknüpfen müssen, vielleicht um sie mit Dingen zu vergleichen, die wir schon früher gesehen oder gehört haben? Zu Baars' Idee gehört also unter anderem, dass man sich einer Sache nur dann bewusst wird, wenn man nicht weiß, welche der Instrumente in seinem geistigen Werkzeugkasten man als Nächstes einsetzen muss.

Eine interessante Beobachtung ist, dass wir immer dann bewusst sind, wenn wir eine schwierige Aufgabe – wie zum Beispiel das Binden von Schuhen oder das Fahrradfahren – zum ersten Mal erlernen. Der Vorgang des Einübens ist immer bewusst. Er erfordert Aufmerksamkeit und greift auf viele unserer Ressourcen zu. Sobald wir jedoch das Binden der Schnürsenkel oder das Fahrradfahren vollständig beherrschen, vergessen wir alles, was mit dem Lernvorgang zu tun hat – dies geht so weit, dass wir später Schwierigkeiten haben, dieselbe Fähigkeit unseren Kindern beizubringen. Bald sinkt sie unter die Schwelle des Bewusstseins und wird zu einer schnellen und wirkungsvollen Subroutine. Wann immer jedoch das System mit einer Herausforderung durch einen neuen Kontext oder mit einer neuen Reizsituation konfrontiert wird, wird auch der globale Arbeitsspeicher aktiviert, und es entsteht eine Repräsentation im Bewusstsein. Das ist auch genau das Stadium, an dem *Sie* sich des Vorgangs bewusst werden.

Natürlich brauchten wir eine wesentlich differenziertere Theorie, weil es verschiedene Grade der Verfügbarkeit gibt. Manche Dinge im Leben, zum Beispiel der unaussprechliche feine Farbton von Grün Nr. 24, sind für die Aufmerksamkeit verfügbar, nicht aber für das Gedächtnis oder das begriffliche Denken. Andere Dinge wiederum sind für die selektive Bewegungskontrolle verfügbar, werden aber so schnell erfasst, dass wir unsere Aufmerksamkeit eigentlich gar nicht mehr auf sie richten können: Wenn Hundertmetersprinter warteten, bis sie ein bewusstes Hörerlebnis des Startschusses hätten, wäre das Rennen längst verloren; glücklicherweise hört ihr Körper den Schuss, bevor sie selbst es tun. Es gibt viele Abstufungen im bewussten Erleben, und je genauer die Wissenschaft hinschaut, desto verschwommener wird die Grenze zwischen bewusster und unbewusster Verarbeitung. Aber der allgemeine Begriff der globalen Verfügbarkeit erlaubt uns, zumindest den Anfang einer überzeugenden Geschichte über die Evolution des Bewusstseins zu erzählen. Hier ist mein Beitrag zu dieser Geschichte: Bewusstsein ist eine neue Art von *Organ*.

Die Evolution hat biologische Organismen mit zwei verschiedenen Arten von Organen hervorgebracht. Die eine Art, wie zum Beispiel die Leber oder das Herz, bildet einen festen Bestandteil der »Hardware« des Organismus. Die entsprechenden Organe sind dauerhaft realisiert. Dann gibt es »virtuelle Organe«, wie zum Beispiel Gefühle (Wut, Ärger, sexuelles Verlangen oder Eifersucht) oder auch das phänomenale Erleben, das entsteht, wenn wir farbige Gegenstände sehen, Musik hören oder wenn eine bestimmte Episode aus dem Gedächtnis in uns aufsteigt. Die Antwort unseres Immunsystems auf Krankheitserreger, die ebenfalls nur im Bedarfsfall realisiert wird, ist ein anderes Beispiel für ein virtuelles Organ: Für eine gewisse Zeit erzeugt sie sehr spezielle kausale Eigenschaften, sie besitzt eine bestimmte Funktion und erledigt eine Aufgabe für den Organismus. Wenn die Aufgabe erfüllt ist, verschwindet sie. Virtuelle Organe sind genau wie physische Organe in dem Sinne, dass sie eine spezifische Funktion erfüllen; es sind zusammenhängende Verbände von funktionalen Eigenschaften, die es uns gestatten, etwas Neues zu tun. Obwohl sie ein Teil des Repertoires an Verhaltensweisen auf der Makroebene beobachtbarer Merkmale sind, kann man sie auch als etwas betrachten, das aus Milliarden von konzertierten Mikroereignissen zusammengesetzt ist – aus Immunzellen oder vor sich hin feuernden Nervenzellen. Im Gegensatz zu einer Leber oder einem Herzen werden sie nur vorübergehend realisiert. Was wir subjektiv erleben, sind die inneren Vorgänge, die durch die sich gerade entfaltende Aktivität eines oder mehrerer solcher virtuellen Organe entstehen.

Unsere virtuellen Organe machen uns Information global verfügbar. Sie gestatten uns den Zugriff auf neue Tatsachen und manchmal auch auf vollständig neue Formen des Wissens. Nehmen wir als ein Beispiel die Tatsache, dass Sie jetzt gerade dieses Buch in Ihren Händen halten. Das phänomenale Buch (das heißt das bewusste Buch-Erlebnis) und die phänomenalen Hände (das heißt das bewusste

Erleben bestimmter Teile des körperlichen Selbst) sind Beispiele für gegenwärtig aktive virtuelle Organe. Die neuronalen Korrelate des Buch-Erlebnisses in Ihrem Gehirn arbeiten für Sie als Objekt-Emulatoren. Sie tun dies, indem sie das Buch, das Sie gerade halten, innerlich noch einmal simulieren – und zwar, ohne dass Sie sich dieser Tatsache bewusst sind. Dasselbe gilt für das bewusste Hand-Erlebnis, das ein Teil der Aktivität des körperlichen Subjekt-Emulators ist. Es gibt also ein Als-ob-Selbst und ein Als-ob-Buch, ein simuliertes Subjekt plus ein simuliertes Objekt. Das Gehirn macht Ihnen noch viele andere Tatsachen verfügbar: die Tatsache, dass dieses Buch existiert, dass es bestimmte gleichbleibende Oberflächeneigenschaften besitzt, ein bestimmtes Gewicht und so weiter. In dem Moment, in dem all diese Informationen über die Existenz und die Eigenschaften des Buchs bewusst werden, sind sie für die Aufmerksamkeitslenkung, für die weitere kognitive Verarbeitung und für flexible Verhaltensreaktionen verfügbar.

Langsam können wir nun sehen, worin die zentrale evolutionäre Funktion des Bewusstseins bestanden haben muss: Es macht bestimmte Klassen von Tatsachen für einen Organismus global verfügbar und erlaubt ihm dadurch, seine Aufmerksamkeit auf sie zu richten, über sie nachzudenken und in einer flexiblen Weise, die automatisch den Gesamtkontext berücksichtigt, auf sie zu reagieren. Nur wenn uns überhaupt *eine Welt erscheint*, können wir schrittweise die Tatsache erfassen, dass eine äußere Wirklichkeit existiert. Dies wiederum ist eine notwendige Vorbedingung dafür, die Tatsache zu entdecken, dass *wir selbst* ebenfalls existieren. Nur wenn man einen Bewusstseins-Tunnel hat, kann man erkennen, dass man Teil dieser Wirklichkeit und gerade jetzt in ihr anwesend ist.

Sobald diese globale Bühne – der Bewusstseins-Tunnel – sich stabilisiert hat, können außerdem viele andere Arten von virtuellen Organen erzeugt werden und ihren Tanz in unserem Nervensystem beginnen. Der Tunnel ist das, was alles zusammenhält. Innerhalb des Tunnels beginnt sich die Choreographie unseres subjektiven Lebens zu entfalten. Wir können bewusste Gefühle erleben und dadurch entdecken, dass wir bestimmte Ziele und Bedürfnisse haben. Wir können uns selbst als Denker von Gedanken wahrnehmen. Wir können entdecken, dass es andere Menschen – andere Handlungssubjekte – in der Umwelt gibt, und verstehen, in welcher Beziehung wir zu ihnen stehen. Solange es nicht einen ganz bestimmten Typ von bewusstem Erlebnis gibt, der diese Tatsache für uns global verfügbar macht, können wir nicht mit unseren Mitmenschen kooperieren, wir können sie nicht selektiv imitieren oder auf eine andere Weise von ihnen lernen. Wenn wir besonders schlau sind, lernen wir unter Umständen sogar, wie wir ihr Verhalten kontrollieren können, indem wir ihre Bewusstseinszustände kontrollieren. Falls es uns gelingt, sie erfolgreich zu täuschen – wenn wir es zum Beispiel schaffen, eine falsche Überzeugung in ihrem Geist einzupflanzen –, dann haben wir ein virtuelles Organ in einem *anderen* Gehirn aktiviert.

Phänomenale Zustände sind neurokomputationale Organe, die überlebenswichtige Informationen innerhalb eines Gegenwartsfensters global verfügbar machen. Sie ermöglichen es uns, uns neuer Tatsachen innerhalb eines einheitlichen psychologischen Moments bewusst zu werden. Es muss eindeutig ein wesentlicher Vorteil gewesen sein, alle Instrumente aus unserem geistigen Werkzeugkasten gleichzeitig einsetzen zu können, um auf immer neue Klassen von Tatsachen zu reagieren. Für jedes neue virtuelle Organ, für jede neue Sinneserfahrung und jeden neuen bewussten Gedanken mussten wir einen metabolischen Preis zahlen, denn es war teuer, sie zu aktivieren, und wenn es auch jeweils nur für ein paar Sekunden oder Minuten notwendig war. Weil sie sich aber bezahlt gemacht haben, indem sie dem Gehirn zusätzliche Glukose verschafften und dem Organismus mehr Sicherheit, bessere Überlebenschancen und einen höheren Fortpflanzungserfolg brachten, haben sie sich über Populationen hinweg verbreitet und bis zum heutigen Tage erhalten. Sie erlaubten uns, zwischen Essbarem und Nichtessbarem zu unterscheiden, neue Nahrungsquellen zu erschließen und unsere Angriffe auf Beute vorher sorgfältig zu planen. Sie erlaubten uns, die Gedanken unserer Mitmenschen zu lesen und auf wirksamere Weise mit unseren Jagdgenossen zusammenzuarbeiten. Schließlich erlaubten sie uns, aus vergangenen Erfahrungen zu lernen.

Das vorläufige Fazit lautet also: Eine Welt im Gehirn eines Organismus erscheinen zu lassen war eine neue komputationale Strategie. Indem wir die gefährliche Gegenwart als real auszeichneten, verhinderten wir, dass wir uns in unseren eigenen Erinnerungen oder Phantasien verlieren. Das Auszeichnen der Gegenwart ermöglicht es einem bewussten Organismus, andere oder wirkungsvollere Fluchtmöglichkeiten zu planen oder seine Beute noch besser zu täuschen beziehungsweise sich noch raffinierter an sie anzupirschen, nämlich, indem er innere Probeläufe des Zielverhaltens mit Merkmalen einer gegebenen Welt vergleicht. Wenn man ein transparentes Weltmodell besitzt, kann man zum ersten Mal das, was tatsächlich ist, mit dem vergleichen, was nur möglich ist. Die im Bewusstsein als real dargestellte Welt dient als Hintergrund und fester Bezugsrahmen für alle simulierten möglichen Welten, die man in seinem eigenen Geist entworfen hat. Höhere Intelligenz besteht nämlich nicht nur darin, *Offline*-Zustände zu besitzen, mit deren Hilfe man potenzielle Bedrohungen oder wünschenswerte Endergebnisse simulieren kann, sondern auch darin, die wirkliche Situation mit einer ganzen Anzahl von möglichen Zielzuständen zu vergleichen. Nachdem man im eigenen Geist einen Pfad von der wirklichen Welt in die wünschenswerteste mögliche Welt gefunden hat, kann man beginnen zu handeln.

Man übersieht leicht die kausale Relevanz dieses allerersten evolutionären Schritts. Die Darstellung von »Tatsächlichkeit« war das grundlegende komputationale Ziel des bewussten Erlebens. Es ist die eine notwendige funktionale Eigenschaft, auf der alles andere beruht. Wir können es ganz einfach »Wirklichkeitserzeugung« nennen: Sie erlaubte Tieren, explizit die Tatsache darzustellen, dass etwas *tatsächlich der Fall ist*. Ein transparentes Wirklichkeitsmodell lässt uns entdecken, dass da draußen wirklich etwas ist, und indem es unser inneres Porträt der Welt mit dem subjektiven Jetzt integriert, gestattet es uns, die Tatsache zu erfassen, dass die Welt *gegenwärtig* ist. Dieser Schritt eröffnete eine ganz neue Ebene von Komplexität. Der Besitz eines globalen Weltmodells ermöglicht also, Information über die Welt in einer neuen, hochgradig integrierten Art und Weise zu verarbeiten. Jeder bewusste Gedanke, jede körperliche Empfindung, jeder Klang und jedes Seherlebnis, jede Erfahrung des Mitgefühls oder der Anteilnahme an den Zielen eines anderen Menschen macht eine andere Klasse von Tatsachen für jene an den Gesamtkontext angepasste, flexible und selektive Form der Verarbeitung verfügbar, die nur das bewusste Erleben bereitstellen kann. Was immer auf die Ebene der globalen Verfügbarkeit gehoben wird, wird plötzlich flüssiger und empfindlicher für den Gesamtzusammenhang und besitzt nun eine direkte Beziehung zu allen anderen Inhalten unseres bewussten Geistes.

Die Funktionen der globalen Verfügbarkeit können sehr spezifisch sein: Das bewusste Farbensehen liefert uns Informationen über den Nährwert, etwa wenn uns die köstlichen roten Beeren zwischen den grünen Blättern auffallen. Das bewusste Erleben von Empathie gibt uns eine nichtsprachliche Form von Wissen über die emotionalen Zustände eines Mitmenschen. Sobald wir diese Form von Gewahrsein besitzen, können wir unsere Aufmerksamkeit darauf lenken, unser körperliches Verhalten daran anpassen oder es mit Erinnerungen aus der Vergangenheit assoziieren. Phänomenale Zustände stellen nicht einfach nur Tatsachen über Beeren oder über die Gefühle anderer menschlicher Wesen dar; sie binden all dies auch in ein globales Verarbeitungsstadium ein und erlauben es uns, all unsere geistigen Fähigkeiten einzusetzen, um sie weiter zu erforschen. Kurz, einzelne bewusste Erlebnisse oberhalb der Gegenstandsebene sind virtuelle Organe, die uns vorübergehend Wissen zur Verfügung stellen, und zwar in einem völlig neuen Datenformat – dem Bewusstseins-Tunnel. Und unser einheitliches globales Modell einer einzigen Welt liefert den ganzheitlichen Bezugsrahmen, in dem all dies stattfinden kann.

Wenn ein Lebewesen wie *Homo sapiens* die zusätzliche Fähigkeit evolviert, *Offline*-Simulationen in seinem Geist ablaufen zu lassen, dann kann es mögliche Welten repräsentieren – Welten, die nicht als gegenwärtig erlebt werden. Eine solche Spezies kann erstmals ein episodisches Gedächtnis besitzen. Sie kann die Fähigkeit zu planen entwickeln. Sie kann sich selbst fragen: »Wie sähe eine Welt aus, in der ich viele Kinder hätte? Was für eine Welt wäre es, in der ich vollkommen gesund wäre? Oder reich und berühmt? Und was kann ich tun, damit das tatsächlich geschieht? Kann ich mir einen Pfad vorstellen, der von der gegenwärtigen Welt in diese vorgestellte Welt führt?«

Ein solches bewusstes Lebewesen kann sich auch die Möglichkeit der geistigen Zeitreise zunutze machen, weil es zwischen der »Innenzeit« und der »Außenzeit« hin und her schalten kann. Es kann aktuelle Erlebnisse mit vergangenen vergleichen – es kann aber auch halluzinieren oder sich in seinen eigenen Tagträumen verlieren. Wenn es diese neuen mentalen Fähigkeiten richtig einsetzen will, muss sein Gehirn ihm also ein robustes und zuverlässiges Verfahren liefern, um den Unterschied zwischen Repräsentation und Simulation zu erkennen. Unser Lebewesen muss in der wirklichen Welt verankert bleiben, denn wenn man sich selbst in Tagträumen verliert, ist es nur eine Frage der Zeit, bis ein anderes Tier vorbeikommt und einen auffrisst. Deshalb braucht man einen Mechanismus, der einem zuverlässig den Unterschied zwischen der einen realen Welt und den vielen möglichen zeigt. Und dieser Trick muss auf der Ebene des bewussten Erlebens selbst funktionieren, was keine leichte Sache ist. Wie wir gesehen haben, *ist* das bewusste Erleben ja schon eine Simulation und bringt das Subjekt des Erlebens niemals in direkten Kontakt mit der Wirklichkeit. Die Frage lautet also: Wie kann man vermeiden, dass man sich im Labyrinth des eigenen bewussten Geistes verliert?

Eine Hauptfunktion des transparenten bewussten Realitätsmodells besteht darin, Tatsächlichkeit (Philosophen sagen manchmal auch »Faktizität«) darzustellen – also einen felsenfesten Bezugsrahmen für den Organismus zu erzeugen: etwas, das ausnahmslos und ohne jeden Zweifel definiert, was real ist (sogar dann, wenn das gar nicht stimmt), etwas, mit dem man nicht herumspielen kann und das sich nicht umgehen oder austricksen lässt. Transparenz löste das Problem, eine Vielzahl möglicher innerer Welten zu simulieren, ohne sich in ihnen zu verlieren, und das geschah, indem sie es biologischen Organismen gestattete, explizit die Tatsache darzustellen, dass eine dieser Welten die aktuelle, die echte Wirklichkeit ist. Ich nenne das die »Welt-Null-Hypothese«.

Menschen wissen, dass sich manche ihrer bewussten Erlebnisse nicht auf die wirkliche Welt beziehen, sondern bloß Bilder in ihrem Geist sind. Jetzt können wir sehen, wie grundlegend dieser Schritt war, und seine funktionale Bedeutung erkennen. Nicht nur waren wir nun in der Lage, bewusste Gedanken zu haben, wir konnten sie auch *als* Gedanken erleben, anstatt einfach zu halluzinieren oder uns in einer Phantasie zu verlieren. Dieser Schritt verlieh uns unsere überragende Intelligenz. Er ermöglichte es uns, unsere Erinnerungen, Ziele und Pläne mit der gegenwärtigen Situation zu vergleichen, und half uns dabei, nach geistigen Brücken aus der aktuellen Gegenwart in eine wünschenswertere Wirklichkeit zu suchen.

Die Unterscheidung zwischen Dingen, die uns nur auf eine bestimmte Weise erscheinen, und wirklichen, objektiven Tatsachen wurde ein Bestandteil unserer gelebten Realität, unserer Lebenswelt. (Man sollte nicht übersehen, dass dies sehr wahrscheinlich für die allermeisten anderen Tiere auf diesem Planeten nicht gilt.) Indem wir manche Elemente unseres Tunnels bewusst als bloße Bilder oder Gedanken über die Welt erleben konnten, wurden wir uns erstmals der Möglichkeit von Fehlrepräsentationen gewahr. Wir verstanden, dass man sich manchmal irren kann, weil die erlebte Realität nur eine spezifische Art von Erscheinung ist. Als der natürlichen Evolution entstammende Repräsentationssysteme konnten wir nun eine der wichtigsten Tatsachen über uns selbst in unserem Geist darstellen – nämlich, dass wir Repräsentationssysteme *sind*. Wir waren in der Lage, die Begriffe von Wahrheit und Falschheit zu erfassen, von Wissen und Illusion. Sobald wir diese Unterscheidung erfasst hatten, explodierte die kulturelle Evolution. Denn indem wir systematisch unser Wissen erweiterten und Illusionen minimierten, wurden wir immer intelligenter.

Die Entdeckung des Unterschieds zwischen Erscheinung und Wirklichkeit wurde möglich, weil wir erkannten, wie manche der Inhalte unseres bewussten Geistes intern konstruiert wurden, und weil wir den Konstruktionsvorgang introspektiv wahrnehmen konnten. Der Fachbegriff wäre hier *phänomenale Opazität* – genau das Gegenteil von Transparenz. All jene Dinge in der Evolution des Bewusstseins, die alt, besonders schnell und extrem zuverlässig sind, wie zum Beispiel die konkreten Qualitäten des sinnlichen Erlebens, sind transparent – das abstrakte bewusste Denken ist es nicht. Aus der Perspektive der Evolution ist Denken etwas sehr Neues, ziemlich unzuverlässig (wie wir alle wissen) und so langsam, dass man tatsächlich beobachten kann, wie es in unserem Gehirn stattfindet. Beim bewussten Nachdenken, im Gang der Überlegung, werden wir zu Zeugen der Bildung von Gedanken, denn bestimmte Verarbeitungsstufen sind für die introspektive Aufmerksamkeit verfügbar. Darum wissen wir, dass unsere Gedanken nichts Gegebenes sind, sondern etwas *Gemachtes*.

Das innere Erscheinen einer vollkommen realistischen Welt, gegenwärtig im Hier und Jetzt, war eine sehr elegante Weise, um einen Bezugsrahmen und einen zuverlässigen Ankerpunkt für all jene Arten von mentaler Aktivität zu erzeugen, die für höhere Formen von Intelligenz notwendig sind. Man kann mögliche Welten nur erfassen und entwerfen, wenn es bereits eine fest etablierte und robuste Realität erster Ordnung gibt. Das war der fundamentale Durchbruch – und auch die zentrale Funktion des Bewusstseins als solchem. Wie sich herausstellte, besaß der Bewusstseins-Tunnel ganz offensichtlich einen Überlebensvorteil und war adaptiv, weil er einen stabilen und vereinheitlichten Bezugsrahmen für höhere Ebenen der Wirklichkeitsmodellierung zur Verfügung stellte. Und trotzdem ist all dies noch nicht einmal die Hälfte der Geschichte: Uns steht noch ein letzter – und großer – Schritt auf der Leiter bevor. Unsere kurze *tour d'horizon* endet mit dem tiefsten und schwierigsten philosophischen Rätsel überhaupt: der *Subjektivität* des Bewusstseins.

Das Wer-Problem:
Was ist die Entität, die bewusste Erlebnisse hat?

Bewusstsein ist immer an eine individuelle Erste-Person-Perspektive gebunden, und dies ist einer der Hauptgründe dafür, warum es so schwer zu fassen ist. Es ist ein *subjektives* Phänomen. Jemand *hat* es.

Auf eine tiefe und unbestreitbare Art und Weise ist Ihre innere Welt in der Tat nicht bloß *irgendjemandes* innere Welt, sondern *Ihre* innere Welt – ein privater Raum des Erlebens, zu dem nur Sie selbst direkten Zugang haben.

Der bewusste Geist ist kein öffentliches Objekt – das ist zumindest die orthodoxe Standardauffassung, die jedoch in der Zukunft einmal durch die Bewusstseinsrevolution widerlegt werden könnte. Auf jeden Fall sagt die traditionelle philosophische Sichtweise, dass die naturwissenschaftliche Forschung sich überhaupt nur mit Gegenständen befassen kann, die Eigenschaften aufweisen, die zumindest im Prinzip jeder von uns beobachten kann. Für Grün Nr. 24 gilt das nicht. Es gilt auch nicht für die ganz besondere sinnliche Erlebnisqualität, die mit dem Duft einer Mischung aus Ambra und Sandelholz verknüpft ist, oder für unser empathisches Erleben, wenn wir durch spontane innere Einfühlung die Emotionen eines anderen Menschen verstehen, der tränenüberströmt vor uns steht. Hirnzustände auf der anderen Seite sind beobachtbar. Hirnzustände besitzen auch eindeutig das, was Philosophen einen *repräsentationalen Inhalt* nennen. Es gibt rezeptive Felder für die verschiedenen Sinnesreize. Wir wissen, wo emotionale Inhalte entstehen, wir kennen gute Kandidaten für den Sitz des episodischen Gedächtnisses im Gehirn, und so weiter.

Das bewusste Erleben hat auch einen Inhalt – *phänomenalen* Inhalt –, und wir sind ihm bereits in der Einleitung begegnet: Sein phänomenaler Inhalt ist der subjektive Charakter – die Art, wie sich ein Erleben ganz privat und innerlich für uns *anfühlt*, wie es ist, es zu haben. Aber dieser besondere Inhalt ist, so scheint es, nichts Öffentliches und nur für eine einzige Person zugänglich – für das erlebende Subjekt. Und wer ist das?

Um eine erfolgreiche Theorie des Bewusstseins zu entwickeln, müssen wir den phänomenalen Inhalt der Erste-Person-Perspektive mit den Inhalten von aus der Dritte-Person-Perspektive beobachteten Gehirnzuständen zur Deckung bringen. Auf irgendeine Weise müssen wir die Innenperspektive des erlebenden Selbst mit der Außenperspektive der Wissenschaft in Einklang bringen. Und viele von uns werden intuitiv immer davon überzeugt sein, dass dies niemals möglich sein wird. Viele denken heute, dass Bewusstsein (wie Philosophen sagen) »ontologisch irreduzibel« ist, weil sich Erste-Person-Tatsachen nicht auf Dritte-Person-Tatsachen zurückführen lassen. Wahrscheinlicher ist es jedoch, das Bewusstsein (wie Philosophen sagen) »epistemisch irreduzibel« ist. Die Begriffe sind schrecklich, aber die Idee ist einfach: Es gibt eine einzige Wirklichkeit, eine Art von Tatsachen, aber zwei Arten von Wissen – Erste-Person-Wissen und Dritte-Person-Wissen. Obwohl Bewusstsein in Wirklichkeit ein physikalischer Vorgang ist, können diese zwei verschiedenen Formen des Wissens niemals miteinander in Einklang gebracht werden. Selbst wenn wir bis ins letzte Detail über die Hirnzustände einer Person Bescheid wissen sollten, wird uns das niemals erlauben zu erfassen, wie sie sich für die Person selbst von innen anfühlen. Es gibt kein metaphysisches Mysterium, sondern nur zwei grundverschiedene Weisen des Wissens oder Gegebenseins. So weit, so gut.

Aber der Begriff einer »Erste-Person-Perspektive« erweist sich genau in dem Moment als vage und unklar, in dem wir ihn etwas näher betrachten. Wer ist sie denn, diese mysteriöse *erste Person*? Worauf bezieht sich das Wörtchen »ich«? Wenn es nicht gerade bloß auf den jeweiligen Sprecher eines Satzes zeigt, bezieht es sich überhaupt auf irgendetwas in dem uns bekannten Teil der Wirklichkeit? Ist die Existenz eines erlebenden Selbst ein notwendiger Bestandteil des Bewusstseins? Ich glaube das nicht – schon allein weil es »selbst-lose« Formen des bewussten Erlebens zu geben scheint. Bei bestimmten schweren psychiatrischen Störungen, wie etwa dem Cotard-Syndrom, hören die Patienten manchmal auf, das Pronomen der ersten Person zu verwenden, und – was noch erstaunlicher ist – behaupten, dass sie in Wirklichkeit gar nicht existieren. M. David Enoch und William Trethowan schreiben in ihrem Buch *Uncommon Psychiatric Syndromes*: »In der Folge kann es dazu kommen, dass die Person tatsächlich ihre eigene Existenz selbst bestreitet und sogar den Gebrauch des Personalpronomens ›ich‹ vollständig einstellt. Eine Patientin nannte sich selbst sogar ›Madame Zero‹, um ihre Nicht-Existenz zu betonen. Eine andere [Patientin] sagte mit Bezug auf sich selbst: ›Es hat keinen Sinn, es ist nutzlos. Wickeln Sie es ein und schmeißen Sie ›es‹ in den Mülleimer.‹«[20]

Mystiker aller Kulturen und aller Zeiten haben über tiefe spirituelle Erfahrungen berichtet, in denen kein »Selbst« gegenwärtig war, und auch von ihnen haben einige einfach aufgehört, das Pronomen »ich« zu verwenden. Außerdem könnte es durchaus so sein, dass viele der einfachen Organismen auf diesem Planeten einen Bewusstseins-Tunnel haben, in dem niemand lebt. Vielleicht haben manche von ihnen nur eine »Bewusstseinsblase« anstatt eines Tunnels, weil zusammen mit dem Selbst das Bewusstsein von Vergangenheit und Zukunft verschwindet.

Wir sollten uns verdeutlichen, dass wir bis jetzt bei unserem Versuch, die Hauptprobleme für eine große vereinheitlichte Theorie des Bewusstseins zu definieren, immer nur von einem Minimalbegriff ausgegangen sind: dem Erscheinen einer Welt. Während Sie aber diese Sätze lesen, ist nicht nur das Licht an, sondern es ist auch jemand zu Hause. Menschliches Bewusstsein zeichnet sich durch verschiedene Formen von Innerlichkeit aus, die sich gegenseitig beeinflussen: Erstens ist es ein interner Vorgang im zentralen Nervensystem; zweitens erzeugt es das Erlebnis, in einer Welt zu sein; drittens vermittelt uns das virtuelle Gegenwartsfenster Innerlichkeit in der Zeit, es schenkt uns ein erlebtes Jetzt. Aber die tiefste Form von Innerlichkeit bestand in der Erschaffung einer internen Selbst-Welt-Grenze.

In der Evolution begann dieser Vorgang auf der physikalischen Ebene mit der Entwicklung von Zellmembranen und einem Immunsystem, das eindeutig festlegte, welche Zellen im eigenen Körper als eigene behandelt werden sollten und welche als Eindringlinge.[21] Milliarden Jahre später waren biologische Nervensysteme in der Lage, diese Unterscheidung zwischen Selbst und Außenwelt auf einer höheren Ebene darzustellen – zum Beispiel als Körpergrenzen, die durch ein integriertes, aber immer noch unbewusstes Körperschema umrissen wurden. Das bewusste Erleben erhob diese grundlegende Strategie einer Partitionierung, einer Aufteilung der Wirklichkeit auf eine bis dahin unbekannte Ebene von Komplexität und Intelligenz. Das phänomenale Selbst wurde geboren, und nach und nach trat das bewusste Erleben des *Jemand-Seins* hervor. Ein Selbstmodell, ein inneres Bild des Organismus als einer Ganzheit, wurde in das Weltmodell eingebaut, und auf diese Weise begann sich die bewusst erlebte Erste-Person-Perspektive zu entwickeln.

Wie man das Phänomen der Subjektivität wirklich verstehen kann, ist das tiefste Rätsel der Bewusstseinsforschung. Um es zu lösen, benötigen wir ein tieferes Verständnis davon, wie das bewusste Selbst in den Tunnel hineingeboren wurde, wie es der Natur gelang, ein zentriertes Wirklichkeitsmodell zu evolvieren und innere Welten zu erschaffen, die nicht nur erscheinen, sondern die *jemandem* erscheinen. Wir müssen verstehen, wie der Bewusstseins-Tunnel zu einem Ego-Tunnel wurde.

Kapitel 2 Anhang

DIE EINHEIT DES BEWUSSTSEINS

Ein Gespräch mit Wolf Singer

Wolf Singer ist Professor für Neurophysiologie und leitet die Abteilung für Neurophysiologie am Max-Planck-Institut für Hirnforschung in Frankfurt am Main. Im Jahr 2004 gründete er das *Frankfurt Institute for Advanced Studies* (FIAS), das auf verschiedenen Wissenschaftsgebieten theoretische Grundlagenforschung betreibt und Theoretiker aus den Disziplinen Biologie, Chemie, Neurowissenschaften, Physik und Informatik zusammenbringt. Sein hauptsächliches wissenschaftliches Interesse gilt der Aufklärung jener neuronalen Prozesse, die höheren kognitiven Leistungen wie Sehen, Gedächtnis und Aufmerksamkeit zugrunde liegen. Er bemüht sich ferner darum, die Ergebnisse der Hirnforschung einer breiteren Öffentlichkeit bekannt zu machen; dafür wurde er mit dem Max-Planck-Preis für Öffentlichkeitsarbeit ausgezeichnet.

Singer hat sich besonders aktiv an der philosophischen Debatte über Willensfreiheit beteiligt. Gemeinsam mit Christoph Engel hat er das Buch *Better Than Conscious? Decision Making, the Human Mind, and Implications for Institutions* (2008) herausgegeben.

Metzinger: Wolf, wie stellt sich nach unserem gegenwärtigen Erkenntnisstand die Beziehung zwischen Bewusstsein und Eigenschaftsbindung dar?

Singer: Eine einzigartige Eigenschaft von Bewusstsein ist seine Kohärenz. Die Bewusstseinsinhalte wandeln sich fortlaufend, im Tempo der erlebten Gegenwart, aber zu jedem Zeitpunkt stehen alle Inhalte des phänomenalen Bewusstseins miteinander in Beziehung, sofern kein pathologischer Zustand vorliegt, der eine Desintegration des bewussten Erlebens verursacht. Dies deutet auf einen engen Zusammenhang zwischen Bewusstsein und Bindung hin. Es hat den Anschein, als würden nur jene Ergebnisse der zahlreichen Berechnungsprozesse, die zuvor erfolgreich gebunden wurden, gleichzeitig ins Bewusstsein eintreten. Nach dieser Auffassung besteht auch ein enger Zusammenhang zwischen Bewusstsein, Kurzzeitgedächtnis und Aufmerksamkeit. Empirische Befunde lassen vermuten, dass Stimuli nur dann bewusst wahrgenommen werden, wenn man die Aufmerksamkeit darauf richtet, und nur dann erhalten sie Zugang zum Kurzzeitgedächtnis.

Metzinger: Aber wieso gibt es überhaupt ein Bindungsproblem?

Singer: Das Bindungsproblem ist die Folge zweier besonderer Merkmale des Gehirns: Erstens, das Gehirn ist ein hochverteiltes System, in dem eine sehr große Zahl von Operationen parallel ausgeführt wird; zweitens, das Gehirn besitzt nicht ein einzelnes Konvergenzzentrum, in dem die Ergebnisse dieser parallelen Rechenvorgänge in kohärenter Weise ausgewertet werden könnten. Die verschiedenen Verarbeitungsmodule sind miteinander verschaltet, in einem überaus dichten und komplexen Netzwerk reziproker Verbindungen, und diese scheinen mit Hilfe starker Mechanismen der Selbstorganisation global geordnete Zustände hervorzubringen. Daraus folgt, dass Repräsentationen komplexer kognitiver Inhalte – Wahrnehmungsobjekte, Gedanken, Handlungspläne, reaktivierte Erinnerungen – ebenfalls eine verteilte Struktur besitzen müssen. Dies erfordert, dass Neuronen, die an einer verteilten Repräsentation eines bestimmten Typs von Inhalt beteiligt sind, parallel zwei Nachrichten übermitteln: Erstens, sie müssen signalisieren, ob die Eigenschaft, auf die sie abgestimmt sind, präsent ist; zweitens, sie müssen anzeigen, mit welchen der vielen anderen Neuronen sie bei der Bildung einer distribuierten Repräsentation zusammenarbeiten. Es herrscht weitgehende Einigkeit darüber, dass Neuronen die Präsenz der Eigenschaft, die sie codieren, dadurch signalisieren, dass sie ihre Entladungsfrequenz erhöhen; weniger Einvernehmen besteht darüber, wie Neuronen signalisieren, mit welchen anderen Neuronen sie zusammenwirken.

Metzinger: Was sind die Randbedingungen für eine solche Signalisierung?

Singer: Da sich die Repräsentationen kognitiver Inhalte schnell verändern können, müssen sie mit einer sehr hohen zeitlichen Auflösung entschlüsselbar sein. Wir haben die Hypothese aufgestellt, dass die präzise Synchronisierung der Entladungen der einzelnen Neuronen die Signatur ist, die die Relation zwischen den Neuronen definiert.

Metzinger: Aber wieso gerade die Synchronisierung?

Singer: Die präzise Synchronisierung steigert die Wirkung neuronaler Entladungen und fördert die weitere gemeinsame Verarbeitung der synchronisierten Nachrichten. Weitere Befunde deuten darauf hin, dass sich solche Synchronisierungen am besten erreichen lassen, wenn sich Neuronen in rhythmische, oszillatorische Entladungsmuster einschwingen, weil oszillatorische Prozesse leichter synchronisiert werden können als zeitlich unstrukturierte Aktivierungsfolgen.

Metzinger: Dann ist das Ganze nicht bloß eine Hypothese, sondern es gibt experimentelle Befunde, die diese Hypothese erhärten.

Singer: Seitdem man vor über zehn Jahren synchronisierte oszillatorische Entladungen im Sehkortex entdeckte, untermauern immer mehr Ergebnisse die Hypothese, dass die Synchronisierung oszillatorischer Aktivität der Mechanismus für die Bindung distribuierter beziehungsweise verteilter Prozesse im Gehirn sein könnte – wohingegen die relevanten Oszillationsfrequenzen je nach Struktur voneinander abweichen und in der Großhirnrinde für gewöhnlich den Bereich von Beta- und Gamma-Oszillationen abdecken: 20 bis 80 Hertz. Besonders interessant werden die Synchronisierungsphänomene im gegenwärtigen Kontext dadurch, dass sie sich in Verbindung mit einer Reihe von Funktionen ereignen, die für bewusstes Erleben von Bedeutung sind.

Metzinger: Welche Funktionen sind das?

Singer: Diese Oszillationen ereignen sich während der Codierung von Wahrnehmungsobjekten, wenn kohärente Repräsentationen der verschiedenen Merkmale dieser Objekte gebildet werden müssen. Die Oszillationen werden durchgängig beobachtet, wenn Versuchspersonen ihre Aufmerksamkeit auf ein Objekt richten und Informationen darüber im Arbeitsgedächtnis behalten. Und schließlich sind die Oszillationen ein typisches Korrelat bewusster Wahrnehmung.

Metzinger: Wie ist die empirische Datenlage hier?

Singer: In einem Test, in dem Versuchspersonen Reizen ausgesetzt werden, die durch Rauschen beeinträchtigt werden, so dass die Stimuli nur in 50 Prozent der Fälle bewusst wahrgenommen werden, kann man die Hirnaktivität untersuchen, die selektiv mit bewusstem Erleben verbunden ist. Da die physikalischen Eigenschaften der Stimuli konstant bleiben, kann man einfach die Hirnsignale in den Fällen, in denen die Probanden die Reize bewusst wahrnehmen, mit den Fällen vergleichen, in denen sie dies nicht tun. Untersuchungen zeigen, dass bei bewusster Wahrnehmung weit verteilte Regionen der Großhirnrinde vorübergehend exakt synchronisierte Hochfrequenz-Oszillationen aufweisen. Wenn die Stimuli nicht bewusst wahrgenommen werden, lassen sich in den verschiedenen Verarbeitungsregionen zwar ebenfalls Hochfrequenz-Oszillationen nachweisen – was darauf hindeutet, dass *irgendeine* Reizverarbeitung stattfindet –, aber dies sind lokale Prozesse, die sich nicht zu global synchronisierten Mustern verbinden. Das legt die Vermutung nahe, dass Zugang zu Bewusstsein erfordert, dass eine hinreichend große Zahl von Verarbeitungsarealen – oder, anders ausgedrückt, eine hinreichende Zahl verteilter Berechnungen – durch Synchronisierung gebunden wird und dass diese kohärenten Zustände über hinreichend lange Zeiträume aufrechterhalten werden.

Metzinger: Dies könnte aus philosophischer Perspektive interessant sein. Kann man damit im Idealfall nicht die Einheit des Bewusstseins erklären?

Singer: Ja, dies würde auch die Einheit des Bewusstseins erklären – die Tatsache, dass die Inhalte des phänomenalen Bewusstseins, obgleich sie sich von einem Augenblick zum nächsten verändern, immer als kohärent erlebt werden. Zugegebenermaßen ist das Argument etwas zirkulär. Aber wenn es eine notwendige Voraussetzung für den Zugang zum Bewusstsein ist, dass die Aktivität über eine hinreichende Zahl von Verarbeitungsregionen synchronisiert wird, und wenn Synchronisierung äquivalent mit semantischer Bindung ist, mit der Integration von Bedeutung, dann folgt daraus, dass die Bewusstseinsinhalte nur kohärent sein können.

Metzinger: Wenn sich das, was Sie hier beschreiben, als zutreffend erweist, was muss dann noch gezeigt werden?

Singer: Selbst wenn sich das vorgeschlagene Szenario als wahr erweist, bleibt die Frage, ob wir damit zu einer befriedigenden Beschreibung der neuronalen Korrelate des Bewusstseins gelangt sind. Was gewinnen wir, wenn wir sagen, dass das neuronale Korrelat von Bewusstsein ein besonderer, metastabiler Zustand eines sehr komplexen, hochdynamischen, nichtstationären, verteilten Systems ist – ein Zustand, der sich durch Sequenzen sich ständig wandelnder Muster exakt synchronisierter Oszillationen auszeichnet? Weitere Forschungen werden zu genaueren Beschreibungen solcher Zustände führen – aber dabei wird es sich vermutlich um abstrakte, mathematische Beschreibungen von Zustandsvektoren handeln. Irgendwann werden fortgeschrittene analytische Verfahren vielleicht den semantischen Gehalt enthüllen, die tatsächliche Bedeutung solcher Zustandsvektoren, und es könnte möglich werden, diese Zustände zu beeinflussen und dadurch die Bewusstseinsinhalte zu verändern; dies würde einen kausalen Beweis für den Zusammenhang zwischen neuronaler

Aktivität und den Inhalten phänomenalen Bewusstseins liefern. Vermutlich werden wir bei unseren Bemühungen, die neuronalen Korrelate von Bewusstsein zu identifizieren, allerdings nicht über diese Näherung hinausgelangen. Wie diese neuronalen Aktivierungsmuster schließlich subjektive Gefühle, Emotionen und so weiter hervorbringen, wird vermutlich noch für einige Zeit ein Rätsel bleiben, selbst wenn uns präzise Beschreibungen neuronaler Zustände, die Bewusstsein entsprechen, gelingen sollten.

Metzinger: Was sind die vordringlichsten Fragen in Ihrem Fachgebiet, und wohin entwickelt sich Ihre Disziplin?

Singer: Die schwierigsten Fragen betreffen die Codierung von Information in verteilten neuronalen Netzwerken und die Entstehung subjektiver Gefühle, sogenannter Qualia, aus verteilten neuronalen Aktivitäten. Es wird allgemein angenommen, dass Neuronen dadurch Informationen übermitteln, dass sie ihre Entladungsrate modulieren – das heißt, indem sie durch Steigerungen ihrer Feuergeschwindigkeit die Präsenz von Inhalten signalisieren, für die sie spezialisiert sind. Es gibt jedoch immer mehr Hinweise darauf, dass komplexe kognitive Inhalte durch die Aktivität verteilter Neuronenverbände codiert werden und dass die Information in den Beziehungen zwischen den Amplituden und der Dauer der Entladungen enthalten ist. Die große Herausforderung für zukünftige Arbeiten besteht darin, die in diesen hochdimensionalen Zeitreihen codierten Informationen zu extrahieren. Dies erfordert gleichzeitige Ableitungen von einer großen Anzahl von Neuronen und die Identifikation der relevanten räumlichen und zeitlichen Muster. Es ist nach wie vor unklar, welche Aspekte der großen Zahl möglicher Muster das Nervensystem nutzt, um Information zu codieren, so dass die Suche nach diesen Mustern die Entwicklung neuer und hochkomplexer mathematischer Suchalgorithmen erfordern wird. Folglich werden wir eine enge Zusammenarbeit zwischen Experimentatoren und Theoretikern brauchen, um unser Verständnis der neuronalen Prozesse, die höheren kognitiven Funktionen zugrunde liegen, zu verbessern.

Metzinger: Wolf, weshalb haben Sie ein so großes Interesse an der

Philosophie, und was für eine Philosophie wünschen Sie sich für die Zukunft? Welche relevanten Beiträge erwarten Sie von den Geisteswissenschaften?

Singer: Mein Interesse an der Philosophie speist sich aus der Gewissheit, dass Fortschritte in der Neurobiologie einige Antworten auf die klassischen Fragen der Philosophie liefern werden. Dies gilt für die Epistemologie, die Philosophie des Geistes und die Moralphilosophie. Fortschritte in der kognitiven Neurowissenschaft werden uns Aufschluss darüber geben, wie wir wahrnehmen und inwieweit unsere Wahrnehmungen Rekonstruktionen und keine Repräsentationen absoluter Realitäten sind. Je mehr wir über die Emergenz mentaler Leistungen aus komplexen neuronalen Wechselwirkungen erfahren, desto deutlicher werden sich mögliche Lösungen für das Geist-Körper-Problem abzeichnen, und wenn wir verstehen, wie unsere Gehirne Werte zuweisen und zwischen geeigneten und ungeeigneten Zuständen unterscheiden, werden wir mehr über die Evolution und Konstitution von Sittlichkeit erfahren.

Umgekehrt braucht die kognitive Neurowissenschaft die Geisteswissenschaften – aus mehreren Gründen. Erstens, der Fortschritt in den Neurowissenschaften wirft zahlreiche neue ethische Probleme auf, und nicht nur Neurobiologen, sondern auch Vertreter der Geisteswissenschaften müssen sich damit auseinandersetzen. Zweitens, mit dem neurowissenschaftlichen Fortschritt lassen sich immer mehr Phänomene, die traditionell Gegenstände geisteswissenschaftlicher Forschung gewesen sind, mit neurowissenschaftlichen Methoden untersuchen; folglich werden die Geisteswissenschaften die Taxonomie und Beschreibung von Phänomenen bereitstellen, die ihrer Untersuchung auf neuronaler Ebene harren. Die Hirnforschung beginnt mit der Analyse solcher Phänomene wie Empathie, Eifersucht, Altruismus, geteilte Aufmerksamkeit und soziale Prägung – Phänomene, die traditionell von Psychologen, Soziologen, Ökonomen und Philosophen beschrieben und analysiert wurden. Die Klassifikation und exakte Beschreibung dieser Phänomene sind Voraussetzungen für die neurowissenschaftlichen Versuche, die zugrunde liegenden neuronalen Prozesse zu identifizieren. Zweifellos wird es in naher Zukunft zu einer engen Zusammenarbeit zwischen den Neuro- und den Geisteswissenschaften kommen – eine erfreuliche Entwicklung, da sie einige der Gräben, die die Naturwissenschaften in den letzten Jahrhunderten von den Geisteswissenschaften getrennt haben, zu überbrücken verspricht.

Teil II

NEUE IDEEN UND NEUE ENTDECKUNGEN

Kapitel 3

HINAUS AUS DEM KÖRPER UND HINEIN IN DEN GEIST

Körperbild, außerkörperliche Erfahrungen und das virtuelle Selbst

Das »Besitzen« unseres eigenen Körpers, seiner Empfindungen und seiner verschiedenen Teile ist ein grundlegender Bestandteil des Gefühls, *jemand zu sein*. Unser inneres Körperbild ist überraschend flexibel. Skirennfahrer können beispielsweise ihr bewusst erlebtes Körperbild bis in die Spitzen ihrer Ski ausdehnen. Autorennfahrer können es bis an die Grenzen des Autos ausdehnen; sie müssen nicht mehr mit den Augen abschätzen, wie sie am besten einem Hindernis ausweichen oder ob sie sich gerade noch durch den engen Raum zwischen zwei anderen Fahrzeugen hindurchdrängen können – sie fühlen es einfach. Haben Sie schon einmal probiert, mit verbundenen Augen oder im Dunkeln zu laufen und sich dabei mit einem Stock vorwärtszutasten, so wie es ein Blinder tut? Wenn ja, dann ist Ihnen wahrscheinlich aufgefallen, dass Sie nach ein paar Minuten plötzlich eine Tastempfindung am Ende des Stocks entwickeln. All dies sind Beispiele für das, was Philosophen das *Gefühl der Meinigkeit* nennen, welches einen spezifischen Aspekt des bewussten Erlebens darstellt – eine Form von automatischer Selbstzuschreibung, die eine bestimmte Art von Bewusstseinsinhalt in das integriert, was als das eigene Selbst erlebt wird. Genau wie Grün Nr. 24 oder die subjektive Qualität von Sandelholz und Ambra ist Meinigkeit ein phänomenaler Inhalt – allerdings ein besonders spannender.

Neurowissenschaftliche Untersuchungen mit bildgebenden Verfahren haben uns bereits eine gute erste Vorstellung davon vermittelt, was im Gehirn geschieht, wenn das Gefühl der Meinigkeit zum Beispiel von dem realen Arm einer Versuchsperson in die Gummihand übertragen wird. Wir kennen diesen erstaunlichen Effekt bereits aus dem Experiment zur Gummihand-Illusion, das ich in der Einführung kurz diskutiert habe: In Abbildung 2 sieht man bestimmte Regionen von erhöhter Aktivität im prämotorischen Kortex. Eine plausible Vermutung lautet, dass genau in dem Moment, in dem Sie die Gummihand plötzlich als Teil Ihres eigenen Körpers erleben, im Gehirn eine Verschmelzung taktiler und visueller rezeptiver Felder stattfindet und dass sich dies in der Aktivierung von Nervenzellen im prämotorischen Kortex widerspiegelt.[1]

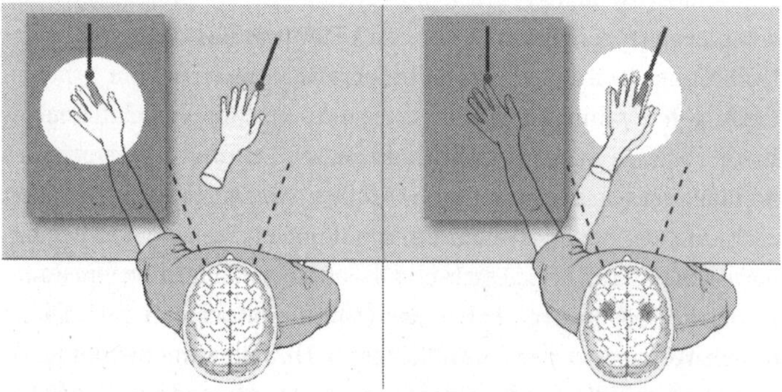

Abb. 2: *Die Gummihand-Illusion.* Im rechten Bild sieht man die Illusion der Versuchsperson, bei der die gefühlten Berührungen mit den gesehenen Berührungen durch das Stäbchen in Einklang gebracht werden. Die dunklen Felder stellen Gebiete erhöhter Hirnaktivität dar; die phänomenal erlebte, illusorische Armstellung wird durch die helle Umrisslinie dargestellt. Die mit dem Moment der Illusion einhergehende Aktivierung von Neuronen im prämotorischen Kortex lässt sich experimentell nachweisen. (M. Botvinick & J. Cohen, »Rubber Hand ›Feels‹ Touch That Eyes See«, *Nature* 391 [1998], S. 756.)

Die Gummihand-Illusion hilft uns dabei, das Zusammenspiel zwischen dem Sehen, dem Tastsinn und der Körpereigenwahrnehmung – also dem Gefühl für die Stellung des Körpers im Raum und dem Gleichgewichtsgefühl, das seinen Ursprung in unserem vestibulären System hat – besser zu verstehen. Unser körperliches Selbstmodell wird durch einen Vorgang der multisensorischen Integration erzeugt, der auf einer Reihe von einfachen statistischen Beziehungen beruht, die unser Gehirn in der Welt entdeckt hat. Die phänomenale »Inkorporation« oder Einbettung der Gummihand in unser bewusstes Selbstmodell ist das Ergebnis der genauen Korrelation zwischen den Inputs aus dem Tastsinn und dem Gesichtssinn. Weil das Gehirn die Gleichzeitigkeit der Sinnesreize entdeckt, die dieser Korrelation zugrunde liegt, bildet es ganz automatisch eine neue, zusammenhängende Repräsentation – und das Modell der Gummihand wird in diese »eingegliedert«. Das bewusst erlebte Gefühl der Meinigkeit ergibt sich dann ganz natürlich: Die phänomenale Dynamik folgt der neuronalen Dynamik.

In der ursprünglichen Studie von Matthew Botvinick und Jonathan Cohen wurden die Versuchspersonen anschließend gebeten, die Augen zu schließen und auf ihre verdeckte linke Hand zu deuten. In der Regel zeigten sie in Richtung auf die Gummihand, wobei das Ausmaß der Fehldeutung (die Größe des Fehlers) abhängig war von der Dauer der zuvor erlebten Illusion. Ein weiteres interessantes Experiment führten K. C. Armel und V. S. Ramachandran am *Brain and Perception Laboratory* der Universität von Kalifornien in San Diego durch. Wenn einer der Gummifinger nach hinten in eine physiologisch unmögliche Position gebogen wurde, erlebten die Versuchspersonen nicht nur ihre phänomenalen Finger als zurückgebogen, sondern zeigten auch eine signifikante Reaktion auf der Ebene des Hautwiderstands auf. Das ist ein Hinweis darauf, dass auch autonome, unbewusste Mechanismen, die wir nicht willentlich kontrollieren können, auf die Annahme reagierten, dass die Gummihand tatsächlich ein Teil des eigenen Selbst sei. Nur zwei von 120 Versuchspersonen berichteten tatsächlich über ein Schmerzerlebnis, aber viele von ihnen zogen ihre reale Hand zurück, rissen erschrocken und mit einem alarmierten Gesichtsausdruck die Augen auf oder begannen nervös zu lachen.[2]

Das Schöne an der Gummihand-Illusion ist, dass wir sie auch zu Hause ausprobieren können (zum Beispiel mit einem ausgestopften Spülhandschuh). Sie zeigt deutlich, wie das bewusst erlebte Gefühl der Meinigkeit direkt durch Darstellungsvorgänge im Gehirn determiniert wird. Achten Sie einmal darauf, wie in Ihrem subjektiven Erleben der Übergang von der Schulter zur Gummihand absolut nahtlos ist. Subjektiv sind beide Teil ein und desselben körperlichen Selbst, die Qualität des »Besitzens« ist bruchlos und gleichmäßig über sie verteilt. Sie selbst müssen überhaupt nichts tun, um diese Wirkung zu erzielen. Sie scheint das Ergebnis einer komplexen dynamischen Selbstorganisation im Gehirn zu sein. Das Hervortreten des körperlichen Selbstmodells – des bewussten Bildes des eigenen Körpers als einer Ganzheit – basiert auf subpersonalen, automatischen Vorgängen, die verschiedene Eigenschaften miteinander verschmelzen, also darauf, dass Kohärenz erzeugt wird. Die neue Struktur ist das, was Sie als Ihren eigenen Körper und Ihre eigenen Gliedmaßen erleben.

Es gibt eine ganze Reihe weiterer faszinierender Tatsachen – zum Beispiel die Entdeckung, dass Versuchspersonen den Ort ihrer wirklichen Hand im Raum nur dann falsch einschätzen werden, wenn die Gummihand sich auch in einer physiologisch realistischen Position befindet. Dies wiederum ist ein Hinweis darauf, dass »Top-down«-Vorgänge, etwa bereits in uns existierende Erwartungen über die Form des Körpers, eine wichtige Rolle spielen. Beispielsweise scheint es so etwas wie ein Prinzip der »Körperkonstanz« zu geben, das die Zahl der Arme auf zwei begrenzt. Die Gummihand *ersetzt* die reale Hand, wird also nicht einfach nur mit ihr verwechselt. Vor kurzem haben psychometrische Untersuchungen gezeigt, dass das Gefühl, einen Körper zu haben, aus verschiedenen Teilkomponenten besteht, die nachweislich unabhängig voneinander sind. Die drei wichtigsten sind *Meinigkeit*, *Agentivität* und *Ort im Raum*.[3] »Ich-Sein« lässt sich nicht auf »Hier-Sein« reduzieren, und, was noch wichtiger ist, Agentivität (das heißt das bewusste Erlebnis des Ausführens und Kontrollierens einer Handlung) und Meinigkeit sind klar unterschiedene, eindeutig identifizierbare und voneinander trennbare Aspekte des subjektiven Erlebens. Bauchgefühle (»interozeptive Körperwahrnehmung«) und Hintergrundemotionen sind eine weitere wichtige Gruppe von Empfindungen, die das bewusste Selbst leiblich verankern,[4] aber es wird immer klarer, dass Meinigkeit am engsten mit dem innersten Kern unserer Zieleigenschaft verbunden ist, dem bewussten Ichgefühl. Nichtsdestotrotz ist das Erleben, ein verkörpertes Selbst zu sein, ein holistisches Konstrukt, das durch vielfältige Teil-Ganzes-Beziehungen charakterisiert ist und aus vielen verschiedenen Quellen stammt.[5]

Phänomenale Meinigkeit bildet nicht nur das Zentrum des bewussten Selbsterlebens, sondern besitzt auch unbewusste Vorläufer. Die klassische Neurologie kennt die Hypothese eines *Körperschemas*, einer unbewussten, aber ständig aktualisierten Karte der Stellung von Gliedmaßen, der Haltung und Form des Körpers im Gehirn.[6] Neuere Forschungen belegen, dass japanische Makaken durch Übung dazu gebracht werden können, Werkzeuge zu benutzen, obwohl sie in ihrer natürlichen Umgebung nur sehr selten Werkzeuggebrauch zeigen.[7] Während der erfolgreichen Benutzung eines Werkzeugs treten Veränderungen in spezifischen neuronalen Netzwerken in ihrem Gehirn auf, und diese Entdeckung legt die Vermutung nahe, dass das Bild des Werkzeugs vorübergehend in ihr Körperschema integriert wird. Wenn ihnen ein Futterstückchen jenseits der Reichweite ihrer Arme angeboten wird und sie einen kleinen Rechen benutzen, um es näher heranzuziehen, dann kann man in ihrem Gehirn eine Veränderung im körperlichen Selbstmodell beobachten. Tatsächlich sieht es sogar so aus, als ob sich das Modell ihrer Hand und des sie umgebenden Raums bis zur Spitze des Werkzeugs hin ausdehnt, das heißt, auf der Ebene des Wirklichkeitsmodells des Affen werden Eigenschaften der Hand auf die Spitze des Werkzeugs übertragen. Bestimmte rezeptive Felder des Gesichtssinns dehnen sich nun plötzlich von einem Bereich gerade jenseits der Fingerspitzen bis zum äußersten Ende des Rechens aus, den der Affe hält, und zwar deshalb, weil ein Bereich im Scheitellappen seines Gehirns das Bild des Rechens vorübergehend in das Körpermodell eingebettet hat. Beim Menschen kann wiederholte Übung die äußerste Spitze eines Werkzeugs in einen Teil der Hand verwandeln, und das Werkzeug lässt sich dann oft mit genau derselben Empfindsamkeit und Geschicklichkeit benutzen wie die Finger.

Viele neue Daten aus der Hirnforschung deuten darauf hin, dass jede solche erfolgreiche Erweiterung des Verhaltensraums sich im neuronalen Substrat des Körperbilds im Gehirn widerspiegelt. Das Gehirn konstruiert ein internalisiertes Bild des Werkzeugs, indem es dieses sozusagen in das bereits bestehende Körperbild einbaut. Natürlich wissen wir nicht mit letzter Sicherheit, ob die Affen tatsächlich das bewusste Erlebnis der Meinigkeit besitzen oder vielleicht nur den ihm zugrunde liegenden unbewussten Mechanismus. Aber wir kennen eine Reihe von Ähnlichkeiten zwischen Meerkatzen und Menschen, die die Annahme plausibel machen, dass das in seiner Form veränderte und erweiterte körperliche Selbstmodell der Makaken durchaus bewusst ist.

Ein besonders spannender Aspekt dieser neuen Daten besteht darin, dass sie ein neues Licht auf die Evolution des Werkzeuggebrauchs werfen. Eine notwendige Vorbedingung für die Ausdehnung unseres Handlungsraums und unserer praktischen Fähigkeiten durch den

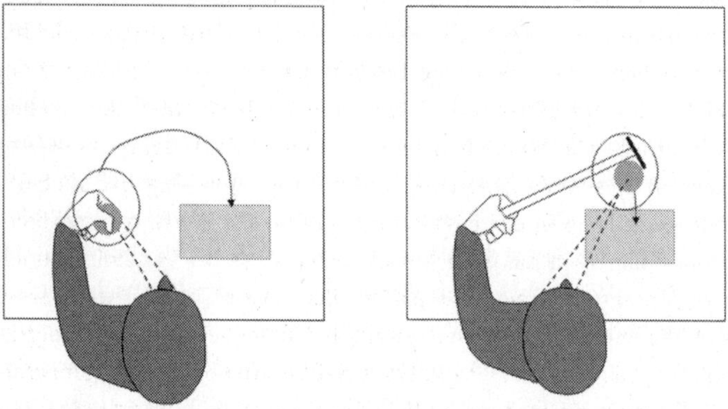

Abb. 3: *Die Integration von Tast- und Gesichtssinn.* Der Proband versucht, eine Münze (kleiner dunkelgrauer Kreis) mit seiner eigenen Hand und mit Hilfe eines Werkzeugs auf ein Tablett zu bewegen. Im Schaubild rechts wird das integrierte Erleben von Seh- und Berührungseindrücken von der Hand in die Spitze eines Werkzeugs verlagert. Die gestrichelten Linien zeigen die Blickrichtung der Versuchspersonen an; die Pfeile geben die Bewegungsrichtung an. Die großen weißen Kreise zeigen den Bereich, in dem – wenn wir dem bewussten Realitätsmodell folgen – das Sehvermögen und der Tastsinn integriert sind. (Mit frdl. Genehmigung von Angelo Maravita.)

Gebrauch von Werkzeugen scheint jedenfalls eindeutig in der Fähigkeit zu liegen, sie in ein bereits vorher existierendes Selbstmodell zu integrieren. Wir können nur dann eine zielgerichtete und wirklich intelligente Form des Werkzeuggebrauchs entwickeln, wenn unser Gehirn die jeweiligen Werkzeuge vorübergehend als Teil unseres Selbst darstellt. Intelligenter Werkzeuggebrauch war ein wesentlicher Durchbruch in der Evolution des Menschen. Man kann nun plausiblerweise davon ausgehen, dass einige der Grundbausteine für die menschlichen Fähigkeiten zum Werkzeuggebrauch bereits in den Gehirnen unserer Vorfahren existierten, vor 25 Millionen Jahren. Infolge eines evolutionären Drucks, den wir noch nicht verstanden haben, explodierten sie förmlich und wurden zu dem, was wir beim heutigen Menschen sehen.[8] Die Flexibilität im Körperschema des Affen hängt sehr stark von Eigenschaften seiner Körperkarten im Scheitellappen ab. Der entscheidende Schritt in der Evolution des Menschen könnte durchaus darin bestanden haben, dass ein größerer Teil des Körpermodells global verfügbar wurde – das bedeutet: zugänglich für das bewusste Erleben. Sobald man nämlich auf der Ebene des Bewusstseins ein Werkzeug als Bestandteil des eigenen körperlichen Selbst erleben kann, kann man auch die Aufmerksamkeit auf diesen Vorgang lenken, ihn optimieren, Begriffe über ihn bilden und ihn in einer wesentlich genaueren Weise kontrollieren, wobei man auch das zum Einsatz bringt, was wir heutzutage noch »Willensakte« nennen. Es wird deutlich, dass nicht nur Bewusstsein im Allgemeinen, sondern auch das bewusste Selbsterleben ein graduelles Phänomen ist. Es nimmt an Stärke zu, sobald ein Organismus eine immer größere Sensibilität für einen inneren Kontext entwickelt und gleichzeitig seine Fähigkeiten zur Selbstkontrolle erweitert.

Affen scheinen auch in der Lage zu sein, ein visuelles Bild ihrer eigenen Hand, das auf dem Monitor eines Computers dargestellt wird, in ihr körperliches Selbstmodell zu integrieren. Wenn sich das Bild einer Schlange oder einer Spinne dem Bild der Hand auf dem Monitor nähert, zieht das Versuchstier seine reale Hand zurück. Affen können sogar lernen, eine Gehirn-Maschine-Schnittstelle zu kontrollieren, die es ihnen erlaubt, Gegenstände mit einem

Roboterarm zu ergreifen, der direkt durch bestimmte Teile ihres Gehirns kontrolliert wird.[9] Eine der aus philosophischer Perspektive vielleicht interessantesten neuen Ideen in diesem Forschungsbereich besagt, dass all dies dazu beigetragen haben könnte, dass im Laufe der Evolution ein quasi-cartesianisches »Meta-Selbst« entstanden ist. Dieses Meta-Selbst war die Fähigkeit, sich noch einmal und auf eine ganz neue Weise vom eigenen körperlichen Selbst zu distanzieren – indem man nämlich anfängt, den gesamten eigenen Körper als ein Werkzeug zu betrachten.[10]

Offenkundig wird das visuelle Bild des Roboterarms – ganz ähnlich wie bei der Gummihand-Illusion – dynamisch in das tanzende Muster aus neuronaler Aktivität eingebettet, das das Modell des Selbst im Gehirn des Makaken darstellt. Die Integration von Feedback, die Einbettung von Rückmeldungen aus dem Roboterarm in

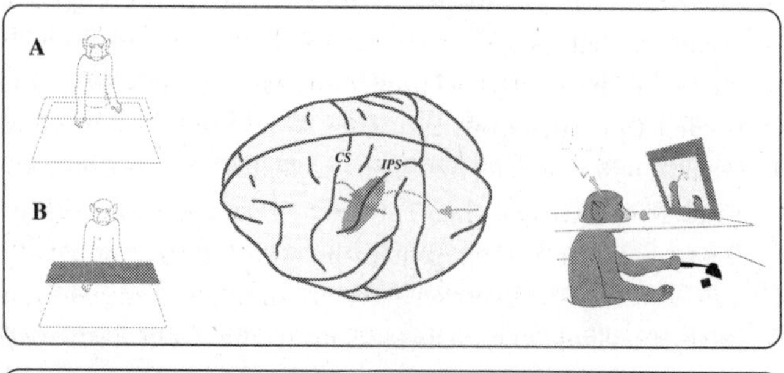

Abb. 4: Eine bloße Erweiterung des Verhaltensraums oder eine echte Ausdehnung des phänomenalen Selbstmodells? Japanische Makaken zeigen intelligenten Werkzeuggebrauch. Sie benutzen einen Rechen, um an Futterstückchen zu kommen, und sie können ihre eigenen Bewegungen mit Hilfe von Bildern auf einem Computerbildschirm überwachen, selbst wenn ihre Hände für sie unsichtbar sind (Mitte und oben). (Illustrationen von Atsushi Iriki.)

dieses Selbstmodell, erlaubt dem Makaken, den Arm zu steuern – ihn also auf funktionaler Ebene zum Bestandteil seines Verhaltensrepertoires zu machen. Um intelligenten Werkzeuggebrauch zu entwickeln, musste unser Makak den kleinen Rechen zuerst in sein Selbstmodell einbetten, ansonsten hätte er nicht verstehen können, dass er ihn als Erweiterung seines eigenen Körpers benutzen kann. Dies ist aus zwei Gründen interessant: Erstens vertieft es unser Verständnis davon, was »Wirklichkeitserzeugung« im Falle des bewussten Gehirns bedeuten kann. Zweitens gibt es offensichtlich einen tieferen Zusammenhang zwischen dem Ichgefühl und der Erweiterung von globaler Selbstkontrolle.

Auch Menschen können virtuelle Gegenstücke ihrer eigenen Körperteile, die sie beispielsweise auf einem Videobildschirm sehen, als Erweiterungen des eigenen Körpers behandeln. Denken Sie nur an den Mauszeiger auf der Benutzeroberfläche Ihres Computers oder an die steuerbaren Phantasiefiguren in Videospielen. Diese Tatsache könnte auch das subjektive Gefühl der »Anwesenheit« erklären, das uns manchmal überkommt, wenn wir uns wirklich auf solche ultrarealistischen Computerspiele einlassen. Die Eingliederung künstlicher Handlungsorgane in großflächig verteilte Hirnregionen könnte es eines Tages menschlichen Patienten erlauben, erfolgreich mit intelligenten Prothesen umzugehen (die etwa Information aus Berührungs- und Positionssensoren über eine drahtlose Verbindung an einen Mehrkanalempfänger senden, der direkt ins Gehirn eingesetzt worden ist) und dabei gleichzeitig ein robustes, bewusstes Gefühl der Meinigkeit für diese Geräte zu empfinden. All dies eröffnet uns ein tieferes Verständnis von Meinigkeit. Auf höheren Ebenen ist Meinigkeit nicht einfach nur die passive Integration in ein bewusstes Selbstmodell. Viel häufiger hat sie damit zu tun, dass etwas funktional in eine Feedbackschleife eingebunden und dadurch Teil einer Kontrollhierarchie wird. An vielen Stellen der aktuellen Forschungsfront hat es mittlerweile den Anschein, als ob sogar die Evolution von Sprache, Kultur und abstraktem Denken ein Vorgang der »Exaptation« gewesen sein könnte, also des Einsatzes unserer Körperbilder im Gehirn für neue Zwecke und Herausforderungen – ein interessanter Punkt, zu dem ich im Kapitel über Einfühlungsvermögen und Spiegelneuronen zurückkehren werde. Sehr einfach ausgedrückt, ist Exaptation eine Art von schöpferischer Zweckentfremdung, also die Nutzbarmachung der Funktion eines bestimmten Merkmals im Verlauf der Evolution für einen neuen »Zweck«: Die Federn von Vögeln sind ein klassisches Beispiel, weil sie sich ursprünglich »für« die Regulierung der Körpertemperatur entwickelt haben, sich später aber auch als adaptiv erwiesen, weil sie zur Fähigkeit des Fliegens führten. In unserem Zusammenhang besteht der Kerngedanke der Selbstmodell-Theorie darin, dass der Besitz eines integrierten körperlichen Selbstmodells sich genau deshalb als ein extrem nützliches neues Merkmal erwies, weil er eine Fülle unerwarteter Exaptationen möglich machte.

Es scheint in jedem Fall einen bestimmten *allgemeinen* Mechanismus zu geben, der der Gummihand-Illusion ebenso zugrunde liegt wie der Evolution des mühelosen Werkzeuggebrauchs, der Fähigkeit, sich in einer virtuellen Umgebung als körperlich anwesend zu erleben, und der Fähigkeit, sich künstliche Handlungsinstrumente direkt anzueignen und sie mit dem eigenen Gehirn zu kontrollieren. Dieser Mechanismus ist das Selbstmodell, eine integrierte Repräsentation des Organismus als einer Ganzheit im Gehirn. Diese Repräsentation ist nichts Starres, sonder ein ständig ablaufender Vorgang: Sie ist flexibel, kann ständig aktualisiert werden, und sie erlaubt uns, vorübergehend Teile der Welt zu besitzen, indem wir diese in unsere Selbstrepräsentation einbetten. Ihr Inhalt ist der Inhalt des Ego.

Die außerkörperliche Erfahrung

Mein eigenes Interesse am Problem des Bewusstseins entstand aus einer Vielzahl verschiedener Quellen, von denen die allermeisten akademisch waren, manche jedoch auch autobiographischer Natur. Manchmal tauchte das theoretische Problem unvermittelt und unerwartet in meinem eigenen Leben auf. Als junger Mann wurde ich mit einer Reihe beunruhigender und verstörender Erlebnisse konfrontiert, von denen das folgende ein typisches Beispiel ist:

> Es ist der Frühling des Jahres 1977. Ich bin 19 Jahre alt. Ich liege im Bett, auf dem Rücken, bereit, einzuschlafen, tief entspannt, aber dennoch hellwach. Die Tür ist halb offen, und Licht fällt in den Raum. Ich höre die Stimmen anderer Familienmitglieder aus dem Flur und dem Bad, und Popmusik dringt aus dem Schlafzimmer meiner Schwester. Plötzlich habe ich das Gefühl, als ob mein Bett in eine senkrechte Position aufgerichtet wird, wobei sich das Kopfende auf die Zimmerdecke zubewegt. Ich scheine meinen physischen Körper zu verlassen, indem ich langsam in eine aufrechte Position hineingleite. Ich kann immer noch die Stimmen hören, das Geräusch von Leuten beim Zähneputzen und die Musik, aber ich sehe leicht verschwommen. Ich fühle eine Mischung aus Verwunderung, Faszination und aufkommender Panik, Gefühle, die ab einem bestimmten Punkt zu etwas Ähnlichem wie einer Ohnmacht führen – dann finde ich mich plötzlich im Bett wieder, fest in meinem physischen Körper eingeschlossen.

Diese kurze Episode war deshalb so bemerkenswert, weil sie eine absolut klare, prägnante und luzide Qualität besaß und wegen der Tatsache, dass sie, aus meiner eigenen subjektiven Perspektive gesehen, als vollkommen real erschien. Sechs Jahre später kannte ich den Begriff der »außerkörperlichen Erfahrung« (OBE), und wenn solche Episoden auftraten, konnte ich zumindest Teile des Erlebnisses kontrollieren und versuchen, verifizierbare Beobachtungen zu machen. In der Einleitung habe ich bereits kurz darauf hingewiesen, dass OBEs eine in der Forschung gut bekannte Klasse von Zuständen sind, bei denen man die hochgradig realistische Illusion hat, den eigenen physischen Körper zu verlassen, typischerweise in Gestalt eines ätherischen Doubles, und sich außerhalb von ihm zu bewegen. Die meisten OBEs treten spontan auf, in der Einschlafphase, während Operationen oder nach schweren Unfällen. Zu den klassischen Definitionsmerkmalen gehören eine visuelle Repräsentation des eigenen Körpers aus einer wahrnehmungsmäßig unmöglichen Außenperspektive – zum Beispiel als unten auf dem Bett liegend – und eine zweite Repräsentation des eigenen Körpers, der typischerweise oberhalb in der Luft schwebt.

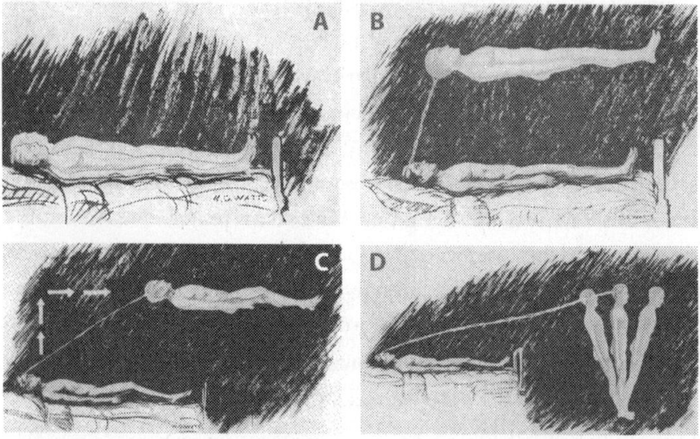

Abb. 5: *Kinematik des phänomenalen Körperbilds zu Beginn einer außerkörperlichen Erfahrung*: Das »klassische« Bewegungsmuster nach S. Muldoon und H. Carrington, *The Projection of the Astral Body* (1929). Deutsch: *Die Aussendung des Astralkörpers* (2001).

Etwa zur gleichen Zeit, in den frühen 1980er Jahren, wurde ich mit einer gleichermaßen verstörenden Erfahrung in meinem intellektuellen Leben konfrontiert. Ich schrieb meine philosophische Dissertation an der Johann-Wolfgang-Goethe-Universität in Frankfurt am Main, und zwar über die neuere Diskussion des Leib-Seele-Problems, die sich im Anschluss an Gilbert Ryles im Jahre 1949 erschienenes Buch *Der Begriff des Geistes* entwickelt hatte. In dieser Diskussionsphase hatten verschiedene Philosophen, von Ullin T. Place bis Jaegwon Kim, etwa neun verschiedene theoretische Lösungsvorschläge für dieses jahrhundertealte philosophische Rätsel entwickelt, und es hatte große Fortschritte in diesem Bereich gegeben. Ich hatte an einem eher traditionell orientierten philosophischen Institut studiert, an dem die politische Philosophie der Frankfurter Schule tonangebend war. Dort schien fast niemand die enormen Fortschritte in der analytischen Philosophie des Geistes zur Kenntnis genommen zu haben. Zu meiner großen Überraschung stellte ich fest, dass in den wirklich überzeugenden, substanziellen Arbeiten an der Forschungsfront der Materialismus schon lange zur herrschenden Lehre, zur orthodoxen Doktrin im Hintergrund geworden war. Niemand schien auch nur im Entferntesten die Möglichkeit der Existenz einer Seele in Betracht zu ziehen. Es gab sehr wenige Dualisten – mit Ausnahme der Philosophen auf dem europäischen Kontinent. Es war sehr ernüchternd, zu erkennen, dass, rund vier Jahrzehnte nach dem Ende des Zweiten Weltkriegs und nachdem praktisch die gesamte deutsch-jüdische Intelligenz und andere Intellektuelle entweder ermordet oder ins Exil vertrieben worden waren, viele philosophische Traditionslinien und fast alle Lehrer-Schüler-Beziehungen zerrissen waren und dass die deutsche Philosophie weitgehend vom globalen Diskussionszusammenhang abgekoppelt war. Die meisten deutschen Philosophen lasen nicht, was in englischen Fachzeitschriften veröffentlicht wurde. Plötzlich erschienen mir einige der philosophischen Debatten, deren Zeuge ich in deutschen Universitäten wurde, zunehmend als schlecht informiert, ein bisschen provinziell und ohne jedes Bewusstsein dafür, wo das große Menschheitsprojekt der Entwicklung einer umfassenden Theorie des Geistes in der Gegenwart eigentlich stand. Im Verlauf meines eigenen Vordringens in die Fachliteratur wurde ich schrittweise davon überzeugt, dass es tatsächlich keinerlei schlagende empirische Belege dafür gab, dass bewusstes Erleben außerhalb des menschlichen Gehirns stattfinden könnte, und davon, dass der allgemeine Trend an der Forschungsfront und in den allerbesten Beiträgen zur Philosophie des Geistes eindeutig in die entgegengesetzte Richtung zeigte. Auf der anderen Seite hatte ich selbst wiederholt das Erlebnis gehabt, meinen eigenen Körper zu verlassen – auf eine absolut unbezweifelbare, lebendige und klare Weise. Was nun?

Es gab nur eine einzige Antwort: Ich musste diese Episoden in kontrollierbare und wiederholbare Bewusstseinszustände verwandeln, und ich musste auf experimentelle Weise die Frage entscheiden, ob es möglich war, im außerkörperlichen Zustand verifizierbare Beobachtungen zu machen. Ich las alles über OBEs, was ich auftreiben konnte, und ich experimentierte mit einer Vielzahl von psychologischen Techniken, um das Phänomen willentlich herbeizuführen. In einer Serie von mitleidlosen Selbstversuchen hörte ich mittags damit auf, Flüssigkeit zu mir zu nehmen, starrte vor dem Einschlafen minutenlang auf ein Glas Wasser auf dem Küchentisch und nahm mir fest vor, im außerkörperlichen Zustand zu ihm zurückzukehren, und ging dann durstig ins Bett, wobei ich einen halben Teelöffel Salz in meiner Backe platzierte (Sie können das zu Hause nachmachen). In der wissenschaftlichen Fachliteratur hatte ich gelesen, dass OBEs mit dem Narkosemittel Ketamin in Zusammenhang gebracht wurden. Als ich mich 1985 einem kleinen chirurgischen Eingriff unterziehen musste, überredete ich daher den Anästhesisten, die Medikation so anzupassen, dass ich die Aufwachphase einer ketamininduzierten Narkose in einem medizinisch kontrollierten experimentellen Rahmen erleben konnte. (Versuchen Sie so etwas *niemals* zu Hause!) Beide Typen von Forschungsprojekten scheiterten, und ich habe sie vor vielen Jahren aufgegeben. Es ist mir niemals gelungen, jenseits des Bereichs der reinen Erste-Person-Phänomenologie zu gelangen – das heißt, auch nur eine einzige verifizierbare Beobachtung im außerkörperlichen Zustand zu machen, die auch nur im Entferntesten als Beleg für eine echte Trennung von Bewusstsein und Gehirn gelten könnte.

In einem Teil meiner jüngeren Forschung habe ich versucht, die verschiedenen Schichten zu entwirren, aus denen sich das bewusste Selbstmodell aufbaut – das Ego. Ich bin der festen Überzeugung, dass es aus theoretischer Perspektive von größter Wichtigkeit ist, klar und deutlich die *einfachste* Form von Selbstbewusstsein zu isolieren. Was ist die fundamentalste, die früheste Form von Ichgefühl? Können wir das Denken, die Gefühle und das autobiographische Gedächtnis abziehen und immer noch ein Ego haben? Können wir im Jetzt verweilen, vielleicht sogar ohne jede Form von Willensakt und ohne das geringste körperliche Verhalten, und trotzdem noch ein phänomenales Ichgefühl haben? Ich denke, dass viele Philosophen in der Vergangenheit den Fehler begangen haben, fast ausschließlich Phänomene der höchsten Ebene zu untersuchen, etwa die Bedingungen für die Beherrschung des Erste-Person-Pronomens »ich« oder rein kognitiv und begrifflich vermittelte Formen der Intersubjektivität. Ich vertrete die Auffassung, dass es wichtiger ist, unsere Aufmerksamkeit zuerst den kausal ermöglichenden und notwendigen Details auf den niedrigen Beschreibungsebenen zuzuwenden, dem, was ich das »minimale phänomenale Selbst« nenne.[11] Wir müssen das Selbst letztlich in der leiblichen Dynamik verankern, und wir müssen dies auf interdisziplinäre Weise tun. Wie wir sehen werden, sind außerkörperliche Erfahrungen ein perfekter Einstiegspunkt.

Vor nicht allzu langer Zeit waren OBEs für seriöse Forscher eine Art Tabuzone, so wie es das Problem des Bewusstseins in den frühen 80er Jahren war. Nachwuchsforscher haben die Beschäftigung mit diesen Themengebieten als potenziell karriereschädigend wahrgenommen, etablierte Wissenschaftler fürchteten um ihren Ruf. Nach Jahrzehnten der Verdrängung sind OBEs jetzt jedoch zu einem der heißesten Themen in der wissenschaftlichen Erforschung der leiblichen Verankerung des Selbstbewusstseins geworden. Olaf Blanke (den wir bereits in der Einleitung kennengelernt haben) und ich haben das bewusste Erleben der Entkörperung untersucht, weil wir verstehen wollten, was ein leiblich verankertes Selbst in Wirklichkeit überhaupt ist.

Philosophisch gesehen sind OBEs aus einer ganzen Reihe von Gründen interessant. Die Phänomenologie von OBEs führt unweigerlich zum Dualismus und zu der Vorstellung eines unsichtbaren, schwerelosen, aber räumlich ausgedehnten zweiten Körpers. Ich persönlich glaube, dass genau diese Klasse von Bewusstseinszuständen der alltagsphänomenologische Vorläufer des Begriffs der »Seele« und des philosophischen Protobegriffs des »Geistes« ist.[12] Die Seele ist das OBE-PSM. Die traditionelle Vorstellung einer unsterblichen Seele, die unabhängig vom physischen Körper existiert, hat wahrscheinlich ein jüngeres neurophänomenologisches Korrelat. Ursprünglich war die »Seele« womöglich kein metaphysischer Begriff, sondern einfach ein phänomenologischer: der Inhalt des phänomenalen Ego, so wie es vom menschlichen Gehirn während einer außerkörperlichen Erfahrung aktiviert wird.

Ideengeschichtlich gesehen haben sich die zeitgenössischen philosophischen und naturwissenschaftlichen Debatten über den Geist aus diesem Urbegriff einer »Seele« heraus entwickelt – einer animistischen, quasi-sensorischen Theorie darüber, was es bedeutet, einen Geist zu haben. Einen Geist zu besitzen bedeutete am Anfang, eine Seele zu besitzen, einen ätherischen zweiten Körper. Diese mythische Vorstellung eines subtilen »Feinstoffkörpers«, der unabhängig vom physischen Körper und der eigentliche Träger höherer geistiger Funktionen wie Aufmerksamkeit und Denken ist, findet sich in vielen verschiedenen Kulturen und zu vielen verschiedenen Zeiten – etwa in vorwissenschaftlichen Theorien über einen »Lebenshauch«.[13] Beispiele dafür sind der hebräische *ruach*, der arabische *ruh*, der lateinische *spiritus*, das griechische *pneuma* oder im Christentum der »geistliche Leib« des *soma pneumatikon* (etwa bei Paulus) oder das *prana* und die fünf *koschas* der indischen Philosophie. Der Feinstoffkörper ist eine räumlich ausgedehnte Entität, von der es hieß, dass sie den physischen Körper belebt und ihn nach dem Tod verlässt.[14] Wir kennen ihn auch aus der Theosophie, gewissen Geheimlehren und anderen spirituellen Traditionen, zum Beispiel als den »Auferstehungskörper« oder den »verklärten Körper« im Christentum, den »allerheiligsten Körper« und den »überhimmlischen Körper« im Sufismus, den »Diamantkörper« im Taoismus oder Vajrayana-Buddhismus, den »Lichtkörper« oder »Regenbogenkörper« des tibetanischen Buddhismus.

Meine eigene Theorie – die Selbstmodell-Theorie der Subjektivität – besagt, dass dieser subtile Körper tatsächlich existiert, dass er aber nicht aus »Engelsstoff« oder »Astralmaterie« besteht. Er besteht aus reiner Information, die im Gehirn fließt.[15] Natürlich ist das »Fließen von Informationen« selbst nur eine weitere Metapher, aber beim gegenwärtigen Stand der Wissenschaft ist die Beschreibungsebene der Informationsverarbeitung die bestmögliche. Sie erzeugt empirisch überprüfbare Hypothesen, und sie gestattet uns, Zusammenhänge zu erkennen, die wir vorher nicht sehen konnten. *Der Feinstoffkörper ist das Selbstmodell im Gehirn* – und die naturwissenschaftliche Erforschung von außerkörperlichen Erfahrungen zeigt dies auf besonders eindrucksvolle Weise.

Erste-Person-Berichte über OBEs gibt es im Überfluss, und auch sie stammen aus allen Zeiten und aus vielen verschiedenen Kulturen. Ich behaupte nun, dass der funktionale Kern dieser Form von Bewusstseinszustand durch ein kulturell unveränderliches neuropsychologisches Potenzial gebildet wird, das allen Menschen gemeinsam ist. Unter bestimmten Bedingungen können die Gehirne *aller* Menschen außerkörperliche Erfahrungen erzeugen. Wir stehen nun am Anfang eines tieferen Verständnisses derjenigen Eigenschaften der funktionalen und repräsentationalen Architektur des menschlichen Gehirns, die für diese Tatsache verantwortlich sind. Wenn wir die Phänomenologie in Berichten über OBEs genauer untersuchen, so wird uns das dabei helfen, nicht nur diese Eigenschaften als solche, sondern auch ihre neuronale Implementation schrittweise zu verstehen. Es könnte durchaus so etwas wie ein zwar räumlich verteiltes, aber funktional klar umrissenes neuronales Korrelat des OBE-Zustands geben. Die Psychologin Susan J. Blackmore hat in ihren Arbeiten eine reduktionistische Theorie außerkörperlicher Erfahrungen entwickelt, die sie als Realitätsmodelle beschreibt, welche von Gehirnen erzeugt werden, die durch Stresssituationen vom sensorischen Input abgeschnitten sind und sich deshalb nur noch auf interne Informationsquellen stützen können.[16] Sie lenkte die Aufmerksamkeit auf die bemerkenswerte Tatsache, dass aus dem Gedächtnis rekonstruierte visuelle Karten der Umgebung zumeist aus der Vogelperspektive organisiert sind. Schließen Sie kurz die Augen und versuchen Sie, sich daran zu erinnern, wann Sie das letzte Mal am Strand spazieren gegangen sind. Zeigt Ihnen Ihr visuelles Gedächtnis die Szenerie so, als ob Sie direkt aus Ihren Augen auf sie schauen? Oder ist es so, dass Sie sich selbst von außen bei Ihrem Gang entlang der Küstenlinie beobachten, vielleicht von einem Punkt irgendwo oberhalb Ihres Körpers? Bei den meisten Leuten ist Letzteres der Fall.

Als ich Blackmore 1985 in Tübingen kennenlernte und ihr von einigen meiner eigenen außerkörperlichen Erfahrungen erzählte, forderte sie mich immer wieder auf, mit äußerster Genauigkeit zu beschreiben, wie ich mich während dieser Episoden bewegte. Erst da fiel mir auf, dass ich, wenn ich mich nachts im außerkörperlichen Zustand in meinem Schlafzimmer bewegte, das nicht auf einem ununterbrochenem Pfad, in einer kontinuierlichen Art und Weise tat, so wie es beim Gehen im wirklichen Wachleben geschieht oder auch während eines Flugtraums. Stattdessen bewegte ich mich häufig in »Sprüngen« – etwa von einem Fenster zum nächsten. Blackmores Hypothese lautete, dass wir im Verlauf von OBEs unseren Standpunkt durch diskrete, unterscheidbare Sprünge verschieben, von einem besonders markanten Orientierungspunkt in unserer kognitiven Landkarte zum nächsten. Diese Sprünge finden in einem internen Modell unserer Umgebung statt – einer grobkörnigen inneren Simulation der markanten Orientierungspunkte in uns vertrauten Situationen. Ihr Grundgedanke besagt, dass das OBE die bewusste Simulation einer Welt ist – welche in räumlicher Hinsicht aus einer Dritte-Person-Perspektive organisiert ist und eine realistische Repräsentation des eigenen Körpers miteinschließt – und dass sie deshalb als hochgradig real erscheint, weil wir sie nicht als eine Simulation erkennen.[17]

Blackmores Theorie ist interessant, weil sie OBEs als Verhaltensräume behandelt. Und warum sollten sie keine intern simulierten Verhaltensräume sein? Immerhin scheint bewusstes Erleben selbst doch genau das zu sein: die innere Darstellung eines Raums, in dem Wahrnehmungen auf sinnvolle Weise mit dem eigenen Verhalten verknüpft werden. Was ich an Blackmores Modell der außerkörperlichen Erfahrungen am überzeugendsten fand, waren die Sprünge von Orientierungspunkt zu Orientierungspunkt, ein phänomenologisches Merkmal, das ich in meinen eigenen OBE-Episoden vollkommen übersehen hatte.

An meine fünfte außerkörperliche Erfahrung erinnere ich mich noch besonders gut. Sie ereignete sich am 31. Oktober 1983 etwa um ein Uhr morgens:

Im Allgemeinen konnte ich während außerkörperlicher Erfahrungen nur relativ schlecht sehen, genau wie man es während der Nacht und in einem dunklen Schlafzimmer auch erwarten würde. Als ich merkte, dass ich den Lichtschalter, vor dem ich mich im außerkörperlichen Zustand stehend fand, nicht betätigen konnte, wurde ich zuerst extrem nervös. Um nicht alles gleich wieder zu verderben und eine wertvolle Gelegenheit für Experimente zu verlieren, entschied ich mich, zunächst an Ort und Stelle zu bleiben, bis ich mich wieder etwas beruhigt hatte. Dann versuchte ich, zum offenen Fenster zu gehen, was allerdings dazu führte, dass ich sanft darauf zuglitt und fast augenblicklich dort ankam. Vorsichtig berührte ich den hölzernen Fensterrahmen und ließ meine Hände aufmerksam über ihn gleiten. Die Tastempfindungen waren deutlich, aber sehr anders – das heißt, das Erleben von Wärme oder Kälte relativ zur eigenen Körpertemperatur fehlte. Ich sprang durch das Fenster und begann mich in einer Spirale aufwärtszubewegen. Dieses Erlebnis wurde allerdings noch von einem weiteren phänomenologischen Merkmal begleitet – nämlich der zwanghaft auftretenden inneren Fantasie von einer Schlagzeile in der Lokalzeitung: »War es Selbstmord oder ein extremer Fall von Somnambulismus? Philosophiestudent schlafwandelt aus dem Fenster und stürzt in den Tod.«

Etwas später lag ich wieder im Bett auf meinem physischen Körper, von dem ich mich nun zum zweiten Mal erhob, diesmal erfolgte der Austritt jedoch bewusst und auf willentlich kontrollierte Weise. Ich versuchte, zum Haus eines Freundes in Frankfurt zu fliegen, das 85 Kilometer entfernt war, wo ich versuchen wollte, verifizierbare Beobachtungen zu machen. Allein dadurch, dass ich mich auf die Vorstellung des Zielorts konzentrierte, wurde ich mit großer Geschwindigkeit vorwärtsgerissen, durch die Wand meines Schlafzimmers hindurch, und verlor augenblicklich das Bewusstsein. Als ich wieder zu mir kam, war ich bereits wieder halb in meinen physischen Körper eingeklinkt und fühlte, wie meine Klarheit abnahm. Ich entschied mich, meinen Körper ein letztes Mal zu verlassen.

Diese kurzen Ausschnitte, die dem Protokoll einer wesentlich umfassenderen Erfahrung entnommen sind, demonstrieren ein häufig übersehenes Merkmal der körperlichen Selbstbewegung im OBE-Zustand – nämlich, dass sich das Körpermodell nicht so bewegt, wie es der physische Körper tun würde, sondern dass oftmals schon das bloße Denken an einen Zielort genügt, um einen auf einem kontinuierlichen Pfad, einer stetigen Bahn, dorthin zu bringen. Empfindungen des Gleichgewichtsinns und der Eigenbewegungen sind im OBE-Zustand besonders deutlich ausgeprägt (tatsächlich ist es ein fruchtbarer wissenschaftlicher Ansatz, OBEs als komplexe vestibulo-motorische Halluzinationen zu betrachten).[18] Empfindungen des Gewichts des eigenen Körpers sind dagegen nur sehr schwach, und deshalb scheint Fliegen die »natürliche« Fortbewegungsweise bei außerkörperlichen Erfahrungen zu sein – sie ergibt sich sozusagen als logische Konsequenz der Hintergrundannahmen des Gehirns. Weil die meisten OBEs nachts stattfinden, ist eine weitere stillschweigende Annahme, dass man nicht besonders gut sehen kann. Das bedeutet, dass man, wenn man von einem Orientierungspunkt im eigenen mentalen Modell der Wirklichkeit zum nächsten springt, es auch nicht überraschend finden wird, dass der Raum zwischen zwei solchen besonders markanten Punkten erlebnismäßig undeutlich oder unterbestimmt ist. Zumindest habe ich selbst einfach nicht *erwartet*, viele Details sehen zu können. Wenn man die Phänomenologie wirklich ernst nimmt und genauer betreibt, entdeckt man immer mehr interessante Einzelheiten: Das Fehlen von Temperaturempfindungen und die kurzen Blackouts zwischen verschiedenen Szenen zum Beispiel sind in der Traumforschung ebenfalls gut dokumentierte Phänomene (mehr dazu in Kapitel 5).

Hier sind einige andere Erste-Person-Berichte über OBEs. Der erste stammt von dem Schweizer Biochemiker Ernst Waelti, der am Institut für Pathologie der Universität Bern über die Möglichkeit forscht, mit Hilfe von Virosomen Medikamente im Körper zu platzieren und Gene zu übertragen:

> Ich erwachte nachts – es dürfte gegen drei Uhr morgens gewesen sein – und stellte fest, dass ich mich überhaupt nicht bewegen konnte. Ich wusste ganz genau, dass ich nicht träumte, denn ich war voll bei Bewusstsein. Voller Angst über diesen Zustand hatte ich nur ein Ziel, nämlich mich wieder bewegen zu können. Ich nahm alle meine Willenskraft zusammen und versuchte, auf die Seite zu rollen: Etwas rollte, aber nicht mein Körper – etwas, was ich war, mein ganzes Bewusstsein mit allen seinen Empfindungen. Ich rollte auf den Boden neben dem Bett. Dabei hatte ich das Gefühl, als sei ich nicht körperlos, sondern mein Leib bestehe aus einer Art Substanz, die eine Mischung zwischen gasförmig und flüssig sei. Das Erstaunen, gemischt mit Verblüffung, die mich packten, als ich wohl spürte, dass ich auf den Boden fiel, aber der erwartete harte Aufprall ausblieb, habe ich bis heute nicht vergessen. Eigentlich hätte ich meinen Kopf an der Kante meines Nachttischchens aufschlagen müssen, wenn die Bewegung mit meinem normalen Körper abgelaufen wäre. Am Boden liegend, befielen mich eine unheimliche Angst und Panik. Ich wusste, dass ich einen Körper besaß, und ich hatte nur einen großen Wunsch, diesen wieder zu beherrschen. Mit einem jähen Ruck gelang es mir, diesen wieder zu bewegen, ohne dass ich wusste, wie ich zu ihm zurückgelangt war.

Noch einmal Waelti, diesmal über eine andere Erfahrung:

> Benommen ging ich gegen elf Uhr nachts ins Bett und versuchte einzuschlafen. Ich war unruhig und wälzte mich häufig, was meine Frau veranlasste, kurz zu schimpfen. Ich zwang mich nun, still dazuliegen. Eine Weile dämmerte ich so dahin, als ich das Bedürfnis spürte, meine Hände, die auf der Bettdecke lagen, hinaufzuziehen und in eine bequemere Lage zu bringen. Im gleichen Moment merkte ich, dass ich mich überhaupt nicht mehr bewegen konnte und mein Körper in einer Art Starre lag. Gleichzeitig konnte ich die Hände aus meinen körperlichen Händen herausziehen, als wären die letzteren ein Paar steife Handschuhe. Die Loslösung begann deutlich spürbar an den Fingerspitzen, fast mit einem fühlbaren

Geräusch, einer Art Knistern. Es war dies genau die Bewegung, die ich eigentlich mit meinen körperlichen Händen hatte ausführen wollen. Mit dieser Bewegung löste ich mich von meinem Körper und schwebte kopfseitig aus ihm heraus. Ich richtete mich auf, als hätte ich fast kein Gewicht mehr. Trotzdem hatte ich einen Körper mit richtigen Gliedern. Sie haben sicher einmal gesehen, wie elegant sich eine Qualle im Wasser bewegt. Mit der gleichen Leichtigkeit konnte ich mich bewegen.

Ich legte mich waagrecht in der Luft hin und schwebte in zwei Meter Höhe wie ein Schwimmer, der sich vom Rand eines Schwimmbeckens abgestoßen hatte, über das Bett hinweg. Ein beglückendes Gefühl der Befreiung stieg in mir auf. Doch bald packte mich wieder die uralte, allen Lebewesen innewohnende Angst, meinen physischen Körper zu verlieren. Sie genügte, um mich zurück in meinen Leib zu treiben.[19]

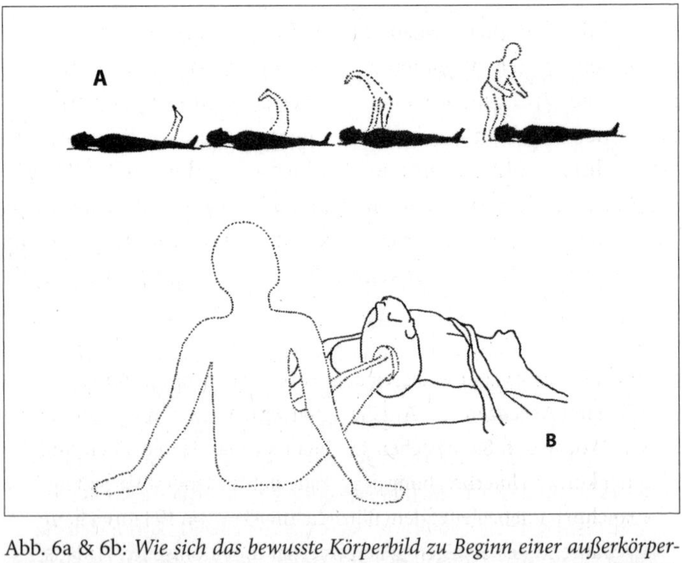

Abb. 6a & 6b: *Wie sich das bewusste Körperbild zu Beginn einer außerkörperlichen Erfahrung bewegt.* Zwei alternative, aber gleichermaßen charakteristische Bewegungsmuster, wie sie der Schweizer Biochemiker Ernst Waelti im Jahr 1983 beschrieb.

Wie bereits bemerkt, ist die Schlaflähmung, die Waelti beschreibt, keine notwendige Bedingung für OBEs. Sie ereignen sich häufig auch nach Unfällen, in Gefechtssituationen oder während der Ausübung von Extremsportarten – zum Beispiel bei Hochgebirgsbergsteigern oder Marathonläufern:

> Eine schottische Frau berichtete, dass sie im Alter von 32 Jahren eine außerkörperliche Erfahrung während des Trainings für einen Marathonlauf hatte. »Nachdem ich etwa 12 bis 13 Meilen gelaufen war …, begann ich mich so zu fühlen, als ob ich nicht durch meine Augen schaute, sondern von einem anderen Ort … Ich hatte das Gefühl, als würde etwas meinen Körper verlassen, und obwohl ich immer noch weiterlief und das Bild der Landschaft betrachtete, sah ich gleichzeitig mich selbst beim Laufen. Meine ›Seele‹ oder was auch immer schwebte in einigem Abstand oberhalb meines Körpers, hoch genug, um die Spitzen der Bäume und die kleinen Hügel sehen zu können.«[20]

Verschiedene Studien zeigen, dass zwischen 8 und 15 Prozent der Menschen in der Allgemeinbevölkerung mindestens einmal im Leben eine OBE gehabt haben.[21] In bestimmten Gruppen tritt das Phänomen viel häufiger auf, etwa bei Studenten (25 Prozent), bei Schizophrenen (42 Prozent) und bei Menschen, die von der Realität paranormaler Phänomene überzeugt sind (49 Prozent). Außerdem gibt es außerkörperliche Erfahrungen, die ihren Ursprung in einer rein neurologischen Erkrankung haben, zum Beispiel bei Epileptikern.[22]

> Eine 29-jährige Frau leidet seit dem zwölften Lebensjahr unter Anfällen mit Absenzen. Die Anfälle treten ohne Vorwarnung fünfmal pro Woche auf. Sie bestehen in einem starren, leeren Blick und einer kurzen Unterbrechung des gerade stattfindenden Verhaltens, manchmal mit begleitendem Blinzeln. Im Alter von 19 Jahren hatte sie während des einzigen generalisierten tonoklonischen Anfalls, den sie jemals hatte, ein autoskopisches Erlebnis. Während sie in einem Kaufhaus arbeitete, stürzte sie plötzlich zu Boden, und

sie berichtete: »Das Nächste, woran ich mich erinnere, war, dass ich kurz unterhalb der Zimmerdecke schwebte. Ich konnte mich selbst dort unten liegen sehen. Ich hatte keine Angst, denn es war einfach zu interessant. Ich sah, wie ich selbst zuckte, und hörte mit an, wie mein Chef jemanden anwies, ›den Knopf auf der Stechuhr zu drücken und die Zeitkarte auszuwerfen‹, und dass sie mich ins Krankenhaus begleiten würde. Das Nächste war, dass ich mich im Weltraum befand und die Erde von oben sehen konnte. Ich spürte eine Hand auf meiner linken Schulter, und als ich mich umdrehen wollte, war dies nicht möglich. Dann schaute ich nach unten und bemerkte, dass ich keine Beine hatte; ich sah nur Sterne. Ich blieb dort für eine Weile, bis mir eine innere Stimme sagte, dass ich mich zu meinem Körper zurückbegeben sollte. Ich wollte nicht gehen, weil es wunderschön dort oben war – es war warm, nicht im Sinne von Wärme, sondern im Sinne von Geborgenheit. Das Nächste war, dass ich in der Notaufnahme aufwachte.« Die neurologische Untersuchung ergab keinerlei Auffälligkeiten. Das Schädel-CT war normal. Im EEG zeigten sich generalisierte 3-Hz-*Spike-Wave*-Komplexe.[23]

Zunächst einmal scheint die realistische Qualität dieser OBEs ein Argument gegen die Behauptung zu liefern, es handele sich hier ausschließlich um Halluzinationen. Wesentlich interessanter ist jedoch, wie wahrheitsgetreue Elemente und Halluzination in ein einziges Ganzes integriert werden. Häufig ist die Unterscheidung zwischen Erscheinung und Wirklichkeit, zwischen Wahrnehmung und Illusion dem Patienten subjektiv verfügbar: Es besteht Einsicht in die wahre Natur des Zustands, aber diese Einsicht ist unvollständig. Ein epileptischer Patient bemerkte, dass sein Körper, so wie er ihn aus der Außenperspektive wahrnahm, sich tatsächlich in den Kleidungsstücken befand, die er auch in Wirklichkeit trug, dass aber merkwürdigerweise sein Haar gekämmt war, obwohl er wusste, dass es vor dem Einsetzen der Episode ungekämmt war. Einige epileptische Patienten berichten darüber, dass ihr schwebender Körper einen Schatten wirft, andere dagegen, dass sie keinen Schatten sehen. Für manche ist der Doppelkörper ein wenig kleiner als der wirkliche Körper. Wir können die Einsichtskomponente auch bereits in dem oben zitierten ersten Bericht von Ernst Waelti erkennen: »Eigentlich hätte ich meinen Kopf an der Kante meines Nachttischchens aufschlagen müssen, wenn die Bewegung mit meinem normalen Körper abgelaufen wäre.«

Ein anderer Grund, warum OBEs aus philosophischer Perspektive interessant sind, besteht darin, dass es sich hierbei um den am besten bekannten Bewusstseinszustand handelt, in dem zwei Selbstmodelle zum gleichen Zeitpunkt aktiv sind. Selbstverständlich ist nur einer von ihnen der »Ort der Identität«, der Ort, wo sich das befindet, was man in der Philosophie das *Handlungssubjekt* nennen würde. Das andere Selbstmodell – das des physischen Körpers, der etwa unten auf dem Bett oder dem Operationstisch liegt – ist streng genommen gar kein Selbstmodell, weil es nicht als Ursprung der Erste-Person-Perspektive fungiert. Dieses zweite Selbstmodell ist kein Subjektmodell. Es ist nicht der Ort im Raum, von dem aus Sie Ihre Aufmerksamkeit auf die Welt richten. Auf der anderen Seite ist es immer noch Ihr eigener Körper, den Sie von außen sehen. Sie erkennen ihn visuell als Ihren eigenen, aber nun ist es nicht mehr der Körper *als Subjekt*, als Ort des Wissens, des Handelns und des bewussten Erlebens. All das aber zeichnet das Ego aus. Solche Beobachtungen sind deshalb aufschlussreich, weil sie uns gestatten, verschiedene funktionale Schichten im bewussten Selbst des Menschen zu unterscheiden.

Interessanterweise gibt es ein ganzes Spektrum autoskopischer Phänomene (also von Bewusstseinszuständen, bei denen man den eigenen Körper aus einem bestimmten Abstand und von außen sieht), die wahrscheinlich in funktionaler Hinsicht mit außerkörperlichen Erfahrungen verwandt sind, und aus rein begrifflicher Perspektive sind sie von großer Bedeutung. Die vier Haupttypen sind die autoskopische Halluzination, die Heautoskopie, die außerkörperliche Erfahrung und das »Fühlen einer Anwesenheit«. Bei autoskopischen Halluzinationen und bei der Heautoskopie sehen die Patienten ihren eigenen Körper in der äußeren Umgebung, aber sie

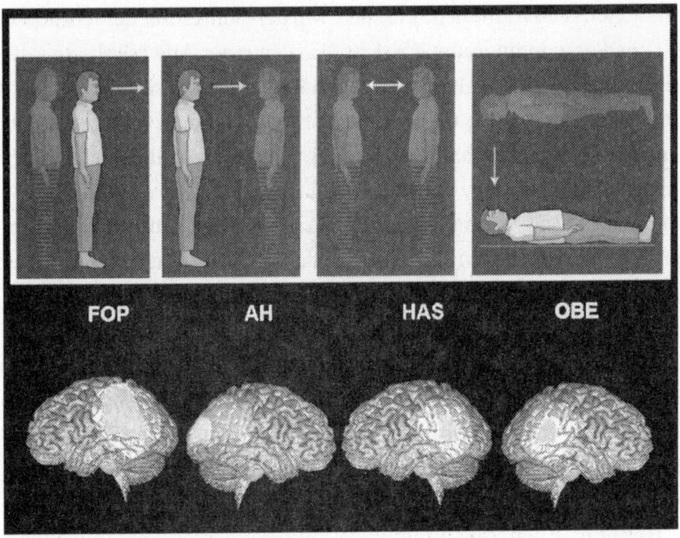

Abb. 7: *Störungen des Selbst und die zugrunde liegenden Hirnareale.* All diese Phänomene zeigen, dass nicht nur die Identifikation mit und die Lokalisierung von einzelnen Körperteilen, sondern auch die bewusste Repräsentation des ganzen Körpers und das damit verbundene Ichgefühl gestört sein können. Alle vier Typen des Selbsterlebens werden durch multisensorische Desintegration verursacht, die jeweils eine eindeutige neurologische Grundlage hat (vgl. die hellen Gebiete); Hirntumoren und Epilepsie sind die häufigsten Ursachen für Heautoskopie. Mit leichten Abwandlungen übernommen aus O. Blanke, »Illusions visuelles«, in A. B. Safran, A. Vighetto, T. Landis und E. Cabanis (Hg.), *Neurophtalmologie*, Paris 2004, S. 147–150.

identifizieren sich nicht mit ihm und haben nicht das Gefühl, dass sie wirklich »in« diesem illusionären Körper sind. In der Heautoskopie springt das Ichgefühl jedoch manchmal hin und zurück, und der Patient weiß nicht, in welchem Körper er sich gerade befindet. Die Verlagerung der räumlich-visuellen Erste-Person-Perspektive, die Lokalisierung und Identifikation des Selbst mit einem halluzinierten Körper, der sich an einer Stelle im äußeren Raum befindet, sind in der außerkörperlichen Erfahrung vollständig ausgeprägt. Hier befinden sich sowohl das Selbst als auch die visuell-räumliche Erste-Person-Perspektive außerhalb des eigenen Leibs, und die betreffenden

Personen sehen ihren physischen Körper von dieser außerkörperlichen Position im Raum aus. Das »Fühlen einer Anwesenheit« – das ebenfalls bereits experimentell durch die direkte Stimulation des Gehirns mit einer Elektrode ausgelöst werden konnte – ist besonders bemerkenswert: Es ist keine visuelle Eigenkörper-Illusion, sondern eine Illusion, bei der ein zweiter illusionärer Körper nur *gefühlt* (aber nicht gesehen) wird.[24] Diese Daten zeigen ein weiteres Mal, wie ungemein schwierig es heute geworden ist, Philosophie des Geistes auf wirklich seriöse Weise zu betreiben: Wenn man etwa klassische philosophische Themen wie »Selbstbewusstsein« oder »Subjektivität« als Gegenstand ernsthafter Bemühungen rehabilitieren will, dann muss man eine Theorie entwickeln, die all diese Daten begrifflich überzeugend in ein empirisch plausibles Modell integrieren kann. Die Zahl der zu erfüllenden empirischen Auflagen ist im Laufe des letzten Jahrhunderts immer größer geworden.

Gibt es einen Zusammenhang mit bestimmten Persönlichkeitsmerkmalen? Die differenzielle Psychologie hat gezeigt, dass zu den signifikanten Persönlichkeitsmerkmalen von Menschen, die häufig OBEs erleben, folgende gehören: Offenheit für neue Erfahrungen, Neurotizismus, eine Tendenz zur Depersonalisierung (eine psychische Störung, bei der die Betroffenen den Kontakt zu ihrer eigenen persönlichen Wirklichkeit verlieren und etwa ihren Körper, ihre Persönlichkeit, aber auch ihr Sprechen oder Handeln und andere Personen innerhalb der Umwelt als fremdartig, verändert und unwirklich erleben), Schizotypie (bei der die Patienten unter Denkstörungen leiden, sich merkwürdig verhalten, in der Regel allenfalls wenige enge Freunde haben und sich in Gegenwart von Fremden nervös, unruhig fühlen), die Borderline-Persönlichkeitsstörung und die histrionische Persönlichkeitsstörung (die durch egozentrisches und theatralisches Verhalten gekennzeichnet ist).[25] Eine weitere neuere Untersuchung bringt OBEs in Verbindung mit der Fähigkeit, sich vollständig absorbieren zu lassen – also der Fähigkeit und auch dem Bedürfnis, die phänomenale Welt in all ihren Aspekten und mit allen Sinnen möglichst vollständig zu erleben, in einer Weise, die das eigene Interesse und die eigene Aufmerksamkeit komplett in Anspruch nimmt. Dieselbe Studie deutet auch auf eine Verbindung zur sogenannten »somatoformen Dissoziation« hin, die unter anderem in einer Tendenz besteht, die eigene Aufmerksamkeit von bestimmten körperlichen Bewegungsreizen abzuschneiden. Der Autor weist aber gleichzeitig deutlich darauf hin, dass solche Erlebnisse nicht automatisch als krankhaft gedeutet werden sollten.[26]

Ebenfalls interessant ist es, sich die *Phänomenologie* von OBEs genauer anzusehen. So findet man den in Abbildung 6a dargestellten »Kopfaustritt« nur in 12,5 Prozent der Fälle. Der Akt des Austritts aus dem eigenen Körper ist in 46,9 Prozent der Fälle abrupt, kann aber auch zwischen einer langsamen Bewegung (in 21,9 Prozent der Fälle), einer graduellen und einer sehr langsamen Bewegung variieren (15,6 Prozent).[27] Viele OBEs dauern nur kurz, und eine neuere Studie stellte in annähernd 40 Prozent der Fälle eine Dauer von weniger als fünf Minuten und bei fast 10 Prozent von weniger als einer halben Minute fest. In etwas mehr als der Hälfte der Fälle »sehen« die Versuchspersonen ihren Körper aus einer Außenperspektive, und 62 Prozent von ihnen nur aus geringer Entfernung.[28] Viele OBEs gehen lediglich mit dem passiven Gefühl des Schwebens in einem Körperbild einher, obwohl das Ichgefühl stabil ist. In einer neueren Untersuchung berichtete mehr als die Hälfte der Versuchspersonen, dass sie unfähig waren, ihre Bewegungen zu kontrollieren, wogegen etwa ein Drittel dazu in der Lage war. Andere hatten keinerlei Bewegungserlebnis.[29] Je nach Studie gaben zwischen 31 und 84 Prozent der Versuchspersonen an, sich in einem zweiten Körper zu befinden (wobei es sich dabei durchaus um einen unbestimmten und nur verschwommen wahrgenommenen Rauminhalt handeln kann), und etwa 31 Prozent aller OBEs sind tatsächlich »asomatisch«: Sie werden als körperlos erlebt und umfassen lediglich eine externalisierte visuell-räumliche Perspektive. Das Sehen ist die beherrschende Sinnesmodalität bei 68,8 Prozent der Erlebnisse, das Hören bei 15,5 Prozent. Eine ältere Studie fand heraus, dass der Inhalt der visuellen Szene in mehr als 80 Prozent der Fälle realistisch ist (das heißt, dass er keine übernatürlichen Elemente enthält).[30]

Ich war immer der Überzeugung, dass OBEs für jede solide,

empirisch verankerte Theorie des Selbstbewusstseins von Bedeutung sind. Aber ich hatte das Thema schon lange aufgegeben, denn es gab einfach zu wenig substanzielle Forschung, nicht genügend Erkenntnisfortschritte im Verlauf der Jahrzehnte, und die meisten Bücher über OBEs waren schlicht esoterischer Unsinn oder vertraten bloß irgendwelche metaphysischen Programme und Weltanschauungen. Dies änderte sich im Jahr 2002, als Olaf Blanke und seine Kollegen während ihrer klinischen Arbeit am Labor für prächirurgische Epilepsiediagnostik der Universitätsklinik von Genf wiederholt außerkörperliche Erfahrungen und ähnliche Erlebnisse hervorriefen, indem sie das Gehirn einer 43-jährigen Patientin, die seit elf Jahren unter Anfällen litt und resistent gegenüber Arzneimitteln war, direkt mit einer Elektrode reizten. Weil es mit bildgebenden Verfahren nicht möglich war, irgendwelche Hirnverletzungen zu finden, war ein Kontrolleingriff notwendig, um den Herd, von dem die Krampfanfälle ausgingen, genau zu lokalisieren. Während einer Reizung des rechten Gyrus angularis berichtete die Patientin plötzlich über etwas, das stark einer außerkörperlichen Erfahrung ähnelte. Der epileptische Herd befand sich mehr als fünf Zentimeter vom Ort der Reizung im medialen Schläfenlappen. Die elektrische Stimulation dieser Stelle löste keine OBEs aus, und OBEs waren auch vorher keine Begleiterscheinung der gewohnten Anfälle dieser Patientin.

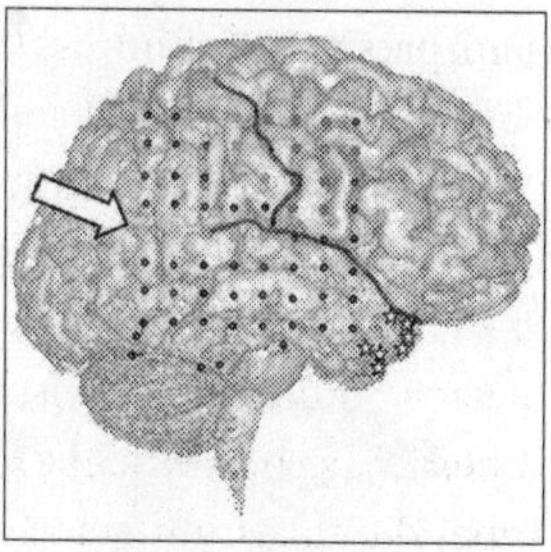

Abb. 8 zeigt die Ansatzstelle der Elektrode am rechten Gyrus angularis, wo elektrische Stimulation wiederholt nicht nur OBEs, sondern auch das Empfinden umgeformter Arme und Beine oder Ganzkörper-Verschiebungen auslöste. (Mit frdl. Genehmigung von Macmillan Publishers Ltd., *Nature* 419, 19. September 2002.)

Anfänglich löste die Reizung Empfindungen aus, die die Patientin als »Ins Bett hineinsinken« oder »Aus einer gewissen Höhe herabfallen« beschrieb. Die Erhöhung der Stromstärke auf 3,5 Milliampere hatte den folgenden Bericht zur Folge: »Ich sehe mich selbst im Bett liegen, von oben, aber ich sehe nur meine Beine und meinen Unterleib.« Weitere Reizungen führten zu dem augenblicklich auftretenden Gefühl der »Leichtigkeit« und des »Schwebens« etwa zwei Meter über dem Bett. Häufig fühlte sie sich so, als befände sie sich direkt unterhalb der Zimmerdecke und hätte keine Beine.

Mittlerweile hat man nicht nur OBEs, sondern auch das »Fühlen einer Anwesenheit« durch direkte elektrische Hirnstimulation ausgelöst (siehe Abb. 9).

Blankes erste provisorische Hypothese besagte, dass außerkörperliche Erfahrungen zumindest in diesen Fällen mit einem Ausfall der Integration komplexer somatosensorischer und vestibulärer

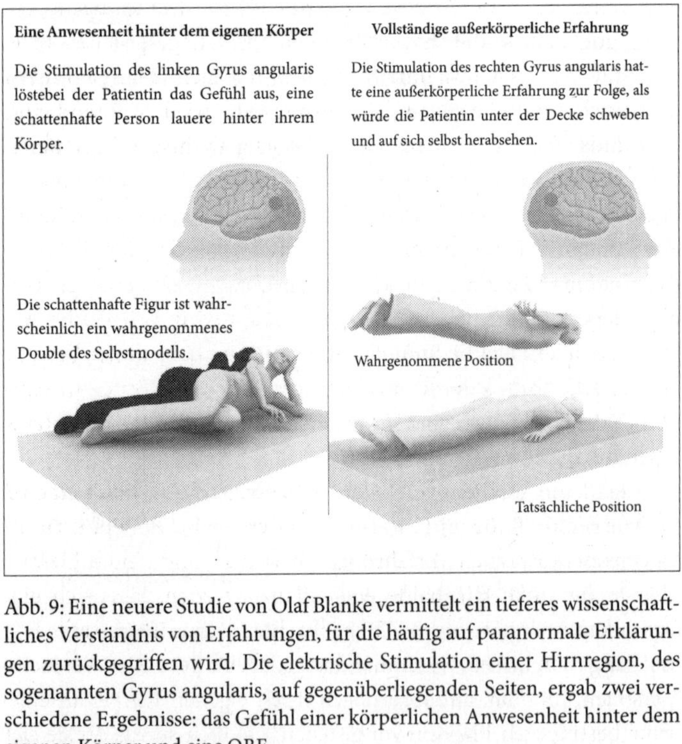

Abb. 9: Eine neuere Studie von Olaf Blanke vermittelt ein tieferes wissenschaftliches Verständnis von Erfahrungen, für die häufig auf paranormale Erklärungen zurückgegriffen wird. Die elektrische Stimulation einer Hirnregion, des sogenannten Gyrus angularis, auf gegenüberliegenden Seiten, ergab zwei verschiedene Ergebnisse: das Gefühl einer körperlichen Anwesenheit hinter dem eigenen Körper und eine OBE.
(Quelle: Olaf Blanke. Illustration von Graham Roberts, *The New York Times.*)

Informationen zusammenhingen.[31] In neueren Untersuchungen lokalisierten er und seine Mitarbeiter die verantwortliche Hirnverletzung oder Fehlfunktion im sogenannten temporoparietalen Übergang (TPJ).[32] Ihre Arbeitshypothese lautet, dass zwei verschiedene pathologische Bedingungen zusammenkommen müssen, damit eine OBE ausgelöst wird: Zum einen eine Desintegration auf der Ebene des Selbstmodells, die dadurch entsteht, dass Informationen über den eigenen Körper, die aus dem Tast- und Gesichtssinn sowie aus der propriozeptiven Eigenwahrnehmung stammen, nicht mehr zu einer Ganzheit verbunden werden können. Zum anderen ein Konflikt zwischen dem äußeren, visuellen Raum und dem inneren Bezugsrahmen, der durch vestibuläre Information erzeugt wird, also durch unseren Gleichgewichtssinn. Dies ist eine Eigenschaft des Ego-Tunnels, die ich bisher noch nicht angesprochen habe: Wir alle bewegen uns innerhalb eines internen Bezugsrahmens, der durch unser Gleichgewichtsorgan erzeugt wird. Während eines Schwindelanfalls oder wenn wir das Gleichgewichtsgefühl verlieren, haben wir zum Beispiel Probleme mit vestibulärer Information, erleben aber immer noch den äußeren, alles beherrschenden Raum, der durch den Gesichtssinn erzeugt wird. Wenn der räumliche Bezugsrahmen, der durch unser Gleichgewichtsgefühl erzeugt wird, und derjenige, der durch das Sehen erzeugt wird, vollständig auseinanderfallen, dann könnte das Ergebnis durchaus in der bewussten Erfahrung bestehen, dass man den eigenen Körper in einer Position sieht, die nicht mit seiner gefühlten Stellung im Raum übereinstimmt.

Man kann sich nun vorstellen, dass einige OBEs durch eine zerebrale Fehlfunktion im TPJ verursacht werden. Bei Epileptikern, die über außerkörperliche Erfahrungen berichten und denen Elektroden in die linke Hirnhälfte eingepflanzt wurden, lässt sich eine signifikante Aktivierung im TPJ beobachten.[33] Eine interessante Entdeckung ist in diesem Zusammenhang, dass bei gesunden Versuchspersonen, die man auffordert, sich ihren eigenen Körper in einer ganz bestimmten Position vorzustellen, nämlich so, als ob sie sich selbst aus der charakteristischen Außenperspektive der OBE sehen würden, in weniger als einer halben Sekunde dieselbe Hirnregion aktiviert wird. Wenn man diese Hirnregion durch ein Verfahren, das transkraniale Magnetstimulation genannt wird, hemmt, dann beeinträchtigt dies auch die Umwandlung des mentalen Modells des eigenen Körpers mit Hilfe der räumlichen Vorstellung. Und schließlich konnte man zeigen, dass, wenn ein epileptischer Patient, dessen OBEs durch eine Verletzung des temporoparietalen Übergangs hervorgerufen wurden, gebeten wurde, im Geist das Selbstmodell der außerkörperlichen Erfahrung zu simulieren, dies zu einer partiellen Aktivierung des Krampfherdes führte – also der Region, die für die Anfälle verantwortlich war. Zusammengenommen deuten diese Beobachtungen auf ein anatomisches Bindeglied zwischen drei verschiedenen, aber hochgradig ähnlichen Typen von bewussten Erlebnissen hin: echte OBEs, die durch epileptische Anfälle verursacht wurden, absichtliche mentale Simulationen von OBEs bei gesunden Versuchspersonen und absichtliche mentale Simulationen von OBEs bei epileptischen Patienten. Und natürlich ist dies auch philosophisch interessant.

Neuere Befunde zeigen, dass das phänomenale Erleben von Außerkörperlichkeit nicht nur von der rechten Hälfte des temporoparietalen Übergangs abhängt, sondern auch von einem Bereich in der linken Hirnhälfte, dem sogenannten extrastriatären Körperareal. Wahrscheinlich wird sich bald zeigen, dass in Wirklichkeit eine ganze Anzahl verschiedener Gehirnbereiche zu dem bewussten Erlebnis beiträgt. Vor allem könnte sich herausstellen, dass die außerkörperliche Erfahrung überhaupt kein einzelnes und einheitliches Zielphänomen ist. Zum Beispiel variiert die Phänomenologie des Austritts aus dem Körper zwischen verschiedenen Arten von Berichten erheblich: Die allerersten Sekunden einer spontan auftretenden OBE in gesunden Versuchspersonen scheinen sich deutlich von denen zu unterscheiden, die für die Erlebnisse einer klinischen Population wie etwa epileptischer Patienten charakteristisch sind. Die Anfangsphase könnte auch bei Anhängern bestimmter spiritueller Praktiken anders ablaufen. Darüber hinaus könnte es bedeutende neurophänomenologische Gemeinsamkeiten sowohl zwischen Klarträumen (siehe Kapitel 5) und OBEs als auch Körperillusionen im Allgemeinen geben.

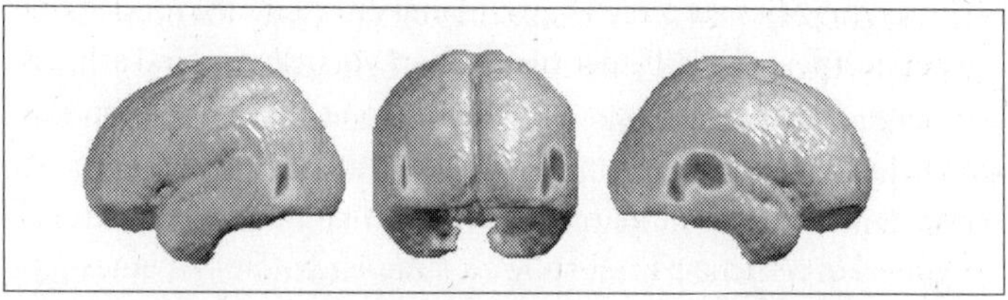

Abb. 10: Hirnareale, die bei mentalen Transformationen des eigenen Körperbilds aktiv sind, befinden sich überwiegend im rechten temporoparietalen Übergang. (Mit frdl. Genehmigung von Olaf Blanke, aus Blanke u. a., »Linking Out-of-Body Experience and Self-Processing to Mental Own-Body Imagery and the Temporoparietal Junction«, *Jour. Neurosc.* 25: 550–557, 2005.)

Virtuelle außerkörperliche Erfahrungen

Im Jahr 2005 begannen Olaf Blanke, seine Doktoranden Bigna Lenggenhager, Tej Tadi und ich mit einer Reihe von Experimenten unter Einsatz neuer Techniken der virtuellen Realität. Unser erstes Ziel bestand darin, die außerkörperliche Erfahrung bei gesunden Versuchspersonen in ein jederzeit wiederholbares Phänomen zu verwandeln. Für ein ernsthaftes Forschungsprogramm war es notwendig, dass wir in der Lage wären, außerkörperliche Erfahrungen im Labor zu untersuchen und nach Belieben zu wiederholen. Die theoretische Leitfrage lautete, ob es eine integrierte Form des körperlichen Selbstbewusstseins geben könnte, die *nur* subjektive Erscheinung ist, also auf einem vollständig illusionären phänomenalen Zustand beruht. Anders gefragt: Ist es – erstens – möglich, auf der phänomenalen Ebene ein Selbst zu erzeugen und zu erleben, das gleichzeitig sowohl ein *halluziniertes* als auch ein *körperliches* Selbst ist? Zweitens: Könnte man eine Ganzkörper-Version der Gummihand-Illusion konstruieren?

Hier ist ein Beispiel für eine unserer frühen Versuchsaufbauten unter Einsatz von Hilfsmitteln aus der Technologie der virtuellen

Realität: ein sogenanntes *head-mounted display* (HMD), also ein auf dem Kopf getragenes Ausgabegerät, das auf zwei kleinen, augennahen Bildschirmen jedem Auge ein einzelnes, vom Computer erzeugtes Bild zeigt und dadurch die dreidimensionale Illusion erzeugt, dass man sich in einem virtuellen Raum befindet. Die Versuchspersonen konnten ihren eigenen Rücken sehen, der aus einem Abstand von zwei Metern gefilmt wurde und mit Hilfe eines 3D-Enkoders in den dreidimensionalen Raum vor ihnen hineinprojiziert wurde. Als ich zum ersten Mal selbst als Versuchsperson an diesem Experiment teilnahm, hatte ich das Gefühl, als ob ich in eine dreidimensionale Version von René Magrittes berühmtem Gemälde *La reproduction interdite* hineinversetzt worden wäre. Plötzlich sah ich mich selbst zum ersten Mal von hinten, als ob ich vor mir stünde.

Während ich also meinen eigenen Rücken betrachtete, so wie er in dem HMD dargestellt wurde, begann Bigna Lenggenhager meinen Rücken zu streicheln, während die Kamera all dies aufzeichnete. Während ich zusah, wie mein eigener Rücken berührt wurde, hatte ich augenblicklich eine sehr merkwürdige Empfindung: Zusätzlich zu einem zunehmend »unwirklichen« Gefühl spürte ich, zuerst auf subtile Weise und dann etwas stärker, wie ich zu meinem virtuellen Körper vor mir hingezogen wurde, und ich versuchte, in ihn »hineinzuschlüpfen«. Zur vollen Identifikation kam es nicht, aber ich spürte sehr deutlich etwas, das wir oft auch einfach »Drift« nennen. Das war zunächst alles.

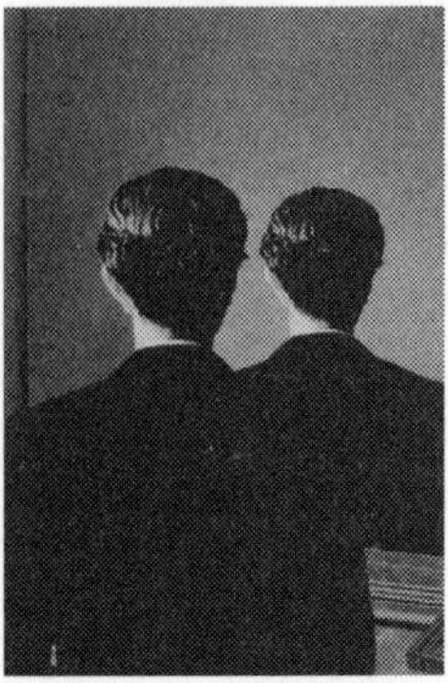

Abb. 11: Magrittes *La reproduction interdite* (1937).

Unsere Untersuchungen wurden systematischer. Alle unsere Versuchspersonen bekamen gezeigt, wie ihr eigener Rücken gestreichelt wurde (das war die »Eigenkörper-Bedingung«), und in einem anschließenden Test zeigte man ihnen entweder den Rücken einer Schaufensterpuppe (die »Kunstkörper-Bedingung«) oder einen großen rechteckigen Block (der überhaupt

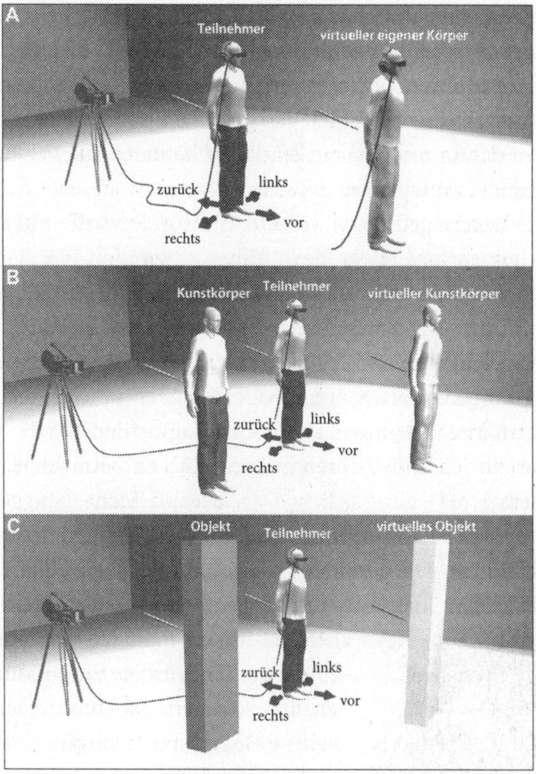

Abb. 12: *Die Erzeugung einer Ganzkörper-Variante der Gummihand-Illusion.* (A) Der Versuchsteilnehmer (dunkle Hose) sieht durch ein HMD (ein *head-mounted display* ist ein auf dem Kopf getragenes visuelles Ausgabegerät, das am Computer erzeugte Bilder auf einem augennahen Bildschirm darstellt oder sogar direkt auf die Netzhaut projiziert) seinen eigenen virtuellen Körper (hellere Hose) in einer dreidimensionalen Darstellung, als ob dieser zwei Meter vor ihm steht und synchron oder asynchron am Rücken des Teilnehmers gestreichelt wird. Bei anderen Versuchsbedingungen sieht der Teilnehmer entweder (B) einen virtuellen künstlichen Körper (nämlich den Rücken einer Schaufensterpuppe; helle Hose) oder (C) ein virtuelles nichtbiologisches Objekt, das keinerlei Ähnlichkeit mit einem menschlichen Körper hat, welches aber ebenfalls synchron oder asynchron an der Rückseite gestreichelt wird. Dunkle Farben zeigen den tatsächlichen Standort des physischen Körpers oder Objekts an, während helle Farben den virtuellen Körper bzw. das virtuelle Objekt anzeigen, wie es im HMD gesehen wird. (Illustration von M. Boyer.)

nicht wie ein menschlicher Körper aussah, die »Objekt-Bedingung«), die jeweils ebenfalls gestreichelt wurden. Eine zusätzliche Bedingung war der Grad der Synchronizität zwischen den gesehenen und gefühlten Streichelbewegungen, den man dadurch verändern konnte, dass man das Kamerabild mit einer bestimmten zeitlichen Verzögerung in den Cyberspace projizierte.

Außerdem wurde eine vom bewussten Erleben unabhängige Maßeinheit für die Stärke der Illusion eingeführt. Wie bei einem Blindekuh-Spiel wurden den Versuchspersonen die Augen verbunden, sie wurden herumgedreht und völlig desorientiert und schließlich aufgefordert, an den Ausgangsort zurückzukehren, an dem sie vorher gestanden hatten. Interessanterweise zeigte sich, dass sie zu einem Punkt zurückgingen, der in Richtung auf den Avatar verschoben war – der räumliche Bezugsrahmen des Ego-Tunnels hatte sich verändert.

Am Ende des Experiments wurden die Versuchspersonen gebeten, einen Fragebogen über ihre Erlebnisse auszufüllen. Die Ergebnisse zeigten, dass sie unter der Bedingung der Gleichzeitigkeit beider Wahrnehmungen, also immer dann, wenn die Probanden entweder ihren eigenen Körper oder die Schaufensterpuppe beobachteten, häufig das Gefühl hatten, als ob die virtuelle Gestalt ihr *eigener* Körper wäre, sie sich sogar mit ihr identifizierten und in sie »hineinsprangen«. Dieser Eindruck stellte sich im Fall des Holzblocks und bei allen Versuchen mit ungleichzeitiger Stimulation wesentlich seltener ein. Die Experimente mit gleichzeitiger Reizwahrnehmung zeigten auch beim Blindekuh-Spiel eine signifikant größere Verschiebung bei der Einschätzung des eigenen Standorts in Richtung auf den projizierten realen oder künstlichen Körper, als dies bei den asynchronen Kontrollbedingungen der Fall war. Andere Kontrollbedingungen bestanden darin, dass die Versuchspersonen einen Bildschirm ohne Körper darin beobachteten und dann im Raum verschoben wurden oder dass sie das Blindekuh-Spiel ohne jedes vorhergehende Experiment über sich ergehen lassen mussten. Diese Daten legen nahe, dass die Lokalisierung des »Selbst« im Fall widerstreitender visueller und somatosensorischer Wahrnehmungen genauso täuschungsanfällig ist, wie es auch für einen einzelnen Körperteil in der Gummihand-Illusion der Fall ist.

Das Folgende nenne ich das »Einbettungsprinzip«: Das körperliche Selbst wird auf der Ebene des bewussten Erlebens so dargestellt, als fülle es ein bestimmtes Volumen im Raum aus, während das sehende Selbst ein ausdehnungsloser Punkt ist – nämlich das Zentrum, von dem die Projektion unserer visuell-räumlichen Perspektive ausgeht, der geometrische Ursprung unseres perspektivischen, visuellen Realitätsmodells. Normalerweise befindet sich dieser Ursprungspunkt innerhalb des Volumens, das durch das gefühlte körperliche Selbst definiert wird (sozusagen hinter den Augen, als ob ein kleines Männchen durch sie wie durch Fenster in die Welt hinausschauen würde). Trotzdem haben unsere Experimente demonstriert, wie man das sehende und das gefühlte körperliche Selbst voneinander trennen kann und wie sich dann das grundlegende Ichgefühl am Ort der visuellen Körperrepräsentation wiederfindet.

Das Herz-Experiment

Mittlerweile hat es viele Versuche gegeben, den Effekt der Identifikation wissenschaftlich besser zu verstehen und durch neue Versuchsaufbauten zu verstärken. Zwei solcher Experimente werde ich kurz schildern, weil sie dem Leser auf anschauliche Weise die allgemeine Richtung verdeutlichen, in die die Forschung sich momentan bewegt. Das erste ist das Herz-Experiment, das zweite findet sich als das vierte Beispiel für eine neue Bewusstseinstechnologie in Kapitel 9 am Ende des Buchs, in dem es auch um die ethischen und anthropologischen Konsequenzen der Forschung geht. Das Herz-Experiment wurde von Jane Aspell und Lukas Heydrich konzipiert und richtet sich auf das, was ich das »interozeptive Selbstmodell« nenne. Das interozeptive Selbstmodell entsteht aus der *Innenwahrnehmung* des eigenen Körpers, also aus Bauchgefühlen, inneren Temperatur- oder Schmerzempfindungen, dem Gleichgewichtssinn, aber auch aus der Wahrnehmung von Atem und Herzschlag. Deshalb sollte es prinzipiell auch möglich sein, das basale Ichgefühl durch die Herstellung eines Konflikts zwischen inneren und äußeren Sinneswahrnehmungen zu beeinflussen. Jane Aspell und Lukas Heydrich haben genau diese Möglichkeit experimentell untersucht.[34]

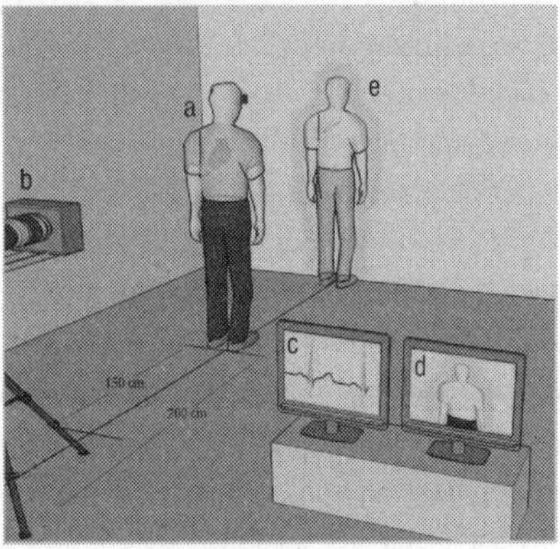

Abb. 13: Beim so genannten »Herz-Experiment« standen die Teilnehmer mit dem Rücken zu einer Kamera zwei Meter hinter ihnen. Die Videoaufnahme wurde in Echtzeit auf ein HMD übertragen. Gleichzeitig wurde ein Elektrokardiogramm abgeleitet, welches ebenfalls in Echtzeit die Herzschläge der Versuchsperson aufzeichnete und außerdem direkt eine farbige Silhouette aufleuchten ließ, die den virtuellen Körper umgab. Für die Teilnehmer sah es so aus, als ob der gleichzeitig mit ihrem Herzschlag aufleuchtende virtuelle Körper zwei Meter vor ihnen stand.

In diesem Experiment wurde das Videobild des eigenen Körpers in Echtzeit rhythmisch erleuchtet. Es besaß eine farbige Silhouette, die synchron mit dem Herzschlag der Versuchsperson aufleuchtete. Das virtuelle Körperbild wurde dabei durch »kardio-visuelle Signale« gesteuert und verändert, so, als ob man Vorgänge im Inneren des Körpers nach außen kehrt und sichtbar macht. Das Ergebnis war, das auch dies die Selbst-Identifikation verstärkt und die Selbst-Lokalisation in Richtung auf den Avatar verschiebt. Außerdem veränderte sich auch die Wahrnehmung von Berührungsreizen auf dem Rücken der Versuchsperson, diese verschoben sich erlebnismäßig ebenfalls in Richtung auf den Avatar. Das Herz-Experiment zeigt also sehr schön, wie äußere und innere Signale im Selbstmodell konvergieren und dann unser ganzheitliches körperliches Selbstbewusstsein erzeugen. Der von innen gefühlte Körper und das aus ihm auftauchende emotionale Selbstmodell sind für unsere Form von Ichgefühl entscheidend. Die tiefere Frage ist jedoch, ob all diese neuen Fakten uns mit Blick auf die begriffliche Frage nach dem Wesen des Selbstbewusstseins wirklich weiterbringen.

Die Essenz des Ichgefühls

Warum sind all diese empirischen Informationen für die Philosophie des Selbstbewusstseins von Bedeutung? Können sie uns wirklich dabei helfen, die begriffliche *Essenz* des Selbstgefühls zu finden, also das genauer zu bestimmen, was alle selbstbewussten Wesen im Universum gemein haben? Sind solche experimentellen Daten wirklich ein Schritt in Richtung auf das Gesamtbild, von dem ich in der Einführung gesprochen habe? Die Antwort lautet: Ja – denn was wir für ein tieferes philosophisch-begriffliches Verständnis suchen, sind die sogenannten »konstitutiven Bedingungen« für ein bewusst erlebtes Ichgefühl. Dazu gehört, dass wir wissen wollen, was wirklich notwendig und was vielleicht nur hinreichend ist, um ein Ego entstehen zu lassen, das fundamentale Gefühl, »jemand zu sein«. Auf diesem Weg zu einem tieferen Verständnis wäre es bereits ein Fortschritt, wenn man zeigen kann, was *nicht* notwendig ist – was also *nicht* zu den konstitutiven Bedingungen gehört. So würde es zum Beispiel bei unserer Suche nach dem Kern des bewussten Selbst einen Fortschritt bedeuten, wenn man zwischen dem unterscheiden könnte, was lediglich kausal ermöglichend, und dem, was unter den Naturgesetzen, die in diesem Universum gelten, im strengen Sinne notwendig ist.

Unsere Experimente zeigen, dass Agentivität nicht notwendig ist, weil sie ganz selektiv nur zwei Dimensionen des bewussten Selbsterlebens manipulieren: die Selbst-*Identifikation* (mit dem Inhalt eines bewussten Körperbildes) und die Selbst-*Lokalisierung* (innerhalb eines räumlichen Bezugsrahmens). Sie erreichen dies unter

Bedingungen, in denen die Versuchspersonen vollkommen passiv sind, ohne Willensakte oder körperliche Handlungen. Das ist deshalb interessant, weil es zeigt, wie man das Zielphänomen – Selbstbewusstsein – allein dadurch kausal kontrollieren kann, dass man einen Konflikt zwischen verschiedenen Sinnesmodalitäten herstellt. Dies ist wichtig, denn wenn wir die Entdeckung, dass dies einfach nur durch die Erzeugung eines Konflikts zwischen dem Gesichtssinn und dem Tastsinn erreicht werden kann, mit der Tatsache in Verbindung bringen, dass die Verschiebung der visuellen Perspektive während einer außerkörperlichen Erfahrung auch durch einen epileptischen Anfall oder die direkte Stimulation mit einer Elektrode im Gehirn ausgelöst werden kann, dann bekommen wir eine wesentlich bessere Vorstellung davon, was die allereinfachste Form des Selbstbewusstseins sein könnte. Es muss etwas sehr Lokales sein, etwas innerhalb des Gehirns selbst. Und es ist unabhängig von der motorischen Kontrolle, also davon, dass wir unseren eigenen Körper absichtlich durch die Welt bewegen.[35]

Aber wir wissen natürlich noch mehr: Auch ein sehendes Selbst ist nicht im strengen Sinne notwendig. Wir können die Fenster vor den kleinen Männchen hinter unseren Augen verdunkeln, indem wir die Augen schließen. Das sehende Selbst verschwindet, das Ego bleibt bestehen. Man kann ein stabiles bewusstes Selbst besitzen, auch wenn man sich in einem emotional vollkommen neutralen Zustand befindet, ohne das Auftreten von Willensakten und auch ohne aktuell ablaufende Denkvorgänge. Wenn man die Phänomenologie des Kernselbst und der puren, passiven Leiblichkeit ernst nimmt und genauer untersucht, dann zeigt sich: Emotionen, Willensakte und Gedanken sind für das grundlegende Ichgefühl nicht erforderlich. Jeder Meditierende (vgl. Kapitel 1) kann bestätigen, dass man sich in einen stillen, emotional neutralen Zustand begeben kann, in dem man gleichzeitig tief entspannt und vollkommen wach ist, einen Zustand reiner Beobachtung, ohne jeden Gedanken, in dem jedoch eine bestimmte grundlegende Form des rein körperlichen Selbstbewusstseins bestehen bleibt. Nennen wir dies das »Selbstgefühl-als-Verkörperung«.

Was also ist die Essenz? Die Lokalisierung in Zeit und Raum plus ein transparentes Körperbild scheinen ihr schon sehr nahe zu kommen. Vielleicht sind dies ja bereits die notwendigen und hinreichenden Bedingungen, die wir suchen.[36] Die Gummihand-Illusion manipuliert nur das Erleben der Meinigkeit für Körperteile. Die Ganzkörper-Illusion manipuliert das Gefühl der Meinigkeit für den Körper *als Ganzen.* Könnte am Ende dies die einfachste Form von Ichgefühl sein, etwas, das sich metaphorisch als das fundamentale Erleben von »globaler Meinigkeit« beschreiben ließe – sozusagen die allem anderen zugrunde liegende »Basis-Identifikation«? Eine solche Vorstellung würde uns meines Erachtens in die Irre führen. Globale Meinigkeit ist ein gefährlicher Begriff, weil wir mit ihm zwei verschiedene Entitäten und eine Beziehung zwischen ihnen einführen, den Körper und ein unsichtbares Selbst, jemanden, der den Körper besitzt. In Wirklichkeit ist es der Körper, der sich *selbst* besitzt: Etwas zu besitzen bedeutet, von seiner Existenz zu wissen und in der Lage zu sein, es zu kontrollieren, und das bewusste Ichgefühl ist aufs Engste mit dem Augenblick verknüpft, in dem der Körper entdeckt, dass er sich selbst kontrollieren kann – und zwar *als eine Ganzheit.* Genau das geschieht zum Beispiel, wenn Sie am Morgen aufwachen, wenn Sie »zu sich kommen«.

Hier ist ein erstes Zwischenergebnis: Das minimale Selbstbewusstsein ist nicht die Kontrolle selbst, sondern das, was die Kontrolle *möglich* macht. Es besteht aus einem Bild des Körpers in Zeit und Raum (Lokalisierung) und der zusätzlichen Tatsache, dass der Organismus, der dieses Bild in sich erzeugt, es nicht *als* ein Bild erkennt (Identifikation). Wir brauchen also ein Jetzt, einen räumlichen Bezugsrahmen und ein transparentes Körpermodell. Dann brauchen wir eine visuelle (oder auditorische) Perspektive, die ihren Ursprung innerhalb des durch den Körper definierten Rauminhalts hat, ein Projektionszentrum, das in das erlebte Körpervolumen eingebettet ist. Der wirklich interessante Schritt ist aber vielleicht der vom minimalen Selbst zu der bereits etwas umfassenderen Perspektive der *ersten Person.* Es ist der Schritt vom Selbstgefühl-als-Verkörperung zum Selbstgefühl-*als-Subjektivität.*

Der entscheidende Übergang findet dann statt, wenn das System sich selbst bereits durch eine minimale Form von Selbstbewusstsein gegeben ist und sich dann zusätzlich als auf einen Gegenstand *gerichtet* repräsentiert. Der kritische Moment ist der innere Schritt vom leiblichen Selbst zum wissenden Selbst. In diesem Moment entsteht nämlich eine ganz neue Ebene in unserem Selbstmodell. Ich glaube, dies geschieht genau dann, wenn wir zum ersten Mal entdecken, dass wir den Brennpunkt unserer eigenen Aufmerksamkeit kontrollieren können: Wir begreifen dann, dass wir Dinge vom Rand des Bewusstseins ins Zentrum des Erlebens ziehen, sie im Scheinwerferlicht der Aufmerksamkeit festhalten oder sie auch absichtlich ignorieren können – dass wir also aktiv kontrollieren können, *welche* Informationen in unserem eigenen Geist erscheinen. Jetzt haben wir eine Perspektive in einem auch philosophisch interessanten Sinne, weil wir ein inneres Bild von uns selbst *als jetzt gerade repräsentierend* besitzen, als Subjekte, die auf die Welt gerichtet sind. Nun können wir auch zum ersten Mal die Aufmerksamkeit auf unseren eigenen Körper als Ganzen lenken – wir werden selbstgerichtet. Innerlichkeit erscheint. Das Wesen dieser geringfügig stärkeren Form von Selbstgefühl – das, was ein Philosoph ihren »repräsentationalen Inhalt« nennen würde – ist attentionale Agentivität, also die erlebte Kontrolle der eigenen Aufmerksamkeit, plus die Einsicht, dass der Körper jetzt für globale Formen der Handlungskontrolle verfügbar geworden ist. Es ist eine innere Form von Wissen, nicht von gerade stattfindendem motorischem Verhalten oder von mit der Wahrnehmung und der Aufmerksamkeit in Beziehung stehenden Verarbeitungsprozessen, die auf die Außenwelt oder einzelne Körperteile gerichtet sind, sondern vom Körper als einer einheitlichen multisensorischen Ganzheit, die jetzt funktional für die globale Kontrolle *verfügbar* wird. Das bewusste Ichgefühl ist also eine tiefe Form von Wissen über uns selbst, die dem Gesamtsystem Informationen über neue kausale Eigenschaften zur Verfügung stellt. Dieses innere Wissen hat nichts mit Sprache oder begrifflichem Denken zu tun. Auch Tiere können es haben.

Was genau bedeutet das oben erwähnte »zu sich kommen«? Interessanterweise lässt sich hier eine weitere Lektion aus der sorgfältigen Erforschung außerkörperlicher Erfahrungen lernen. Manche Menschen handeln im außerkörperlichen Zustand, andere hingegen haben nur das passive Erlebnis des Schwebens in einem Körperbild, oftmals ist der zweite Körper noch nicht einmal für die bewusste Kontrolle verfügbar – und trotzdem ist das Ichgefühl stabil. In einer neueren Untersuchung berichteten 53,1 Prozent der Versuchspersonen davon, dass sie nicht in der Lage waren, ihre körperlichen Bewegungen zu kontrollieren (wogegen 28,1 Prozent dies konnten und andere überhaupt keine Bewegungserlebnisse hatten).[37] Es ist also eindeutig die subtilere Erfahrung des *inneren* Handelns, den Fokus der eigenen Aufmerksamkeit zu kontrollieren, die den tiefsten Kern von Innerlichkeit zu bilden scheint. Es ist eine Form des geistigen Handelns, die das phänomenale Selbst-als-Subjekt erzeugt. Selbstheit-als-Subjektivität ist nämlich aufs Engste verknüpft mit der »Modellierung von mentaler Ressourcenallokation«, wie ein nüchterner komputationaler Neurowissenschaftler vielleicht sagen würde. Der richtige philosophische Begriff dagegen wäre »epistemische Kontrolle«: jene mentale Handlung, die darin besteht, dass wir unser Wissen über die Welt absichtlich erweitern, etwa indem wir auswählen, *was* wir wissen werden, und gleichzeitig das ausschließen, was wir *in diesem Moment* ignorieren wollen. Dies fügt eine starke Erste-Person-Perspektive hinzu, das bewusste Erlebnis, auf einen Gegenstand *gerichtet* zu sein. Jetzt geht es nicht mehr nur um die Geometrie des rein sinnlichen Realitätsmodells. Subjektive Bewusstheit in diesem Sinne des Besitzens einer Perspektive, indem man als erkennendes Wesen auf die Welt gerichtet ist, besteht also aus dem Vorhandensein eines Körperbilds (in Raum und Zeit) und dem subjektiven Erlebnis der Kontrolle über die eigene Aufmerksamkeit; Innerlichkeit taucht zum ersten Mal auf, wenn wir unsere Aufmerksamkeit auf den Körper selbst lenken.

In Kapitel 2 sagte ich, dass Bewusstsein der Raum der attentionalen Agentivität ist, der kontrollierten Aufmerksamkeitslenkung. Selbstheit als Innerlichkeit kommt dann zum Vorschein, wenn ein Organismus zum ersten Mal aktiv die Aufmerksamkeit auf den eigenen Körper als Ganzes richtet. Wenn ein globales Modell des Körpers in den Raum der willentlichen Aufmerksamkeitskontrolle eingebunden wird, entsteht ein reichhaltigeres phänomenales Selbst. Es ist nicht notwendig, zu denken, es ist nicht notwendig, sich zu bewegen. Die Verfügbarkeit des Körpers als einer Ganzheit für die fokussierte Aufmerksamkeit reicht aus, um das grundlegendste Gefühl von Selbstheit-als-Innerlichkeit zu erzeugen – das bedeutet die Fähigkeit, durch einen als kontrolliert erlebten Akt der Aufmerksamkeitslenkung *selbstgerichtet* zu werden. Das Körpermodell wird nun zum Selbstmodell in einem philosophisch interessanteren Sinne: Der Organismus besitzt nämlich jetzt das Potenzial, gleichzeitig auf die Welt und auf sich selbst gerichtet zu sein. Er ist jetzt der Körper *als Subjekt.*

Aber noch einmal: Wer ist es, der den Fokus der Aufmerksamkeit kontrolliert? Wer war in unserem oben geschilderten *Video-ergo-sum*-Experiment die Entität, die sich mit dem Avatar verwechselte? Ist es nicht doch möglich, dass wir eine Seele haben oder eine Art Astralkörper, der sogar den körperlichen Tod überleben und eine Art von virtueller Reinkarnation erleben könnte? Werden wir vielleicht bald eine künstliche Form von Unsterblichkeit erreichen, indem wir in von Menschen entworfene Softwarewelten eintreten, durch fortgeschrittene Formen von »verbotener Reproduktion« im Stile Magrittes, indem wir uns absichtlich mit virtuellen Körpern und virtuellen Personen identifizieren, die wir für uns selbst erschaffen haben?[38] Oder ist die phänomenale Welt selbst am Ende bloß eine virtuelle Realität?

Leben in einer virtuellen Welt

Die Geschichte der Philosophie hat gezeigt, dass technologische Metaphern nur von sehr begrenzter Aussagekraft sind. Trotzdem kann die Idee einer virtuellen Realität in der gegenwärtigen Phase unseres Erkenntnisfortschritts sehr nützlich sein. Sie erweist sich zunehmend als fruchtbar, weil sie zu immer neuen Experimenten inspiriert und uns neue begriffliche Werkzeuge liefert. Die von der Natur erfundene Form von virtueller Realität ist das bewusste Erleben – ein Echtzeit-

Weltmodell, das man als eine fortlaufende Online-Simulation sehen kann, die Organismen dabei hilft, auf elegante Weise mit der Welt und miteinander zu interagieren.

Vor Jahrmillionen hat die natürliche Form von virtueller Realität bereits das erreicht, wovon heutige Software-Ingenieure noch träumen: die phänomenalen Eigenschaften von »Anwesenheit« und des »vollständigen Eintauchens«. Aus Sicht eines Ingenieurs sind die Probleme bei der Entwicklung erfolgreicher virtueller Umwelten Probleme der Entwicklung fortgeschrittener Mensch-Maschine-Schnittstellen. Eine virtuelle Schnittstelle ist ein System aus Signalgebern und Verarbeitungseinheiten, aus Hardware und Software. Es erzeugt ein interaktives Medium, das Informationen an die Sinnesorgane des Benutzers übermittelt, während es gleichzeitig ständig das Verhalten des Benutzers überwacht, um auf dieser Grundlage die virtuelle Umgebung zu aktualisieren und zu manipulieren.

Auch das bewusste Erleben ist eine Schnittstelle, ein unsichtbares, perfektes inneres Medium, das einem Organismus erlaubt, auf flexible Weise mit sich selbst in Wechselwirkung zu treten. Es ist ein Kontrollinstrument und funktioniert, indem es eine innere Benutzerschnittstelle erzeugt, eine »Als-ob«-(sprich: virtuelle)Realität. Es filtert Informationen, besitzt eine hohe Bandbreite, ist unmissverständlich, widerspruchsfrei und zuverlässig, und es erzeugt ein Gefühl der Anwesenheit. Und was noch wichtiger ist: Es generiert auch ein Selbstgefühl. Das Selbstmodell ähnelt in vieler Hinsicht dem Mauszeiger auf der virtuellen Schreibtischoberfläche Ihres Computers – oder auch dem kleinen roten Pfeil auf dem Stadtplan in der U-Bahn-Station, der sagt, »Sie befinden sich hier«. Es platziert Sie in den Mittelpunkt eines Verhaltensraums, ins Zentrum Ihres bewusst erlebten Weltmodells, Ihrer inneren virtuellen Realität.

Das Ego ist ein besonderer Teil dieser virtuellen Realität. Indem es ein inneres Bild des Organismus als Ganzem erzeugt, erlaubt es dem Organismus, sich seine eigene Hardware anzueignen. Es ist die Antwort der Evolution auf die Notwendigkeit, sich seine eigenen inneren und äußeren Handlungen zu erklären, das eigene Verhalten vorauszusagen und kritische Systemeigenschaften ständig zu überwachen. Schließlich erlaubt es dem System auch, die Geschichte seiner Handlungen innerlich als seine *eigene* Geschichte darzustellen. (Das autobiographische Gedächtnis ist natürlich eine der wichtigsten Schichten im menschlichen Selbstmodell, denn es ermöglicht uns die Aneignung unserer eigenen Geschichte, der Innenzeit und der Außenzeit, des Jetzt und der Vergangenheit – es erzeugt »narratives Selbstbewusstsein«.) Bewusstsein gibt uns Flexibilität, und globale Kontrolle gibt uns das Ego. Auf der Ebene des bewussten Erlebens spiegelt sich dieser Vorgang der funktionalen Aneignung der eigenen Hardware – des eigenen Körpers – auf holistische Weise als das globale Gefühl der Meinigkeit oder als das minimale phänomenale Selbst wider.

Mutter Natur, so scheint es, hat sich schon lange vor uns mit dem Entwurf fortgeschrittener Benutzerschnittstellen beschäftigt. Es ist interessant, dass die besten Theoretiker, die heute auf dem Gebiet virtueller Umwelten forschen, nicht nur philosophische Begriffe wie »Anwesenheit«, »Präsenz« oder »Situiertheit« benutzen, sondern dass sie auch von einem »virtuellen Körper« sprechen.[39] Für sie ist ein virtueller Körper Teil einer ausgedehnten virtuellen Umgebung. Er ist ein Werkzeug, das ganz ähnlich funktioniert wie der kleine rote Pfeil oder der Mauszeiger. Wenn der virtuelle Körper als Mensch-Maschine-Schnittstelle eingesetzt wird, lässt sich mit ihm sogar ein Roboter aus der Ferne kontrollieren. Ein besonders interessantes Konzept in diesem Zusammenhang ist das eines »Sklavenroboters«: Um eine solche *Telepräsenz* zu erreichen, bedarf es einer engen Korrelation zwischen den Bewegungen der menschlichen Bedienungsperson und den Handlungen des Sklavenroboters. Wenn die Kopplung wirklich eng und direkt ist, kann er zu einer Art Leibeigenem werden. Erinnern wir uns nur an den Affen, der den Roboterarm direkt mit seinem Gehirn kontrollierte. Mittlerweile können Affen bereits über das Internet in Echtzeit die Schrittmuster von humanoiden Robotern auf der anderen Seite der Welt fernsteuern, von der Duke University in Amerika zum *Computational Brain Project* bei der *Japan Science and Technology Agency* in Japan, und zwar ausschließlich durch die Aufzeichnung ihrer Gehirnaktivität. So berichtet Professor Miguel Nicolelis: »Die verblüffendste Entdeckung war, dass der Affe, als wir das Laufband abschalteten und er aufhörte, seine Beine zu bewegen, in der Lage war, die Fortbewegung des Roboters für einige Minuten aufrechtzuerhalten – nur durch seine Gedanken und ausschließlich mit Hilfe des visuellen Feedbacks vom Roboter in Japan.«[40]

Im Idealfall würde ein menschlicher Akteur den eigenen Körper vollständig mit dem des Sklavenroboters identifizieren, und dies ließe sich mit Hilfe eines virtuellen Körpers erreichen, der als Schnittstelle, als Zwischenglied zwischen Mensch und Maschine fungiert (im neunten Kapitel werde ich schildern, wie weit die Technik aktuell in diesem Bereich ist und welche ethischen Probleme sich hieraus ergeben könnten). Und wieder ist es so, dass die Natur genau dies bereits vor Millionen von Jahren vollbracht hat: Wie ein virtueller Körper ist auch das phänomenale Selbstmodell eine fortgeschrittene Schnittstelle zur Aneignung und Kontrolle eines Körpers. Während im Fall des virtuellen Körpers der Sklavenroboter Tausende von Kilometern entfernt sein kann, ist es im Fall des Ego so, dass das Zielsystem und das simulierende System identisch sind: Das bewusste Erleben von Agentivität stellt sich dann ein, wenn ein Organismus lernt, *sich selbst zu versklaven.*

Die Entstehung des Ego-Tunnels in der Evolution schuf eine wesentlich wirksamere Art und Weise, den eigenen Körper zu kontrollieren. Den eigenen Körper zu kontrollieren bedeutete, das eigene Verhalten und den eigenen Wahrnehmungsapparat zu kontrollieren. Es bedeutete aber auch, das eigene Denken auf ein Ziel zu richten und die eigenen emotionalen Zustände zu regulieren. Das integrierte bewusste Selbstmodell ist ein spezieller Bereich der hochdimensionalen Benutzerschnittstelle, die sich innerhalb unseres Gehirns entwickelt hat. Es ist ein besonders benutzerfreundliches Interface, das es einem biologischen Organismus gestattet, seine Aufmerksamkeit aktiv auf eine kritische Teilmenge seiner eigenen globalen Eigenschaften zu richten. Ein Selbstmodell leistet so etwas wie eine adaptive Benutzermodellierung – nur mit dem Unterschied, dass es selbstgerichtet ist und im Inneren des Systems stattfindet. In einem wichtigen Sinne ist das aus diesem Vorgang resultierende Ego eine Fiktion, eine durch und durch virtuelle Entität. Es gibt jedoch auch eine andere Sichtweise, der zufolge es ein wunderbares, elegantes und effizientes Kontrollinstrument ist. Man könnte auch sagen, dass sich mit ihm ein vollkommen neues Fenster in die Wirklichkeit öffnet.

Ich behaupte, dass das phänomenale Erleben aus der Erste-Person-Perspektive und das Erscheinen eines bewussten Selbst komplexe Formen von virtueller Realität sind. Eine virtuelle Realität ist eine *mögliche* Realität. Wie all jene wissen, die schon mal ein HMD oder einen Datenhelm getragen haben oder moderne Videospiele kennen, können wir manchmal das »Als ob« völlig vergessen – das Mögliche kann als das Wirkliche erlebt werden. In gewisser Weise gleichen die bewussten Teile unseres Gehirns dem HMD des Körpers: Sie lassen den Organismus in einen simulierten Verhaltensraum eintauchen.

In ihrem Zusammenspiel funktionieren das verkörperte Gehirn und das PSM, das phänomenale Selbstmodell, in mancher Hinsicht wie ein totaler Flugsimulator. Bevor wir uns dem Wörtchen »total« zuwenden, wollen wir der Frage nachgehen, warum ein Flugsimulator eine gute Metapher für die Art und Weise ist, in der unser Bewusstsein funktioniert. Flugsimulatoren sind Trainingsgeräte, die angehenden Piloten helfen zu lernen, wie man ein Flugzeug erfolgreich steuert. Damit dies gelingt, muss die Simulation zwei verschiedene Quellen von Sinnesinformationen so wirklichkeitsgetreu wie möglich integrieren: den Gesichtssinn und den Gleichgewichtssinn. Während eines simulierten Starts etwa muss der Pilot nicht nur die Startbahn sehen, sondern auch die Beschleunigung des »Als-ob«-Flugzeugs spüren – und zwar in Beziehung zu seinem eigenen Körper.

In manchen fortgeschrittenen Flugsimulatoren hat man den beweglichen Nachbau des Cockpits und den Computerbildschirm bereits durch ein HMD ersetzt, also zwei leicht gegeneinander versetzte kleine Bildschirme, die eine dreidimensionale Rundumgrafik erzeugen. Eine spezielle Programmiertechnik, die manchmal auch »Unendlichkeitsoptik« genannt wird, erlaubt es dem Piloten, entfernte Gegenstände »durch die Fenster« des Cockpits zu sehen, obwohl sich die vom Computer erzeugten Bilder nur wenige Zentimeter von seinem Gesicht entfernt befinden. Die bewegliche Plattform, auf der das nachgebildete Cockpit ruhte, ist durch sogenannte *seat shakers* ersetzt worden, die ein breites Spektrum von Bewegungsempfindungen auf realistische Weise simulieren können, wie etwa Beschleunigung oder Turbulenz. Außerdem werden die Simulationen des visuellen und kinästhetischen Inputs ständig mit großer Geschwindigkeit und maximaler Genauigkeit aktualisiert, damit der Pilot lernt, wie man die an Bord befindlichen Instrumente benutzt, und die Art und Weise kennenlernt, in der das Luftfahrzeug auf verschiedene Operationen reagiert.

Das menschliche Gehirn lässt sich in mehrfacher Hinsicht mit einem modernen Flugsimulator vergleichen. Genau wie ein Flugsimulator konstruiert und aktualisiert es fortlaufend ein inneres Modell der äußeren Wirklichkeit, indem es einen kontinuierlichen Strom von Input verwendet, der durch die Sinnesorgane geliefert wird, und vergangene Erfahrungen als Filter benutzt. Es verbindet den Informationsfluss aus den sinnlichen Eingabekanälen zu einem globalen Wirklichkeitsmodell, und dies gelingt ihm in Echtzeit. Es gibt jedoch einen Unterschied. Das globale Modell der Wirklichkeit, das durch unser Gehirn konstruiert wird, wird mit so großer Geschwindigkeit und mit so großer Zuverlässigkeit ständig aktualisiert, dass wir es im Allgemeinen nicht als ein Modell erleben. Für uns ist die phänomenale Realität kein Simulationsraum, den unser Gehirn konstruiert: Auf direkte und erlebnismäßig unhintergehbare Weise ist es einfach die Welt, in der wir leben. Ihre Virtualität ist verborgen, wohingegen ein Flugsimulator leicht als Flugsimulator zu erkennen ist – seine Bilder erscheinen uns immer als künstlich. Das ist deshalb so, weil unser Gehirn uns kontinuierlich ein viel besseres Referenzmodell der Welt liefert, als es der Computer tut, der den Flugsimulator kontrolliert. Die von unserer Sehrinde erzeugten Bilder werden viel schneller und wesentlich genauer aktualisiert als die Bilder, die in einem HMD erscheinen. Dasselbe gilt auch für unsere körperliche Eigenwahrnehmung und für Bewegungsempfindungen; die durch einen *seat shaker* generierten Bewegungen können niemals so genau und detailreich sein wie unsere eigenen Sinneswahrnehmungen.

Schließlich unterscheidet sich das Gehirn aber auch dadurch von einem Flugsimulator, dass es in ihm keinen Benutzer gibt, keinen Piloten, der es kontrolliert. Das Gehirn ist wie ein *totaler Flugsimulator,* ein selbstmodellierendes Flugzeug, das nicht durch einen Piloten gesteuert wird, sondern in seinem eigenen inneren Flugsimulator ein komplexes internes Bild von sich selbst generiert hat. Das Bild ist transparent und kann deshalb durch das System nicht als ein Bild erkannt werden. Weil das System unter der Bedingung eines naiv-realistischen Selbstmissverständnisses operiert, interpretiert es das Steuerelement in diesem Bild als einen nichtphysikalischen Gegenstand, es verdinglicht seine eigene innere Darstellung des Kontrollvorgangs: Der »Pilot« wird in eine virtuelle Realität hineingeboren, und zwar ohne jede Möglichkeit, diese Tatsache zu entdecken. Der Pilot ist das Ego. Der totale Flugsimulator erzeugt einen Ego-Tunnel, aus dem es für ihn aber kein Entrinnen gibt.

Wenn das virtuelle Selbst besonders gut funktioniert, wird der Organismus, der es benutzt, sich seines »Als-ob«-Wesens vollkommen unbewusst sein. Das phänomenale Selbstmodell, das im menschlichen Gehirn aktiviert wird, ist über Millionen von Jahren optimiert worden. Der Vorgang, durch den es konstruiert wird, ist schnell, zuverlässig und hat eine viel höhere Auflösung als alle heute existierenden *Virtual-Reality*-Spiele. Infolgedessen ist die Virtualität des körperlichen Selbstmodells für seinen Benutzer unsichtbar. Aber streng genommen ist es einfach die beste Hypothese, die das System über seinen eigenen gegenwärtigen Zustand besitzt – präsentiert in einem neuen, hochgradig integrierten Datenformat. Um diesen Punkt zu illustrieren, werfen wir einen Blick auf ein mittlerweile klassisches Experiment der modernen Neuropsychologie.

Phantomglieder

Nach einer Amputation haben viele Patienten das bewusste Erlebnis eines sogenannten Phantomglieds – den anhaltenden und unbezweifelbaren Eindruck, dass das fehlende Glied immer noch da ist, immer noch Teil ihres Körpers.[41] Diese Phantomglieder fühlen sich etwas weniger wirklich an als der Rest des Körpers, ein bisschen »geisterhaft«. Silas Weir Mitchell, der amerikanische Neurologe, der den Begriff eines Phantomglieds im Jahre 1871 einführte, sprach von »geisterhaften Gliedmaßen«, die Menschen wie ein Spuk verfolgen, »wie unsichtbare Geister des verlorenen Körperteils«. [42] Häufig bildet sich das Phantomglied später schrittweise zurück und verschwindet am Ende. In manchen Fällen können Phantomglied-Erfahrungen jedoch über Monate oder sogar Jahre hinweg andauern. Solche Patienten haben oft schmerzhafte Empfindungen in ihrem Phantomglied. Manchmal – so wie in dem klassischen Fall, den ich gleich schildern werde – ist das Phantom »gelähmt« und erzeugt den subjektiven Eindruck, dass der fehlende Körperteil in einer starren Position eingefroren ist und sich nicht bewegen lässt.

In einer Serie von Experimenten an einem Patienten mit einem gelähmten Phantomglied haben V. S. Ramachandran und seine Kollegen an der Universität von San Diego in Kalifornien die Virtualität des körperlichen Selbstmodells demonstriert.[43] Sie konstruierten eine »virtuelle Realitätskiste«, um zu zeigen, in welchem Ausmaß der Inhalt des Selbstmodells von Informationen über den Wahrnehmungskontext abhängt. Ihr Grundgedanke war, dass durch eine Manipulation dieser Kontextinformation auf der Ebene der bewussten Wahrnehmung – welche ihrerseits die Art der Informationsverarbeitung im Gehirn einschränkt und formt – auch der Inhalt des körperlichen Selbstmodells verändert werden kann.

Ramachandran und seine Kollegen konstruierten nun eine »virtuelle Realitätskiste«, indem sie einen Spiegel vertikal in einen Pappkarton ohne Abdeckung einsetzten. Zwei Löcher in der Vorderseite des Kartons ermöglichten es dem Patienten, sowohl seinen echten als auch seinen Phantomarm hineinzuschieben. Der Patient, der seit vielen Jahren unter einem paralysierten Phantomglied litt, wurde dann gebeten, das Bild seiner normalen Hand im Spiegel zu betrachten, um so – auf der Ebene des visuellen Inputs – die Illusion zu erzeugen, dass er zwei Hände sieht, obwohl er in Wirklichkeit nur das im Spiegel reflektierte Bild seiner intakten Hand sehen konnte.

Was geschieht nun mit dem Inhalt des phänomenalen Selbstmodells, wenn man jetzt die Versuchsperson bittet, auf beiden Seiten symmetrische Handbewegungen auszuführen? Ramachandran beschreibt ein typisches Resultat dieses Experiments:

> Ich bat Philip, seine rechte Hand innerhalb der Kiste rechts vom Spiegel zu platzieren und sich vorzustellen, dass seine linke Hand (das Phantom) sich auf der linken Seite befindet. Dann gab ich die Instruktion: »Ich möchte, dass Sie gleichzeitig Ihren rechten und Ihren linken Arm bewegen.«
>
> »Oh, das kann ich nicht«, sagte Philip. »Ich kann meinen rechten Arm bewegen, aber mein linker Arm ist eingefroren. Jeden Morgen beim Aufstehen versuche ich, mein Phantom zu bewegen, weil es sich immer in dieser seltsamen Stellung befindet und weil ich das Gefühl habe, dass Bewegungen den Schmerz lindern könnten.« »Aber«, sagte er, während sein Blick abwärts an seinem unsichtbaren Arm entlangglitt, »ich war niemals in der Lage, auch nur den Funken einer Bewegung in ihm zu erzeugen.«
>
> »Okay, Philip – versuchen Sie es trotzdem.«
>
> Philip drehte seinen Körper und bewegte seine Schulter in die richtige Stellung, um sein lebloses Phantomglied in die Kiste »hineinzuschieben«. Dann hielt er seine rechte Hand neben die andere Seite des Spiegels und versuchte, synchrone Bewegungen zu machen. Als er in den Spiegel schaute, rang er plötzlich um Atem und rief dann aus: »O mein Gott! O mein Gott, Doktor! Das ist unglaublich. Ich glaube, ich werde verrückt!« Er sprang auf und ab wie ein Kind. »Mein linker Arm ist wieder angeschlossen. Es ist, als ob ich in der Vergangenheit bin. Ganz viele Erinnerungen aus der Vergangenheit überfluten mein Bewusstsein. Ich kann meinen Arm wieder bewegen! Ich kann die Bewegung meines Ellenbogens spüren, auch die meines Handgelenks. Alles ist wieder beweglich.«
>
> Nachdem er sich etwas beruhigt hatte, sagte ich: »Okay, Philip – schließen Sie jetzt die Augen.«
>
> »O je,« sagte er, und die Enttäuschung in seiner Stimme war deutlich zu hören, »es ist wieder eingefroren. Ich fühle, wie meine

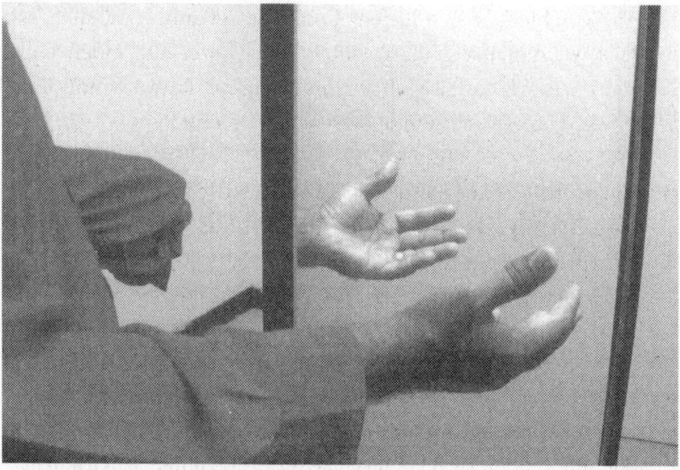

Abb 14: *Spiegel-induzierte Synästhesie.* Ein vormals gelähmter Teil eines halluzinierten körperlichen Selbst wird wieder für die bewusste Handlungskontrolle verfügbar gemacht, indem man eine virtuelle Quelle visuellen Feedbacks bereitstellt. (Mit frdl. Genehmigung von V. S. Ramachandran.)

rechte Hand sich bewegt, aber es gibt keinerlei Bewegungsempfindung im Phantom.«

»Öffnen Sie die Augen.«

»O ja – jetzt bewegt es sich wieder.«[44]

Die Phantombewegung in diesem Experiment ist ein Inhalt des bewussten Selbstmodells. In der wirklichen Welt gibt es keinen Arm, den man fühlen oder kontrollieren könnte. In Gestalt seines sich bewegenden Phantomglieds erlebt und kontrolliert Philip also einen Teil seines körperlichen Selbst, der nicht existiert. Genau wie bei der Gummihand-Illusion breitet sich die subjektiv erlebte Qualität der Meinigkeit nahtlos in den halluzinierten Teil des körperlichen Selbst aus: Für das sich bewegende Phantomglied ergibt sich dieselbe Erfahrung des »Besitzens«, die auch schon bei der Gummihand auftritt. Auf intellektueller Ebene begreift Philip natürlich vollkommen, dass das Phantomglied nicht existiert. (Diese Tatsache ist für ihn *kognitiv verfügbar*, wie ein Philosoph vielleicht sagen würde.) Aber das subjektive Erleben, dass sich sein Phantomglied tatsächlich bewegt, ist robust und absolut realistisch. Und im Gegensatz zur Gummihand-Illusion gibt es eine zusätzliche Qualität – nämlich das phänomenale Erleben von *Agentivität*, von bewusster, willentlicher Handlungskontrolle. Wir haben es mit einem kompletten körperlichen Ego zu tun.

Um zu überleben, müssen biologische Organismen nicht nur erfolgreich voraussagen können, was in ihrer unmittelbaren Umgebung als Nächstes passieren wird, sondern sie müssen auch in der Lage sein, ihr eigenes Verhalten und ihre Körperbewegungen zusammen mit deren Konsequenzen genau vorherzusagen. Das Selbstmodell leistet genau dies: Es ist ein Echtzeit-Prädiktor. Unsere gegenwärtig besten Theorien erklären das, was Philip widerfahren ist, folgendermaßen: In unseren Gehirnen besitzen wir einen Körper-Emulator, der motorische Befehle benutzt, um die wahrscheinlichen Rückmeldungen aus der körperlichen Eigenwahrnehmung und dem Bewegungssinn vorherzusagen, die sich daraus ergeben, dass wir unsere Körperteile auf eine bestimmte Weise bewegen. Damit wir unsere Handlungen erfolgreich kontrollieren können, reicht es nämlich nicht aus, einfach auf das tatsächliche Feedback aus unseren Armen und Beinen zu warten, während wir uns durch die Welt bewegen. Wir brauchen ein inneres Bild unseres Körpers als Ganzen, das die wahrscheinlichen Konsequenzen vorhersagen kann, wenn wir beispielsweise versuchen, unseren linken Arm auf eine ganz bestimmte Weise zu bewegen und diese Bewegung, noch während wir sie durchführen, schrittweise feiner abzustimmen und zu kontrollieren. Um wirklich effizient zu sein, müssen wir im Voraus wissen, wie sich dies anfühlen würde. Indem wir unseren Körper-Emulator »*offline* nehmen«, können wir ihn außerdem dazu verwenden, in unserem Geist Bewegungsvorstellungen zu erzeugen – also unsere Körperbewegungen zu planen oder sie uns vorzustellen, ohne sie tatsächlich auszuführen.

Dieser Körper-Emulator, der ständig Vorwärtssimulationen erzeugt, ist ein grundlegender Teil des menschlichen Selbstmodells und das Herzstück des Ego-Tunnels. Ganz gleich, welchen motorischen Befehl Philip an seinen amputierten Arm abschickte – sein

Selbstmodell hatte gelernt, dass es niemals zu einer Rückmeldung kommen würde, die über eine veränderte Stellung im Raum informierte. Selbstverständlich war das innere Bild seines Arms noch immer vorhanden, eingebrannt in seinem Gehirn. Es hatte sich an »Zero-Feedback« adaptiert und war deshalb gleichsam eingefroren. Ramachandrans geniale Idee bestand darin, den Spiegel als virtuelle Informationsquelle zu nutzen und so dem virtuellen Emulator die Durchführung eines erfolgreichen Updates zu ermöglichen. Als Philip versuchte, sowohl seinen wirklichen Arm als auch seinen Phantomarm zu bewegen, passten die Veränderungen im visuellen Selbstmodell perfekt zu den motorischen Befehlen, die jetzt in den Körperzustands-Prädiktor in Philips Gehirn einströmten. Augenblicklich entstand das subjektive Erleben, dass sich der fehlende linke Arm tatsächlich bewegte und unter willentlicher Kontrolle befand.

Jetzt können wir verstehen, in welchem Sinn unser Selbstmodell ein virtuelles Modell ist. Philips sich bewegender linker Arm ist eindeutig nur eine Simulation. Es ist ein »Als-ob«-Arm; was zu einer neuen Möglichkeit für das Gehirn geworden ist, wird für Philip auf der Ebene des Bewusstseins als eine neue Wirklichkeit dargestellt. Wenn man nicht darüber nachdenkt, sondern einfach die Aufmerksamkeit auf das Erlebnis selbst richtet, kann das sich bewegende Phantomglied vielleicht sogar als genauso realistisch erfahren werden wie der Rest des Körpers, denn sie sind beide Teile desselben vereinheitlichten Selbst, und sie unterliegen beide willentlicher Kontrolle. Aber *wie* real verschiedene Teile unseres Selbstmodells uns genau erscheinen, hängt von vielen verschiedenen Faktoren ab.

Eine interessante Tatsache im Zusammenhang mit Phantomglied-Erlebnissen ist, dass sie auch Menschen widerfahren, die bereits mit fehlenden Gliedmaßen geboren wurden. Eine neuere Fallstudie, die von dem bekannten Schweizer Neuropsychologen Peter Brugger und seinen Kollegen an der Universitätsklinik Zürich durchgeführt wurde, verwendete eine Sieben-Punkte-Skala, um die subjektiv wahrgenommene Lebendigkeit und »Tatsächlichkeit« von Phantomgliedern genauer zu bewerten.[45] Bemerkenswerterweise zeigten die Auswertungen über mehrere Sitzungen hinweg hochgradig konsis-

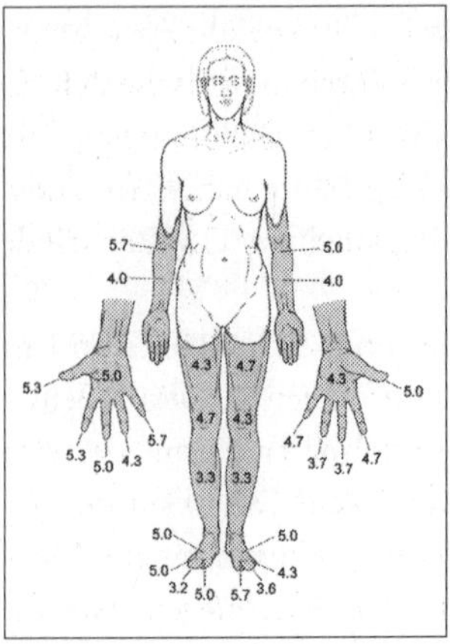

Abb. 15: *Beweise für eine angeborene Komponente des körperlichen Selbstmodells?* Phantomglieder (graue Flächen) bei einer Person, die ohne Gliedmaßen geboren wurde. Die Zahlen sind Intensitätsbewertungen für die gefühlte Präsenz verschiedener Phantom-Körperteile auf einer Sieben-Punkte-Skala von 0 (keinerlei bewusstes Erleben) bis 6 (lebhaftester Eindruck, also genauso realistisch wie das Erleben der tatsächlich existierenden Körperteile). (Mit frdl. Genehmigung von Peter Brugger, Zürich.)

tente Aussagen für die Versuchsperson »AZ«, eine 44-jährige Akademikerin, die ohne Unterarme und Beine geboren worden war. Seit sie sich erinnern konnte, hatte sie das bewusste Erlebnis von mentalen Bildern ihrer nicht existierenden Unterarme (einschließlich der Finger) und ihrer Beine (einschließlich der Füße sowie des großen und des kleinen Zehs). Aber diese Phantome waren – wie die Abbildung zeigt – dem Erleben nach nicht so realistisch wie der Inhalt ihres nichthalluzinierten Körpermodells.

Weiterhin berichtete sie, dass »das bewusste Erleben ihrer Phantomglieder nur dann vorübergehend unterbrochen wird, wenn irgendein Gegenstand oder eine Person in den gefühlten Bereich des Raums eindringt oder wenn sie sich selbst im Spiegel sieht«. Eine funktionelle Magnetresonanztomographie (fMRI) während von ihr vorgestellter Bewegungen mit der Phantomhand zeigte keine Aktivierung der primären Areale für Somatosensorik und Motorik, dafür jedoch eine beidseitige Aktivität im prämotorischen und parietalen Kortex. Eine direkte Stimulation der primären Areale für Somatosensorik und Motorik mit einem die Schädeldecke durchdringenden Magnetfeld rief auf zuverlässige und wiederholbare Weise bewusste Empfindungen in den Phantomfingern und der Phantomhand hervor, und zwar jeweils auf der Seite, die der Stimulationsstelle gegenüberlag. Eine Reizung in prämotorischen und parietalen Bereichen löste ähnliche Phantomempfindungen aus, dann jedoch ohne durch motorische Befehle hervorgerufene Potenziale im Stumpf. Bruggers Daten zeigen, dass Körperteile, die sich physisch niemals ausgebildet haben, trotzdem in den sensorischen und motorischen Regionen der Großhirnrinde dargestellt sein können.

Die faszinierende Frage ist: Sind die von AZ halluzinierten Unterarme und Beine Bestandteile eines *angeborenen* Körpermodells – vielleicht einer Art Schablone oder eines inneren Kerns, der sich dann nach der Geburt ständig weiterentwickelt? Oder sind sie vielleicht durch die visuelle Beobachtung der Bewegungen anderer Menschen in das Selbstmodell der Patientin »hineingespiegelt« worden (vgl. hierzu das Kapitel 6 über das Empathische Ego)? Was genau ist es, das *Sie* jetzt als Ihren eigenen Körper spüren und fühlen, genau in diesem Moment, während Sie diese Worte lesen? An diesem Punkt unserer gemeinsamen Untersuchung des menschlichen Bewusstseins scheint es offensichtlich, dass wir uns niemals in direktem Kontakt mit unserem physischen Körper befinden, sondern vielmehr mit einer besonderen Art von repräsentationalem Inhalt. Aber was genau wird in dieser Schicht unseres bewussten Selbst dargestellt? Im zweiten Buch seines berühmten Texts *Über die Seele* sagte Aristoteles, die Seele sei lediglich die *Form* des Körpers und verschwinde zusammen mit ihm beim Tod. Ist das, was wir jetzt durch die wissenschaftliche Erforschung von Phantomgliedern wiederentdeckt haben, die »innere Form« des Körpers und das globale Modell seiner Gestalt? Spinoza sagte – zum Beispiel in Lehrsatz 13 des zweiten Buchs seiner klassischen Abhandlung *Die Ethik* –, die Seele sei die Vorstellung, die der Körper von sich selbst entwickelt, denn: »Das Objekt der Idee, die die menschliche Seele ausmacht, ist der Körper (…) und nichts anderes.« Wieder ist es verblüffend, zu sehen, wie klassische philosophische Gedanken einen Beitrag zu einem tieferen Verständnis dessen leisten, was es bedeutet, ein verkörpertes Selbst zu sein, und wie man sich die Beziehung zwischen Geist und Gehirn denken kann.

Ramachandrans und Bruggers Experimente belegen, dass der erlebte Inhalt des körperlichen Selbstmodells der Inhalt einer ständig ablaufenden Simulation ist, Teil eines dynamischen Kontrollmechanismus. In jedem einzelnen Moment ist der Inhalt des körperlichen Erlebens die beste Hypothese, die das System über seinen eigenen gegenwärtigen Körperzustand besitzt. Die Aufgabe des Gehirns besteht darin, den Körper *für* den Körper zu simulieren und eine Vorhersage der wahrscheinlichen Folgen von Bewegungen des Körpers zu liefern – und das Instrument, das es dazu verwendet, ist das Selbstmodell. Weil dieser Vorgang in der wirklichen Welt stattfindet, benötigt er Zeit und erzeugt notwendigerweise einen zeitlichen Abstand zwischen dem aktuellen Zustand des Körpers und dem Inhalt des Selbstmodells.

Normalerweise sind wir uns dieses Vorgangs nicht bewusst, weil die Natur ihn so geschickt organisiert hat, dass es nur selten zu Fehlern oder Irrtümern kommt. Aber die einfache Tatsache bleibt bestehen: Wir sind niemals in direktem Kontakt mit unserem eigenen Körper. Was wir bei der Gummihand-Illusion erleben, was AZ fühlt oder was Philip empfindet, wenn sein linker Arm plötzlich wieder »angeschlossen« ist, ist genau dasselbe, was auch Sie fühlen, wenn Sie Ihre Aufmerksamkeit auf die Empfindungen in Ihren Händen lenken, die gerade jetzt dieses Buch halten, oder auf die sinnlichen Qualitäten von Druck, Berührung und Widerstand, wenn Sie sich in Ihrem Stuhl zurücklehnen. Was Sie erleben, ist nicht Realität, sondern virtuelle Realität – eine Möglichkeit. Natürlich existiert der physische Körper, und natürlich gibt es eine Außenwelt. Aber genau genommen – und nur auf der Ebene des bewussten Erlebens selbst – leben Sie Ihr Leben in einem virtuellen Körper und nicht in einem wirklichen. Die mit diesem Punkt verbundene Einsicht wird noch deutlicher hervortreten, wenn wir uns in dem Kapitel über Träume und Klarträume näher mit globalen *Offline*-Zuständen beschäftigen. Zuerst sollten wir aber noch einen Blick auf ein weiteres wesentliches Merkmal des phänomenalen Ichgefühls werfen – nämlich auf den Übergang von Meinigkeit zu Agentivität. Wie wird aus einem leiblichen Selbst ein echtes Handlungssubjekt?

Kapitel 4

VON DER MEINIGKEIT ZUM HANDELN UND ZUR WILLENSFREIHEIT

Bevor sich der intelligente Gebrauch von äußeren Werkzeugen entwickeln konnte, musste ein bestimmtes neurodynamisches Werkzeug seinen Ort in unseren Gehirnen finden. Ich habe dieses innere Werkzeug das PSM genannt: das phänomenale Selbstmodell, ein klar unterscheidbares und zusammenhängendes Muster aus neuronaler Aktivität, das uns erlaubt, Teile der Welt in ein inneres Bild von uns selbst als einer Ganzheit einzubinden. Nur wenn man ein Selbstmodell hat, kann man seine Hände und seine Arme als Teile des *eigenen* Körpers erleben. Nur wenn man ein Selbstmodell hat, kann man bestimmte kognitive Vorgänge im eigenen Gehirn als die *eigenen* Gedanken erleben und bestimmte Ereignisse in den motorischen Teilen des Gehirns als die *eigenen* Handlungsabsichten und Willensakte. Unser nächster Schritt ist der Schritt von der Meinigkeit zur Agentivität, zur bewussten Kontrolle der eigenen Handlungen.

Die fremde Hand

Stellen Sie sich vor, dass Sie etwa zehn Tage nach einer Herzoperation plötzlich eine gewisse Schwäche in Ihrer linken Körperhälfte bemerken und Schwierigkeiten beim Gehen haben. Während der vergangenen drei Tage hatten Sie bereits ein spezielleres Problem: Irgendwie verlieren Sie ständig die Kontrolle über Ihre linke Hand – sie beginnt immer wieder, eigenmächtige Handlungen auszuführen. In der letzten Nacht sind Sie mehrmals aufgewacht, weil die linke Hand versuchte, Sie zu würgen, und Sie mussten Ihre rechte Hand benutzen, um sie abzuwehren. Tagsüber knöpft Ihre linke Hand manchmal den Morgenmantel auf, den Sie im Krankenhaus tragen, und zwar gerade nachdem Ihre rechte Hand ihn zugeknöpft hat. Ihre linke Hand zerknüllt die Pappbecher auf dem Tablett oder fängt an, mit der rechten Hand zu kämpfen, wenn Sie versuchen, den Telefonhörer abzunehmen. Das Ganze ist eine sehr unangenehme Situation, um es vorsichtig auszudrücken – als ob jemand »vom Mond« Ihre Hand kontrollierte und fernsteuerte. Manchmal fragen Sie sich, ob sie so etwas wie ein Ich oder einen eigenen Geist besitzt.[1]

Was bedeutet es, dass etwas »einen eigenen Geist« hat? Einen Geist zu haben bedeutet, dass man innere Zustände mit einem Inhalt besitzt und dass man solche Gedanken und inneren Bilder der Welt in ein Selbstmodell einbettet. Dann kann der sie beherbergende Organismus erkennen, dass sie in ihm selbst auftreten. So weit, so gut. Aber einen eigenen Geist zu besitzen hat einen weiteren wichtigen Aspekt, den wir noch nicht diskutiert haben: Wir benötigen auch eine explizite Darstellung von *Zielzuständen* – von unseren Bedürfnissen, unseren Wünschen, unseren Werten, all dem, was wir erreichen wollen, indem wir in der Welt handeln. Und man braucht ein bewusstes Ego, um sich diese Zielzustände anzueignen, um sie sich zu eigen zu machen. Philosophen nennen dies »praktische Intentionalität«: Geistige Zustände sind oft auf die Erfüllungsbedingungen bestimmter Handlungen gerichtet, auf unsere ganz persönlichen Ziele. Einen Geist zu haben bedeutet, nicht einfach bloß ein denkendes und wissendes Wesen zu sein, sondern auch ein *Agent* – ein Handlungssubjekt, ein handelndes Selbst mit einem eigenen Willen.

Kommen wir wieder auf das Alien-Hand-Syndrom – die oben beschriebene neurologische Störung – zurück. Das Syndrom wurde erstmals 1908 beschrieben, aber der Fachbegriff wurde erst 1972 eingeführt, und es ist immer noch nicht ganz klar, welches die notwendigen und hinreichenden Bedingungen im Gehirn sind, die diese Art von Störung entstehen lassen.[2] Die fremde Hand, die Pappbecher auf dem Tablett zerknüllt und mit der gesunden rechten Hand kämpft, scheint einen eigenen Willen zu besitzen. Wenn die fremde Hand anfängt, den Morgenmantel des Patienten aufzuknöpfen, dann ist das kein automatisches Verhalten wie beim Kniesehnenreflex. Es scheint durch eine explizite Zielrepräsentation geleitet zu sein. Es ist, als wäre ein kleiner Agent in einen größeren Agenten eingebettet – eine subpersonale Entität, die ihre eigenen Ziele verfolgt, indem sie einen Körperteil, der eigentlich zum Patienten gehört, in Beschlag nimmt und seiner Kontrolle entreißt. Ein weiteres typisches Beispiel besteht darin, dass eine Patientin mit einer Hand nach einem Bleistift greift und anfängt herumzukritzeln – um dann mit Bestürzung zu reagieren, wenn sie sich dessen bewusst wird. Sie zieht augenblicklich die fremde Hand mit ihrer »guten« Hand zum Körper und erklärt, dass nicht sie selbst es war, die mit dem Kritzeln angefangen hat.[3] Noch eine andere Fallstudie beschreibt, wie die linke Hand einer Patientin ständig in der Umgebung herumtastete, Gegenstände begrapschte und an ihrer Kleidung herumnestelte, so dass die Frau die fehlgeleitete Hand schließlich als eine autonome Entität behandelte.[4] Dies ist auch der Grund dafür, dass viele Forscher heute in solchen Fällen nicht nur von der »fremden«, sondern von der »anarchistischen« Hand sprechen.[5]

Diese Fälle sind aus philosophischer Perspektive interessant, weil jede überzeugende philosophische Theorie des bewussten Selbst dieser Dissoziation von Meinigkeit und Agentivität begrifflich Rechnung tragen muss. Patienten, die unter dem Alien-Hand-Syndrom leiden, erleben die Hand immer noch als ihre eigene Hand. Das bewusste Gefühl der Meinigkeit ist nach wie vor vorhanden, aber es gibt kein der Bewegung entsprechendes und ihr vorangehendes Erlebnis des *Wollens* im Geist des Patienten. Was fehlt, ist das, was Philosophen manchmal den »Willensakt« nennen, und der Zielzustand, der das Verhalten der fremden Hand antreibt, wird offenbar nicht im bewussten Geist der betreffenden Person dargestellt. Die Tatsache, dass der Arm eindeutig nur ein subpersonaler Teil des Körpers ist, macht es umso bemerkenswerter, wie die Patientin ihm unwillkürlich so etwas wie Intentionalität und Personalität zuschreibt, weil sie ihn als etwas wahrnimmt, das eigenständig handelt. Es scheint unbewusste und automatisch ablaufende Mechanismen zu geben, die festlegen, wann uns wahrgenommene Bewegungen auf der Ebene des subjektiven Erlebens nicht nur als Ereignisse, sondern als zielgerichtete *Handlungen* erscheinen. Aus dem Konflikt zwischen der Hand und dem *wollenden* Selbst kann sogar ein Konflikt zwischen der Hand und dem *denkenden* Selbst werden. Als etwa die linke Hand eines Patienten beim Damespiel einen Zug ausführte, den er gar nicht machen wollte, korrigierte er diesen Zug mit seiner rechten Hand. Doch zu seiner großen Enttäuschung löste das isolierte funktionale Modul in seinem Gehirn, das den linken Arm antrieb, eine ungewollte Bewegung aus, die den unerwünschten Zug noch einmal wiederholte.[6]

Das philosophische Problem ist folgendes: Ist der unerwünschte Zug beim Damespiel eine Handlung – das heißt eine körperliche Bewegung, die direkt durch eine explizite Zielrepräsentation verursacht wurde –, oder ist es einfach nur ein rein physikalisches Ereignis, etwas, das einfach passiert und durch etwas anderes verursacht wird? An dem einen Ende des philosophischen Spektrums finden wir die Leugnung der Willensfreiheit: So etwas wie »Handlungen« oder »handelnde Personen« existiert überhaupt nicht, und streng genommen sind vorbestimmte physikalische Ereignisse das Einzige, was es jemals gegeben hat. Wir sind alle Automaten. Wenn unsere Hardware beschädigt ist, kann es passieren, dass einzelne Subsysteme sich aufspielen und Ärger machen – eine traurige Tatsache, aber bestimmt kein philosophisches Rätsel. Am anderen Ende findet sich die Auffassung, dass es im Universum überhaupt keine blinden, rein physikalischen Ereignisse gibt, dass jedes einzelne Ereignis ein Ziel besitzt und von einer Person verursacht wird – etwa durch den Geist Gottes. Nichts geschieht zufällig, alles besitzt einen Zweck und letztlich auch einen dahinterstehenden Willen.

Tatsächlich kann es bei manchen psychiatrischen Störungen geschehen, dass die Patienten jedes bewusst wahrgenommene Ereignis in ihrer Umgebung als direkt durch sie selbst verursacht erleben. Bei anderen geistigen Erkrankungen, wie zum Beispiel der Schizophrenie, haben die Betroffenen mitunter das Gefühl, dass der eigene Körper und die Gedanken ferngesteuert sind und dass die ganze Welt eine einzige große Maschine ist, ein seelen- und bedeutungsloser Mechanismus, der einfach nur wie eine gigantische Mühle oder ein riesiges Uhrwerk abläuft. Empirische Beobachtungen dieser Art illustrieren, was ich in Kapitel 1 gemeint habe, als ich sagte, dass wir uns das Gehirn als eine Wirklichkeitsmaschine vorstellen müssen. Es ist ein System, das ständig Annahmen darüber macht, was existiert und was nicht, und dadurch eine innere Realität erzeugt einschließlich Zeit, Raum und Ursache-Wirkungs-Beziehungen. Psychiatrische Erkrankungen sind Realitätsmodelle – alternative Ontologien, die entwickelt werden, um ernste und oft sehr spezielle Probleme zu bewältigen. Interessanterweise lassen sich diese alternativen Ontologien in fast allen Fällen auf eine philosophische Ontologie abbilden – das heißt, dass häufig schon eine etablierte metaphysische Theorie über die tiefere Struktur der Wirklichkeit existiert, die ihnen entspricht (beispielsweise der radikale Determinismus oder die Sicht der Welt aus der Perspektive eines allmächtigen und allwissenden Gottes).

Aber kehren wir zu unserer ursprünglichen Frage zurück: Gibt es in der Wirklichkeit tatsächlich so etwas wie Handlungen als solche? Eine vermittelnde Position zwischen den beiden genannten philosophischen Extremen könnte eine »Handlung« als eine besondere Art von physikalischem Ereignis definieren. Die meisten Ereignisse in der physikalischen Welt sind *nur* Ereignisse, aber eine extrem kleine Teilmenge davon sind darüber hinaus auch noch Handlungen, also Ereignisse, die durch eine explizite Zielrepräsentation im bewussten Geist eines rationalen Agenten verursacht werden. Der Handelnde muss sich diese Zielzustände aneignen, indem er sie zu einem Teil seines Selbstmodells macht. Kein Ego-Tunnel, keine Handlung.

Die fremde Hand beim Alien-Hand-Syndrom ist jedoch *keine* eigenständige Entität mit einem eigenen Ego-Tunnel. Sie ist einfach nur ein Körperteil und verfügt über kein Selbstmodell. Sie weiß nichts von ihrer eigenen Existenz, und ihr erscheint auch keine Welt. Aufgrund einer Verletzung im Gehirn wird sie durch eine der vielen unbewussten Zielrepräsentationen angetrieben, die in unserem Gehirn ständig darum kämpfen, in den Brennpunkt der Aufmerksamkeit zu gelangen. Eine empirisch plausible Annahme besagt, dass sie durch visuell wahrgenommene Gegenstände in der unmittelbaren Umgebung angetrieben wird, die das entstehen lassen, was Psychologen und Philosophen manchmal »Handlungsangebote« (Affordanzen) nennen. Das bedeutet, dass viele der von uns in der Umgebung wahrgenommenen Dinge – wenn man die Phänomenologie des eigenen inneren Erlebens ernsthafter untersucht – für das Bewusstsein auch so etwas wie einen »Angebotscharakter« oder einen »Aufforderungscharakter« besitzen. Es gibt nämlich gute Belege dafür, dass das Gehirn gesehene Gegenstände nicht einfach nur als solche darstellt, sondern auch als Mengen möglicher Körperbewegungen kodiert: Ist das etwas, wonach ich greifen könnte? Ist das etwas, was ich aufknöpfen könnte? Ist dies etwas, das ich essen oder trinken könnte?

Das Selbstmodell ist ein wichtiger Teil des Mechanismus, mit dem wir zwischen Handlungsmöglichkeiten auswählen. Gerade jetzt, während Sie dieses Buch lesen, schützt es Sie vor den Handlungsangeboten in der Umgebung, indem es verhindert, dass diese die Kontrolle über Teile Ihres Körpers erlangen. Angenommen, ich würde ein kleines Schälchen mit Ihren Lieblingsschokokeksen vor Sie hinstellen und Sie wären fest entschlossen, auf keinen Fall nach ihnen zu greifen – wie lange würde es Ihnen gelingen, sich auf das Buch zu konzentrieren? Wie lange würde es dauern, bis plötzlich eine kurze Episode des Alien-Hand-Syndroms auftreten würde und Ihre linke Hand etwas täte, was Sie ihr gar nicht befohlen haben? Je stärker und stabiler Ihr Selbstmodell ist, desto geringer ist Ihre Empfänglichkeit für »Geiselnahmen« durch die vielen Handlungsangebote, die uns alle ständig umgeben. Autonomie ist etwas, das in verschiedenen Graden und Abstufungen existiert. Sie hat etwas mit Selbstimmunisierung zu tun, mit dem Aufbau eines Schutzschilds, der verhindert, dass man durch potenzielle Zielzustände in der Umwelt infiziert wird.

Das phänomenale Erleben von Meinigkeit und das phänomenale Erleben von Agentivität sind folglich eng miteinander verbunden, und beide sind wichtige Aspekte des bewussten Ichgefühls. Wenn wir die Kontrolle über unsere Handlungen verlieren, beschädigt das unser Ichgefühl. Diese Einsicht bestätigt sich auch für innere Handlungen. Zum Beispiel haben viele Schizophrene das Gefühl, dass nicht nur ihr Körper, sondern auch ihre Gedanken durch fremde Mächte kontrolliert werden. Eine meiner seit langem gehegten heimlichen Lieblingsideen könnte sich durchaus bald als wahr erweisen – nämlich, dass das Denken in seinen tiefsten Ursprüngen ein motorischer Vorgang ist. Könnten Gedanken nicht Modelle erfolgreich beendeter Handlungen sein, aber sozusagen mit dem Auge Gottes gesehen, also unabhängig vom eigenen Standpunkt in der Welt? Sind sie vielleicht abstrakte Formen des Ergreifens – ein subtiler Vorgang, bei dem wir einen Gegenstand innerlich festhalten und in uns aufnehmen, in unser Selbst? In dem Kapitel über das empathische Ego werde ich die philosophische Bedeutung überzeugender empirischer Belege diskutieren, die zeigen, dass es tatsächlich eine Repräsentation der Hand im Broca'schen Areal gibt, einem evolutionsgeschichtlich jungen Teil unseres Gehirns, der uns von den Affen unterscheidet und mit dem Verstehen von Sprache und abstrakter Bedeutung zu tun hat. Das denkende Selbst wäre dann aus dem körperlichen Selbst hervorgegangen, indem es körperliche Bewegungen in einem abstrakteren geistigen Raum simulierte. Ich liebäugle schon lange mit dieser Idee, weil sie das Leib-Seele-Problem von Descartes auf eine ganz neue Weise lösen würde. Sie würde zeigen, wie sich ein denkendes Ding – eine *res cogitans* – in der Evolution aus einem ausgedehnten Ding – einer *res extensa* – heraus entwickelt haben könnte. Und dies verweist auf ein Motiv, das in der neuesten Forschung über Agentivität und das Selbst immer wieder aufscheint: In seinen Ursprüngen ist das Ego ein neurokomputationales Instrument, um sich den Körper anzueignen und ihn zu kontrollieren – und zwar zuerst den physischen und dann den virtuellen.

Der wandernde Geist

Wie oft haben Sie beim Lesen dieses Buchs plötzlich bemerkt, dass Sie geistig schon seit einiger Zeit abgeschweift sind, während Ihre Augen automatisch immer weiter die Zeilen entlanggleiten, ohne dass Sie ihren Inhalt verstehen? Wie häufig geschieht es Ihnen, dass Sie während Routinetätigkeiten in spontane Tagträume verfallen oder dass Sie nicht einschlafen können, weil sie von zwanghaft immer wiederkehrenden Gedanken geplagt werden – leider meist von solchen mit einem negativen Inhalt? Gehen Sie manchmal ganz unabsichtlich auf geistige Zeitreisen, zum Beispiel, wenn Sie mit dem Auto an einer roten Ampel stehen und unerwartet von ungebetenen Erinnerungen überfallen werden oder automatisch damit beginnen, den anstehenden Einkauf und den nächsten Urlaub zu planen?

Eines der spannendsten neueren Forschungsgebiete in der Psychologie ist das sogenannte *Mind Wandering*. Unser Geist wandert. Er wandert viel häufiger als die meisten von uns denken, nämlich bis zu 50 Prozent unseres Wachlebens – und wir zahlen einen hohen Preis dafür. Wissenschaftliche Untersuchungen haben gezeigt, dass der spontan wandernde Geist einen deutlich messbaren negativen Einfluss auf das Textverstehen und den schulischen Erfolg hat, aber auch auf den Lernerfolg, die Aufrechterhaltung der Aufmerksamkeit und die Gedächtnisleistung von Studenten. *Mind Wandering* wirkt sich negativ auf die Stabilität unseres geistigen »Arbeitsspeichers« und auf mathematische Fähigkeiten aus, aber etwa auch auf die Sicherheit beim Autofahren und eine Vielzahl anderer Aktivitäten, bei denen es wichtig ist, dass man den Kontakt zum Jetzt nicht verliert. Vor allem haben neuere Untersuchungen gezeigt, dass ein wandernder Geist uns unglücklich macht: Wer den Kontakt zur Gegenwart verliert, weil er gedanklich immer wieder in die Zukunft und die Vergangenheit abschweift, besitzt ganz allgemein eine schlechtere Stimmungslage als ein Mensch, der seine Aufmerksamkeit stärker in der Gegenwart halten kann.[7] Auf der anderen Seite sind nicht alle Formen der Geistesabwesenheit gleich. Manche Formen des Tagträumens oder des spontanen, nicht mit der aktuellen Situation oder Aufgabe verbundenen Denkens scheinen auch positive Seiten zu haben. Zum Beispiel gibt es erste Hinweise darauf, dass sie eine wichtige Rolle bei der autobiographischen Planung, beim kreativen Lösen von Problemen, bei manchen Formen des zielgerichteten Denkens oder vielleicht auch tieferen Formen der Selbstreflektion spielen.

Wenn unser Geist wandert, verlieren wir unsere geistige Autonomie. Geistige Autonomie ist die Fähigkeit, seine eigenen inneren

Handlungen zu kontrollieren und auch auf mentaler Ebene selbstbestimmt zu handeln. Wir verlieren unsere geistige Autonomie immer dann, wenn ein bestimmter Teil unseres kognitiven Selbstmodells vorübergehend zusammenbricht – und die neuere Forschung zeigt, dass dies jedem von uns täglich viele hundert Male widerfährt. Wenn wir auf der Ebene des körperlichen Handelns so oft die Kontrolle verlieren würden wie auf der geistigen Ebene, dann würden wir, von außen betrachtet, sehr oft aussehen wie eine seltsame Mischung aus einer wachen Person und einem schlafwandelnden Zappelphilipp. Der Schlafwandler irrt auf Autopilot in einem bizarren Zickzackkurs durch die Welt. Wie eine Art schauspielender Roboter scheint er eine Vielzahl von unbekannten, aber ganz offenkundig miteinander in Wettstreit stehenden Kurzgeschichten und inneren Dramen auszuagieren. Dabei wird er kurzzeitig von immer neuen Gegenständen magisch angezogen, vergisst diese aber bald wieder und setzt seinen Zickzackkurs fort. Vor allem fällt er dabei immer wieder zu Boden, wo er zu strampeln beginnt wie ein Säugling, der noch nicht laufen kann. Doch dann erhebt er sich plötzlich wieder und nimmt kurz den aktuellen Moment wahr: Er wird *präsent*, eine Person, ein autonomes geistiges Subjekt. Sobald die Gegenwart nicht mehr seine volle Aufmerksamkeit erfordert, übernimmt wieder der Schlafwandler, der ohne sich selbst wirklich zu spüren durch die Welt taumelt.

Unser wandernder Geist besitzt eine ganze Reihe von interessanten phänomenologischen Aspekten. Haben Sie schon einmal bemerkt, dass Sie die eigentliche Entstehung des *ersten* Gedankens, der Sie aus dem Jetzt in einen Tagtraum oder einen inneren Monolog entführt, niemals wahrnehmen können, sondern allenfalls – wenn Sie sehr bewusst sind – den zweiten Gedanken, der dann auf ihn folgt und sich aus ihm entwickelt? Ich habe diese interessante Tatsache den *self-representational blink*, genannt, also den kurzen Moment der inneren Blindheit, der sich aus dem »Blinzeln« ergibt, mit dem das Gehirn von einem Selbstmodell zum anderen umschaltet – dem Lidschlag des Selbstbewusstseins. Ein solcher Übergang beginnt immer mit einer sehr kurzen Schwarzblende und führt uns zum Beispiel vom Bild der wachen, im Jetzt präsenten Person zum Protagonisten eines Tagtraums oder dem Ego, das gerade einen inneren Monolog vorträgt. Eine zweite interessante Beobachtung ist, dass wir eine Gedankenkette oder innere Geschichte nicht mehr willentlich beenden können, solange wir uns wirklich vollständig mit ihr identifizieren. Wir sind tatsächlich *verloren*. Ein bestimmter Teil des Selbstmodells ist zusammengebrochen, nämlich das bewusste Wissen darüber, dass wir selbst überhaupt die Fähigkeit besitzen, den Zustand zu beenden und ins Jetzt zurückzukehren. Wir könnten handeln, aber wir wissen in diesem Moment überhaupt nicht mehr, dass wir überhaupt ein Wesen sind, das zum autonomen inneren Handeln fähig ist. Eine der wichtigsten Funktionen des bewussten Selbstmodells ist nämlich, Wissen darüber verfügbar zu machen, welche Fähigkeiten und Handlungsmöglichkeiten wir im Moment gerade besitzen. Wer nicht weiß, dass er auch innehalten könnte, der *kann* nicht innehalten.

Es gibt eine Art zu handeln, eine Art von Agentivität, die sogar noch subtiler ist als die Fähigkeit, sich als ein auf zusammenhängende Weise handelndes Selbst und als direkte Ursache von Veränderungen in der Welt zu erleben: Ich nenne diese Form des Handelns *attentionale Agentivität*. Attentionale Agentivität ist Handeln mit der Aufmerksamkeit und erzeugt das Erlebnis, dass man die Entität ist, die das kontrolliert, was Edmund Husserl einmal als den »Blickstrahl der Aufmerksamkeit« beschrieben hat. Als attentionaler Agent kann man das Umschalten oder Verschieben der Aufmerksamkeit initiieren und dabei sozusagen seinen inneren Scheinwerfer auf bestimmte Ziele richten, etwa auf einen Gegenstand der Wahrnehmung oder auf ein bestimmtes Körpergefühl. In vielen Situationen verlieren Menschen die Fähigkeit zum Aufmerksamkeitshandeln, die Eigenschaft der attentionalen Agentivität, und infolgedessen schwächt sich auch ihr Ichgefühl ab. Säuglinge können ihre visuelle Aufmerksamkeit nicht kontrollieren. Ihr Blick scheint ziellos von einem Gegenstand zum anderen zu wandern, weil dieser Teil ihres Ego noch nicht gefestigt ist. Ein anderes Beispiel für Bewusstsein ohne Aufmerksamkeitskontrolle ist der Traumzustand, und wie wir im nächsten Kapitel sehen werden, unterscheidet sich das Ego des Traumzustands tatsächlich sehr von dem des Wachzustands. Auch in anderen Fällen, etwa während eines Vollrausches oder bei der Altersdemenz, verlieren Menschen die Fähigkeit, ihre Aufmerksamkeit zu lenken – und haben dementsprechend nicht selten das Gefühl, dass ihr »Selbst« sich auflöst oder zerfällt.

Dann gibt es noch *kognitive Agentivität*, die interessante Parallelen zu dem aufweist, was Philosophen das »kognitive Subjekt« nennen. Das kognitive Subjekt ist ein Denker von Gedanken und darüber hinaus in der Lage, sich diese Eigenschaft selbst zuzuschreiben. Für die westliche Philosophie war das bewusste, die eigenen geistigen Zustände kontrollierende Subjekt von zentraler Bedeutung. Was dabei weitgehend verdrängt wurde, ist die offensichtliche Tatsache, dass der allergrößte Teil unseres Denkens in Wirklichkeit ein *subpersonaler* Vorgang ist: das ständige Geplapper eines automatisch ablaufenden inneren Monologs, das Hintergrundgeräusch aus Erinnerungen, Bewertungen und kleinen Geschichten, welches wie ein Schleier die Wahrnehmung des aktuellen Moments trübt. Nur manchmal haben wir das Erlebnis, beim Denken wirklich innerlich Handelnde zu sein.[8] Meist ist es jedoch so, dass Gedanken einfach vorbeiziehen wie Wolken am Himmel. Meditierende – wie die tibetanischen Mönche in Kapitel 2 – streben danach, ihr Ichgefühl möglichst weit abzuschwächen und nach Möglichkeit sogar aufzulösen. Darum lassen sie ihre Gedanken einfach vorbeiziehen, anstatt sich an ihrem Inhalt festzuhalten, und gestatten ihnen auf sehr achtsame, aber anstrengungslose Weise, sich aufzulösen. Wenn Sie niemals das bewusste Erlebnis gehabt hätten, dass Sie Ihre eigenen Gedanken verursachen, dass Sie sie ordnen und aufrechterhalten und sozusagen mit Ihrem Geist an deren Inhalt anhaften, dann hätten Sie sich auch noch nie als ein denkendes Selbst erlebt. Dieser Teil Ihres Selbstmodells wäre einfach verwelkt und verkümmert. Um Descartes' Erfahrung des *Cogito* zu haben – das stabile innere Erleben, dass man ein denkendes Ding ist, ein intellektuelles Ego –, muss man vorher das bewusste Erlebnis gehabt haben, dass man willentlich die Inhalte des eigenen Geistes auswählt. Ebendas haben all die verschiedenen Formen von Agentivität miteinander gemeinsam: Agentivität erlaubt uns, Dinge *auszuwählen*: unsere nächsten Gedanken, den nächsten

Wahrnehmungsgegenstand, auf den wir uns konzentrieren möchten, oder unsere nächste körperliche Bewegung. Es ist auch die Erfahrung des *Vollzugsbewusstseins* – nicht nur die Erfahrung, dass man eine Veränderung auslöst, sondern auch die, dass man sie durchführt und eine komplexere Handlung über die Zeit hinweg aufrechterhält. Zumindest haben wir unsere innere Erfahrung seit Jahrhunderten in dieser Art und Weise beschrieben.

Inneres Handeln, inneres Nicht-Handeln und geistige Autonomie

Was genau ist das eigentlich, das »bewusste Denken«? Bewusstes Denken gibt es zum Beispiel auch während der Nacht, nämlich im Traumzustand. Im Traumzustand haben wir gar keine Kontrolle über unsere Gedanken und wir können auch unsere Aufmerksamkeit nicht willentlich steuern. Im nächsten Kapitel werden wir sehen, dass es manchmal die Möglichkeit gibt, im Traumzustand zu »erwachen« und die geistige Autonomie wiederzuerlangen. Solche Träume nennt man »luzide Träume«, denn in ihnen erkennt der Träumer, dass er gerade träumt, und folglich erlangt er auch die Kontrolle über seine Denkvorgänge und die Fähigkeit zur willentlichen Aufmerksamkeitslenkung wieder. In einer meiner wissenschaftlichen Veröffentlichungen habe ich gezeigt, dass wir während des Tages nur selten in diesem Sinne wach sind und dass wir während über zwei Dritteln unseres bewussten Lebens auch keine geistig autonomen Wesen sind.[9]

Je nach wissenschaftlicher Studie wandert unser Geist während etwa 30–50% unserer Wachbewusstseinsphasen. In der Nacht, während unserer nicht-luziden Träume und denjenigen Phasen des Schlafes, in denen wir zwar komplexe bewusste Gedanken, aber kaum bildhafte Halluzinationen haben, fehlt uns ebenfalls die für die geistige Selbstkontrolle so wichtige Fähigkeit des Innehaltens. Luzide Träume sind ein sehr seltenes und nur kurz auftretendes Phänomen. Dann gibt es in unserem bewussten Leben auch Phasen des Berauschtseins, der Krankheit (etwa Fieberträume oder Depressionen) oder zum Beispiel auch der Schlaflosigkeit, in denen wir in einem

Dämmerzustand von immer wiederkehrenden Gedanken geplagt werden, die wir nicht abstellen können. In all diesen Phasen wandert unser Geist und wir haben keine Kontrolle über unsere Denkvorgänge oder unsere Aufmerksamkeit. Nach einer konservativen Schätzung ist der fragliche Teil unseres Selbstmodells, der uns echte geistige Autonomie verleiht, nur während etwa eines Drittels unseres gesamten bewussten Lebens überhaupt vorhanden. Wir wissen nicht genau, wann und wie Kinder erstmals die notwendigen Fähigkeiten und Schichten ihres Selbstmodells entwickeln. Aber es ist eine plausible Annahme, dass viele von uns sie gegen Ende ihres Lebens schrittweise wieder verlieren. Wenn man alle empirischen Erkenntnisse zum *Mind Wandering* zusammennimmt, dann erhält man ein überraschendes und in seiner philosophischen Bedeutung schwer zu unterschätzendes Ergebnis: Geistige Autonomie ist die Ausnahme, der Kontrollverlust dagegen die Regel. Was das innere Handeln angeht, sind wir nur selten wirklich selbstbestimmte Personen, denn der überwiegende Teil unserer bewussten geistigen Aktivität ist eher eine unabsichtliche Form des Verhaltens auf der subpersonalen Ebene. Kurz: Kognitive Agentivität und attentionale Agentivität sind nicht der Normalfall, sondern eher die Ausnahme; was wir früher »das bewusste Denken« genannt haben, ist in Wirklichkeit meistens ein automatisch ablaufender subpersonaler Vorgang.

Wenn Sie einfach nur Ihren Atem beobachten, dann nehmen sie einen automatisch ablaufenden Vorgang im Körper wahr. Wenn Sie dagegen einfach nur Ihren wandernden Geist beobachten, erleben Sie ebenfalls die spontane Aktivität eines Vorgangs im Körper. Welcher physische Vorgang genau ist dies? Eine Vielzahl von empirischen Studien zeigt mittlerweile, dass die Bereiche unseres Gehirns, die für den wandernden Geist verantwortlich sind, sich sehr weitgehend mit dem sogenannten »Ruhezustandsnetzwerk« überlappen. Das Ruhezustandsnetzwerk wird beim Nichtstun aktiv und dies führt dazu, dass die Aufmerksamkeit nach innen gelenkt wird. Das geschieht zum Beispiel beim Tagträumen oder wenn wir über uns selbst und die Zukunft nachdenken. Sobald eine konkrete Aufgabe zu bewältigen ist, wird es deaktiviert und wir konzentrieren uns umgehend auf die Lösung des gerade anstehenden Problems. Ich selbst vermute, das Ruhezustandsnetzwerk dient auch dazu, unser autobiographisches Selbstmodell aufrecht und in Schuss zu halten: Wie ein automatisches Wartungsprogramm erzeugt es immer neue innere Geschichten, die alle die Funktion haben, uns glauben zu lassen, dass wir über die Zeit hinweg tatsächlich dieselbe Person sind. Solange wir das glauben, so lange ergibt es für uns Sinn, in die Zukunft zu planen, Risiken zu vermeiden und unsere Mitmenschen fair zu behandeln – denn die Konsequenzen unseres Handelns werden ja am Ende *uns selbst* betreffen. Was wir dazu benötigen, ist ein intaktes »narratives Selbstmodell«.

Wenn man jedoch genauer hinschaut, dann produziert der narrative Ruhezustand, so denke ich, eigentlich nicht Gedanken, sondern etwas, das ich als »kognitive Affordanzen« oder *innere* Handlungsangebote beschreiben würde. Es sind Vorstufen von Gedanken, spontan auftretende geistige Inhalte, die uns sozusagen immer wieder zurufen: »Denk mich!« Interessanterweise besitzen solche Proto-Gedanken nämlich ebenfalls so etwas wie den eben bereits erwähnten »Angebotscharakter« oder »Aufforderungscharakter«. Erinnern Sie sich noch an das Beispiel mit Ihren Lieblingsschokokeksen? Wenn wir die Fähigkeit besitzen, solche Angebote abzulehnen oder in die Zukunft zu verschieben, dann können wir uns auf das konzentrieren, was wir gerade tun möchten. Genau dasselbe Prinzip gilt nun aber auch für das innere Handeln: Wenn wir nur für einen einzigen Moment die fragliche Fähigkeit nicht besitzen, werden wir sofort von einem frechen Denkmich in Geiselhaft genommen und unser Geist beginnt zu wandern. Oft folgt der wandernde Geist dann zunächst ganz automatisch einer inneren Gefühlslandschaft. Er versucht zum Beispiel, unangenehmen Körperwahrnehmungen und Gefühlen zu entfliehen und irgendwie in einen Zustand zu gelangen, der sich besser anfühlt. *Nicht* zu handeln, so scheint es, ist eine der wichtigsten menschlichen Fähigkeiten überhaupt, denn sie ist die Grundvoraussetzung aller höheren Formen von Autonomie. Es gibt das äußere Nicht-Handeln, etwa bei der erfolgreichen Impulskontrolle (»Ich greife jetzt nicht in das Schälchen mit den Schokokeksen!«). Und es gibt das innere Nicht-Handeln, zum Beispiel durch das Loslassen einer Gedankenkette und das offene, anstrengungslose Gewahrsein, das manchmal darauf folgen kann. Es gibt also äußeres Schweigen und inneres Schweigen. Wer seinen äußeren Redefluss nicht mehr anhalten kann, der kann bald überhaupt nicht mehr mit anderen Menschen kommunizieren. Wer die Fähigkeit zum inneren Schweigen nicht entwickelt hat, der verliert den Kontakt zu sich selbst und kann bald auch nicht mehr klar denken.[10]

Hiermit ist ein weiterer Aspekt verbunden, den das Handeln mit dem Körper, das Handeln mit der Aufmerksamkeit und das Handeln mit den eigenen Gedanken, gemeinsam haben: das subjektive Gefühl der Anstrengung. Phänomenologisch betrachtet, ist es anstrengend, den eigenen Körper zu bewegen. Es ist ebenso eine Anstrengung, die eigene Aufmerksamkeit zu fokussieren. Und es ist ganz gewiss eine Anstrengung, auf konzentrierte, logische Weise zu denken. Was ist das neuronale Korrelat des Gefühls der Anstrengung? Lassen Sie mich Ihnen an dieser Stelle ein weiteres Gedankenexperiment anbieten. Stellen wir uns vor, wir kennten dieses neuronale Korrelat (was bald der Fall sein wird) und besäßen auch ein präzises und in der empirischen Forschung gut bewährtes mathematisches Modell, das genau beschreibt, was all den drei verschiedenen Arten des bewussten Erlebens eines Gefühls der Anstrengung gemeinsam ist. Angenommen, Sie wären ein genialer Mathematiker der Zukunft und könnten diese Beschreibung in allen ihren schwierigen Einzelheiten problemlos verstehen. Mit diesem detaillierten begrifflichen Verständnis lenken Sie nun den Blick nach innen und beobachten sehr sanft, aber mit großer Genauigkeit Ihr eigenes Gefühl der Anstrengung. Was würde wohl geschehen? Wenn Sie Ihre Aufmerksamkeit beispielsweise so auf das Gefühl der Anstrengung richten, das jetzt gerade – in genau diesem Moment – einen Willensakt begleitet, würde dieser Ihnen dann noch als etwas Persönliches erscheinen, als etwas, das zu *Ihnen* gehört?

Das Phänomen der »fremden Hand« beim Alien-Hand-Syndrom zwingt uns zu der Schlussfolgerung, dass das, was wir »den Willen« nennen, sich ebenso außerhalb wie innerhalb unseres Selbstmodells befinden kann. Es könnte sogar zielgerichtete Bewegungen geben, die möglicherweise überhaupt nicht bewusst als solche erlebt werden. Bei einer schweren neurologischen Störung namens »akinetischer Mutismus« machen die Patienten nichts anderes, als still im Bett zu liegen. Sie haben ein Gefühl der Meinigkeit für ihren Körper als Ganzen, aber obwohl sie wach sind (und den ganz gewöhnlichen Schlaf-Wach-Zyklus durchlaufen), sind sie keine Agenten: Sie handeln in keiner Weise. Sie initiieren keine Denkvorgänge. Sie lenken ihre Aufmerksamkeit nicht. Sie sprechen nicht, und sie bewegen sich auch nicht.[11] Dann gibt es jene Fälle, in denen Teile unseres Körpers komplexe zielgerichtete Handlungen ausführen, ohne dass wir diese Handlungen oder Ziele bewusst als *unsere* erleben, ohne dass ihnen ein bewusster Willensakt vorausgegangen ist – kurz, ohne das Erleben, eine Handelnder zu sein. Ein weiterer interessanter Gesichtspunkt – und die dritte empirische Tatsache, die jede überzeugende Philosophie des Selbstbewusstseins erklären muss – ist die Frage, warum beispielsweise Schizophrene manchmal das Erleben von Agentivität und das Vollzugsbewusstsein vollständig verlieren und sich als ferngesteuerte Marionetten erleben.

Viele unserer besten empirischen Theorien deuten darauf hin, dass die besondere Art von Ichgefühl, die mit dem Handeln verbunden ist, sowohl mit dem bewussten Erleben zu tun hat, dass man eine Absicht hat, als auch mit der Erfahrung von motorischen Rückmeldungen. Das bedeutet, dass die innere Erfahrung, einen bestimmten Zielzustand auszuwählen, mit dem darauffolgenden Erlebnis körperlicher Bewegung verschmolzen werden muss. Das Selbstmodell leistet genau dies. Es verbindet Vorgänge, bei denen der Geist miteinander konkurrierende Handlungsalternativen erschafft und vergleicht, mit dem Feedback aus unseren eigenen körperlichen Bewegungen. Diese Verbindung verwandelt das Bewegungserleben in ein Handlungserleben. Aber beachten wir erneut, dass weder der »Geist« noch das Selbstmodell ein kleiner Mann im Kopf ist. Es gibt kein kleines Männchen, das erzeugt, vergleicht und entscheidet. Wenn die Theorie dynamischer Systeme zutrifft, dann ist all dies ein Fall von dynamischer Selbstorganisation im Gehirn. Wenn aus irgendeinem Grund die beiden Kernbestandteile – also die Selektion eines spezifischen Bewegungsmusters und das kontinuierliche motorische Feedback – nicht erfolgreich verbunden werden können, dann kann es geschehen, dass wir unsere körperlichen Bewegungen womöglich als unkontrolliert, ziellos und unberechenbar erleben (oder sogar als von jemand anderem gesteuert, wie dies bei Schizophrenen manchmal der Fall ist). Oder wir erleben sie als gewollt und zielgerichtet, aber nicht als selbstinitiiert, so wie im Alien-Hand-Syndrom.

Halluzinierte Agentivität

Selbstheit und Ichgefühl sind somit etwas Unabhängiges, weil man das Gefühl der Meinigkeit beibehalten kann, obwohl man das Gefühl der Handlungskontrolle, der Agentivität, verliert. Dies hatten bereits unsere OBE-Experimente gezeigt: Agentivität ist keine notwendige Bedingung für die Entstehung der einfachsten Form von Ichgefühl.[12] Kann man Agentivität aber auch halluzinieren? Die Antwort ist ein klares Ja – und merkwürdigerweise haben viele Bewusstseinsphilosophen dieses Phänomen lange ignoriert. Man kann das stabile bewusste Erleben haben, dass man eine Handlung selbst beabsichtigt hat, auch wenn das gar nicht der Fall war. Durch direkte Hirnstimulation können wir nicht nur die Durchführung einer körperlichen Bewegung auslösen, sondern auch das bewusste Erleben des Drangs, diese Bewegung tatsächlich auszuführen. Wir können das bewusste Erleben des Wollens experimentell herbeiführen.

Hier ist ein Beispiel. Stéphane Kremer und seine Kollegen an der Universitätsklinik von Straßburg reizten eine bestimmte Hirnregion im vorderen Teil des zingulären Gyrus bei einer Patientin mit medikamentös nicht mehr behandelbaren epileptischen Anfällen, um den Krampfherd vor einer Operation genau zu lokalisieren. In diesem Fall verursachte die elektrische Reizung schnelle Augenbewegungen, die beide Seiten des Gesichtsfelds abtasteten. Die Patientin begann nach dem nächsten greifbaren Gegenstand zu suchen, und der Arm auf der der stimulierten Hirnhälfte gegenüberliegenden Körperseite – ihr linker Arm – begann nach rechts zu wandern. Sie berichtete von einem starken »Drang zu greifen«, den sie nicht kontrollieren konnte. Sobald sie einen möglichen Zielgegenstand erblickte, bewegte sich ihre linke Hand darauf zu und packte ihn. Auf der Ebene ihres bewussten Erlebens begann und endete der unbezähmbare Drang, nach dem Gegenstand zu greifen, mit dem Moment der elektrischen Reizung des Gehirns. So viel ist klar: Was immer sonst das Bewusstsein des eigenen Willens noch sein mag, es scheint auf jeden Fall etwas zu sein, das man mit Hilfe eines schwachen elektrischen Stroms und einer Elektrode im Gehirn an- und ausschalten kann.[13]

Es gibt aber auch Methoden, mit denen man das Erleben von Agentivität auf elegante Weise mit rein psychologischen Mitteln herbeiführen kann. In den 1990er Jahren erforschten der Psychologe Daniel M. Wegner und seine Mitarbeiterin Thalia Wheatley an der Universität von Virginia die notwendigen und hinreichenden Bedingungen für »das Erlebnis des bewussten Willens« mit Hilfe eines ausgeklügelten Experiments. In einer Studie, die sie »I Spy« nannten, brachten sie Versuchspersonen dazu, einen kausalen Zusammenhang zwischen einem Gedanken und einer Handlung zu erleben; auf diese Weise gelang es ihnen, in ihren Versuchspersonen das Gefühl auszulösen, dass sie eine bestimmte Handlung willentlich ausgeführt hätten, obwohl diese Handlung in Wirklichkeit von jemand anders ausgeführt worden war.[14]

Zuerst bekam jede Versuchsperson eine Komplizin oder einen Komplizen des Versuchsleiters als Verbündete/n zur Seite gestellt, die oder der vorgab, selbst eine Versuchsperson zu sein. Die beiden saßen sich an einem Tisch gegenüber und wurden gebeten, ihre Fingerspitzen auf ein kleines quadratisches Brettchen zu setzen, das auf die Maus eines Computers montiert war und es ihnen ermöglichte, die Maus zusammen zu bewegen (ähnlich wie bei einem Ouija-Brett oder Hexenbrett, das manchmal von Spiritisten benutzt wird, um mit Geistwesen in Kontakt zu treten). Auf einem für beide sichtbaren Computerbildschirm befand sich die Abbildung einer Seite aus einem Kinderbuch, die etwa fünfzig Gegenstände zeigte (Dinosaurier aus Plastik, Autos, Schwäne und so weiter).

Die wirkliche Versuchsperson und der/die Verbündete trugen beide Kopfhörer, und man erklärte ihnen, dies sei ein Experiment, bei dem es darum gehe, »die Gefühle der Absichtlichkeit von Leuten für ihre eigenen Handlungen zu untersuchen und wie diese Gefühle kommen und gehen«. Sie sollten den Mauszeiger dreißig Sekunden lang auf dem Computerbildschirm herumbewegen, während sie auf jeweils verschiedenen Tonspuren Zufallswörter zu hören bekämen – von denen manche sich auf den einen oder anderen Gegenstand auf dem Bildschirm beziehen würden – sowie etwa zehn Sekunden dauernde Intervalle aus Musik. Die vorgelesenen Wörter auf den beiden Tonspuren seien unterschiedlich, aber der Zeitpunkt, an dem die Musik einsetzt, sei immer für beide Versuchspersonen gleich. Sobald sie die Musik hörten, sollten sie die Maus nach ein paar Sekunden auf einem Gegenstand anhalten und dann »jeden einzelnen Halt nach der persönlich erlebten Absichtlichkeit bewerten«. Die Versuchsperson wusste jedoch nicht, dass ihr Gegenüber weder Wörter noch Musik hörte, sondern stattdessen Anweisungen vom Versuchsleiter erhielt, bestimmte Bewegungen auszuführen. Bei vier der zwanzig oder dreißig Versuchsläufe wurde er oder sie angewiesen, die Maus auf einem bestimmten Gegenstand anzuhalten (der jedes Mal ein anderer war). Diese erzwungenen Stopps mussten innerhalb des vorgeschriebenen Musikintervalls durchgeführt werden und zu verschiedenen Zeitpunkten, nachdem die Versuchsperson auf ihrem eigenen Kopfhörer das entsprechende Wort gehört hatte (etwa »Schwan«).[15]

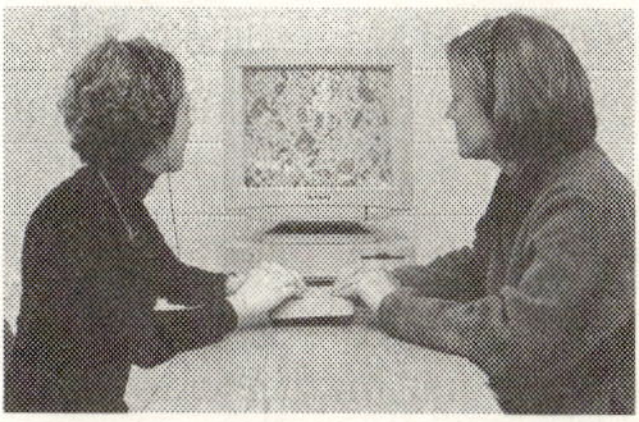

Abb. 16: Halluziniertes Handlungsbewusstsein: Wie man Versuchspersonen dazu bringt, zu glauben, sie hätten eine Bewegung ausgelöst, die sie in Wirklichkeit nie beabsichtigten (mit frdl. Genehmigung von Daniel Wegner).

In den Selbsteinschätzungen der Versuchspersonen zeigte sich eine allgemeine Tendenz, die erzwungenen Stopps als von ihnen selbst beabsichtigt wahrzunehmen. Die Bewertungen waren am höchsten, wenn das entsprechende Wort zwischen einer und fünf Sekunden vor dem Halt ertönte. Auf der Grundlage dieser Daten vermuten Wegner und Wheatley, dass das phänomenale Erleben des Willens oder der mentalen Verursachung durch drei Prinzipien beherrscht wird: Das Prinzip der *Ausschließlichkeit* besagt, der Gedanke der Versuchsperson sei die einzige mögliche und introspektiv verfügbare Ursache der Handlung; das Prinzip der *Konsistenz* besagt, dass die subjektive Absicht inhaltlich zu der Handlung passen muss; und das Prinzip der *Priorität* besagt, dass der bewusste Gedanke der Handlung »innerhalb eines angemessenen Zeitraums« vorangehen sollte.[16]

Der soziale Kontext und die langfristige Erfahrung, eine handelnde Person zu sein, tragen natürlich auch zur Erzeugung des Gefühls der Handlungskontrolle bei. Man könnte nun den Verdacht haben, dass das Gefühl der Handlungskontrolle nur eine subjektive Erscheinung ist, eine blitzschnelle Rekonstruktion, die der eigentlichen Handlung folgt. Doch nach dem heutigen Kenntnisstand der kognitiven Neurowissenschaft über das bewusste Willenserleben ist es auch eine *Präkonstruktion*.[17] Sich selbst als wollend und handelnd zu erleben hat viel damit zu tun, dass man sozusagen einen introspektiven Blick auf einen sehr kleinen Ausschnitt aus einer lange Verarbeitungskette im eigenen Gehirn wirft. Diese Kette führt von bestimmten vorbereitenden Vorgängen, die man als »das Zusammensetzen eines motorischen Befehls« beschreiben könnte, bis zu der Rückmeldung, die man aus der Wahrnehmung der eigenen Bewegungen erhält. Patrick Haggard vom University College London ist der vielleicht führende Wissenschaftler auf dem faszinierenden, gerade erblühten – aber auch ein wenig erschreckenden – neuen Forschungsgebiet, das sich mit Agentivität und Selbstbewusstsein befasst. Er hat demonstriert, dass unser bewusstes Bewegungserleben *nicht* durch die Ausführung fertiger motorischer Befehle erzeugt, sondern vielmehr durch vorbereitende Vorgänge im prämotorischen System des Gehirns geformt wird. Verschiedene Experimente zeigen, dass unser bewusstes Erleben der eigenen Absichten in enger Beziehung zu dem Vorgang steht, bei dem die genauen Bewegungen spezifiziert werden, die wir machen wollen. Wenn das Gehirn alternative Möglichkeiten simuliert – beispielsweise nach einem bestimmten Gegenstand zu greifen –, dann scheint das bewusste Erleben der Absicht unmittelbar mit der Auswahl eines spezifischen Bewegungsmusters zusammenzuhängen. Das heißt, dass das Gewahrwerden der Bewegung nicht so sehr mit der tatsächlichen Ausführung verknüpft ist, sondern mit einer früheren Phase im Gehirn: dem Vorgang, bei dem eine Bewegung vorbereitet wird, indem verschiedene Teile von ihr zu einem zusammenhängenden Ganzen zusammengefügt werden – sozusagen zu einer motorischen Gestalt.

Haggard weist darauf hin, dass das Bewusstsein der eigenen Absicht und das Bewusstsein von Bewegung zwar begrifflich zu unterscheiden sind, aber er vermutet, dass sie sich von ein und derselben Verarbeitungsstufe im motorischen Pfad ableiten lassen. Es sieht so aus, als wäre unser Zugriff auf die ständig und aktuell ablaufende motorische Informationsverarbeitung in unserem Gehirn extrem beschränkt. Das Bewusstsein ist immer nur auf ein sehr enges Fenster prämotorischer Aktivität begrenzt, auf lediglich einen Zwischenschritt in einem wesentlich längeren Vorgang. Wenn Haggard recht hat, dann resultiert das Gefühl der Agentivität, das bewusste Erleben, *jemand zu sein, der jetzt gerade handelt*, aus dem Vorgang, bei dem das Bewusstsein der Absicht mit einer inneren Darstellung der eigenen aktuellen Körperbewegungen verbunden wird. Daraus könnte sich auch ergeben, wozu das subjektive Empfinden einer Absicht gut ist: Es kann mögliche Fehlanpassungen an Ereignisse aufdecken, die sich in der Welt außerhalb des Gehirns abspielen.

Was immer die genauen technischen Details einmal sein werden, wir beginnen jetzt zu verstehen, was das bewusste Erleben von Agentivität ist und wie man seine evolutionäre Funktion erklären könnte. Das bewusste Erleben des Wollens und Handelns erlaubt es einem Organismus, sich die subpersonalen Vorgänge in seinem eigenen Gehirn *anzueignen*, die für die Auswahl von Handlungszielen, die Konstruktion spezieller Bewegungsmuster und die Kontrolle der Rückmeldung aus dem eigenen Körper verantwortlich sind. Als dieses Gefühl der Agentivität im Laufe der Evolution im Menschen entstand, wurden manche Stufen innerhalb des unglaublich komplizierten kausalen Netzwerks in unseren Gehirnen auf die Ebene der globalen Verfügbarkeit angehoben. Jetzt konnten wir unsere Aufmerksamkeit auf sie richten, über sie nachdenken und sie möglicherweise sogar unterbrechen. Zum ersten Mal konnten wir uns selbst als Wesen mit Zielen erleben, und wir konnten innere Darstellungen dieser Ziele benutzen, um unsere Körper zu kontrollieren. Zum ersten Mal konnten wir ein inneres Bild von uns selbst als Wesen erzeugen, die bestimmte Bedürfnisse befriedigen können, indem sie einen optimalen Lösungsweg wählen. Darüber hinaus ließ uns die Fähigkeit, uns selbst als autonome Agenten zu begreifen, entdecken, dass andere Lebewesen in unserer Umwelt wahrscheinlich ebenfalls Agenten waren, die ihre eigenen Ziele verfolgten. Doch ich möchte diese Analyse der sozialen Dimension des Selbst auf später verschieben und mich zuerst einem klassischen Problem der Philosophie des Geistes zuwenden: dem Problem der Willensfreiheit.

Wie frei sind wir?

Wir haben schon gesehen, dass das Spektrum philosophischer Auffassungen über die Willensfreiheit sehr breit ist und von der vollkommenen Leugnung bis hin zu der Behauptung reicht, dass alle physikalischen Ereignisse auf ein Ziel gerichtet sind und durch einen göttlichen Agenten verursacht werden, dass nichts jemals aus Zufall geschieht und dass alles letztlich gewollt ist. Die schönste Idee ist vielleicht die, dass Freiheit und Determinismus friedlich koexistieren können: Wenn unser Gehirn auf die *richtige* Weise kausal determiniert ist, wenn es uns für moralische Überlegungen und rationale Argumente kausal empfänglich macht, dann macht uns genau diese Tatsache frei. Determinismus und freier Wille sind miteinander vereinbar. Ich werde an dieser Stelle jedoch keinerlei Lösung für das Problem der Willensfreiheit vorschlagen und auch keine eigene Position vertreten. Erstens ist ein allgemeinverständliches Buch wie dieses einfach nicht der richtige Ort dafür; zweitens interessieren mich zwei ganz andere Punkte. Sie sind nämlich auch für die ethisch-anthropologische Debatte – die wir am Ende kurz berühren werden – von großer Bedeutung. Ich nähere mich dem ersten Punkt mit einer einfachen Frage: Was sagt uns die aktuelle naturwissenschaftliche Forschung über die physikalischen Grundlagen des Handelns und des bewussten Wollens in Bezug auf diese uralte Kontroverse?

Wahrscheinlich würden die allermeisten Philosophen, die wirklich auf diesem Gebiet arbeiten, davon ausgehen, dass wir in Anbetracht des momentanen Zustands unseres Körpers und unseres Gehirns sowie unserer spezifischen Umwelt gar nicht anders handeln könnten als so, wie wir es jetzt gerade tun – dass unsere Handlungen also gewissermaßen vorherbestimmt sind. Angenommen, wir könnten einen perfekten Doppelgänger von Ihnen herstellen, einen funktional identischen Zwilling, der zudem eine exakte Kopie Ihrer molekularen Struktur darstellt. Wenn man diesen Zwilling genau derselben Situation aussetzte, in der Sie sich jetzt gerade befinden, und wenn auf ihn genau dieselben Sinnesreize einwirkten, dann könnte der Zwilling anfänglich nicht anders handeln, als Sie es jetzt tun. Diese Sichtweise wird von vielen geteilt: Es ist ganz einfach das naturwissenschaftliche Weltbild. Der gegenwärtige Zustand der physikalischen Welt determiniert immer den nächsten Zustand der Welt, und Ihr Gehirn ist ein Teil dieser Welt.[18]

Das phänomenale Ego, der erlebnismäßige Inhalt des menschlichen Selbstmodells, steht in klarem Widerspruch zu diesem naturwissenschaftlichen Weltbild – wie auch zu der weitverbreiteten Auffassung, dass Ihr funktional identischer Doppelgänger nicht anders hätte handeln können. Wenn wir unsere eigene Phänomenologie ernst nehmen, erleben wir uns selbst auf jeden Fall als Wesen, die neue Kausalketten aus dem Nichts heraus initiieren *können* – als Wesen, die in exakt derselben Situation jederzeit hätten anders handeln *können*. Das Beunruhigende an der modernen Philosophie des Geistes und der kognitiven Neurowissenschaft des bewussten Willens zeigt sich schon in diesem frühen Stadium sehr deutlich, und es besteht darin, dass eine abschließende vollständige Theorie durchaus im Widerspruch zu der Art und Weise stehen könnte, in der wir uns selbst seit Jahrtausenden erlebt haben. Zwischen der naturwissenschaftlichen Sichtweise des handelnden Selbst und der phänomenalen Ich-Erzählung, der subjektiven Geschichte, die uns unser Gehirn darüber erzählt, was eigentlich geschieht, wenn wir uns entschließen, auf eine bestimmte Weise zu handeln, wird es sehr wahrscheinlich einen fundamentalen Konflikt geben.

Wir verfügen nun über eine Theorie, die erklärt, wie subpersonale Ereignisse im Gehirn (etwa jene, die Handlungsziele festlegen und die dazu passenden motorischen Befehle zusammenfügen) zum Inhalt des bewussten Selbst werden können. Wenn bestimmte Verarbeitungsstufen auf die Ebene des bewussten Erlebens angehoben und in das in Ihrem Gehirn aktive Selbstmodell eingebunden werden, dann werden sie für alle Ihre geistigen Fähigkeiten verfügbar. Jetzt erleben Sie sie als Ihre eigenen Gedanken, Entscheidungen oder Handlungsimpulse, als Eigenschaften, die *Ihnen* gehören, der Person als Ganzer. Darüber hinaus ist vollkommen klar, warum diese Ereignisse, die plötzlich im bewussten Selbst auftauchen, notwendigerweise als spontan und nicht kausal determiniert erscheinen: Sie sind das erste Glied in der Kette, das die Grenze von unbewussten zu bewussten Vorgängen im Gehirn überschreitet. Deswegen haben Sie den Eindruck, dass sie sozusagen »aus dem Nichts« in Ihrem Geist auftauchen. Der unbewusste Vorläufer ist unsichtbar, aber die Verbindung existiert. (Vor kurzem ist das auch für das bewusste Veto gezeigt worden, etwa wenn Sie eine Willenshandlung im letzten Moment willentlich unterdrücken.[19]) Tatsächlich jedoch ist das bewusste Erleben einer Absicht nur ein kleiner Ausschnitt aus einem komplizierten Vorgang im Gehirn. Und weil *diese* Tatsache nicht in unserer bewussten Wirklichkeit erscheint, haben wir das robuste und stabile Erlebnis der Fähigkeit, spontan Kausalketten vom geistigen Bereich in den physikalischen in Gang zu setzen. Dies ist das Erscheinen eines Agenten. Und an dieser Stelle gewinnen wir auch ein tieferes Verständnis davon, was es bedeutet, zu sagen, dass das Selbstmodell transparent ist: Oftmals ist das Gehirn sozusagen blind für seine eigene Tätigkeit.

Die Naturwissenschaft des Geistes beginnt nun, diese verborgenen Tatsachen mit Nachdruck wieder in den Ego-Tunnel einzuführen. Es wird deswegen zu einem Konflikt zwischen dem biologischen Realitätstunnel in unseren Köpfen und dem neurowissenschaftlichen Menschenbild kommen, und viele Leute ahnen bereits, dass dieses Bild eine Gefahr für unsere geistige Gesundheit darstellen könnte. Kann man wirklich glauben, dass es das »Anderskönnen« auch für die eigenen *geistigen* Handlungen nicht gibt, also für das vernünftige Denken und für die absichtliche Lenkung der eigenen Aufmerksamkeit? Um das wirklich für wahr halten zu können, müsste sich unser Selbstmodell auf dramatische Weise verändern. Ich denke, die Irritationen und die tiefen Ressentiments, die im Umfeld der ersten öffentlichen Debatten über die Freiheit des Willens aufgetaucht sind, haben in Wirklichkeit nur sehr wenig mit den tatsächlichen theoretischen Optionen zu tun, die jetzt auf dem Tisch liegen. Viele dieser Reaktionen hängen vielmehr mit der (für mich völlig verständlichen und vernünftigen) Erwartung zusammen, dass bestimmte Arten von Antworten nicht nur emotional verstörend sein werden, sondern dass es schlussendlich unmöglich sein könnte, sie in unsere bewussten Selbstmodelle zu integrieren. Dies ist mein erster Punkt.[20]

Eine Zwischenbemerkung zur Phänomenologie des Willens: Bei genauerer Betrachtung ist sie überhaupt nicht so klar definiert, wie man vielleicht denkt. Das Farberleben ist zum Beispiel viel deutlicher und prägnanter. Haben Sie jemals ernsthaft versucht, introspektiv ins eigene Bewusstsein zu schauen und zu beobachten, was genau geschieht, wenn Sie beschließen, Ihren linken Arm zu heben, und der Arm sich dann tatsächlich zu heben beginnt? Was genau ist die feinkörnige Tiefenstruktur von Ursache und Wirkung? Können Sie *wirklich* beobachten, wie ein geistiges Ereignis das physische Ereignis verursacht? Sehen Sie genau hin! Meine Prognose lautet: Je genauer Sie hinschauen und je gründlicher Sie die introspektive Aufmerksamkeit dem Vorgang der Entscheidung zuwenden, desto deutlicher werden Sie erkennen, wie flüchtig und wenig greifbar der bewusste Vorgang des Fassens einer Absicht eigentlich ist. Je genauer Sie hinsehen, desto mehr zieht er sich in den Hintergrund zurück. Außerdem reden wir alle so über die Willensfreiheit, als ob es eine subjektive Erfahrung gäbe, die wir alle miteinander teilen. Das ist nicht ganz richtig: Die Kultur und gesellschaftliche Traditionen üben einen starken Einfluss auf die Art und Weise aus, wie wir über solche bewussten Erlebnisse berichten. Die Phänomenologie selbst könnte dadurch sehr wohl geformt werden, weil ein Selbstmodell ja immer auch das Fenster ist, das unser inneres Leben mit der sozialen Praxis um uns herum verbindet. Willensfreiheit ist nicht nur einfach etwas in der Philosophie oder im Gehirn oder in unserem Geist – sie ist auch eine soziale Institution. Die Annahme, dass es so etwas wie freies Wollen und Handeln gibt, und die Tatsache, dass wir uns gegenseitig als autonome Agenten behandeln, spiegeln sich begrifflich in den Grundlagen unseres Rechtssystems und in den Regeln, die unsere Gesellschaften beherrschen – Regeln, die auf der Vorstellung von Verantwortung, Zurechenbarkeit und Schuld beruhen. Diese Regeln spiegeln sich natürlich auch in der Tiefenstruktur unseres PSM wider, und ebendieses unaufhörliche gegenseitige Spiegeln der Regeln – die Projektion von höherstufigen Annahmen über uns selbst auf die Ebene der individuellen neuronalen Dynamik und von dort in den durch sie überhaupt erst geöffneten Raum zwischenmenschlicher Beziehungen – hat natürlich unsere komplexen sozialen Netzwerke überhaupt erst hervorgebracht. Sollten wir eines Tages gezwungen sein, eine vollständig andere Geschichte darüber zu erzählen, was der menschliche Wille ist oder was er nicht ist, so könnte dies unsere Gesellschaften in einer noch nie dagewesenen Weise beeinflussen. Wenn beispielsweise Zurechenbarkeit und Verantwortlichkeit nicht wirklich existieren, dann ist es sinnlos, Menschen für etwas zu bestrafen, das sie letztlich gar nicht unterlassen konnten. Vergeltung und Genugtuung würden dann endgültig als steinzeitliche Begriffe erscheinen, als etwas, was wir von den Tieren geerbt haben. *Human* wären dann nur noch Rehabilitationsmaßnahmen. Wenn die moderne Neurowissenschaft die hinreichenden neuronalen Korrelate für das Wollen, Wünschen, Überlegen und Vollziehen einer Handlung entdeckt, werden wir in der Lage sein, das bewusste Erleben des eigenen Willens auszulösen, zu verstärken, zu löschen und zu modulieren, indem wir die Aktivität dieser neuronalen Korrelate steuern. Dann wird deutlich werden, dass die eigentlichen Ursachen unserer Handlungen, unserer Wünsche und Absichten oft sehr wenig mit dem zu tun haben, was das bewusste Selbst uns sagt. Aus einer naturwissenschaftlichen Dritte-Person-Perspektive könnte unsere innere Erfahrung von starker Autonomie zunehmend wie das aussehen, was sie die ganze Zeit gewesen ist: phänomenales Erleben, eine subjektive Erscheinung. Gleichzeitig werden wir aber lernen, die Eleganz und die Robustheit zu bewundern, mit der die Natur nur solche Dinge in den Realitätstunnel eingebaut hat, die die Organismen wirklich kennen mussten, anstatt sie mit einer Flut von Informationen über die inneren Abläufe in ihren Gehirnen zu belasten. Wir werden erkennen, dass das subjektive Erleben der Willensfreiheit ein geniales neurokomputationales Werkzeug ist. Es erzeugt nicht nur eine innere Benutzerschnittstelle, die es dem Organismus erlaubt, sein Verhalten genauer zu kontrollieren und anzupassen, sondern es ist auch eine notwendige Bedingung für soziale Interaktion und kulturelle Evolution.

Wie wichtig diese spezielle Verbindung zwischen phänomenalem Bewusstsein und der sozialen Dimension ist, soll das nun folgende Gedankenexperiment zeigen. Angenommen, wir hätten eine Gesellschaft von Robotern geschaffen. Sie besäßen keine Willensfreiheit im traditionellen Sinne, weil sie kausal determinierte Automaten wären. Aber sie verfügten über bewusste Modelle von sich selbst und von anderen Automaten in ihrer Umgebung, und diese Modelle würden es ihnen gestatten, mit anderen in Wechselwirkung zu treten und ihr eigenes Verhalten zu kontrollieren. Stellen wir uns jetzt vor, dass wir ihren internen Selbst- und Andere-Person-Modellen zwei weitere Eigenschaften hinzufügen: erstens eine falsche Überzeugung, nämlich die irrige Annahme, dass sie (und alle anderen) für ihre eigenen Handlungen verantwortlich sind; zweitens einen »idealen Beobachter«, der Gruppeninteressen vertritt, wie etwa Regeln der Fairness für gegenseitige altruistische Interaktionen. Was würde dies ändern? Würden unsere Roboter neue kausale Eigenschaften entwickeln, nur weil sie irrtümlich an ihre eigene Willensfreiheit glaubten? Die Antwort lautet »Ja!«: *Moralische Aggression* würde erstmals möglich werden, weil eine vollkommen neue Ebene des Wettbewerbs entstünde – Wettbewerb darum, wer den Interessen der Gruppe am besten dient, wer sich moralische Verdienste erwirbt und so weiter. Jetzt könnte man nämlich zum ersten Mal seinen eigenen sozialen Status erhöhen, indem man andere beschuldigt, sich unmoralisch zu verhalten, oder indem man ein besonders geschickter Heuchler ist. Eine ganz neue Ebene der Verhaltensoptimierung würde sich herausbilden. Unter den richtigen Randbedingungen würde die Komplexität unserer experimentellen Robotergesellschaft plötzlich sprunghaft ansteigen, obwohl ihr innerer Zusammenhalt weiter bestehen bliebe. Die soziale Evolution könnte sich nun auf einer neuen Ebene fortsetzen. Die Praxis, bei der man sich gegenseitig moralische Verantwortung zuschreibt, würde nämlich – sogar dann, wenn sie auf wahnhaften PSMs beruhte – eine neue, entscheidende und sehr reale funktionale Eigenschaft ins Spiel bringen: Gruppeninteressen würden das Verhalten jedes Roboters viel wirksamer beeinflussen. Der Preis für egoistisches Verhalten würde steigen. Was würde wohl mit unserer experimentellen Robotergesellschaft geschehen, wenn wir die Selbstmodelle ihrer Mitglieder auf die frühere Version zurückstuften – vielleicht indem wir ihnen Einsicht in ihr wahres Wesen vermittelten?

In Deutschland hat in den letzten Jahren eine leidenschaftlich geführte öffentliche Debatte über das Problem der Willensfreiheit stattgefunden – aus meiner Sicht eine gescheiterte Debatte, weil sie wesentlich mehr Verwirrung als Klarheit gestiftet hat. Das erste der beiden dümmsten Argumente für die Freiheit des Willens lautet: »Ich *weiß* doch, dass ich frei bin, weil ich mich selbst als frei erlebe!« Nun, wir erleben auch die Welt so, als sei sie voller farbiger Gegenstände, und dabei wissen wir, dass da draußen, vor unseren Augen, in Wirklichkeit nur Wellenlängenmischungen der verschiedensten Art sind. Dass etwas auf der Ebene des bewussten Erlebens und auf eine ganz bestimmte Weise erscheint, ist kein Argument für irgendetwas. Das zweite Argument lautet: »Aber das hätte schreckliche Folgen! Deshalb *kann* es nicht wahr sein.« Ich teile diese Besorgnis durchaus (denken wir nur an das Gedankenexperiment der Robotergesellschaft und die möglichen Folgen eines »Downgrades« durch wissenschaftliche Selbsterkenntnis). Was viele Geisteswissenschaftler häufig noch nicht wissen, ist, dass es mittlerweile erste empirische Studien gibt, die tatsächlich zeigen wie ein verringerter Glaube an die eigene Willensfreiheit bei Versuchspersonen nachweislich zu einer Abschwächung von Hilfsbereitschaft, zu einer Erhöhung der Bereitschaft zum Betrügen, zu geringerer Selbstkontrolle, einer schwächeren Reaktion auf eigene Fehler und zu einer Verstärkung von Aggressivität führt. Objektive Veränderungen können experimentell sogar bis in die neuronalen Korrelate der unbewussten Vorstufen von Willkürhandlungen nachgewiesen werden.[21] Die Selbstmodell-Theorie kann erklären, warum das so ist: Das bewusste, kognitive Selbstmodell ist tief in unserem unbewussten Bild von uns selbst verankert, und deshalb können Verschiebungen im PSM – genau wie bei psychosomatischen Erkrankungen – direkte und nachhaltig wirksame kausale Folgen für den inneren Zustand des Körpers und unser äußeres Verhalten haben. Deshalb könnte ein sich in der Allgemeinbevölkerung ausbreitender vulgärmaterialistischer Zweifel an der eigenen Willensfreiheit tatsächlich zu antisozialen Tendenzen führen, zu einem impulsiveren und rücksichtsloseren Verhalten, welches die negativen Konsequenzen des eigenen Handelns vermehrt ausblendet. Das psychosoziale Risiko ist also durchaus real. Die Wahrheit einer Behauptung muss aber unabhängig von ihren psychologischen oder politischen Konsequenzen bewertet werden. Dies ist schlicht eine Frage der Logik und der intellektuellen Redlichkeit. Aber nicht nur das antinaturalistische Ressentiment vieler Geisteswissenschaftler, sondern auch die Äußerungen mancher Hirnforscher haben zu der Verwirrung beigetragen – und interessanterweise häufig genau deshalb, weil sie die Radikalität ihres eigenen Standpunkts unterschätzen. Das soll mein zweiter Punkt in diesem kurzen Abschnitt sein.

Neurowissenschaftler sprechen gerne von »Handlungszielen«, Vorgängen der »motorischen Selektion« und der »Bewegungsspezifikation« im Gehirn. Als Philosoph (und mit allem gebotenen Respekt) muss ich sagen, dass dies letztlich begrifflicher Unsinn ist. Wenn man das naturwissenschaftliche Weltbild ernst nimmt, dann existiert so etwas wie »Ziele« nicht, und es gibt auch niemanden, der eine Handlung auswählt oder spezifiziert. Es gibt überhaupt keinen Vorgang der »Auswahl«. Alles, was wir in Wirklichkeit haben, ist dynamische Selbstorganisation. Dieser Vorgang als solcher hat nicht nur kein Ziel, er ist auch völlig ich-frei. Dazu kommt, dass die Informationsverarbeitung, die im menschlichen Gehirn stattfindet, noch nicht einmal eine regelgeleitete Art von Verarbeitung ist. Denken ist nicht wie Rechnen, und es folgt auch nicht den natürlichen Regeln des logischen Schließens – es entspricht nämlich in Wirklichkeit viel weniger unseren traditionellen Vorstellungen von »Vernünftigkeit«, als wir in der Vergangenheit immer gedacht haben. Die Informationsverarbeitung im Gehirn hat mehr mit Musterverarbeitung zu tun oder mit einem dauernden Wettstreit zwischen inneren Bildern, und es gibt nur sehr wenige Situationen, in denen sie das logische Schließen und die geistige Bewegung in einem »Raum der Gründe« kurzfristig *simuliert*. Letztlich folgt sie den Gesetzen der Physik. Das Gehirn lässt sich am besten beschreiben als ein komplexes System, das ständig danach strebt, in einen stabilen Zustand zu gelangen, und dabei Ordnung aus Chaos erzeugt.

Folgt man den rein physikalischen Grundannahmen der Naturwissenschaft, dann besitzt nichts im Universum einen ihm innewohnenden Wert, und nichts ist ein Ziel an sich. Physikalische Gegenstände und Vorgänge sind alles, was es gibt. Das scheint die eigentliche Pointe eines strengen reduktionistischen Ansatzes zu sein – und auch genau das, was Wesen mit Selbstmodellen wie den unseren einfach nicht glauben können. Natürlich kann es in den Gehirnen biologischer Organismen Ziel-*Repräsentationen* geben, aber am Ende – wenn die Hirnforschung ihre eigenen Grundannahmen ernst nimmt – beziehen sie sich auf nichts. Überleben, Fitness, Wohlbefinden und Sicherheit als solches sind weder Werte noch Ziele im eigentlichen Sinne. Offensichtlich überlebten auf lange Sicht nur solche Organismen, die sie innerlich als Ziele *darstellten* und auch so erlebten. Aber die weitverbreitete Neigung, ganz entspannt und naivrealistisch über die »Ziele« eines Organismus oder eines Gehirns zu sprechen, lässt Hirnforscher übersehen, wie stark ihre eigenen

Grundannahmen in Wirklichkeit sind. Wir können nun langsam erkennen, warum mitunter sogar nüchterne Naturwissenschaftler unterschätzen, wie radikal eine naturalistische Kombination aus Neurowissenschaft und Evolutionstheorie sein könnte: Sie könnte uns nämlich in Wesen verwandeln, die ihre Gesamtfitness dadurch maximierten, dass sie begonnen haben, Ziele zu *halluzinieren*.

Ich behaupte nicht, dass das die wahre, die ganze oder die endgültige Geschichte ist. Ich weise lediglich darauf hin, was aus den Entdeckungen der Hirnforschung zu folgen scheint und inwieweit diese Entdeckungen in Konflikt mit unserem bewussten Selbstmodell stehen. Subpersonale Selbstorganisation im Gehirn hat einfach nichts mit dem zu tun, was wir meinen, wenn wir von »Auswahl« sprechen. Natürlich gibt es immer noch komplexe und flexible Verhaltensweisen, die durch innere Bilder von »Zielen« verursacht werden, und wir können all diese Verhaltensweisen auch weiterhin »Handlungen« nennen. Aber sogar dann, wenn Handlungen in diesem neuen Sinn weiterhin Teil unseres Bildes der Wirklichkeit sind, könnten wir auf philosophischer Ebene zu der Einsicht gelangen, dass Agenten, *Handelnde*, nicht mehr darin auftauchen – das heißt, dass es keine Entität gibt, die die Handlung *ausführt*.[22]

Die Untersuchung von Phantomgliedern hat uns ein Verständnis davon vermittelt, wie Teile unseres Körpers im phänomenalen Selbstmodell dargestellt werden können, selbst wenn sie gar nicht existieren oder niemals existiert haben. Außerkörperliche Erfahrungen und Ganzkörper-Illusionen zeigen, wie sich ein minimales Ichgefühl und das Erleben einer Form von »globaler Meinigkeit« herausbilden können. Ein kurzer Blick auf die fremde Hand und die neuronale Basis des wollenden Selbst lieferte uns eine Vorstellung davon, wie das Gefühl der Agentivität notwendigerweise in unseren bewussten Gehirnen auftrat und wie diese Tatsache zur Bildung komplexer Gesellschaften beigetragen haben könnte. Der nächste Schritt wird in einer Untersuchung des Ego-Tunnels während des Traumzustands bestehen: Er wird uns eine noch tiefere Einsicht in die Bedingungen liefern, unter denen ein echtes Erlebnissubjekt entsteht. Wie wird aus dem Traum-Tunnel ein Ego-Tunnel?

Kapitel 5

PHILOSOPHISCHE PSYCHONAUTIK

Was können wir aus dem luziden Traum lernen?

Während der Nacht des 6. Mai 1986 wurde ich mir der Tatsache bewusst, dass ich gerade schlief und zugleich in einer Spiralbewegung aus meinem physischen Körper austrat, auf die typische Weise, die der Schweizer Biochemiker Ernst Waelti beschrieben hat (siehe Kapitel 3). Hier ist meine »Fallstudie«:

> Vor meinem Bett stehend, erkannte ich sofort, dass ich mich zum ersten Mal seit zwei Jahren wieder im außerkörperlichen Zustand befand. Die Klarheit, dasselbe elektrisierende Gefühl von Leichtigkeit in meinem Doppelkörper – ich war aufgeregt und sehr glücklich und begann sofort, damit zu experimentieren. Ich bewegte mich zur geschlossenen Glastür, die auf den Balkon im ersten Stock meines Elternhauses führte. Ich berührte die Tür, drückte sanft, bis ich in sie eindringen konnte und hinaus auf den Balkon glitt. Ich flog hinunter in den Garten und landete auf dem Rasen, wo ich mich im blassen Mondlicht umherbewegte und verschiedene Gegenstände betrachtete. Wiederum war der Gesamtcharakter der Erfahrung kristallklar.
>
> Als ich befürchtete, den Zustand nicht länger aufrechterhalten zu können, flog ich zurück nach oben, kehrte irgendwie zu meinem physischen Körper zurück und erwachte mit einer Mischung aus großem Stolz und Freude. Ich hatte es wieder nicht geschafft, irgendwelche verifizierbaren Beobachtungen zu machen, aber ich hatte eine weitere OBE gehabt, auf klare, kognitiv nicht eingetrübte Weise, vollständig kontrolliert und ohne irgendwelche Filmrisse oder Blackouts. Ich setzte mich auf, um Notizen zu machen, solange der Eindruck noch frisch war, konnte aber keinen Stift finden.

> Ich sprang aus dem Bett und ging hinüber zu meiner Schwester, weckte sie auf und teilte ihr aufgeregt mit, dass ich es eben gerade wieder geschafft hatte und dass ich eben gerade unten im Garten war und noch vor einer Minute auf dem Rasen herumgehüpft war. Meine Schwester schaute auf ihren Wecker und sagte: »Mann, es ist Viertel vor drei! Musst Du mich aufwecken? Kann das nicht bis zum Frühstück warten? Mach das Licht aus und lass mich in Ruhe!« Sie drehte sich um und schlief wieder ein. Ehrlich gesagt war ich ob dieses Mangels an Interesse etwas enttäuscht.
>
> Mir fiel auch auf, dass sie, während sie an dem Wecker herumgefummelt hatte, versehentlich den Alarm ausgelöst hatte. Er piepte vor sich hin, und ich hoffte, dass niemand sonst geweckt worden war. Zu spät! Ich konnte hören, wie sich draußen jemand näherte.

In diesem Augenblick wachte ich auf. Ich befand mich nicht oben im Haus meiner Eltern in Frankfurt, sondern in meinem Kellerzimmer in dem Haus, das ich mit vier Freunden bewohnte und das etwa 35 Kilometer entfernt lag. Es war nicht Viertel vor drei in der Nacht, die Sonne schien, und ich hatte ganz offensichtlich einen kurzen Mittagsschlaf gemacht. Über fünf Minuten lang saß ich wie eingefroren auf der Bettkante und wagte es nicht, mich zu bewegen. Ich war mir unsicher, wie real *diese* Situation war. Ich verstand nicht, was gerade mit mir geschehen war. Ich wagte es nicht, mich zu rühren, weil ich Angst hatte, dass ich ein weiteres Mal aufwachen könnte, in der nächsten ultrarealistischen Umgebung.

In der Traumforschung ist dies ein bekanntes Phänomen, man nennt es das »falsche Erwachen«. Hatte ich wirklich eine außerkörperliche Erfahrung? Oder hatte ich nur einen luziden Traum von einer außerkörperlichen Erfahrung? Kann man von einer OBE via falsches Erwachen in einen gewöhnlichen Traum hinübergleiten? Sind am Ende alle OBEs Sonderformen des luziden Traums? Zweimal hintereinander aufzuwachen ist etwas, das viele der theoretischen Intuitionen und Hintergrundannahmen zerstören kann, die man über Bewusstsein hat – etwa dass die Lebendigkeit, die Kohärenz, die

Klarheit und die Prägnanz eines bewussten Erlebnisses Belege dafür sind, dass man sich tatsächlich in Berührung mit der Wirklichkeit befindet. Ganz offensichtlich ist das, was wir »Aufwachen« nennen, etwas, das einem an jedem Punkt in der phänomenologischen Zeitlinie widerfahren kann. Diese empirische Tatsache ist von großer Relevanz für die philosophische Erkenntnistheorie. Erinnern wir uns an die Diskussion in Kapitel 2 über die Evolution des menschlichen Bewusstseins und darüber, wie die Unterscheidung zwischen Dingen, die uns nur erscheinen, und objektiven Fakten zu einem Bestandteil unserer gelebten Realität wurde. Jetzt können wir sehen, was es bedeutet, dass die Unterscheidung zwischen Erscheinung und Wirklichkeit nur auf der Ebene der Erscheinung selbst auftrat: Das falsche Erwachen zeigt, dass Bewusstsein nie mehr ist als das Erscheinen einer Welt. Auf einer neuen Ebene wird deutlich, was mit der »phänomenalen Transparenz« des Selbstmodells gemeint ist. Es gibt keine Gewissheit, noch nicht einmal über den Zustandstyp, über die allgemeine Kategorie von bewusstem Erlebnis, in dem Sie sich gerade befinden. Woher wissen Sie also, dass Sie tatsächlich heute Morgen aufgewacht sind? Könnte es nicht vielleicht sogar so sein, dass alles, was Sie bis jetzt erlebt haben, nur ein Traum war?[1]

Träume sind bewusst, weil sie das Erscheinen einer Welt erzeugen, zugleich aber – wie in Kapitel 2 erläutert – sind sie *Offline*-Zustände – globale Zustände bewussten Erlebens, in denen das Ego vom sinnlichen Input abgekoppelt und daher unfähig ist, äußeres motorisches Verhalten zu erzeugen. Der Traum-Tunnel enthält nicht nur das Erscheinen einer Welt, sondern erzeugt (zumindest in den meisten Fällen) gleichzeitig auch ein vollständig verkörpertes, räumlich ausgedehntes Selbst, das sich in einer räumlich ausgedehnten Umgebung bewegt. Das virtuelle Selbst, das auf diese Weise geboren wird, ist ein ausschließlich internes Phänomen, und zwar in einem noch stärkeren Sinne, als dies für das Selbst des Wachbewusstseins gilt: Es ist in ein dichtes Netzwerk aus Kausalbeziehungen eingebunden und verwoben, die aber alle innerhalb des Gehirns ihren Ort haben. Träumer sind selbstbewusst, aber funktional gesehen sind sie nicht *situiert*. Träume sind subjektive Zustände, da es in ihnen ein phänomenales Selbst gibt. Jedoch ist die Perspektive, aus der dieses bewusste Selbst die Welt wahrnimmt, ganz anders – und wesentlich instabiler – als die des Wachlebens.

Ist Ihnen jemals aufgefallen, dass Sie Ihre Aufmerksamkeit in Ihren Träumen nicht kontrolliert lenken können? Im Allgemeinen fehlt dort die höherstufige, willentlich kontrollierte Form der Aufmerksamkeit. Dementsprechend besitzt das Traum-Selbst, das innerhalb des Ego-Tunnels erzeugt wird, während Sie schlafen, auch nicht jene spezifische phänomenale Qualität, die ich im vorangegangenen Kapitel als *attentionale Agentivität* beschrieben habe, also das bewusste Erleben, dass man den Strahl des eigenen inneren Scheinwerfers willentlich und selektiv auf verschiedene Gegenstände richten kann. Attentionale Agentivität meint freilich nicht bloß die Fähigkeit, an etwas »heranzuzoomen« oder den eigenen Geist auf bestimmte Merkmale des eigenen Weltmodells zu lenken. Sie bringt auch ein Gefühl der Meinigkeit mit sich – Meinigkeit in Bezug auf den Vorgang des Auswählens, welcher der Aufmerksamkeitsverschiebung vorausgeht. Beide Aspekte fehlen in Träumen. In gewisser Weise ist man wie ein Säugling oder wie jemand, der einen Vollrausch hat. Das Traum-Ego ist wesentlich schwächer als das Ego des Wachbewusstseins.

Wenn man tiefer in die besondere Phänomenologie eindringt, die durch das träumende Ego entsteht, entdeckt man eine deutlich ausgeprägte Willensschwäche und schwerwiegende Verzerrungen des Denkvorgangs. In gewöhnlichen Träumen kann man sich manchmal überhaupt nicht als Handelnder erleben. So ist es zum Beispiel schwierig, eine Entscheidung zu fällen und dann an ihr festzuhalten. Aber selbst, wenn einem das gelingt, ist man in der Regel nicht in der Lage, sich selbst die Fähigkeit zur Handlungskontrolle zuzuschreiben. Das träumende Selbst ist ein verwirrter Denker, völlig desorientiert bezüglich Ort, Zeit und Identität von anderen Personen. Das Kurzzeitgedächtnis ist stark beeinträchtigt und unzuverlässig. Außerdem hat das Traum-Selbst nur selten sinnliche Erfahrungen wie Schmerz, Temperatur, Geruch oder Geschmack. Noch interessanter ist die extreme Instabilität der Erste-Person-Perspektive: Aufmerksamkeit, Denken und Wollen sind hochgradig instabil und treten allenfalls zeitweilig und mit Unterbrechungen auf – gleichwohl schert sich das gewöhnliche träumende Ego nicht wirklich darum, wenn es ihm denn überhaupt auffällt. Das Traum-Selbst ist wie der anosognostische Patient, dem nach einer Hirnverletzung die Einsicht in bestimmte Ausfälle und geistige Defizite fehlt.

Gleichzeitig jedoch erzeugt das Traum-Selbst intensive Gefühlserlebnisse – manche Aspekte des Selbst sind im Traum-Tunnel eindeutig stärker ausgeprägt als im Tunnel des Wachbewusstseins. Wer jemals einen richtigen Albtraum gehabt hat, weiß, wie intensiv das Gefühl der Panik während eines Traums werden kann. Im Traumzustand zeichnet sich das emotionale Selbstmodell mitunter durch ungewöhnlich intensive Gefühlsstärken aus, auch wenn dies nicht für alle Emotionen gilt. Zum Beispiel treten Furcht, Begeisterung und Wut häufiger auf als Traurigkeit, Scham und Schuldgefühle.[2]

Gelegentlich erlaubt es der Traum-Tunnel dem Ego, auf Informationen über sich selbst zuzugreifen, die im Wachzustand nicht verfügbar sind. Während das Kurzzeitgedächtnis üblicherweise beeinträchtigt ist, kann das Langzeitgedächtnis deutlich verbessert sein. So ist es möglich, Episoden aus der eigenen Kindheit noch einmal sehr lebendig und hautnah zu durchleben – Erinnerungen, die während des Wachzustands niemals zugänglich gewesen wären. Im Allgemeinen vergessen wir sie danach, weil die meisten von uns nur eine schwache Traumerinnerung haben. Aber solange der Traum andauert, haben wir Zugang zu zustandsspezifischen Formen des Selbstwissens.

Blinde Menschen sind manchmal in der Lage, im Traum zu sehen. Helen Keller, die im Alter von neunzehn Monaten taub und blind wurde, betonte die Bedeutung dieser gelegentlichen visuellen Erlebnisse: »Löschen Sie die Träume aus, und die Blinden verlieren eine ihrer wichtigsten Tröstungen. Denn in den Visionen des Schlafs bewahren sie ihren Glauben an den sehenden Geist und ihre Erwartung von Licht jenseits der leeren Enge der Nacht.«[3] In einer wissenschaftlichen Studie fertigten blind geborene Versuchspersonen Zeichnungen ihrer Trauminhalte an, die Sachverständige nicht von den Zeichnungen sehender Versuchspersonen unterscheiden konnten, und weil die EEG-Korrelate zwischen den beiden Gruppen hinreichend ähnlich waren, lässt dies stark vermuten, dass sie in ihren Träumen sehen können – aber tun sie es wirklich?[4] Ebenfalls interessant ist, dass Kellers Traum-Tunnel die phänomenalen Qualitäten des Riechens und Schmeckens aufwies, während die meisten von uns diese nur selten im Traumzustand erleben. Es scheint, als ob ihr Traum-Tunnel reichhaltiger wurde, weil der Tunnel des Wachlebens einige seiner qualitativen Dimensionen eingebüßt hatte.

Der Traum-Tunnel zeigt, in welchem Ausmaß das bewusste Erleben eine virtuelle Realität ist: Er simuliert innerlich einen Verhaltensraum, einen Raum von Möglichkeiten, in dem man handeln kann. Der Traum-Tunnel simuliert auch die konkreten Qualitäten der Sinneseindrücke des wirklichen Lebens. Wie schon in Kapitel 3 diskutiert, versuchen heutige Entwickler von virtuellen Realitäten genau das zu erreichen (es ist sicher kein Zufall, dass eine der besten akademischen Fachzeitschriften für die Technologie der virtuellen Realität den Titel *Presence* trägt). Ebendieses Gefühl der Präsenz, der subjektiven Anwesenheit und des vollständigen Eintauchens, haben unsere biologischen Vorfahren schon vor langer Zeit erreicht. Das sich daraus ergebende Ego hat jedoch ein noch robusteres Gefühl der Anwesenheit erzeugt, und zwar für den Traum *und* für das Wachleben. Andernfalls würden wir heute wahrscheinlich nicht versuchen, virtuelle Realitäten zu erschaffen, und wir würden auch nicht die Fähigkeit des menschlichen Gehirns erforschen, dieses Wunder in sich selbst zu vollbringen.

Obwohl Träume Verhaltensräume sind, sind sie nicht kausal an den realen Verhaltensraum des träumenden menschlichen Organismus gekoppelt. Träumer sind keine körperlich Handelnden. Ihr Verhalten ist internes, simuliertes Verhalten. Die vorübergehende Hemmung gewisser motorischer Nervenzellen im oberen Ende der Wirbelsäule verhindert, dass während des Traumschlafs – also während des REM-Schlafs (REM ist die Abkürzung für *rapid-eye-movement*, schnelle Augenbewegung) – echtes körperliches Verhalten erzeugt wird. Auf diese Weise ist das Traum-Ego vom physischen Körper getrennt. Wenn diese motorische Hemmung versagt, wie das etwa bei einer Störung namens RBD (für *REM-sleep behavior disorder*) der Fall ist, dann wird das innere Traumverhalten tatsächlich in der Wachwelt ausagiert. RBD findet sich zumeist bei Männern über sechzig und tritt in Verbindung mit einem Verlust der normalerweise für den REM-Schlaf typischen und ihn begleitenden Erschlaffung der Muskulatur auf. Patienten, die unter RBD leiden, sind gezwungen, dramatische und häufig gewalttätige Träume auszuagieren. Zum Beispiel rufen oder grunzen sie laut. Womöglich versuchen sie, ihre Bettgenossen zu erwürgen, ihr Bett anzuzünden, aus dem Fenster zu springen oder gar mit einem Gewehr zu schießen.[5] Später werden sie sich nur wenig oder gar nicht an diese physischen Aktivitäten erinnern – es sei denn, sie fallen aus dem Bett, stoßen gegen ein Möbelstück oder verletzen sich selbst oder jemand anderen und wachen davon auf. Aber für gewöhnlich können sie sich an die Träume selbst erinnern, die zumeist von physischen Aktivitäten wie Kämpfen, Rennen, Jagen oder Gejagtwerden und Angreifen oder Angegriffenwerden handeln. Diese Patienten scheinen darüber hinaus gewalttätige und aggressive Trauminhalte häufiger zu erleben als gesunde Menschen. Natürlich ist dies ein gefährlicher Zustand, der zu Selbstverletzungen und schwerem Schlafmangel führen kann. Wir können daraus wiederum lernen, wie der Traumkörper unter normalen Zuständen vom physischen Körper abgekoppelt ist. Normalerweise sind Träumer keine körperlich Handelnden, und ihr gesamtes Verhalten ist ausschließlich internes, simuliertes Verhalten. Wenn jedoch die motorische Hemmung versagt, wie das bei RBD der Fall ist, wird das interne Traumverhalten vom physischen Körper ausagiert.

Das interessanteste Merkmal gewöhnlicher Träume führt zu einigen tieferen philosophischen Überlegungen über das Wesen des Bewusstseins. Der Traum-Tunnel wird in einer sehr speziellen Konfiguration generiert: Während des REM-Schlafs gibt es, wie bereits bemerkt, eine Output-Blockade, die für die Lähmung des Schlafenden verantwortlich ist, und daneben eine Input-Blockade, die (zumindest in einem gewissen Ausmaß) sensorische Signale aus der Umgebung des Schlafenden daran hindert, in das bewusste Erleben einzudringen. Gleichzeitig werden chaotische innere Signale durch das erzeugt, was man (den lateinischen Fachausdrücken folgend) die PGO-Wellen nennt. Diese elektrischen Ausbrüche neuronaler Aktivität, die nach den an ihnen beteiligten Hirnregionen benannt sind (die Brücke, der seitliche Kniehöcker im Thalamus und die primäre Sehrinde im hinteren Teil unseres Kopfs), hängen nicht nur mit Augenbewegungen, sondern auch mit der Verarbeitung visueller Informationen eng zusammen.[6]

Während das Gehirn verzweifelt versucht, dieses chaotische innere Signalmuster zu verstehen und zu interpretieren, erzählt es sich selbst ein Märchen, in dem das Ego des Traumzustands die Hauptrolle spielt. Der interessante Punkt ist, dass dieses Traum-Ego nicht weiß, dass es träumt. Das System erkennt die Signale, die es in eine innere Erzählung verwandelt, nicht als selbsterzeugte Eigenreize – im philosophisch-kognitionswissenschaftlichen Fachjargon ist dieses Merkmal des Traumzustands ein »metakognitives Defizit«. Das Traum-Ego ist in einem Wahn gefangen, ihm fehlt die Einsicht in das Wesen des Zustands, den es selbst erzeugt.

Luzides Träumen

Aus alldem ergibt sich natürlich die Frage, ob vielleicht Formen des Träumens existieren, die zusätzlich eine Qualität der Einsicht besitzen, Träume, in denen das Selbstmodell so stark und reichhaltig geworden ist, dass es uns erlaubt, zu verstehen, was gerade geschieht. Kann man die eigene innere Virtualität bewusst erleben? Kann man *ohne* das metakognitive Defizit träumen? Die Antwort lautet: Ja! Man kann Träume haben, in denen man sich nicht nur der Tatsache bewusst ist, dass man jetzt gerade träumt, sondern in denen man zugleich eine vollständige Erinnerung sowohl an das vorangegangene Traumleben als auch an das Wachleben hat und darüber hinaus die phänomenale Eigenschaft der Agentivität besitzt, und zwar auf der Ebene der Aufmerksamkeit, des Denkens und des Verhaltens. Man nennt solche Träume *luzide Träume* oder *Klarträume*. Sie sind äußerst interessant – nicht so sehr, weil sie uns auf risikolose Weise in ein aufregendes inneres Abenteuer entführen können, sondern weil sie neue Wege eröffnen, das Phänomen des bewussten Erlebens genauer zu untersuchen. Insbesondere helfen sie uns zu verstehen, wie die verschiedenen Schichten des Selbstmodells konstruiert und mit dem Traum-Tunnel verwoben werden.

Im Jahre 1913 berichtete der holländische Psychiater Frederik van Eeden, der den Fachbegriff »luzides Träumen« geprägt hat, der *Society for Psychical Research* über die folgende Erfahrung:

> Im Januar 1898 … gelang es mir, die Beobachtung zu wiederholen … Ich träumte, dass ich im Garten lag, vor den Fenstern meines Arbeitszimmers, und ich sah die Augen meines Hundes durch die Glasscheibe. Ich lag auf dem Bauch und beobachtete den Hund sehr genau. Gleichzeitig jedoch wusste ich mit vollkommener Gewissheit, dass ich träumte und auf dem Rücken in meinem Bett lag. Und dann beschloss ich, langsam und vorsichtig aufzuwachen und dabei zu beobachten, wie sich mein Gefühl, auf dem Bauch zu liegen, in das Gefühl verwandelte, auf dem Rücken zu liegen. Und so tat ich es, langsam und willentlich, und der Übergang, den ich seither viele Male durchlaufen habe, ist höchst wunderbar. Es ist wie das Gefühl, von einem Körper in den anderen zu schlüpfen, und es gibt eine klare und ausgeprägte doppelte Erinnerung an die beiden Körper. Ich erinnerte mich an das, was ich in meinem Traum fühlte, während ich auf dem Bauch lag, aber bei meiner Rückkehr ins Wachleben erinnerte ich mich auch daran, dass mein physischer Körper die ganze Zeit über ruhig auf dem Rücken gelegen hatte. Diese Beobachtung eines doppelten Gedächtnisses habe ich seitdem bei vielen Gelegenheiten gemacht. Sie ist so unbezweifelbar, dass sie fast unweigerlich zur Vorstellung eines Traumkörpers führt.[7]

Van Eedens »Traumkörper« ist das Selbstmodell im Traumzustand. Luzide Träume sind deshalb faszinierend, weil sie zeigen, dass unser naiver Realismus – unser fehlendes Bewusstsein der Tatsache, dass wir unser Leben in einem Ego-Tunnel leben – zeitweilig aufgehoben sein kann. Sie sind daher ein vielversprechender Ansatzpunkt für eine wissenschaftliche Lösung dessen, was ich bei unserem ersten Streifzug durch den Tunnel in Kapitel 2 das Realitätsproblem genannt habe. Ein luzider Traum ist die globale Simulation einer Welt, in der wir uns plötzlich der Tatsache bewusst werden, dass es sich wirklich nur um eine Simulation handelt. Es ist ein Tunnel, dessen Bewohner zu erkennen beginnt, dass er oder sie tatsächlich die ganze Zeit über in einem Tunnel operiert.

Hugh G. Callaway, ein britischer Forscher, der mit außerkörperlichen Erfahrungen experimentierte und seine Arbeiten unter dem Pseudonym Oliver Fox veröffentlichte, zeichnete die folgende klassische Episode auf, die im Jahre 1902 auftrat, als er ein junger Student der Naturwissenschaften am Harley Institute in South Hampton war:

> Ich träumte, dass ich auf dem Gehsteig vor meinem Haus stand … Ich wollte gerade ins Haus hineingehen, als mein Blick beiläufig die Steine [des Straßenbelags] streifte und meine Aufmerksamkeit durch ein merkwürdiges Phänomen gefesselt wurde; es war so ungewöhnlich, dass ich meinen eigenen Augen nicht traute – anscheinend hatten sie alle über Nacht ihre Position verändert, und die langen Seiten verliefen nun auf einmal parallel zur Bordsteinkante! Dann wurde ich mir schlagartig der Lösung bewusst: Obwohl dieser herrliche Sommermorgen so wirklich erschien, wie nur irgendetwas wirklich sein konnte, träumte ich! Mit der Realisierung dieser Tatsache veränderte sich die Qualität des Traums auf eine Weise, die man nur sehr schwer jemandem mitteilen kann, der dieses Erlebnis noch nicht gehabt hat. Augenblicklich nahm die Klarheit und Lebendigkeit des Erlebnisses um das Hundertfache zu. Noch nie hatten das Meer, der Himmel und die Bäume eine solch zauberhafte Schönheit ausgestrahlt. Sogar die gewöhnlichen Häuser schienen von innerem Leben erfüllt und waren auf mystische Weise schön. Niemals habe ich mich so absolut wohlgefühlt, so klar im Kopf, so unaussprechlich frei! Es war ein herrliches Gefühl, eine Empfindung jenseits aller Worte, aber sie währte nur wenige Minuten, und ich erwachte.[8]

Vielleicht haben Sie selbst schon einmal einen Klartraum gehabt – das Phänomen ist nicht selten. Wenn nicht, könnten Sie eine ganze Reihe verschiedener Techniken ausprobieren, um einen herbeizuführen. Zum Beispiel könnten Sie sich angewöhnen, mehrmals täglich einen »Realitätscheck« durchzuführen. Jeder Realitätscheck sollte wenigstens eine Minute dauern. Er besteht darin, dass Sie sorgfältig Ihre gegenwärtige innere und äußere Umwelt inspizieren und nach Hinweisen darauf suchen, dass es sich im Moment womöglich nicht um die gewöhnliche Realität des Wachlebens handelt. Leser, die an der Erforschung des Traum-Tunnels interessiert sind, können folgende Checkliste als Leitfaden benutzen:

- Stimmt die Anordnung aller Möbel mit der Art und Weise überein, in der sie normalerweise im Zimmer stehen?
- Sind die Pflastersteine und die Fliesen wirklich auf dieselbe Weise angeordnet wie im Normalfall? Weist der Teppich dasselbe Muster auf wie immer?
- Tauchen Gegenstände oder Personen plötzlich auf und verschwinden wieder oder verändern sie ihre Identität?
- Wissen Sie, wer Sie sind und wo Sie sich gerade befinden?
- Wissen Sie, um welchen Wochentag es sich handelt und wann Sie zum letzten Mal aufgewacht sind?
- Gibt es in ihrem Kurzzeitgedächtnis irgendwelche Lücken bezüglich erst kürzlich aufgetretener Ereignisse?
- Verschiebt sich der Fokus Ihrer visuellen Aufmerksamkeit auf die übliche Weise?
- Sind Sie gerade mit irgendwelchen ungewöhnlichen physischen Aktivitäten beschäftigt, zum Beispiel Fliegen?
- Versuchen Sie ständig, sich an etwas zu erinnern, von dem Sie wissen, dass es von großer Bedeutung ist, aber es fällt Ihnen einfach nicht mehr ein?
- Ist die Welt »bedeutungsschwanger«? Besitzt die gegenwärtige Situation einen metaphorischen oder symbolischen Charakter, oder haben Sie das Gefühl, dass Sie kurz vor einer wichtigen Entdeckung stehen?

Wenn Sie Realitätschecks dieser Art regelmäßig mehrmals täglich durchführen, haben Sie eine gute Chance, früher oder später zu einem Klarträumer zu werden. Aus purer Gewohnheit werden Sie eines Tages einen Realitätscheck im Traum ausführen – und wenn Sie Glück haben, werden Sie tatsächlich erkennen, dass Sie jetzt gerade träumen.[9]

Andere Methoden, luzide Träume herbeizuführen, sind sogar noch wirksamer. Sie könnten versuchen, den Wecker auf frühmorgens zu stellen und dann sorgfältig die Ereignisse Ihres letzten Traums aufzuschreiben. (Am besten gelingt dies, wenn Sie die Augen geschlossen lassen und einen abends bereitgelegten Notizblock benutzen.) Stehen Sie auf, bewegen sich eine Weile und gehen dann wieder ins Bett. Während Sie wieder einschlafen, führen Sie sich die letzte Abfolge der Traumereignisse so detailliert wie möglich vor Augen – etwa so, also ob Sie ein Theaterstück einstudieren, indem Sie es im Geist immer wieder Revue passieren lassen. Unter Umständen gelingt es Ihnen, auf vollkommen bewusste Weise wieder in denselben Traum einzutreten und dann die ganze Zeit luzide zu bleiben.[10]

Als unerschrockener philosophischer Psychonaut habe ich natürlich versucht, mir eigene technische Hilfsmittel zu basteln, die diese Form von Bewusstseinsforschung unterstützen sollten, einschließlich Kopfhörer und Endloskassetten, auf denen ich mir selbst die ganze Nacht über alle dreißig Minuten »Achtung, das ist ein Traum!« zuflüsterte. Einmal habe ich auch einen »Nova Dreamer« gekauft, eines dieser teuren Klartraum-Geräte, die ein wenig so aussehen wie die Augenmasken, die Passagiere auf Langstreckenflügen manchmal tragen. Der Nova Dreamer wird aktiviert, wenn schnelle Augenbewegungen den Beginn einer Traumphase anzeigen. Nach ein paar Minuten fängt er an, sanfte unterschwellige visuelle Reize auszusenden, und man kann durch die geschlossenen Augenlider das Aufleuchten zarter roter, ringförmiger Lichtblitze wahrnehmen. Sie sollen einen auf die Tatsache aufmerksam machen, dass man gerade träumt; wahrscheinlicher ist jedoch, dass sie einfach nur in die Traumgeschichte selbst eingebunden werden. Hier ist einer meiner Träume, die auf diese Weise durch Außenreize erobert wurden:

> Ich bin ein Astronaut. Viele Jahre habe ich auf diesen Augenblick gewartet. Mein Freund und ich liegen auf dem Rücken in der Raumfähre und erwarten den Start mit einer Mischung aus Angst und großer Aufregung. Weit unterhalb unseres Rückens können wir spüren, wie das Rasseln und Grollen der Zündung einem donnernden Brüllen weicht. Dann beginnen überall rote Lichter zu blinken. Plötzlich ist jedes nur denkbare Alarmsystem aktiviert. Jemand ruft: »Irgendetwas muss schrecklich schiefgegangen sein!« Wir fühlen, wie das Raumschiff ganz langsam zur Seite kippt und seine senkrechte Stellung verliert, während das Brüllen hinter uns lauter und lauter wird.

Unglücklicherweise war alles, was mir mein teures Klartraumgerät jemals gebracht hat, eine Serie schrecklicher Albträume – allerdings mit einigen interessanten Einzelheiten. Wie jeder weiß, fährt die Polizei in Amerika nicht mit Blaulicht und Martinshorn, sondern mit roten Warnlichtern und einem Sirenenton. Darum habe ich von meinem Gerät auch nur amerikanische Albträume bekommen, in denen mich amerikanische Polizeiautos jagten und in die Ecke trieben, einschließlich roter Lichter und allem, was dazu gehört. Etwa alle zwei Jahre starte ich einen neuen Versuch mit meinem Nova Dreamer, aber in letzter Zeit hat er eine ganz andere Wirkung auf mich. Ich wache am Morgen auf, und das Gerät ist verschwunden. Wenn ich es suche, stelle ich fest, dass irgendein Fremder es quer durchs Schlafzimmer in die hinterste Ecke geschleudert hat. Offenbar gibt es in mir noch jemand anderen, jemanden, der kein philosophischer Psychonaut und auch kein wirklich ernsthafter Forscher auf dem Gebiet der Erste-Person-Phänomenologie sein will – jemanden, der einfach nur schlafen will.

Was genau ist also ein luzider Traum? Während eines luziden Traums weiß der Träumende, dass er gerade einen Traum erlebt, und ist zudem in der Lage, sich diese Eigenschaft selbst zuzuschreiben. Wenn wir eine starke Definition anstreben, dann besteht eine weitere Bedingung darin, dass man auch Zugriff auf Erinnerungsinhalte aus dem vorangegangenen Traum- und Wachleben besitzt. Das autobiographische Gedächtnis ist vollständig intakt. Der Träumer hat vollen Zugang nicht nur zu vergangenen bewussten Erlebnissen im Wachleben und in gewöhnlichen Träumen, sondern insbesondere auch zum Inhalt früher erlebter luzider Träume. Insgesamt ist das Niveau geistiger Klarheit und kognitiver Einsicht mindestens so hoch wie in normalen Wachzuständen. Ein weiteres Definitionsmerkmal ist, dass dem subjektiven Erleben nach alle fünf Sinne genauso gut funktionieren, wie sie es auch während des Wachzustands tun. Schließlich, und dies ist vielleicht der wichtigste Punkt, ist die Eigenschaft der *Agentivität* während eines luziden Traums vollständig realisiert. Phänomenologisch gesehen weiß der luzide Träumer, dass er Willens- und Handlungsfreiheit besitzt. Er kann nicht nur die Aufmerksamkeit auf alles richten, was ihn interessiert, er kann auch tatsächlich alles *tun*, was er will – fliegen, durch Wände gehen oder sich mit Traumfiguren unterhalten. Das Subjekt eines luziden Traums ist kein passives Opfer, das sich in einer Abfolge bizarrer Episoden verloren hat, sondern vielmehr ein echter autonomer Agent, ein Handelnder, der in der Lage ist, aus einer Vielzahl möglicher Handlungen auszuwählen.

Die volle Kontrolle der eigenen Aufmerksamkeit ist ein wichtiges Merkmal, das Klarträume von gewöhnlichen Träumen unterscheidet. Einsicht in die eigene Handlungsfreiheit ist ebenfalls ein wichtiges Kriterium für luzide Träume (aber kann man wirklich von Einsicht sprechen?). Während gewisser Phasen, die manchmal als *prä-luzide Träume* bezeichnet werden, wird uns häufig bewusst, dass all dies nicht real ist, dass es ein Traum sein muss, aber wir bleiben trotzdem passive Beobachter. Mit dem Einsetzen voller Luzidität verwandelt sich der Träumer von einem passiven Beobachter in einen Handelnden – in jemanden, der die Kontrolle übernimmt, sich in der Traumwelt bewegt, Dinge untersucht und experimentiert, der vorsätzlich damit beginnt, in Wechselwirkung mit der Traumwelt zu treten und sie zu gestalten.

Mein Lieblingsexperiment in der Erforschung luzider Träume wurde vor mehr als einem Vierteljahrhundert von dem Psychophysiologen Stephen LaBerge und seinem Team an der Universität Stanford durchgeführt.[11] Es machte sich die Tatsache zunutze, dass unser bewusstes Selbstmodell auf faszinierende Weise fest im Gehirn verankert ist: Es besteht nämlich eine direkte und zuverlässige Beziehung zwischen den Blickbewegungen, über die Klarträumer berichten, und den Augenbewegungen, die man an ihrem schlafenden Körper beobachten kann. In einem Schlaflabor kann man diese Augenbewegungen mit Hilfe eines Polygraphen aufzeichnen. Die Tatsache, dass die Bewegungen der Traumaugäpfel im Traumkörper durch eine zuverlässige kausale Brücke mit den Bewegungen der physischen Augäpfel in unserem physischen Körper verbunden sind, wurde von LaBerge in einem besonders genialen Experiment ausgenutzt. Erfahrene Versuchspersonen zeigten nun den Beginn eines Klartraums mit speziellen Augensignalen an, die vor den Experimenten festgelegt worden waren – nämlich, indem sie ihre Augen schnell auf und ab bewegten. Zwei solcher Augenbewegungen teilten dem Versuchsleiter mit, dass gerade ein luzider Traum begonnen hatte, vier signalisierten den Beginn des Aufwachvorgangs. Die polygraphische Analyse offenbarte, dass das Einsetzen von Luzidität in der Regel mit den ersten beiden Minuten einer REM-Phase in Verbindung steht, aber auch mit sehr kurzen Zeiträumen von Wachbewusstsein während einer REM-Phase oder mit erhöhter phasischer REM-Aktivität (die gekennzeichnet ist durch eine plötzliche Erhöhung der Anzahl der Augenbewegungen und manchmal durch Muskelzuckungen und weit verteilte synchronisierte Aktivität in speziellen thalamokortikalen Netzwerken).[12] Einfach ausgedrückt, scheint Luzidität dann aufzutreten, wenn es zu einem kurzen und plötzlichen Anstieg des allgemeinen Erregungsniveaus in der Großhirnrinde kommt: Alle Nervenzellen werden wesentlich aktiver, was dazu führt, dass plötzlich mehr »komputationale Leistung« beziehungsweise stark verbesserte Möglichkeiten der Informationsverarbeitung zur Verfügung stehen. Was den Inhalt des Traums selbst betrifft, so scheint Luzidität zu erhöhter Lebendigkeit, verstärktem Auftreten von Angstzuständen oder Stress, der Entdeckung von Widersprüchen in der Traumwelt und natürlich zu dem subjektiven Erlebnis zu führen, dass man sich einer »traumartigen« oder »irrealen« Qualität der Wirklichkeit bewusst wird.

Ich mag diese Experimente deshalb, weil sie ein seltenes Beispiel für die Kommunikation zwischen verschiedenen Arten von Realitätstunneln sind. Wenn der Klarträumer im Schlaflabor Augensignale aussendet, indem er seine Traumaugen absichtlich auf- und abbewegt, und Wissenschaftler in der Wachwelt diese Signale von ihren Instrumenten ablesen, dann wird auf diese Weise eine Verbindung zwischen dem Traum-Tunnel und dem Wach-Tunnel hergestellt, ein Kommunikationskanal, der für mehrere Benutzer offen ist. Weil die vom Traumkörper durchgeführten Blickbewegungen funktional mit den Augenbewegungen im physischen Körper verknüpft sind und weil der luzide Träumer von dieser Tatsache weiß, lässt sich eine Brücke bauen, die die beiden Tunnel verbindet. Bei diesem Versuchsaufbau ist es also möglich, Informationen aus einem Typ von bewusstem Realitätstunnel in einen ganz anderen Typ zu übertragen, nämlich einen, den die Gehirne anderer Menschen erschaffen. Wir brauchen mehr gute empirische Forschung über das luzide Träumen. Eine plausible Annahme besagt beispielsweise, dass Luzidität davon abhängt, ob und in welchem Maße der präfrontale Kortex, in dem die Organisation unseres kognitiven und sozialen Verhaltens stattfindet und in dem auch die sogenannten Exekutivfunktionen (die willentliche Steuerung) ihren Sitz haben, eine stabile funktionale Verbindung zu anderen Hirnbereichen herstellen kann, die das bewusste Selbst des Traumzustands erzeugen. Man nimmt an, dass der präfrontale Kortex unsere Gedanken und Handlungen ordnet, indem er sie in Übereinstimmung mit unseren inneren Zielvorstellungen bringt. Er hat aber auch mit der Unterscheidung zwischen miteinander in Widerspruch stehenden Gedanken zu tun, mit Planen, mit der Einschätzung der zukünftigen Folgen gegenwärtiger Aktivitäten, mit der Vorhersage möglicher Ergebnisse, dem Erzeugen von Erwartungen und so weiter.

Interessanterweise scheint es also eine allgemeine Eigenschaft zu geben, die man haben kann oder auch nicht: »Zustandsklarheit«, das Wissen darüber, in welcher allgemeinen Art oder Kategorie von Bewusstseinszustand man sich gerade befindet. Allan Hobson, ein Psychiater und berühmter Traumforscher am Massachusetts Mental

Health Center und Autor des Buchs *The Dreaming Brain*, hat die Vermutung geäußert, dass für das Auftreten der Zustandsklarheit im Traum »der normalerweise deaktivierte dorsolaterale präfrontale Kortex (DLPFC) wieder aktiviert werden muss, allerdings nicht so stark, dass die in ihm einlaufenden pontolimbischen Signale unterdrückt werden«.[13] Es könnte genau dieser Teil des Gehirns sein, der es uns ermöglicht, uns auf uns selbst zu beziehen, indem wir uns mit reflexiven Formen des Denkens beschäftigen. Im Klartraum-Tunnel führt dies zur Wiederherstellung der willentlichen Kontrolle und dem erneuten Erscheinen eines echten Handelnden, eines vollständigen Agenten. Wenn Hobson recht hat, dann könnte der Moment, in dem wir den bewussten Gedanken »Mein Gott, ich träume ja!« haben, genau der Moment sein, in dem das Selbstmodell des Traumzustands wieder an den präfrontalen Kortex angeschlossen wird, was ein echtes reflexives Selbstbewusstsein wieder möglich macht und zur Wiederherstellung von kognitiver Agentivität führt. Besonders ermutigend finde ich, dass mit Martin Dresler nun ein junger deutscher Psychologe und Philosoph die klassische experimentelle Strategie auf einem höheren technischen Niveau wiederholt hat und dementsprechend auch zu wesentlich genaueren Ergebnissen über die neuronalen Korrelate des Luzidewerdens im Traum gekommen ist.[14]

Einige Fragen für die zukünftige Forschung könnten sein: Was genau geschieht mit dem bewussten Selbst während des Übergangs von einem gewöhnlichen Traum in einen luziden Traum? Was sind im Detail die funktionalen Unterschiede zwischen dem Selbstmodell des Traumzustands und dem Selbstmodell des Klartraums? Könnte es auch so etwas wie »luzides Wachen« geben? Und was genau passiert bei einem falschen Erwachen?

Wie wir bereits gesehen haben, kann jedem von uns ein solches falsches Erwachen widerfahren. Dies wirft auf interessante und neuartige Weise ein klassisches philosophisches Problem auf, nämlich die Frage des Solipsismus (aus dem Lateinischen: *solus*, allein, und *ipse*, selbst). Wie genau kann ich die Hypothese des Skeptikers widerlegen, wonach die Inhalte meines eigenen Geistes das Einzige sind, von dem ich weiß, dass es wirklich existiert? Wie kann ich die Möglichkeit ausschließen, dass die Außenwelt – und insbesondere andere bewusste Geister – nicht erkannt werden können und vielleicht überhaupt nicht existieren? Hier ist zu guter Letzt ein weiteres kleines Gedankenexperiment aus dem Feld der Angewandten Tunnel-Erkenntnistheorie. Lassen Sie mich das Problem im Hintergrund jedoch zunächst einführen und illustrieren durch den Bericht über einen luziden Traum aus der Feder des verstorbenen deutschen Traumforschers Paul Tholey:

> Mitten auf der Straße griff mich plötzlich ein übel aussehender Kerl mit erhobenem Knüppel an. Ich lief sofort weg, doch der Kerl verfolgte mich. Da rief vom Bürgersteig aus ein kleines Männchen, das ich zuvor gar nicht bemerkt hatte: »Schau dir doch den Kerl genauer an! Solche Figuren gibt es doch nur im Traum!« Ich blickte kurz zurück. Der Verfolger sah wirklich nicht wie ein gewöhnlicher Mensch aus; er war riesengroß und erinnerte mich an Rübezahl. Mir war jetzt klar, dass ich mich im Traum befand, und ich setzte mit spürbarer Erleichterung meine Flucht fort. Da fiel mir plötzlich auf, dass ich ja gar nicht zu fliehen brauchte, sondern etwas anderes tun konnte. Ich erinnerte mich daran, dass ich im Traum andere Personen ansprechen wollte. Also blieb ich stehen, ließ den Verfolger herankommen und fragte ihn, was er denn eigentlich wolle. Seine Antwort lautete: »Woher soll ich denn das wissen?! Dies ist doch schließlich dein Traum und außerdem hast du doch Psychologie studiert und nicht ich …«[15]

Stellen Sie sich vor, Sie befänden sich gerade im Traum-Tunnel und werden plötzlich luzide. Sie finden sich auf einer großen interdisziplinären Konferenz wieder, auf der Traumwissenschaftler und Traumphilosophen über das Wesen des Bewusstseins diskutieren.

> Als sie während der Kaffeepause zusammenstehen, behauptet einer der Traumforscher, dass Sie in Wirklichkeit überhaupt nicht existieren, weil Sie nur eine Traumfigur in Ihrem eigenen Klartraum-

> Tunnel sind, eine bloße Möglichkeit. Amüsiert antworten Sie: »Nein, Sie sind alle Figuren in *meinem* Traum – nichts als Produkte meiner Vorstellungskraft.« Diese Antwort löst Gelächter aus, und außerdem bemerken Sie, dass die Kollegen an den anderen Kaffeetischen grinsen und den Kopf in Ihre Richtung drehen. Sie bestehen auf Ihrer Meinung. »All dies geschieht in meinem Gehirn!«, sagen Sie. »Mir gehört die Hardware, und Sie sind alle nur Gespinste in meinem eigenen Gehirn, simulierte Traumfiguren in einer simulierten Umwelt, die auf der Informationsverarbeitung in meinem zentralen Nervensystem beruht und durch sie erschaffen wird. Es wäre ganz leicht für mich …« An diesem Punkt werden Sie durch eine weitere Welle von Gelächter unterbrochen – brüllendes Gelächter. Ein arroganter junger Doktorand beginnt damit, Ihnen die Grundannahmen über das Wesen der Wirklichkeit zu erklären, die die Mitglieder dieser besonderen Wissenschaftlergemeinschaft teilen: So etwas wie Gehirne oder physikalische Gegenstände hat es niemals gegeben. Alles, was es gibt, sind die Inhalte des Bewusstseins. Deshalb sind auch alle phänomenalen Selbste gleichberechtigt. So etwas wie einen individuellen »Tunnel«, in dem ein Selbstmodell das echte Subjekt des Bewusstseins darstellt und in dem alle anderen Personenmodelle nur Traumfiguren sind, gibt es nicht.

Das merkwürdige philosophische Konzept, das diese Traumgemeinschaft aus Naturwissenschaftlern entwickelt und zu ihrer Prämisse gemacht hat, ist unter dem Namen »eliminativer Phänomenalismus« bekannt. Wie der etwas übereifrige Doktorand Ihnen erklärt: »Eliminativer Phänomenalismus ist durch die These charakterisiert, dass die Physik und das neurowissenschaftliche Menschenbild eine radikal falsche Theorie sind; eine Theorie, die so fundamentale Defekte aufweist, dass sowohl ihre Prinzipien als auch ihre Ontologie irgendwann schließlich durch eine vollständig entwickelte Wissenschaft des reinen Bewusstseins ersetzt werden, statt problemlos auf diese reduziert zu werden.« Die gesamte Wirklichkeit ist demzufolge eine phänomenale Wirklichkeit. Die einzige Möglichkeit, aus dieser Wirklichkeit herauszufallen, besteht darin, die grandiose (aber fundamental falsche) Annahme zu machen, dass es tatsächlich eine Außenwelt gibt und dass Sie das Subjekt – das heißt das erlebende Selbst – dieser phänomenalen Wirklichkeit sind, dass es tatsächlich so etwas wie einen Bewusstseins-Tunnel gibt (ein *Wurmloch*, wie die Forscher im Traum-Tunnel es ironisch nennen) und dass es Ihr *eigener* Tunnel ist. Indem Sie sich diese Überzeugung ernsthaft zu eigen machen, würden Sie jedoch plötzlich unwirklich werden und sich selbst in etwas noch Geringeres als eine bloße Traumfigur verwandeln: in eine *mögliche* Person – genau das, was Ihr Kontrahent am Anfang der Diskussion behauptet hat.

»Jetzt hört mir mal gut zu, Jungs«, sagen Sie in einem leicht verärgerten Ton. »Ich kann euch demonstrieren, dass dies mein Bewusstseins-Tunnel ist, weil ich diesen Zustand und eure eigene Existenz jederzeit beenden kann. Eine seit langem bekannte Technik zum Beenden von Klarträumen besteht darin, dass man die eigenen Hände vor die Augen hält und seine visuelle Aufmerksamkeit auf sie fixiert. Wenn ich das jetzt tue, werde ich die schnellen Augenbewegungen in meinem physischen Körper unterbrechen und so auch den Traumzustand in meinem physischen Gehirn beenden. Ich werde im Wachtunnel aufwachen. Ihr werdet einfach aufhören zu existieren. Wollt ihr, dass ich es euch zeige?« Sie bemerken, dass Sie einen etwas triumphierenden Ton in der Stimme haben, aber auch, dass die Belustigung in den Augen der anderen Wissenschaftler und Philosophen bereits in Mitleid umgeschlagen ist. Der arrogante Doktorand platzt schon wieder heraus: »Aber sehen Sie denn nicht, dass ein einfacher Rückfall in das, was Sie ›aufwachen‹ nennen, niemandem irgendetwas beweist? Sie müssen die Wahrheit Ihrer ontologischen Annahmen *dieser* Wissenschaftlergemeinschaft demonstrieren, auf *dieser* Ebene der Wirklichkeit. Sie können die Frage nicht entscheiden, indem Sie einfach sich selbst zu einer virtuellen Person degradieren und von unserer Ebene verschwinden. Indem Sie einfach aufwachen, werden Sie nichts Neues in Erfahrung bringen. Und Sie können dadurch auch überhaupt nichts beweisen – uns ganz bestimmt nicht, aber auch nicht

> sich selbst. Wenn Sie sich wirklich blamieren wollen, dann erniedrigen Sie sich ruhig, indem Sie einfach in das Wurmloch Ihres Wachlebens verschwinden, nur zu! Aber ernsthafte Bewusstseinsforschung und ernsthafte philosophische Wissenschaftstheorie sind etwas ganz anderes!«

Wie hätten Sie reagiert? Wenn ich an diesem Punkt nicht die richtige Entscheidung getroffen hätte, wäre dieses Buch vielleicht niemals fertig geworden. Darum soll es auch erst mal genug sein mit der Tunnel-Erkenntnistheorie.

Kapitel 5 Anhang

DAS TRÄUMENDE SELBST

Ein Gespräch mit Allan Hobson

Allan Hobson ist Professor für Psychiatrie an der Harvard Medical School, wo er das Labor für Neurophysiologie gründete, um die neurophysiologischen Grundlagen des Träumens zu erforschen.

In Zusammenarbeit mit Dr. Robert McCarley entwickelte Hobson das Modell der gegenseitigen Wechselwirkung, wonach der REM (*rapid eye movement*)-Schlaf durch Mechanismen im Hirnstamm erzeugt wird, die Acetylcholin (als Neurotransmitter) enthalten, und die Aktivierungs-Synthese-Theorie, die Träumen auf eine automatische Hirnaktivierung und die Synthese chaotischer innerer Signale im Schlaf zurückführt. Im Verlauf seiner umfangreichen Experimente mit Versuchspersonen im Schlaflabor erfand Hobson die »Nightcap-Methode heimgestützter Schlafaufzeichnung« und verwendete diese Methode in Zusammenarbeit mit Robert Stickgold, um das charakteristische Profil von Bewusstseinszuständen über 24-Stunden-Zeiträume zu beschreiben. Hobson und Stickgold konzipierten auch eine neue Methode zur Erforschung von Auswirkungen des Schlafs auf Lernvorgänge.

In jüngster Zeit hat Hobson seine Ideen und Befunde mit neuen Daten aus Studien mit Hilfe der Positronen-Emissionstomograpie und aus Studien über die Auswirkungen von Hirnschädigungen auf den menschlichen Schlaf zu einem allgemeinen Modell zustandsabhängiger Aspekte des Bewusstseins zusammengefasst. Dieses »AIM« genannte neue Modell bildet drei Dimensionen ab – Aktivierung (A), das sogenannte Input-Output-Gating (die Fähigkeit, sowohl Eingaben als auch Ausgaben auszublenden beziehungsweise zu unterdrücken) (I) und chemische Modulation (M) –, um einen Zustandsraum zu definieren, den das Gehirn im Wachzustand, im Schlaf und im Traum in einer Endlosschleife durchläuft.

Hobson ist Verfasser zahlreicher Bücher, unter anderem *The Dreaming Brain* (1989), *Sleep* (1995), *Consciousness* (1999), *Dreaming as Delirium: How the Brain Goes Out of Its Mind* (1999), *The Dream Drugstore* (2001), *Out of Its Mind: Psychiatry in Crisis* (2001) und *13 Dreams Freud Never Had: The New Mind Science* (2004).

Metzinger: Was ist eigentlich das Besondere am Bewusstsein im Traumzustand, verglichen mit dem Bewusstsein im Wachzustand und im Nicht-REM-Schlaf?

Hobson: Das Traumbewusstsein ist intensiver, starrsinniger und eingleisiger, aber auch schwerer von seinem Ziel abzubringen, es ist kunstvoller und bizarrer als das Wachbewusstsein. Daher kann man es mit Fug und Recht als den stärksten autokreativen Zustand des Gehirns/Geistes betrachten. Es ist überdies derjenige Zustand des normalen Bewusstseins, der einer Psychose am meisten ähnelt. Weil die dabei ablaufenden neurobiologischen Prozesse weitgehend bekannt sind, bietet die Erforschung des Traumbewusstseins eine einzigartige wissenschaftliche Möglichkeit, uns selbst sowohl in gesundem als auch krankem Zustand besser zu verstehen.

Metzinger: Und was genau ist der Zusammenhang zwischen REM-Schlaf und Traum?

Hobson: Die Beziehung ist quantitativer, nicht qualitativer Natur. Traumähnliche mentale Aktivität ist auch mit dem Einschlafen (Stadium I) und mit dem Nachtschlaf (Stadium II) korreliert, aber zu allen Nacht- oder Tageszeiten ist die Korrelation im REM-Schlaf am höchsten. Was den tatsächlichen Zusammenhang betrifft, so lautet meine Hypothese, dass Träumen unser subjektives

Erleben der Gehirnaktivierung in jedem Schlafzustand ist. Die Aktivierung ist im REM-Schlaf am höchsten. Ebenso die Traumtätigkeit. Ich glaube, dass Träumen und REM-Schlaf unsere subjektiven und objektiven Bezugnahmen auf denselben fundamentalen Prozess im Gehirn/Geist sind. Ich bin durch und durch Monist. Und Sie?

Metzinger: Ich ebenfalls – ich mochte schon immer Philosophen wie Spinoza, Bertrand Russell oder Herbert Feigl, die neutrale Monisten und davon überzeugt waren, dass die Unterscheidung zwischen physischen und psychischen Zuständen im Grunde recht oberflächlich und eher uninteressant ist. Das für uns Philosophen wichtigere Problem besteht natürlich darin, was *genau* »durch und durch« heißt. Aber im Moment sind Sie es, der schwierige Fragen beantworten muss! Wie also erklären Sie die Beziehung zwischen dem chaotischen Trauminhalt, der vom Hirnstamm erzeugt wird, und den eher nichtzufälligen, geordneten und scheinbar eine Bedeutung tragenden Aspekten von Träumen?

Hobson: Vorsicht, Thomas, oder Sie gehen in die »Entweder-oder«-Falle, in die so viele unserer berühmten Kollegen getappt sind. Die Antwort lautet »sowohl/als auch«. Der REM-Schlaf wird vom Hirnstamm erzeugt, während Träumen das subjektive Erleben der Aktivierung des Vorderhirns durch den Hirnstamm im REM-Schlaf ist. Der Vorgang der REM-Erzeugung weist zahlreiche chaotische Merkmale auf, die das Vorderhirn, so gut es kann, zu einer in sich stimmigen Geschichte zu integrieren versucht. Aber das Vorderhirn befindet sich auch in einem anderen Zustand als im Wachsein, was seine Aufgabe schwieriger macht. Das Vorderhirn gibt unter diesen schwierigen Umständen einfach alles, was es kann. Ob man diese Leistung als gut oder als weniger gut beurteilt, hängt davon ab, ob man glaubt, dass der Becher halb voll oder halb leer ist. Beides trifft zu.

Metzinger: Welche Teile des menschlichen Gehirns sind für das Träumen unbedingt erforderlich? Ohne welche Teile ist es absolut unmöglich, zu träumen?

Hobson: Was die zweite Frage angeht, existieren empirische Befunde, die eine Antwort erleichtern, aber die erste Frage ist viel interessanter und viel komplexer. Leider lässt sie sich nicht wissenschaftlich beantworten.

Betrachten wir zunächst die zweite Frage. Der Neuropsychologe Mark Solms fragte dreihundert Schlaganfall-Patienten, ob sie nach ihren Schlaganfällen irgendwelche Veränderungen im Traumerleben festgestellt hätten. Die Patienten berichteten von einem völligen Erlöschen der Traumtätigkeit, wenn ihr Schlaganfall entweder das Operculum parietale oder die tiefe frontale weiße Hirnmarksubstanz beschädigt hatte. Diese Aussagen waren besonders interessant, weil die selektive Aktivierung derselben Hirnregionen in PET-Studien über den REM-Schlaf nachgewiesen werden konnte. Ein weiterer aufschlussreicher Befund sind Berichte darüber, dass die Traumtätigkeit bei Menschen nach einer Lobotomie (einer neurochirurgischen Operation, bei der die Nervenbahnen zwischen Thalamus und Stirnhirn sowie Teile der grauen Substanz durchtrennt werden) erlischt – ein Befund, auf den Solms in der Fachliteratur der 1940er und 1950er Jahre stieß. Vordergründig deuten diese Befunde darauf hin, dass Träumen von der Fähigkeit des Gehirns abhängig ist, emotionale und sensorische Daten zu integrieren, wenn sie *offline* aktiviert werden. Aber natürlich beantwortet das nicht die erste Frage. Viele andere Hirnregionen sind wahrscheinlich genauso unentbehrlich für die Traumtätigkeit. So muss zum Beispiel das Sehsystem beteiligt sein – und tatsächlich berichteten Solms' Patienten über den Verlust visueller Bildwelten in ihren Träumen, wenn bei ihren Schlaganfällen die Hinterhauptsrinde geschädigt wurde. Vermutlich ist der Verlust der Traumfähigkeit ein Beispiel dafür, was Norman Geschwind *Disconnection Syndrome* nannte. Anders gesagt, die geschädigten Areale sind Kreuzungen zerebraler Leitungsbahnen, die, wenn sie geschädigt werden, die normale Wechselwirkung anderer Hirnareale verhindern. Wahrscheinlich aber wird diese Methode, bei der Erkenntnisse über die Funktion von bestimmten Hirnregionen aus der Untersuchung krankheitsbedingter Ausfälle gewonnen werden, nicht die wichtige Rolle des

Hirnstamms enthüllen, denn Verletzungen, die so weiträumig sind, dass sie zu einem Erlöschen des Traumerlebens führen, sind in der Regel tödlich oder führen zu vegetativen Zuständen, in denen der Patient keine Reaktionen mehr zeigt.

Dieser Ansatz in der Traumforschung ist mit mehreren Problemen behaftet. Da ist zunächst die Tatsache, dass die Antwort auf die zweite Frage nicht die erste Frage beantwortet. Man kann sich zum Beispiel vorstellen, dass das Broca-Zentrum und das Wernicke-Zentrum für die konfabulatorische, erfundene innere Geschichten erzählende Qualität des Traumes recht wichtig sind, aber diese Möglichkeit lässt sich nicht überprüfen, wenn der Patient seine Fähigkeit verloren hat, über Träume zu berichten! Darüber hinaus muss man darauf hinweisen, dass alle Daten Solms' sich auf Traumberichte beziehen, die nicht mit dem Traumgeschehen gleichgesetzt werden können. In Wirklichkeit erinnern sich die meisten von uns ja kaum oder gar nicht an ihre Träume.

In Solms' Studien und in den früheren Arbeiten von Cristiano Violani und Fabrizio Dorrichi und von Martha Farah und Mark Greenberg, die zu ähnlichen Schlussfolgerungen über das Operculum parietale gelangten, bemühte man sich nicht, die Hirnaktivität während des Schlafs der Patienten aufzuzeichnen oder sie aufzuwecken, um Traumberichte von ihnen zu erhalten. Diese Kontrollen sind aber wichtig und müssen noch durchgeführt werden. Es ist das Verdienst von Solms und anderen, dass sie den Weg zur neuropsychologischen Erforschung der Traumtätigkeit geebnet haben. Diese Herangehensweise wird uns hoffentlich weitere Erkenntnisse liefern. Einstweilen können wir lediglich feststellen, dass Träumen von der selektiven Aktivierung und Deaktivierung vieler Hirnregionen abhängt einschließlich derjenigen, die, wenn sie geschädigt werden, bei den Betroffenen dazu führen, dass sie nicht mehr von Träumen berichten können.

Metzinger: Was meinen Sie: Welche evolutionäre Funktion hatte das Träumen wahrscheinlich, und wann ist es entstanden?

Hobson: Im Hinblick auf die Evolution und die Funktionsvorteile, die mit dem Besitz eines traumfähigen Gehirns verbunden sind, hege ich sowohl konservative als auch spekulative Ansichten. Nach der konservativen Auffassung gibt es keine Belege dafür, dass Träume überhaupt irgendeinem Zweck dienen. Das heißt, weder das bewusste Erleben von Träumen während ihres Auftretens noch das Abrufen dieser Traumerlebnisse beim Aufwachen hat wahrscheinlich einen Nutzen, zumindest konnte bislang keiner nachgewiesen werden. Ich glaube, wir müssen Owen Flanagans These ernst nehmen, wonach Träume die Spandrillen des Schlafs sind.[16] In seiner radikalsten Version besagt dieses Argument, dass Traumbewusstsein ein Epiphänomen ist, auf das Menschen und andere Säugetiere genauso gut verzichten könnten. Der triftigste Grund für diese Annahme ist die Tatsache, dass wir fast überhaupt keine Erinnerung an die Inhalte unserer Träume haben. Wenn die Traumerinnerung einen Anpassungsvorteil bedeuten würde, könnten wir uns mit Sicherheit besser an Träume erinnern! Aber wenn man Träumen als bewusstes Erleben so betrachtet, dann bedeutet das keineswegs, dass man auch ein gesundes, spekulatives Interesse an der funktionalen Bedeutung eines Gehirns ablehnt, das sich im Schlaf selbst aktivieren kann. Ein solches Gehirn könnte viele Leistungen vollbringen. Dazu gehören die bereits bekannte Verbesserung des motorischen Lernens, die Regulierung von Nahrungs- und Wärmekalorien für die Verwertung der aus der Nahrung gewonnenen Energie für den Baustoffwechsel und die Thermoregulation sowie die Verbesserung der Immunfunktionen. Ich muss mir dieser Funktionen nicht bewusst sein, auch wenn sie für mein Überleben und für meinen Fortpflanzungserfolg unverzichtbar sind.

Hier tauchen nun eine Reihe wichtiger philosophischer Fragen auf, und dazu gehört auch die weitverbreitete Verwechslung von Hirnaktivität mit bewusstem Erleben. Unser bewusstes Erleben im Wachzustand ist ein offensichtlicher Anpassungsvorteil, aber unser bewusstes Erleben im Schlaf hat möglicherweise keinen adaptiven Nutzen. Es mag sogar ein Anpassungsvorteil sein, sich *nicht* an den Trauminhalt zu erinnern. Selbst wenn man die Behauptung einiger Therapeuten in Betracht zieht, Träume seien der Königsweg zum Unbewussten, kann man die Frage stellen: »Wer will überhaupt dahin?« Es steht selbstverständlich jedem frei, diesen Weg zu beschreiten, aber ich selbst erkenne keinen Anpassungsvorteil in der Erinnerung und Deutung von Träumen, obwohl ich selbst mit großem Vergnügen diesem Zeitvertreib fröne.

Meine eigene spezielle Theorie besagt, dass Träumen eine hochspezifische Form bewussten Erlebens ist, mit deren Hilfe man die Hirnaktivität, die zu Bewusstsein führt, besser verstehen kann, gleichgültig, ob im Wachzustand oder im Schlaf. Gerald Edelman und Giulio Tononi haben gezeigt, dass das gesamte riesengroße thalamokortikale System aktiviert werden muss, um Bewusstsein hervorzubringen. Im Wachzustand und im Schlaf wird dieses System durch den Hirnstamm aktiviert, aber die chemische Modulierung, die mit der Aktivierung einhergeht, ist in den beiden Zuständen sehr unterschiedlich. Die Beiträge anderer Strukturen wie des limbischen Systems und der modulatorischen Systeme des Hirnstamms sind sehr bedeutsam, da sie das Bewusstsein »einfärben«, aber auch aktivieren.

Der Mensch und die meisten anderen Säugetiere besitzen Gehirne, die sich im Schlaf selbst aktivieren können, wenn Umweltbedingungen wie Kälte und Dunkelheit das Wachverhalten nicht begünstigen, und genau diese Fähigkeit, nicht deren bewusstes Gewahrsein, ist für den evolutionären Erfolg von Bedeutung.

Metzinger: Was wissen wir heute über die stammesgeschichtliche Einordnung und Bedeutung des Schlaf-Wach-Zyklus? Wie entstand er bei unseren Vorfahren? Und in welcher Beziehung steht diese Entwicklung zum Bewusstsein?

Hobson: Die Antwort lautet, dass wir eine Menge wissen! Ohne auf die komplizierten Einzelheiten einzugehen, kann man mit Sicherheit sagen, dass der voll entwickelte Schlaf-Wach-Zyklus mit abwechselnden Nicht-REM- und REM-Schlafphasen eine Anpassung ist, die gleichwarmen Tieren vorbehalten ist – nämlich Säugetieren und Vögeln, die ihre Körpertemperatur selbst regulieren können. Welche adaptive Verbindung besteht zwischen Homöothermie und Schlaf? Wieder ist die Antwort einfach. Wenn die Gehirntemperatur trotz sehr großer Schwankungen der Umwelttemperatur konstant gehalten werden kann, dann stellt dies unter unterschiedlichsten Umweltbedingungen eine zuverlässige Hirnfunktion sicher. Anders gesagt, Temperaturregulation und Hirnfunktion sind eng miteinander verknüpft, und der Schlaf stellt diese Verknüpfung sicher.

Was das Bewusstsein betrifft, folge ich Edelman, der primäres Bewusstsein – das heißt Wahrnehmung, Emotion und Gedächtnis – und sekundäres Bewusstsein unterscheidet, also das Bewusstsein von Bewusstsein und die Fähigkeit, dieses zu beschreiben. Sekundäres Bewusstsein, das auf Sprache und anderen komplexen Abstraktionen beruht, findet sich ausschließlich beim Menschen. Primäres Bewusstsein ist unter Säugetieren weit verbreitet und könnte sogar bei einigen Spezies vorhanden sein, die unter den Säugetieren stehen. Leider können diese Behauptungen nie mehr als intelligente Vermutungen sein, weil kein subhumanes Tier sein subjektives Erleben sprachlich mitteilen kann. Tierrechtsaktivisten und Lebensrechtsagitatoren haben durchaus recht, wenn sie behaupten, dass viele subhumane und auch geschlechtsunreife junge Tiere in einem begrenzten, aber signifikanten Umfang Bewusstsein besitzen. Wenn wir ihnen das Leben nehmen oder ihnen Leid zufügen, sollten wir einen guten moralischen Grund dafür haben. Aber den haben wir. Es ist die Minderung menschlichen Leidens. Ich glaube fest an die Überlegenheit des Menschen. So wie ich tierisches und pflanzliches Leben nehme, um zu überleben, so nehme ich es auch, um die Lebensqualität von Menschen zu fördern.

Metzinger: Könnten wir eine Maschine bauen, die träumt, aber nie wach ist? Gibt es Tiere, die träumen, aber kein Wachbewusstsein haben?

Hobson: Auch hier lässt sich der zweite Teil der Frage leichter beantworten. Angesichts der von mir betonten Begrenzungen der wissenschaftlichen Erkenntnis lautet die Antwort: Nein. Wenn ein

Tier sein Gehirn im Schlaf aktivieren kann, hat es diese Fähigkeit auch im Wachzustand. Also könnte man schlussfolgern – aber eben »nur« schlussfolgern –, dass Tiere, die (notwendigerweise begrenztes) Traumbewusstsein haben, auch im Wachzustand Bewusstsein besitzen. Was den ersten Teil der Frage angeht, so kann man schon heute eine Traummaschine konstruieren, aber es gibt eine Beschränkung durch den aktuellen Stand der Technik, die das Programm zunächst noch funktionsunfähig macht. Diese Beschränkung besteht in dem Problem, aus einer biographischen Datenbank sprachliche Aussagen zu erzeugen. Als ich mich das letzte Mal mit dem Sprachexperten Roger Shanks unterhielt, sagte er mir, dass dieses entscheidende Stück im KI(Künstliche Intelligenz)-Puzzle nach wie vor fehle. Die Aktivierung von Wahrnehmungs- und Emotionsmodulen wirft keine Probleme auf, und sie lassen sich auch so gestalten, dass sie entweder auf Input und Output ansprechen oder nicht, wie John Antrobus von der City University of New York gezeigt hat. Jede Traummaschine, die heute entwickelt würde, hätte vermutlich eine Betriebsart »Wachzustand«, weil wir uns für die Ähnlichkeiten und Unterschiede zwischen diesen beiden Zuständen und die Art und Weise interessieren, wie sie erzeugt werden. Aber theoretisch ist es möglich, eine reine Traummaschine zu entwickeln.

Der Umstand, dass die Evolution – soweit wir wissen – bislang noch keine reinen Traumtiere hervorgebracht hat, deutet auf einen tiefen, bedeutsamen und funktionalen Zusammenhang zwischen den Wach- und Traumzuständen des Bewusstseins und der Hirnaktivität hin. Wie schon erwähnt, kann man die Behauptung aufstellen, dass die *Offline*-Aktivierung dem Gehirn im *Online*-Zustand Vorteile bringt und umgekehrt, ohne dass man eine kausale Verknüpfung zwischen dem bewussten Erleben der beiden Zustände postuliert.

Metzinger: Anders als in der biologischen Evolution hat der Trauminhalt in der kulturellen Evolution sicherlich einen gewissen Stellenwert, aber es ist nach wie vor fraglich, ob diese Wertschätzung einen echten Anpassungsvorteil mit sich bringt.

Hobson: Viele Kulturen haben Träumen einen »prophetischen« Sinngehalt beigelegt. Unter Wahrsagern und Propheten ist die Ansicht weit verbreitet, dass der Traum eine verschlüsselte Botschaft wichtiger äußerer oder innerer Akteure ist und entschlüsselt werden muss. Diese Entschlüsselung wird von den entsprechenden Kulturen nicht nur als stichhaltiges, sondern auch als bestimmendes Element bei wichtigen bewussten persönlichen und politischen Entscheidungen angesehen. Die Traumdeuter beeinflussten die Entscheidungen von Königen über Krieg und Frieden. Sollten die modernen Psychoanalytiker Patienten dabei helfen, auf der Basis ihrer Träume zu entscheiden, ob sie eine Beziehung fortsetzen sollten oder nicht?

Ein Problem dieses Denkansatzes ist die religiöse Überzeugung, dass es eine verborgene Wahrheit gibt, die nur Träume enthüllen können. So wird ein Rätsel, das Träumen, dazu benutzt, um ein anderes, die Entscheidungsfindung, zu erklären. Wie Adolf Grünbaum in seiner Diskussion des sogenannten Tally-Arguments (Freuds Übereinstimmungsprinzip) gezeigt hat, kann die Kundenzufriedenheit nicht als wissenschaftliche Rechtfertigung für den Wahrheitswert einer prophetischen Behauptung oder eines Systems der Traumdeutung herangezogen werden.

Es könnte durchaus sein, dass Träume das kognitive Repertoire eines Menschen im Umgang mit Emotionen enthüllen, aber diese sind im Wachzustand auch nicht besonders schwer zu erkennen. Die weitergehende Behauptung der Psychoanalyse, die Traumdeutung decke *verborgene* Zusammenhänge zwischen Kognition und Emotion auf, entbehrt jeder wissenschaftlichen Beweisgrundlage.

Metzinger: Mich interessiert besonders der Übergang zwischen gewöhnlichen Träumen und Klarträumen. Was sind die notwendigen und hinreichenden Bedingungen im Gehirn dafür, dass Luzidität eintritt? Welche Rolle spielt Ihrer Meinung nach dabei der dorsolaterale präfrontale Kortex (DLPFC)?

Hobson: Die gelegentliche Einsicht, dass man gerade träumt, ist ein äußerst informatives Detail der modernen Traumforschung. Der

Umstand, dass sich eine solche Einsicht fördern lässt, indem man das Klarträumen systematisch übt, macht die Sache aber erst richtig interessant. Insgesamt deuten die Daten darauf hin, dass der Bewusstseinszustand, der mit der Hirnaktivierung im Schlaf einhergeht, sowohl plastisch als auch kausal wirksam ist. Er ist plastisch, weil gelegentlich selbstreflexive Bewusstheit spontan entsteht und weil ihre Häufigkeit – und ihre Stärke – durch Übung gesteigert werden kann. Er ist kausal wirksam, weil Luzidität verstärkt werden kann, um Szenenwechsel in Träumen herbeizuführen und sogar das Aufwachen zu befehlen, so dass man sich besser an die zeitweilige Kontrolle über die Traumhandlung erinnern und diese umso mehr genießen kann. Meiner Überzeugung nach *ist* Luzidität real, wirkungsvoll und informativ.

Was den dritten Punkt betrifft, so wissen wir dank Stephen LaBerge bereits, dass Luzidität im REM-Schlaf vorkommt, und wir können vorhersagen, dass in luziden REM-Schlaf-Träumen unter Umständen der DLPFC, der selektiv deaktiviert ist, erneut aktiviert wird, so dass die ponto-thalamische Traumvorführung bewusster Kontrolle unterworfen wird. Ich glaube, dass diese Hypothese, die man ja überprüfen kann, die Antwort auf viele fundamentale neurobiologische und philosophische Fragen enthält, etwa nach der Beziehung zwischen Hirnaktivität und Bewusstsein und der Kausalität von Bewusstsein – der Willensfreiheit.

Falls meine Vorhersage zutrifft und der DLPFC tatsächlich bei Klarträumen reaktiviert wird, während die ponto-thalamokortikale Traumvorführung weitergeht, dann existiert das von Daniel Dennett so verachtete kartesianische Theater tatsächlich. Ein Teil des Gehirns – der Sitz des ausführenden Ich – erwacht und beobachtet, ja lenkt sogar die Traumshow, die durch die Aktivierung von Pons, Thalamus, Kortex und des limbischen Systems auf den Bildschirm des Bewusstseins projiziert wird. Sie werden sich vor Kummer verzehren, Daniel Dennett!

Die Flüchtigkeit und Störanfälligkeit des Klartraumzustands belegen seine Unwahrscheinlichkeit und seine nicht-adaptive Natur. Der luzide Traum verlangt auch die besondere Aufmerksamkeit, die alle aufschlussreichen Raritäten dieser Art verdienen. Leider ist es unwahrscheinlich, dass ihm diese Aufmerksamkeit widerfahren wird. Das liegt daran, dass die Experimente schwer auszuführen sind und es keinerlei Garantie für einen wissenschaftlichen Erfolg gibt. Dies wäre schon für viel trivialere Experimente in der kognitiven Neurowissenschaft ein Hindernis, aber Klarträume haben einen schlechten Ruf, weil (a) viele Wissenschaftler noch immer nicht glauben, dass es sie wirklich gibt, (b) viele Wissenschaftler den Daten LaBerges über das Auftreten von Klarträumen im REM-Schlaf misstrauen und (c) viele sich nicht näher mit dem Problem des Klartraums befassen wollen, weil sie befürchten, als Spinner abgestempelt zu werden! Sie, Thomas Metzinger, sollten diese Sorge gut verstehen können.

Metzinger: Nun, ich weiß ganz genau, was Sie meinen. Die richtige Strategie bestünde nicht darin, solche Gebiete für tabu zu erklären, sondern sie mit vorurteilsloser, unvoreingenommener wissenschaftlicher Vernunft zu erkunden. Wenn wir realistisch sein wollen, dann müssen wir allerdings auch zugeben, dass ein grundlegendes Problem darin besteht, dass das aufstrebende Gebiet der Bewusstseinsforschung nicht von philosophischen Heiligen bevölkert wird, die nach Selbsterkenntnis um ihrer selbst willen streben. Es wird mindestens genauso stark von dem bestimmt, was ich manchmal die »teflonbeschichteten Darwin-Maschinen« der akademischen Welt nenne – von knallharten individuellen Karriereinteressen, vom Kampf um Geld und Aufmerksamkeit. Wissenschaftler sind eben auch selbsterhaltende, jedes unnötige Risiko scheuende Ego-Maschinen. Leider tut sich gegenwärtig im Bereich der Klartraumforschung noch nicht genug.

Hobson: Meiner Meinung nach – die allerdings nicht von vielen geteilt wird, nicht einmal von Thomas Metzinger – müssen wir an einer Wissenschaft der Subjektivität arbeiten. Um Erste-Person-Daten verwerten zu können, müssen wir umsichtig und flexibel vorgehen. Wir müssen von vielen Individuen in vielen Zuständen Berichte über bewusstes Erleben sammeln. Diese Berichte müssen streng quantifiziert werden, und die Zustände, mit denen sie verbunden sind, müssen objektiviert werden. Die Gehirnzustände müssen mit dem gesamten Spektrum von Techniken wie PET und Magnetresonanztomographie (MRT) bei Menschen, zellulären und molekularen Sonden bei Tieren, Verhaltenstests bei Menschen und anderem umfassender charakterisiert werden.

Wer wird all dies tun? Soweit ich weiß, bin ich die einzige Person in der Welt, die das auch nur probiert hat. Ich sage dies mit aller gebotenen Bescheidenheit und aufrichtiger Selbstkritik. Ich bin stolz auf meine Leistungen, aber ich kann auch verstehen, dass man meine Arbeit für vergebliche Mühe hält. Im Grunde genommen steht der von mir befürwortete Ansatz im Dienste der emergentistischen Hypothese[17] bedeutender Naturwissenschaftler wie Roger Sperry und bedeutender Philosophen wie William James. Denker von diesem Format sind dünn gesät.

Verbreiteter – und besser bezahlt – sind jene Wissenschaftler, die intensiv nach molekularen Mechanismen in und zwischen Nervenzellen suchen. Solche Entdeckungen sind wirklich wunderbar, aber sie werden nie zum Verständnis bewussten Erlebens führen. Es ist interessant, dass selbst so bekannte Kollegen wie Sigmund Freud sich an diesem verhängnisvollen reduktionistischen Paradigma orientiert haben. Ich verwende hier den Ausdruck »reduktionistisch« im populären Sinne des eliminativen Materialismus.[18]

Metzinger: Weshalb interessieren Sie sich für Philosophie? Welche Beiträge erhoffen Sie sich von den Geisteswissenschaften?

Hobson: Ich interessiere mich für Philosophie, weil sie – zusammen mit der Psychologie und der Physiologie – meines Erachtens eine Grundlagenwissenschaft der kognitiven Neurowissenschaft ist, soweit sich diese mit der Frage befasst, wie man Bewusstsein erforschen kann. Ich selbst versuche Philosophie zu »betreiben«, aber ich brauche Hilfe. Aus diesem Grund wende ich mich an Leute wie Sie, Owen Flanagan oder auch David Chalmers. Im Allgemeinen erhalte ich positive Reaktionen von Philosophen. Sie interessieren sich ernsthaft für meine Arbeit, und sie teilen ihre Einsichten großzügig mit mir. Sie sind keine Ausnahme.

Was den zweiten Teil Ihrer Frage betrifft, so will ich unter Philosophen und anderen Geisteswissenschaftlern die Erkenntnis fördern, dass die wissenschaftliche Erforschung von Gehirn/Geistes-Zuständen eine der größten Herausforderungen und Chancen für ein besseres Verständnis von uns selbst ist, die sich in unserer langen Geistesgeschichte je geboten hat. Bei diesem Projekt, das so einfach und breit gefächert wie ehrgeizig ist, ist Platz für viele Disziplinen. Ich selbst habe mir zum Ziel gesetzt, mit mehr Mitarbeitern die Sache schneller voranzutreiben. Wir brauchen alle Hilfe, die wir bekommen können. Ich bin sogar überzeugt davon, dass die Forschung an der Schnittstelle zwischen Gehirn und Geist eine Geisteswissenschaft ist.

Metzinger: Hat die Psychoanalyse denn heute überhaupt noch einen Sinn, oder ist sie einfach nur jede Menge heißer Luft? Was halten Sie von Solms' Argumenten?

Hobson: Sigmund Freud lag zu fünfzig Prozent richtig und zu hundert Prozent falsch! Und das Gleiche gilt für Mark Solms, wenn auch aus anderen Gründen. Freud interessierte sich zu Recht für Träume und dafür, was Träume uns über die menschliche Psyche sagen könnten, insbesondere über ihre emotionalen Aspekte. Seine Traumtheorie ist mittlerweile veraltet, aber ihre Irrtümer werden noch immer von Psychoanalytikern wie Mark Solms propagiert.

Hier ist eine Vergleichsliste der Freud'schen Hypothesen und der entsprechenden Alternativen, die die moderne Neurobiologie anbietet:

(1) *Auslösung von Träumen.*
Freud: Freisetzung unbewusster Wünsche.
Neurobiologie: Hirnaktivierung im Schlaf.

(2) *Merkmale von Träumen.*
(a) *Bizarrheit.*
Freud: Verschleierung und Zensur unbewusster Wünsche.
Neurobiologie: chaotische Bottom-up-Aktivierungsprozesse.

(b) *Starke Emotion.*
Freud: Das kann er nicht erklären!
Neurobiologie: selektive Aktivierung des limbischen Lappens.

(c) *Keine Erinnerung.*
Freud: Verdrängung
Neurobiologie: aminerge Demodulation.

(d) *Halluzinationen.*
Freud: Regression zum System Wahrnehmung.
Neurobiologie: Aktivierung von REMs und PGO-Wellen.

(e) *Wahnvorstellungen, Verlust des selbstreflexiven Bewusstseins*
Freud: Auflösung des Ich.
Neurobiologie: selektive Deaktivierung des DLPFC.

(3) *Traumfunktion.*
Freud: Hüter des Schlafs.
Neurobiologie: Epiphänomen, aber REM-Schlaf lebenswichtig, weil er die Wärmeregulierung und Immunfunktionen verbessert.

Wie wir in Amerika zu sagen pflegen: »Die richtige Antwort muss jeder für sich selbst herausfinden!« Ich habe mich für die Neurobiologie entschieden. Wie steht es mit Ihnen? Was Solms betrifft, so ist er lediglich ein sehr gescheiter Psychoanalytiker, der Freud vor dem Mülleimer bewahren will. Seine Argumente, die auf seinen wichtigen neuropsychologischen Arbeiten basieren, sind schwach. Er hat Verschleierung/Zensur aufgegeben, will aber die Wunscherfüllung neu beleben. Zwar trifft es zu, dass Träume oftmals unsere Wünsche darstellen, aber diese sind nur selten wirklich unbewusst, und Träume stellen auch unsere Ängste dar – eine Tatsache, die Freud nicht erklären konnte. Was bleibt also, nachdem Solms Verschleierung/Zensur aufgegeben und die Wunscherfüllung nur schwach definiert hat? Nicht viel! Solms greift die Hypothese von der Aktivierungs-Synthese, mit der ich den Traum erkläre, wegen der beobachteten Dissoziation zwischen REM-Schlaf und Traumaktivität an. Wie ich schon mehrfach erwähnt habe, ist die Korrelation zwischen REM-Schlaf und Traumgeschehen eine quantitative, keine qualitative. Das Gehirn geht unmittelbar nach dem Einschlafen vom Wachzustand allmählich in den REM-Schlaf über. Dies bedeutet, dass die Traumwahrscheinlichkeit mit dem einsetzenden Schlaf ansteigt, auch im tiefen Nicht-REM-Schlaf fortbesteht, wenn die Hirnaktivierung noch immer achtzig Prozent des Wachzustands beträgt, und ihren Höchststand im REM-Schlaf erreicht.

Weshalb sage ich dann, dass Freud und Solms zu fünfzig Prozent recht hatten? Weil Träume nicht einfach vollkommener Unsinn sind. Sie stellen eine hervorragende wechselseitige Abfrage zwischen dem Bereich der Emotionen und dem der Kognition dar. Daher lohnt es sich, sie zu protokollieren, zu diskutieren und sogar zu deuten, um herauszufinden, was sie uns über unsere Emotionen sagen und wie sie unsere Gedanken und unser Verhalten beeinflussen. Aber sie tun dies direkt und offen, nicht über die symbolische Transformation verbotener Wünsche aus dem Unbewussten.

Die gute Nachricht ist die, dass man kein Geld ausgeben – ja nicht einmal seine Wohnung verlassen – muss, wenn man anhand von Träumen sein Gefühlsleben erkunden will. Man muss nur aufmerksam sein, ein Tagebuch führen und über die Botschaften aus seinem emotionalen Gehirn, dem limbischen System, nachdenken. Als Wissenschaftler, wie ich es bin, kann man noch viel mehr tun. Man kann Träume und das Träumen dazu benutzen, schrittweise eine neue Theorie des Bewusstseins aufzubauen.

Kapitel 6

DAS EMPATHISCHE EGO

Haben Sie schon einmal ein Kind beobachtet, das gerade erst laufen gelernt hat und nun viel zu schnell auf einen Gegenstand, den es gerne haben möchte, zuläuft, dann stolpert und vollkommen ungeschützt nach vorne fällt? Das Kind hebt den Kopf, dreht sich um und sucht nach seiner Mutter. Es tut das mit einem vollständig leeren Gesichtsausdruck, der keinerlei emotionale Reaktion zeigt. Es schaut in das Gesicht der Mutter, um herauszufinden, was genau eigentlich geschehen ist. Wie schlimm war das *wirklich*? Soll ich weinen oder soll ich lachen?

Kleinkinder verfügen noch über kein autonomes Selbstmodell (wahrscheinlich hat niemand von uns ein Selbstmodell, das wirklich unabhängig von anderen ist). Bei solchen kleinen Kindern können wir eine wichtige Tatsache bezüglich der Natur unseres eigenen phänomenalen Ego besonders deutlich beobachten: Es hat sowohl soziale Korrelate als auch neuronale Korrelate. Das Kleinkind weiß noch nicht, wie es sich fühlen soll. Darum sucht es nach dem Ausdruck im Gesicht seiner Mutter, um den gefühlsmäßigen Inhalt seiner eigenen bewussten Selbsterfahrung festzulegen. Sein Selbstmodell hat noch keine stabile emotionale Schicht, auf die es die Aufmerksamkeit richten könnte, um sozusagen abzulesen, wie ernst das eben Geschehene eigentlich war. Das Faszinierende an dieser Situation ist, dass wir es hier mit zwei biologischen Organismen zu tun haben, die noch vor wenigen Monaten eins waren, bevor sie auf der physischen Ebene durch die Geburt getrennt wurden. Ihre Egos, ihre phänomenalen Selbstmodelle, sind jedoch auf der funktionalen Ebene noch immer auf sehr enge, intime Weise aneinandergekoppelt. Wenn das kleine Kind seine Mutter anschaut und erleichtert zu lächeln beginnt, kommt es zu einem plötzlichen Übergang in seinem PSM. Auf einmal entdeckt es, dass es sich überhaupt nicht wehgetan hat und dass das Ganze bloß eine große Überraschung war. Eine Mehrdeutigkeit ist aufgelöst: Jetzt weiß das Kind, wie es *sich fühlt*.

Es gibt Formen des Selbsterlebens, die ein von allen anderen isoliertes Wesen niemals besitzen könnte. Viele Schichten unseres Selbstmodells erfordern soziale Korrelate, und vor allem werden sie häufig überhaupt erst durch eine bestimmte Art von sozialer Wechselwirkung erzeugt. Eine plausible Vermutung ist, dass ein Kind, das nicht lernt, die entsprechenden Teile seines emotionalen Ego im Verlauf einer bestimmten kritischen Phase seiner psychologischen Entwicklung zu aktivieren, als Erwachsener nur einen sehr eingeschränkten Zugang zu den betreffenden Gefühlen haben wird. Bestimmte Bereiche in unserem phänomenalen Zustandsraum können wir nur mit der Hilfe anderer menschlicher Wesen betreten. Eine allgemeinere Einsicht in diesem Zusammenhang ist die, dass bestimmte Typen und Formen subjektiver Erfahrung – das Gefühl der Verbundenheit zwischen zwei Personen, Vertrauen, Freundschaft, Selbstvertrauen und Selbstwertgefühl – für jeden von uns mehr oder weniger leicht verfügbar sind. Das Ausmaß, in dem der Einzelne einen bewussten Zugriff auf seine emotionalen Zustände hat, unterscheidet sich jedoch. Dasselbe gilt darum auch für die Fähigkeit zur Einfühlung und die Leichtigkeit, mit der wir die geistigen Zustände anderer Menschen erkennen und verstehen können. Ego-Tunnel entwickeln sich in einer sozialen Umgebung, und das Wesen dieser Umgebung legt die Möglichkeit der Resonanz fest, das Ausmaß, in dem ein Ego-Tunnel mit einem anderen Ego-Tunnel mitschwingen kann.

Bisher haben wir uns nur damit auseinandergesetzt, wie die Welt und das Selbst in dem vom Gehirn erzeugten Tunnel erscheinen können. Was aber ist mit *anderen* Selbsten? Wie können andere Handelnde mit anderen Zielen, andere Denker von Gedanken und andere fühlende Selbste zu einem Teil unser eigenen inneren Wirklichkeit werden? Diese Frage lässt sich auch in philosophischen Begriffen ausdrücken. Am Anfang dieses Buchs haben wir gefragt, wie eine Erste-Person-Perspektive im Gehirn entstehen kann. Die Antwort lautete, dass dies durch die Erschaffung des Ego-Tunnels geschieht. Jetzt können wir fragen: Was ist eigentlich mit der *Perspektive der zweiten Person*? Oder mit dem »Wir«, der inneren Darstellung der Erste-Person-*Plural*-Perspektive? Wie schafft es das bewusste Gehirn, vom »Ich« zum »Du« und dann zum »Wir« zu kommen? Die Gedanken, Zielvorstellungen, Gefühle und Bedürfnisse anderer Lebewesen in unserer Umwelt bilden Teile unserer eigenen Realität. Darum ist es von entscheidender Bedeutung, zu verstehen, wie unsere Gehirne nicht nur die Innenperspektive des Ego-Tunnels repräsentieren und erschaffen konnten, sondern auch eine Welt, die eine Vielzahl von Egos und vielfältige Perspektiven enthält. Vielleicht entdecken wir ja, dass große Teile der Erste-Person-Perspektive überhaupt nicht einfach so im Gehirn entstanden sind, sondern unter anderem auf kausale Weise durch den sozialen Zusammenhang ermöglicht wurden, in dem wir alle uns von Anfang an vorgefunden haben.

Die Selbstmodell-Theorie sagt, dass bestimmte neue Schichten des Bewusstseins, die erstmals im Selbstmodell von *Homo sapiens* auftraten, den Übergang von der biologischen in die kulturelle Evolution möglich machten. Dieser Vorgang begann auf einer unbewussten, automatischen Ebene in unseren Gehirnen, und seine Wurzeln reichen weit zurück ins Tierreich. Es gibt eine evolutionäre Kontinuität, die am Ende zu solch hochstufigen sozialen Phänomenen geführt hat wie der nur dem Menschen eigenen Fähigkeit, andere bewusst als rationale Subjekte und moralische Personen anzuerkennen. Im zweiten Kapitel habe ich kurz darauf hingewiesen, dass in der philosophischen Begriffsgeschichte das Konzept von »Bewusstsein« aufs Engste mit dem Besitz eines »Gewissens« verknüpft war – also der höherstufigen Fähigkeit, den ethisch-moralischen Wert unserer niedrigstufigen geistigen Zustände oder unseres Verhaltens einzuschätzen. Welche Art von Selbstmodell braucht man, um in diesem Sinne ein moralisch Handelnder zu werden? Die Antwort könnte etwas mit dem Fortschreiten von einer Darstellung der Erste-Person-Singular-Perspektive zu der einer Erste-Person-Plural-Perspektive im eigenen Geist zu tun haben sowie mit der Fähigkeit, geistig den Nutzen (oder die Risiken) darzustellen, den eine bestimmte individuelle Handlung für das Kollektiv als Ganzes haben könnte. Man wird ein moralisch Handelnder, indem man Gruppeninteressen in die Planung der eigenen Handlungen mit einbezieht und so Rücksicht auf den Zusammenhang und die Stabilität der eigenen Gruppe nimmt. Insofern könnte die Evolution des moralischen Verhaltens sehr viel mit der Fähigkeit eines Organismus zu tun gehabt haben, sich mental von einer Repräsentation seiner individuellen Interessen zu distanzieren und bewusst und explizit Prinzipien der Gruppenselektion im eigenen Geist zu erfassen, sogar dann, wenn dies zu selbstschädigendem Verhalten führte. Erinnern wir uns: Die wunderschönen frühen philosophischen Theorien über Bewusstsein-als-Gewissen beruhten auf der Vorstellung, dass man einen idealen Beobachter im eigenen Geist installieren kann. Ich glaube, dass das Selbstmodell des Menschen genau deshalb so erfolgreich war, weil es *die eigene soziale Gruppe* als idealen Beobachter in unserem Geist installierte, und zwar in einem viel stärkeren Maße, als es im Gehirn irgendeines anderen Primaten der Fall war. Dieser Schritt schuf eine dichte kausale Verknüpfung zwischen globaler Gruppenkontrolle und globaler Selbstkontrolle – sozusagen eine neue Art von Meinigkeit und Identifikation.

Die wissenschaftliche Erforschung dieser Phänomene wird den Blick auf Schimpansen und Makaken lenken müssen, auf Fisch- und Vogelschwärme und vielleicht sogar auf Insektenstaaten wie Wespen- oder Ameisenkolonien. Sie wird auch die Art und Weise untersuchen müssen, in der Säuglinge schon kurz nach der Geburt den Gesichtsausdruck ihrer Eltern imitieren oder in der sie später Blickfolgebewegungen entwickeln und Zeigegesten zu verstehen beginnen. Wenn man das Problem der Intersubjektivität wirklich ernst nehmen will, dann muss man seine Ursprünge verstehen: Die Geschichte der Intersubjektivität begann vor langer Zeit, in den tiefen Bereichen der biologischen Verhaltenskoordination, in den motorischen Regionen des Gehirns und in den unbewussten Schichten des Ego. Intersubjektivität ist verankert in Interkorporalität.

Soziale Neurowissenschaft: Kanonische Neuronen und Spiegelneuronen

Soziologische und biologische Ansätze bei der Erforschung des menschlichen Bewusstseins sind traditionell als gegnerische oder zumindest sich gegenseitig ausschließende Strategien behandelt worden. Heute jedoch, in der neuen Disziplin der sozialen Neurowissenschaft, geht man davon aus, dass wir eine integrative und auf vielen Ebenen gleichzeitig operierende Analyse benötigen und dass eine gemeinsame wissenschaftliche Sprache, die in der Struktur und Funktionsweise des Gehirns verankert ist, dazu einen Beitrag leisten kann. Die Selbstmodell-Theorie ist auch ein Versuch, genau diese Art von Sprache zu entwickeln.

Seit den frühen 1980er Jahren weiß man, dass es eine besonders interessante Klasse von Nervenzellen in einem Areal namens F5 in der ventralen prämotorischen Region des Makakengehirns gibt. Diese Nervenzellen sind Teil des unbewussten Selbstmodells, denn sie kodieren Körperbewegungen auf eine hochgradig abstrakte Art und Weise. Giacomo Rizzolatti, Professor für Humanphysiologie an der Universität von Parma und einer der Pioniere in diesem aufregenden neuen Forschungsgebiet, prägte den Begriff eines »Motorvokabulars« oder auch »Bewegungsvokabulars«, das aus komplexen inneren Bildern von ganzen Handlungen besteht. Wörter im Motorvokabular des Affen könnten zum Beispiel »ausstrecken«, »erfassen«, »abreißen« oder »festhalten« sein. Der interessante Aspekt an dieser Entdeckung ist, dass es einen speziellen Teil des Gehirns gibt, der die Handlungen des Affen – und auch unsere eigenen – ganzheitlich beschreibt. Diese Beschreibung schließt sowohl die Ziele der Handlungen als auch das zeitliche Muster mit ein, in dem sie sich entfalten. Die Handlungen werden als *Beziehungen* zwischen einem Handelnden und einem Zielgegenstand (etwa einem Bananenstück, einer Rosine oder einer Erdnuss) seiner Handlung dargestellt.[1]

Inzwischen wissen wir, dass auch Menschen etwas Ähnliches besitzen. Aus neurokomputationaler Perspektive ergibt dieses System in unseren Gehirnen auf jeden Fall Sinn: Indem wir ein inneres Wörterbuch für mögliche Handlungen entwickeln, reduzieren wir den gewaltigen Raum der Möglichkeiten auf eine kleine Anzahl von stereotypen Körperbewegungen und Zielvorstellungen. Das erlaubt es uns zum Beispiel, dieselbe Greifbewegung in sehr unterschiedlichen Situationen durchzuführen. Man kann sich auch vorstellen, dass solche Bewegungen unter Umständen direkt durch in der Umwelt wahrgenommene »Handlungsangebote« ausgelöst werden (denken wir nur an das Alien-Hand-Syndrom aus Kapitel 4).

Eines der faszinierendsten Merkmale dieser sogenannten *kanonischen Neuronen* besteht darin, dass sie auch auf die visuelle Wahrnehmung von Gegenständen in unserer Umgebung reagieren. Unser Gehirn registriert nicht einfach einen Stuhl, eine Teetasse, einen Apfel. Es stellt den gesehenen Gegenstand auch sofort als *Was-ich-damit-tun-könnte* dar – als ein Angebot zum Handeln, als eine Menge von möglichen Verhaltensweisen: Dies ist etwas, worauf ich sitzen könnte; das ist etwas, das ich in den Mund nehmen oder in meinen Händen halten könnte, und jenes ist etwas, das ich werfen könnte. Während wir auf der Ebene des bewussten Erlebens einen Gegenstand sehen, schwimmen wir gleichzeitig unbewusst in einem Ozean aus möglichen Verhaltensweisen. Wie sich jetzt zeigt, ist die traditionelle philosophische Unterscheidung zwischen Wahrnehmung und Handlung sehr künstlich. In Wirklichkeit scheinen unsere Gehirne häufig ein gemeinsames Kodierungsprinzip einzusetzen: Alles, was wir wahrnehmen, wird automatisch auch als Faktor in einer möglichen Wechselwirkung zwischen uns selbst und der Welt dargestellt. Auf diese Weise entsteht ein neues Medium, das Handlung und Wahrnehmung zu einem neuartigen, einheitlichen Repräsentationsformat verschmilzt. Die zweite faszinierende Entdeckung in Bezug auf kanonische Neuronen ist, dass man sie auch zur Selbstrepräsentation benutzen kann. Das Motorvokabular ist Teil des unbewussten Selbstmodells, weil es zielgerichtete Bewegungen unseres Körpers beschreibt. Die unbewussten Vorläufer des phänomenalen Ego in unserem Gehirn spielen daher eine wesentliche und zentrale Rolle in unserer Wahrnehmung der uns umgebenden Welt.

In den 1990er Jahren entdeckten Forscher eine weitere Gruppe von Neuronen. Diese sind ebenfalls ein Teil des Areals F5, doch feuern sie nicht nur, wenn die Affen auf Gegenstände gerichtete Handlungen ausführen, wie etwa das Greifen nach einer Erdnuss, sondern auch, wenn sie andere dabei beobachten, wie sie dieselbe Art von Handlung durchführen. Weil diese Neuronen auf von anderen ausgeführte Handlungen reagieren, werden sie als *Spiegelneuronen* bezeichnet. Ihre Aktivität ist eine Antwort auf etwas, das man mit den Sinnesorganen nicht wahrnehmen kann. Sie werden dann aktiviert, wenn ein anderer Handelnder dabei beobachtet wird, wie er Gegenstände auf zielgerichtete Weise benutzt. Wir gleichen also ständig die von uns beobachteten körperlichen Verhaltensweisen anderer mit unserem eigenen inneren Motorvokabular ab. Dieses System zur Abgleichung von Handlungen und Beobachtungen hilft uns, etwas zu verstehen, was wir niemals mit Hilfe unserer Sinnesorgane allein hätten verstehen können – nämlich, dass andere Wesen in unserer Umgebung Ziele verfolgen. Wir benutzen sozusagen unser unbewusstes Selbstmodell, um uns in jemand anders hineinzuversetzen und seine Absicht zu erraten. Wir verwenden unsere eigenen »Bewegungsvorstellungen«, um die Handlungen eines anderen Menschen zu verstehen, indem wir sie direkt auf unser eigenes inneres Repertoire abbilden und automatisch ein inneres Bild abrufen, das uns sagt, was *unser* Ziel gewesen wäre, wenn unser eigener Körper sich ebenfalls auf diese Weise bewegt hätte.[2] Das bewusste Erleben des Verstehens eines anderen Menschen, das subjektive Gefühl, das plötzlich im Ego-Tunnel auftaucht, wenn wir intuitiv erfassen, was die Ziele von anderen sind und was sich in ihrem Geist abspielt, ist ein direktes Ergebnis dieser unbewusste Vorgänge.[3]

Das bewusste Selbst ist demnach nicht nur ein Fenster in die inneren Abläufe des eigenen Ego, sondern auch ein Fenster in die soziale Welt. Es ist ein Zwei-Wege-Fenster: Es hebt die unbewussten und automatischen Vorgänge, mit deren Hilfe Organismen pausenlos gegenseitig ihr Verhalten repräsentieren, auf die Ebenen der globalen Verfügbarkeit. Dadurch werden diese Vorgänge zu einem Teil des Ego-Tunnels, einem Element unserer subjektiven Wirklichkeit. Sie führen zu einer enormen Erweiterung und Bereicherung unserer inneren Simulation der Welt. Sobald unsere Gehirne in der Lage sind, nicht nur Ereignisse darzustellen, sondern auch Handlungen – das heißt zielgerichtete Ereignisse, die durch andere Wesen verursacht werden –, sind wir nicht mehr allein. Andere Wesen existieren, mit einem eigenen Geist. Die Tatsache, dass es in der Welt mehr als einen Ego-Tunnel geben könnte, spiegelt sich nun in unserem eigenen Tunnel wider: Wir besitzen jetzt das, was Vittorio Gallese und ich eine »Handlungsontologie« genannt haben. Dieses erweiterte innere Modell der Wirklichkeit können wir nun ständig weiterentwickeln, und wir können es zum Einsatz bringen, indem wir es mit anderen teilen.[4]

Etliche empirische Belege aus einer Vielzahl verschiedener bildgebender Verfahren zeigen, dass das System der Spiegelneuronen nicht nur bei Affen existiert, sondern auch beim Menschen. Das System scheint beim Menschen jedoch wesentlich stärker generalisiert zu sein und nicht von konkreten Wechselwirkungen zwischen Gegenständen und Handlungsorganen abzuhängen. Infolgedessen kann es eine deutlich größere Bandbreite an Handlungen darstellen, als das bei Affen der Fall ist. Insbesondere hat die Forschung mittlerweile Spiegelneuronensysteme entdeckt, die ganz ähnliche Effekte für Gefühle, für die Schmerzwahrnehmung und andere körperliche Empfindungen erzeugen können. Wenn man Testpersonen beispielsweise Bilder von traurigen Gesichtern zeigt, schätzen sie sich hinterher häufig trauriger ein als vorher – und zeigt man ihnen glückliche Gesichter, schätzen sie sich selbst in der Regel als glücklicher ein. Viele empirische Daten zeigen übereinstimmend, dass wir, wenn wir andere Menschen dabei beobachten, wie sie Gefühlszustände ausdrücken, diese Zustände mit Hilfe derselben neuronalen Netze in unserem Gehirn simulieren, die auch aktiv sind, wenn wir diese Gefühle gerade selbst empfinden oder ihnen Ausdruck verleihen.[5] Zum Beispiel gibt es bestimmte Regionen in einem Hirnbereich, der als »Insel« bezeichnet wird, die dann aktiv werden, wenn man Versuchspersonen einem ekelerregenden Geruch aussetzt, und ebendiese Regionen sind auch aktiv, wenn wir den Ausdruck von Ekel auf dem Gesicht einer anderen Person sehen. Eine gemeinsame Darstellung des Gefühlszustands von Ekel wird in unseren Gehirnen aktiviert, unabhängig davon, ob wir ihn selbst erleben oder ihn bei einem anderen Menschen beobachten. Was das Erleben von Furcht angeht, so hat man entsprechende Beobachtungen in einem Hirnbereich gemacht, der als »Mandelkern« bezeichnet wird.[6] Bemerkenswert ist, dass unsere Fähigkeit, ein bestimmtes Gefühl in einem anderen Menschen wiederzuerkennen, geschwächt oder abgeschaltet werden kann, indem man die betreffenden Teile des Spiegelneuronensystems blockiert. So glaubt man, dass gewisse Bereiche im ventralen Streifenkörper der Basalganglien notwendig sind, um Wut wahrzunehmen, denn Patienten mit einem Schaden in einem solchen Bereich sind nur eingeschränkt in der Lage, Aggressionssignale zu erkennen, die von anderen ausgesendet werden. Wenn man diesen Bereich pharmakologisch blockiert (indem man den Dopaminstoffwechsel stört), können Versuchspersonen noch alle anderen Gefühle erkennen, aber sie sind blind für Wut.[7] Wut verschwindet aus dem Ego-Tunnel, sie ist kein möglicher Teil ihrer sozialen Wirklichkeit mehr. Ähnliche Entdeckungen hat man für das Schmerzerleben gemacht. Neuere Experimente mit Hilfe der funktionalen Magnetresonanztomographie zeigen, dass bestimmte Areale der Großhirnrinde, wie der vordere zinguläre Kortex und der innere Bereich der Insel, aktiv sind, wenn wir Schmerzen erleben, aber auch wenn wir jemand anderen dabei beobachten, wie er Schmerzen hat.[8] Interessanterweise wird hierbei nur der emotionale Teil des Schmerzsystems aktiviert, jener Teil, der mit der rein sinnlichen Wahrnehmung von Schmerzen verknüpft ist, dagegen nicht. Dies ergibt absolut Sinn, weil der sinnliche Aspekt genau das ist, was wir mit keinem anderen Menschen teilen können: Wir können die schneidende, pulsierende oder brennende sinnliche Qualität des Schmerzerlebens nicht teilen, aber wir können uns in die Emotionen einfühlen, die durch sie ausgelöst werden.

Andere Experimente mit bildgebenden Verfahren haben demonstriert, dass ein ähnliches Prinzip für weitere Körperempfindungen besteht. Bestimmte höhere Stufen des somatosensorischen Kortex werden sowohl dann aktiviert, wenn die Versuchspersonen beobachten, wie andere Menschen berührt werden, als auch dann, wenn sie selbst berührt werden. Wieder ist es so, dass die unmittelbare sinnliche Qualität, die mit der Aktivierung des primären somatosensorischen Kortex verbunden ist, nicht geteilt werden kann, dass aber eine höhere Ebene im körperlichen Ego existiert, welche aktiv ist, egal ob wir selbst berührt werden oder ob wir nur beobachten, wie jemand anders berührt wird. Es scheint ein Prinzip zu geben, das all diesen neuen empirischen Entdeckungen zugrunde liegt und sie verbindet: Bestimmte Schichten unseres Selbstmodells fungieren als Brücke in den sozialen Raum, weil sie abstrakte innere Beschreibungen dessen, was in uns selbst stattfinden kann, direkt auf solche abbilden können, die uns sagen, was gerade in anderen Menschen geschieht.

Natürlich hat Intersubjektivität nicht nur mit dem Körper und mit Gefühlen zu tun. Auch das Denken spielt eine Rolle. Vernunftbasierte Formen der Einfühlung scheinen wieder andere Teile des Gehirns einzubeziehen – insbesondere den ventromedialen präfrontalen Kortex. In jedem Fall hilft uns die Entdeckung der Spiegelneuronen zu verstehen, dass Einfühlung ein ganz natürliches Phänomen ist, das wir im Verlauf der biologischen Evolution Schritt für Schritt erworben haben. Erst entwickelten wir das Selbstmodell, weil wir unsere Sinneswahrnehmungen mit unserem körperlichen Verhalten verbinden mussten. Dann wurde dieses Selbstmodell bewusst, und das phänomenale Selbst wurde in den Ego-Tunnel hineingeboren, was uns erlaubte, eine globale und wesentlich selektivere und flexiblere Form der Kontrolle unseres eigenen Körpers zu erreichen. Dies war der Schritt von einem verkörperten natürlichen System, das ein inneres Bild von sich als einer Ganzheit besitzt und benutzt, hin zu einem System, das diese Tatsache zusätzlich auch noch bewusst erlebt.[9] Der nächste evolutionäre Schritt war dann das, was Vittorio Gallese, ein Kollege von Rizzolatti in Parma und einer der führenden Forscher auf diesem Gebiet, *verkörperte Simulation* genannt hat.[10] Damit wir die Gefühle und Ziele anderer Menschen verstehen, benutzen wir unser eigenes Körpermodell im Gehirn, um sie zu simulieren.

Wie aktuelle Daten aus der Neurowissenschaft zeigen, durchbricht dieser Vorgang auch die Grenze zwischen dem Unbewussten und dem Bewussten. Ein beträchtlicher Teil dieser ständig ablaufenden Spiegelaktivität geschieht außerhalb des Ego-Tunnels, und deshalb haben wir davon auch keinerlei subjektive Wahrnehmung. Von Zeit zu Zeit jedoch, wenn wir unsere Aufmerksamkeit gezielt auf andere Menschen richten oder soziale Situationen analysieren, spielt auch das bewusste Selbstmodell eine Rolle. Insbesondere können wir, wie bereits festgestellt, gleichsam unmittelbar verstehen, was jemand anders vorhat – es ist fast so, als ob wir es direkt sinnlich wahrnehmen. Oft »wissen wir einfach«, welchen Zweck ein anderer mit seinem Handeln verfolgt und in welchem Gefühlszustand er sich wahrscheinlich befindet.[11] Wir greifen auf dieselben internen Ressourcen zurück, die uns unsere eigenen Zielzustände zu Bewusstsein bringen, um automatisch zu entdecken, dass andere ebenfalls zielgerichtete Entitäten sind und nicht bloß sich bewegende Gegenstände in unserer Umgebung. Wir können sie als Egos erleben, weil wir uns selbst als Egos erleben. Wann immer uns die Einfühlung und ein erfolgreiches soziales Verstehen gelingen, teilen wir einen gemeinsamen repräsentationalen Inhalt: ein inneres Bild, das sich auf ein und denselben Zielzustand bezieht, allerdings in zwei verschiedenen Ego-Tunnel auftaucht. Soziale Kognition ist nun für die empirische Hirnforschung auf der Ebene von Einzelzellableitungen fassbar geworden – und dies zeigt uns nicht nur, wie Ego-Tunnel durch das Fenster ihrer Selbstmodelle begannen, wechselseitig Informationen auszutauschen und manchmal sogar im Gleichtakt zu schwingen. Es liefert auch eine Vorstellung davon, wie es möglich war, dass komplexe Formen der Zusammenarbeit und der Kommunikation zwischen selbstbewussten Organismen evolvieren konnten und dadurch die Grundlagen der kulturellen Evolution legten.

Ich glaube, dass soziale Kognition zum großen Teil auf etwas beruht, das manchmal als »Exaptation« bezeichnet wird. Adaptation, die funktionsgebundene Anpassung im Laufe der Evolution, führte zu einem integrierten Körpermodell im Gehirn und zum phänomenalen Selbstmodell. Dann wurden die bereits existierenden neuronalen Schaltkreise für eine andere Form von Intelligenz »exaptiert«: Auf einmal erwiesen sie sich auch bei der Auseinandersetzung mit einer ganz anderen Art von Problemen als nützlich. Genau wie bei Federn, die sich zuerst »für« die Wärmeisolation entwickelten und später den Vögeln das Fliegen ermöglichten, begann dieser Vorgang mit niedrigstufigen Formen der motorischen Resonanz. Dann jedoch führte die Verkörperung zweiter und dritter Stufe[12] zur Entdeckung der verkörperten *Simulation* als eines völlig neuen Werkzeugs bei der Entwicklung sozialer Intelligenz. Zuerst ging es nur darum, den eigenen Körper, seine Bewegungen und Wahrnehmungen auf ganzheitliche Weise zu kontrollieren. Plötzlich jedoch öffnete sich ein neues Fenster in die soziale Wirklichkeit: Einfühlung wurde möglich, das Erkennen und schließlich auch die zielgerichtete Manipulation der sozialen Umwelt. Wie alles andere in der Evolution wurde auch dieser Vorgang durch Zufallsereignisse angetrieben. Es gab kein Ziel und keinen Zweck, der dahinterstand, aber schließlich führte er uns dorthin, wo wir heute sind – zur Bildung komplexer Gesellschaften einschließlich intelligenter wissenschaftlicher Gemeinschaften, deren Mitglieder zielgerichtet handeln und genau diesen Vorgang selbst wiederum zu verstehen versuchen.

Das neue, allgemeine Bild, das jetzt zum Vorschein kommt, ist inspirierend: Wir alle schwimmen ständig in einem unbewussten Meer der Interkorporalität, der Zwischenkörperlichkeit, und spiegeln uns gegenseitig mit Hilfe der verschiedenen unbewussten Bestandteile und Vorläufer des phänomenalen Ego. Lange bevor das bewusste höherstufige soziale Verstehen die Bühne betrat, und lange bevor die Sprache evolvierte und Philosophen begannen, komplizierte Theorien darüber zu entwickeln, was genau eigentlich notwendig ist und was es bedeutet, dass ein menschliches Wesen ein anderes als Person und als rationales Individuum anerkennt, waren wir bereits mit allen Wassern impliziter körperlicher Intersubjektivität gewaschen. Kaum einer der großen Gesellschaftsphilosophen der Vergangenheit hätte gedacht, dass das soziale Verstehen irgendetwas mit dem prämotorischen Kortex zu tun haben könnte und dass »Bewegungsvorstellungen« eine solch zentrale Rolle bei der Herausbildung sozialen Verstehens spielen würden. Wer hätte gedacht, dass geteiltes Denken und geteilte geistige Inhalte von geteilten »motorischen Repräsentationen« abhängen? Oder dass diejenigen funktionalen Aspekte des menschlichen Selbstmodells, die für die Entwicklung sozialen Bewusstseins notwendig sind, überwiegend auf der nichtbegrifflichen, vorrationalen und vortheoretischen Ebene liegen? Die ersten Vorahnungen solcher Ideen kamen am Ende des 19. und in der ersten Hälfte des 20. Jahrhunderts auf, als es in der experimentellen Psychologie zahlreiche Versuche gab, die sogenannten ideomotorischen Phänomene besser zu verstehen.[13] Im Jahre 1903 schrieb der Philosoph Theodor Lipps über die Einfühlung – die Fähigkeit, wie er es formulierte, »sich selbst in einem Gegenstand zu fühlen«. Er sprach bereits von »innerer Nachahmung« und von »Organempfindungen«. Gegenstände der Einfühlung konnten für ihn nicht nur die Bewegungen oder Körperstellungen sein, die wir an anderen Menschen wahrnehmen, sondern auch Objekte der Kunst, Architektur und sogar optische Täuschungen. Er war der Auffassung, dass ästhetischer Genuss einerseits »vergegenständlicht«, andererseits aber gleichzeitig eine Form des »Selbstgenusses« ist – in seinen eigenen Worten heißt dies, dass »der Gegenstand Ich ist, und ebendamit das Ich Gegenstand«.[14] Sozialpsychologen haben schon vor Jahrzehnten begonnen, über Begriffe wie »virtuelle Körperbewegungen« und »motorische Mimikry« oder »Bewegungsansteckung« zu diskutieren.

Aus philosophischer Perspektive ist die Entdeckung der Spiegelneuronen deshalb aufregend, weil sie uns eine Vorstellung davon vermittelt, wie motorische Primitive semantische Primitive sein konnten. Was heißt das? Es bedeutet, dass wir verstehen, wie die einfachsten Bausteine der Bewegung zu den einfachsten Bausteinen des Transports geistiger Inhalte werden konnten – also davon, wie sich *Bedeutung* zwischen leiblich Handelnden kommunizieren ließ. Dank unserer Spiegelneuronen sind wir in der Lage, die Bewegungen eines anderen Menschen bewusst als bedeutungsvoll zu erleben. Vielleicht bestand der evolutionäre Vorläufer der Sprache nicht aus den Schreien der Tiere, sondern aus der Kommunikation mit Hilfe körperlicher Gesten.[15] Die Übertragung von Bedeutung könnte ursprünglich aus dem unbewussten körperlichen Selbstmodell heraus erwachsen sein sowie aus der motorischen Agentivität, die bei unseren Vorfahren in der Welt der Primaten auf elementaren Gesten und Ausdrucksbewegungen beruhte. Es ist durchaus denkbar, dass Laute erst später mit Gesten verknüpft wurden, vielleicht mit Gesichtsbewegungen, die bereits Bedeutung trugen – etwa einem starren, grimmigen Blick, einem Grinsen, einem Zusammenzucken oder einem »grußartigen« Hochziehen der Augenbrauen. Noch heute wird bei der stillen Beobachtung die Armbewegung eines anderen Menschen, der etwa nach einem Gegenstand greift, unmittelbar verstanden, weil sie – und zwar ganz ohne dazwischengeschaltete Symbole oder Gedanken – dieselbe motorische Repräsentation im parietofrontalen Spiegelsystem unseres eigenen Gehirns hervorruft. In den Worten von Professor Rizzolatti und Dr. Maddalena Fabbri Destro vom Institut für Hirnforschung an der Universität von Parma: »Der Spiegelmechanismus hat während einer sehr frühen Phase der Sprachevolution zwei grundlegende Kommunikationsprobleme gelöst: die Gleichwertigkeit der verwendeten Strukturen und das direkte Verständnis. Dank der Spiegelneuronen zählte das, was für den Sender der Botschaft zählte, auch für den Empfänger. Es waren keine frei festlegbaren, willkürlichen Symbole erforderlich. Das Verständnis war bereits in der neuronalen Organisation beider Einzelwesen angelegt.«[16]

All das verlieh nicht nur den Begriffen des »Erfassens« beziehungsweise des »geistigen Erfassens der Absicht eines anderen Menschen« eine neue und reichhaltige Bedeutung, sondern, noch wichtiger, auch dem Begriff des *Begreifens* selbst, dem Begriff des Erfassens eines *Begriffs* – also der Essenz des menschlichen Denkens selbst. Es könnte etwas mit der Simulation von Handbewegungen im eigenen Geist zu tun haben, allerdings in einer viel abstrakteren Art und Weise als bei der Vorstellung des eigenen Körpers, nämlich in einem nicht auf das eigene Ego zentrierten inneren Raum. Allem Anschein nach hat die Menschheit dies intuitiv schon seit Jahrhunderten gewusst: Konzept – »Begriff« oder Vorstellung – kommt von dem lateinischen Wort *conceptum*, was sich, ähnlich wie unser heutiges »etwas begreifen«, auf das Fassen oder Erfassen eines Dings bezieht, aber auch auf den Vorgang der Empfängnis, wobei dies wiederum auf das lateinische Verb *concipere* zurückgeht, welches »aufnehmen«, »erfassen«, aber auch »verfassen« bedeuten kann. Es spiegelt sich zum Beispiel auch in der heutigen englischen Wendung »to conceive of something« wider. Bereits etwa im Jahre 1340 trat eine zweite Bedeutung des lateinischen Worts auf: »in den eigenen Geist aufnehmen« oder »mit dem Verstande fassen«. Hatten die Menschen des Mittelalters möglicherweise bessere introspektive Fähigkeiten als wir? Konnten sie tiefer in ihren eigenen Geist schauen, waren sie empfindsamer für die funktionale Tiefenstruktur ihrer Gehirne? Überraschenderweise gibt es im Broca-Areal – einer Region im menschlichen Gehirn, die mit Sprachverarbeitung sowie dem Hervorbringen und Verstehen von Wörtern oder Zeichen zu tun hat – eine Repräsentation der menschlichen Hand. Eine Reihe von wissenschaftlichen Studien hat gezeigt, dass mit der Hand oder dem Arm ausgeführte Ausdrucksbewegungen und Bewegungen des Munds durch ein gemeinsames Bindeglied auf der Ebene des neuronalen Substrats miteinander verknüpft sind. Zum Beispiel beeinflussen Greifbewegungen die Aussprache – und zwar nicht nur, wenn man sie selbst ausführt, sondern auch dann, wenn man sie bloß beobachtet. Es konnte zudem gezeigt werden, dass Handgesten und Mundgesten beim Menschen direkt verknüpft sind und dass die Bewegungsmuster im Mund- und Rachenraum und in der Kehlkopfmuskulatur, die wir beim Sprechen erzeugen, ein Teil dieser Verknüpfung sind.

Das Broca-Areal ist außerdem eine Art Markierungspunkt oder Meilenstein auf dem Weg der Entwicklung von Sprache in der Evolution des Menschen, und deshalb ist es faszinierend, zu sehen, dass es auch eine motorische Repräsentation von Handbewegungen enthält. Wir könnten es hier mit einem Teil der Brücke zu tun haben, die von der »Körpersemantik« der Gesten und dem körperlichen Selbstmodell zur linguistischen Semantik führt, die mit Lauten, Sprachproduktion und abstrakten Bedeutungsinhalten verbunden ist, welche ihren Ausdruck in unserem kognitiven Selbstmodell finden, dem denkenden Selbst. Das Broca-Areal ist durch fossile Funde beim *Homo habilis* dokumentiert, während die mutmaßlichen Vorgänger dieser frühen Hominiden es noch nicht besaßen. Darum kann man sich vorstellen, dass der Spiegelmechanismus der grundlegende Mechanismus ist, aus dem sich die Sprache in der Evolution entwickelte. Indem er uns motorische Kopien von beobachteten Handlungen zur Verfügung stellte, gestattete er uns, die Handlungsziele aus dem Geist anderer Menschen zu extrahieren – und später auch abstrakte Bedeutungen von einem Ego-Tunnel zum anderen zu übermitteln.

Die Geschichte der Spiegelneuronen ist nicht nur deshalb attraktiv, weil sie eine Brücke zwischen der Hirnforschung und den Geisteswissenschaften schlägt, sondern auch, weil sie ein neues Licht auf eine Vielzahl einfacherer sozialer Phänomene wirft. Ist Ihnen schon einmal aufgefallen, wie ansteckend ein Gähnen ist? Haben Sie sich schon einmal dabei ertappt, wie Sie in einer Gruppe standen und schon laut mit anderen zusammen lachten, obwohl Sie den Witz noch gar nicht richtig verstanden hatten? Die Geschichte der Spiegelneuronen vermittelt uns eine Vorstellung davon, wie große Gruppen von Tieren – etwa Fisch- und Vogelschwärme – ihr Verhalten enorm schnell und genau aufeinander abstimmen können: Sie sind durch etwas miteinander verbunden, das man als einen niedrigstufigen »Resonanzmechanismus« bezeichnen könnte. Spiegelneurone lassen uns auch verstehen, warum Eltern spontan den Mund öffnen, wenn sie ein Baby füttern, was eigentlich während einer Massenpanik passiert und warum es manchmal so schwer ist, aus der Herde auszubrechen und ein echter Held zu sein. Die Neurowissenschaft leistet einen Beitrag zum Menschenbild: Als leibliche Wesen sind wir alle in einem vorsprachlichen, intersubjektiven Bedeutungsraum miteinander verbunden – in dem, was Vittorio Gallese unsere »geteilte Mannigfaltigkeit« nennt.[17]

Kapitel 6 Anhang

»THE SHARED MANIFOLD« (DIE GETEILTE MANNIGFALTIGKEIT)

Ein Gespräch mit Vittorio Gallese

Vittorio Gallese ist Professor für Humanphysiologie am Fachbereich Neurowissenschaften der Universität Parma. Als kognitiver Neurowissenschaftler liegt der Schwerpunkt seiner Forschungsinteressen auf den Beziehungen zwischen dem sensomotorischen System und der Kognition bei menschlichen und nichtmenschlichen Primaten, wobei er sich einer Vielzahl neurophysiologischer und bildgebender Verfahren bedient. Zu seinen bedeutendsten Beiträgen gehören die (gemeinsam mit seinen Kollegen in Parma gemachte) Entdeckung der Spiegelneuronen und die Erarbeitung eines theoretischen Modells für die grundlegenden Aspekte sozialer Kognition. In Zusammenarbeit mit Psychologen, Psycholinguisten und Philosophen entwickelt er einen interdisziplinären Ansatz für das Verständnis von Intersubjektivität und sozialer Kognition. Im Jahr 2002 bekleidete er die George-Miller-Gastprofessur an der Universität von Kalifornien in Berkeley. Im Jahr 2007 wurde er für die Entdeckung der Spiegelneuronen mit dem *Grawemeyer Award for Psychology* ausgezeichnet. Er hat über siebzig Beiträge in internationalen Fachzeitschriften veröffentlicht und ist (mit Maxim I. Stamenov) Herausgeber des Buchs *Mirror Neurons and the Evolution of Brain and Language* (2002).

Metzinger: Vittorio, was genau verstehen Sie unter der »Shared-Manifold«-Hypothese? Was ist eine »Shared Manifold« (wörtl.: »geteilte Mannigfaltigkeit«)?

Gallese: Ich bin von folgender Frage ausgegangen: Wie können wir die Leichtigkeit erklären, mit der wir normalerweise verstehen, worum es geht, wenn wir mit anderen Menschen interagieren? Ich habe diesen Begriff verwendet, um zu beschreiben, was geschieht, wenn wir die Handlungen anderer beobachten oder ihr äußeres Verhalten, das die von ihnen erlebten Empfindungen und Emotionen ausdrückt. Er bezeichnet im Grunde unsere Fähigkeit, zur Erlebniswelt des anderen direkten und impliziten Zugang zu gewinnen. Meines Erachtens sollte der Begriff der Empathie auf all die verschiedenen Aspekte des Ausdrucksverhaltens erweitert werden, die uns erlauben, eine bedeutungsvolle Beziehung zu anderen herzustellen. Dieser erweiterte Empathiebegriff wird von dem Terminus »geteilte Mannigfaltigkeit« abgedeckt. Er eröffnet die Möglichkeit, wichtige Aspekte und mögliche Beschreibungsebenen der Intersubjektivität auf eine einheitliche Weise darzustellen. Ich wollte den Ausdruck »Empathie« bewusst vermeiden, weil er systematisch Missverständnisse hervorruft, hauptsächlich wegen seiner unterschiedlichen Konnotationen in verschiedenen Kontexten. Die »geteilte Mannigfaltigkeit« lässt sich auf drei verschiedenen Ebenen beschreiben: einer phänomenologischen Ebene, einer funktionalen Ebene und einer subpersonalen Ebene.

Die phänomenologische Ebene ist verantwortlich für das Gefühl der Ähnlichkeit – der Zugehörigkeit zu einer größeren sozialen Gemeinschaft von Personen wie wir –, das wir jedes Mal erleben, wenn wir anderen Menschen begegnen. Angesichts des intentionalen, auf Zwecke und Ziele gerichteten Verhaltens anderer erleben wir einen spezifischen phänomenalen Zustand der wechselseitigen intentionalen Feinabstimmung. Dieser phänomenale Zustand erzeugt die eigentümliche Qualität der Vertrautheit mit anderen Individuen, die dadurch entsteht, dass die Intentionen der anderen mit denen des Beobachters »zusammenfallen«. Dies scheint ein wichtiges Element der Empathie zu sein.

Die funktionale Ebene lässt sich mit verkörperten Simulationen der Handlungen beschreiben, die wir sehen, oder der Emotionen und Empfindungen, deren Ausdruck wir bei anderen beobachten. Ich werde das gleich noch näher erläutern.

Die subpersonale Ebene besteht aus der Aktivität einer Reihe spiegelneuronaler Schaltkreise. Die Aktivität dieser spiegelneuronalen Schaltkreise ist nun wiederum eng an mehrstufige Veränderungen in Körperzuständen gekoppelt. Wir haben gesehen, dass Spiegelneuronen einen gemeinsamen multimodalen Raum für Handlungen und Handlungsabsichten entstehen lassen. Neuere Befunde zeigen, dass analoge neuronale Netzwerke multimodale emotionale und sehr sensible »wir-zentrische« Räume erzeugen. Um es einfacher auszudrücken: Jedes Mal, wenn wir uns in Beziehung zu einem anderen Menschen setzen, treten wir automatisch in einen wir-zentrischen Raum ein, in dem wir auf eine Reihe impliziter, aber fester Überzeugungen über den anderen zurückgreifen. Dieses implizite Wissen befähigt uns, auf unmittelbare Weise zu verstehen, was die andere Person tut, weshalb er oder sie dies tut und wie er oder sie eine spezifische Situation empfindet.

Metzinger: Sie sprechen auch von »verkörperter Simulation«. Was genau bedeutet dies? Gibt es auch so etwas wie »entkörperlichte Simulation«?

Gallese: Der Begriff der Simulation wird in vielen verschiedenen Zusammenhängen verwendet, oftmals mit unterschiedlichen, sich nicht unbedingt überschneidenden Bedeutungen. Simulation ist ein funktionaler Prozess, der einen gewissen repräsentationalen Inhalt hat und sich typischerweise auf mögliche Zustände seines Zielobjekts konzentriert. In der Philosophie des Geistes wurde der Begriff der Simulation von den Befürwortern der »Simulationstheorie des Gedankenlesens« verwendet, um jenen Als-ob-Zustand zu bezeichnen, den der Zuschreibende einnimmt, um das Verhalten einer anderen Person zu verstehen. Im Grunde bedeutet es nichts anderes, als dass wir uns mit Hilfe unseres eigenen Geistes in das Innere anderer Menschen hineinversetzen.

Ich nenne die Simulation »verkörpert«, um sie als einen zwingend und automatisch ablaufenden, nichtbewussten, vorrationalen und nichtintrospektiven Vorgang zu charakterisieren. Eine unmittelbare Form erlebnismäßigen Verstehens von anderen, die wechselseitige intentionale Abstimmung, wird durch die Aktivierung gemeinsamer neuronaler Systeme erreicht, die sowohl unseren eigenen Handlungen und Empfindungen als auch den Handlungen und Empfindungen anderer zugrunde liegen. Dieser Modellierungsmechanismus *ist* einfach das, was ich mit »verkörperter Simulation« meine. Parallel zu der distanzierten sensorischen Beschreibung der beobachteten sozialen Stimuli werden im Beobachter innere Repräsentationen der Körperzustände hervorgerufen, die mit Handlungen, Emotionen und Empfindungen so verknüpft sind, *als ob* er oder sie eine ähnliche Handlung ausführte oder eine ähnliche Emotion oder Empfindung erlebte. Spiegelneuronensysteme sind vermutlich das neuronale Korrelat dieses Mechanismus. Durch einen gemeinsamen neuronalen Zustand, der in zwei verschiedenen Körpern realisiert wird, wird der »vergegenständlichte Andere« zu einem zweiten Selbst. Eine mangelhafte intentionale Abstimmung, die durch eine fehlende verkörperte Simulation verursacht wird, könnte einige der sozialen Beeinträchtigungen von Autisten erklären.

Im Gegensatz zu dem, was viele Kognitionsforscher glauben, ist die soziale Kognition nicht nur eine soziale Metakognition, das heißt das explizite Nachdenken über die mentalen Inhalte eines anderen mit Hilfe abstrakter Repräsentationen. Das sollte ich noch hinzufügen. Wir können sicherlich mit Hilfe unserer komplexen und hochdifferenzierten Mentalisierungsfähigkeit, also unserer Fähigkeit, sich in andere einzudenken, das Verhalten anderer Menschen erklären. Ich will darauf hinaus, dass wir in unseren täglichen sozialen Interaktionen meist gar nicht darauf angewiesen sind. Wir haben einen viel unmittelbareren Zugang zur Erfahrungswelt des anderen. Diese Dimension der sozialen Kognition ist verkörpert, insofern sie zwischen unserem multimodalen Erfahrungswissen unseres eigenen erlebten Körpers und der Art vermittelt, wie wir andere erleben. Aus diesem Grund nenne ich diese Simulation »verkörpert« – nicht nur weil sie im Gehirn realisiert wird, sondern auch weil sie ein bereits im Gehirn vorhandenes Körpermodell nutzt und sich daher auf eine nichtsprachliche Form der Selbstrepräsentation bezieht, die uns auch erlaubt, das zu erleben, was andere erleben.

Metzinger: Worin genau unterscheidet sich eigentlich die soziale Kognition bei Affen oder Schimpansen von der sozialen Kognition beim Menschen, Vittorio? Was sagen die besten aktuellen Theorien dazu?

Gallese: Die herkömmliche Auffassung in den Kognitionswissenschaften ist, dass Menschen in der Lage sind, das Verhalten anderer mit Hilfe ihrer eigenen mentalen Zustände – Intentionen, Überzeugungen und Wünsche – zu verstehen, indem sie sich die sogenannte Alltagspsychologie zunutze machen. Die Fähigkeit, anderen Menschen mentale Zustände zuzuschreiben, wird als »Theory of Mind« (Theorie des Geistes) definiert. Es entspricht dem allgemeinen Trend, bei dieser Frage zu betonen, dass nichthumane Primaten – einschließlich Menschenaffen – beim gegenseitigen Verständnis ihres Verhaltens keinen Gebrauch von der Zuschreibung geistiger Zustände in Bezug auf ihre Artgenossen machen.

Diese Sichtweise legt einen deutlichen Unterschied zwischen allen nichtmenschlichen Arten, die auf die Deutung von Verhalten beschränkt sind, und unserer Spezies nahe, die eine andere Erklärungsebene benutzt – das »Gedankenlesen«, die Deutung der mentalen Zustände von anderen. Nun liegt es jedoch keineswegs auf der Hand, dass Verhaltensdeutung und mentale Deutung zwei eigenständige Bereiche sind. Wie schon gesagt, greifen wir in unseren sozialen Transaktionen nur selten auf explizite Deutungen zurück. Wir verstehen soziale Situationen meistens unmittelbar, unwillkürlich, fast reflexartig. Aus diesem Grund halte ich die Behauptung für absurd, dass soziale Kognition nicht mehr sei als die Fähigkeit, über die tatsächlichen verhaltensbestimmenden Absichten anderer nachzudenken. Noch weniger plausibel ist die Annahme, wir würden die Absichten anderer mit Hilfe einer kognitiven Strategie zu verstehen suchen, die gar nichts mit der Vorhersage der Folgen ihres beobachteten Verhaltens zu tun hat. Vermutlich werden zur Erklärung sozialer Transaktionen allzu viele der sogenannten »propositionalen Einstellungen« der Alltagspsychologie herangezogen – wie etwa Überzeugungen und Wünsche. Wie Jerry Bruner betont: »Wenn die Dinge so sind, wie sie sein sollten, sind die narrativen Strukturen, die Erzählungen der Alltagspsychologie unnötig.«[18]

Außerdem zeigen jüngste Forschungsergebnisse, dass bereits fünfzehn Monate alte Kleinkinder falsche Überzeugungen erkennen. Diese Befunde deuten darauf hin, dass typische Aspekte des Gedankenlesens, wie etwa die Zuschreibung falscher Überzeugungen zu anderen, auf der Grundlage niedrigstufiger Mechanismen, die sich lange vor der voll ausgebildeten Sprachkompetenz entwickeln, erklärt werden können.

Die übliche kognitionswissenschaftliche Herangehensweise an Phänomene der sozialen Kognition nach dem Prinzip des »Alles oder Nichts« – die Suche nach einem mentalen Rubikon, je breiter, desto besser – ist höchst fragwürdig. Im Bestreben, unsere sozialkognitiven Fähigkeiten zu verstehen, sollten wir nicht vergessen, dass sie das Ergebnis eines langen evolutionären Prozesses sind. Daher ist es möglich, dass scheinbar verschiedene kognitive Strategien auf ähnlichen Funktionsmechanismen basieren, die im Lauf der Evolution immer komplexer geworden sind und »exaptiert« – das heißt für neue Funktionen eingesetzt – wurden. Damit wurden kognitive Fähigkeiten aufrechterhalten, die unter dem Druck, der von veränderten sozialen und/oder Umweltbedingungen ausgeübt wird, neu entstanden sind. Bevor wir irgendeine verbindliche Schlussfolgerung über die Fähigkeiten zum Gedankenlesen bei nichtmenschlichen Spezies ziehen, sollten methodologische Probleme im Zusammenhang mit artspezifischen spontanen Fähigkeiten und Lebensräumen einer sorgfältigen Prüfung unterzogen werden.

Eine erfolgversprechende alternative Strategie, die ich uneingeschränkt unterstütze, besteht darin, das Problem der Erforschung der neuronalen Grundlagen sozialer Kognition unter einer evolutionären Perspektive neu zu formulieren. Die Evolution dieses kognitiven Merkmals hängt anscheinend mit der Notwendigkeit der Bewältigung sozialer Komplexitäten zusammen, die auftraten, als in Gruppen lebende Individuen um knappe und räumlich ungleichmäßig verteilte Ressourcen konkurrieren mussten.

Die kognitive Neurowissenschaft hat begonnen, sowohl bei Affen als auch beim Menschen die neuronalen Mechanismen aufzuklären, die der Antizipation und dem Verstehen der Handlungen anderer und den diese antreibenden Grundintentionen zugrunde liegen – das Spiegelneuronensystem für Handlungen. Die Ergebnisse dieser laufenden Forschungen können uns Aufschlüsse über die Evolution der sozialen Kognition liefern. Die empirischen Daten über Spiegelneuronen bei Affen und über spiegelneuronale Schaltkreise im menschlichen Gehirn deuten darauf hin, dass einige der typisch menschlichen komplexen Fähigkeiten zum Gedankenlesen – wie etwa die Zuschreibung von Intentionen zu anderen – das Resultat eines fortlaufenden evolutionären Prozesses sein könnten, dessen Vorstufen sich bis zum System der wechselseitigen Abbildung durch das Spiegelsystem beim Makaken zurückverfolgen lassen.

Um auf Ihre Frage zurückzukommen: Was ist das Besondere beim Menschen? Zweifellos spielt die Sprache eine Schlüsselrolle. Aber in einem gewissen Sinne geht diese Antwort an der Frage vorbei, denn wir müssen erklären, wieso wir Sprache haben und andere Tiere nicht. Gegenwärtig können wir nur Hypothesen über die relevanten neuronalen Mechanismen formulieren, die den funktional noch immer weitgehend unverstandenen Fähigkeiten zum Gedankenlesen beim Menschen zugrunde liegen.

Ein charakteristisches Merkmal unserer Fähigkeit zum Gedankenlesen ist unser Vermögen, potenziell unendliche Ordnungsstufen der Intentionalität aufzubauen: »Ich weiß, dass du weißt, dass ich weiß …« und so weiter. Ein wichtiger Unterschied zwischen Menschen und Affen könnte der höhere Grad der Rekursion sein, den das Spiegelneuronensystem – neben anderen neuronalen Systemen – für Handlungen in unserer Spezies erreicht. Ein ähnlicher Vorschlag wurde jüngst in Bezug auf das Sprachvermögen gemacht, eine weitere menschliche Fähigkeit, die sich durch Rekursion und Generativität auszeichnet (also die Möglichkeit, aus einem endlichen Zeichenvorrat eine unendliche Menge an Kombinationen zu erzeugen). Unsere Spezies ist in der Lage, hierarchisch komplexe Satzstrukturgrammatiken zu beherrschen, während nichtmenschliche Primaten auf den Gebrauch viel einfacherer Grammatiken mit endlich vielen Zuständen beschränkt sind. Ein quantitativer Unterschied in der »Rechnerleistung« und dem Grad der Rekursion könnte einen qualitativen Sprung in der sozialen Kognition herbeiführen.

Metzinger: Wenn Sie über die Rolle von Spiegelneuronen beim Übergang von der biologischen zur kulturellen Evolution spekulieren sollten, wie sähe diese Spekulation aus?

Gallese: Eine Möglichkeit besteht darin, dass Spiegelneuronen und die auf ihnen basierenden verkörperten Simulationsmechanismen unter Umständen eine entscheidende Voraussetzung für die Fähigkeit sind, zu lernen, wie man die kognitiven Instrumente der Alltagspsychologie benutzt. Dies geschieht in der Regel, wenn Kinder wiederholt Geschichten erzählt bekommen. Zweifellos spielt die verkörperte Simulation bei der Sprachverarbeitung eine Rolle. Doch der Aspekt der menschlichen Kultur, der wahrscheinlich eher von Spiegelneuronen profitiert, ist der Bereich der Imitation, der Bereich unserer unglaublichen Fähigkeiten zur Nachahmung. Wenn es stimmt, dass die menschliche Kultur im Grunde eine mimetische Kultur ist, dann sind Spiegelneuronen, die stark an Nachahmung und Lernen durch Nachahmung beteiligt sind, zweifellos eine wichtige und grundlegende Komponente dieses entscheidenden kulturellen Übergangs. Und tatsächlich gibt es eine Fülle von Belegen dafür, dass wir unsere Spiegelneuronen benutzen, wenn wir einfache motorische Handlungen nachahmen, wie etwa das Heben eines Fingers oder komplexe motorische Handlungsfolgen wie etwa Gitarrespielen lernen. Doch anstatt eine Grenze zu ziehen zwischen einer Spezies wie uns, die über uneingeschränkte Nachahmungsfähigkeit verfügt, und anderen Spezies, bei denen diese Fähigkeiten allenfalls ansatzweise vorhanden sind – wir haben es hier wieder einmal mit einer dieser anthropozentrischen Dichotomien zu tun, die viele meiner Kollegen so ansprechend finden –, sollten wir versuchen zu verstehen, weshalb Nachahmungsfähigkeiten für die kulturelle Evolution unserer Art so wichtig sind. Und um diese Frage zu beantworten, müssen wir das Problem der Nachahmung in den größeren Kontext unserer besonderen sozialen Kognition stellen, denn bei uns ist der Zeitraum der elterlichen Fürsorge viel länger als bei allen anderen Spezies. Es besteht ein eindeutiger Zusammenhang zwischen der längeren Abhängigkeit von Kleinkindern von ihren Eltern und den Lernvorgängen, die diese Abhängigkeit fördert. Je länger die Phase der kleinkindlichen Abhängigkeit, desto größer die Chancen, komplexe emotionale und kognitive Kommunikationsstrategien zu entwickeln. Verbesserte Kommunikation wiederum fördert die kulturelle Evolution. Angesichts der zentralen Rolle, die Spiegelneuronen offenbar beim Aufbau sinnstiftender Bindungen zwischen den Individuen spielen, erscheint ein Zusammenhang mit der kulturellen Evolution sehr plausibel.

Während des größten Teils der Menschheitsgeschichte war die Kultur unserer Spezies eine orale Kultur, in der die Weitergabe von Wissen von einer Generation an die nächste auf den direkten persönlichen Kontakt zwischen dem Übermittler kultureller Inhalte und dem Empfänger der kulturellen Überlieferung angewiesen war. Wie Wissenschaftler wie [Walter J.] Ong und [Eric A.] Havelock gezeigt haben, musste sich die kulturelle Überlieferung über Jahrtausende hinweg auf denselben kognitiven Apparat stützen, den wir noch immer in unseren zwischenmenschlichen Transaktionen nutzen – nämlich auf unsere Fähigkeit, uns mit anderen zu identifizieren und uns in sie einzufühlen. Auch in diesem Punkt glaube ich, dass Spiegelneuronen offenbar eine zentrale Rolle spielen, wenn wir die kulturelle Evolution aus dieser besonderen Perspektive betrachten. Gegenwärtig erleben wir einen kulturellen Paradigmenwechsel. Die Auswirkungen neuer Technologien wie Kino, Fernsehen und jüngst des Internets mit seiner massiven Einführung der Multimedialität verändern dramatisch die Art und Weise, wie wir Wissen kommunizieren. Der vermittelte, objektive Status der Kultur, wie er von schriftlichen Texten wie etwa in Büchern transportiert wird, wird nach und nach durch einen direkteren Zugang zu denselben Inhalten mit Hilfe der neuen Medien kultureller Aneignung ergänzt werden. Diese Medienrevolution wird vermutlich kognitive Veränderungen mit sich bringen, und ich vermute, dass die Spiegelneuronen abermals daran beteiligt sein werden.

Metzinger: Was sind Ihres Erachtens die brennendsten und drängendsten Fragen in der auf soziale Phänomene gerichteten kognitiven Neurowissenschaft, und in welche Richtung bewegt sich das Fach?

Gallese: Zuerst würde ich gern auf einen methodischen Punkt hinweisen. Meiner Meinung nach sollten wir definitiv versuchen, uns stärker auf die Eigenart der Versuchspersonen unserer Untersuchungen zu konzentrieren. Das meiste, was wir über die neuronalen Aspekte sozialer Kognition wissen – mit wenigen Ausnahmen, die die Erforschung der Sprachfähigkeit betreffen –, stammt aus bildgebenden Verfahren und allein aus Studien mit Psychologie-Studenten in der westlichen Welt! Selbst mit den gegenwärtig zur Verfügung stehenden Technologien könnten wir weit mehr erreichen. Es ist eine offene Frage, ob kognitive Merkmale und die neuronalen Mechanismen, die ihnen zugrunde liegen, universell sind oder das Produkt eines besonderen sozialen Umfelds und kultureller Bildung – zumindest bis zu einem gewissen Grad. Um diese Frage zu beantworten, brauchen wir eine Ethno-Neurowissenschaft.

Zweitens, selbst innerhalb der durchschnittlichen Stichprobe von Versuchspersonen, die normalerweise von auf dem Feld der sozialen Kognition arbeitenden Neurowissenschaftlern untersucht werden, wissen wir nicht – oder bestenfalls nur ansatzweise –, in welchem Ausmaß die Ergebnisse mit spezifischen Persönlichkeitsmerkmalen, Geschlechtszugehörigkeit, Fachkompetenz und Ähnlichem korrelieren. Kurz, wir sollten von der Beschreibung eines unrealistischen »durchschnittlichen sozialen Gehirns« auf eine viel feinkörnigere Beschreibung übergehen.

Ein dritter Fragenkomplex, dessen eingehende Erforschung ich mir in der nahen Zukunft wünschen würde, betrifft die Rolle, die verkörperte Mechanismen bei semantischen und syntaktischen Aspekten der Sprache spielen. Ich möchte dies ganz deutlich sagen. Auch wenn ich einen erheblichen Teil meiner wissenschaftlichen Laufbahn mit der Erforschung vorsprachlicher Mechanismen der sozialen Kognition verbracht habe, glaube ich nicht, dass man der Sprache aus dem Weg gehen kann, wenn es letztlich um ein Verstehen dessen geht, was soziale Kognition eigentlich ist. Unsere gesamte Alltagspsychologie ist sprachbasiert. Wie lässt sich dies mit dem Versuch in Einklang bringen, die soziale Kognition durch einen *embodied approach* zu erforschen, also anhand eines Ansatzes, in dem Verkörperung im oben genannten Sinne eine zentrale Rolle spielt? Das ist meines Erachtens eine brennende Frage.

Ein vierter wichtiger Punkt betrifft die phänomenologischen Aspekte der sozialen Kognition. Ich denke, wir sollten versuchen, Studien zu konzipieren, in denen sich ein Zusammenhang herstellen lässt zwischen besonderen Mustern der Hirnaktivierung und spezifischen qualitativen subjektiven Erlebnisformen. Heute sind Einzelfallstudien mit hochauflösenden bildgebenden Technologien möglich. Ich bin mir voll und ganz der Tatsache bewusst, dass es eine heikle Angelegenheit ist, subjektive Zustände zu erforschen, und die empirische Wissenschaft hat bislang aus vielen guten Gründen versucht, sich davon fernzuhalten. Aber grundsätzlich sollte es möglich sein, auf sorgfältige Weise geeignete und gut kontrollierte Versuchsaufbauten zu konzipieren, um die Grenzen zu subjektiven phänomenalen Zuständen zu durchbrechen.

Metzinger: Vittorio, Sie haben mich mehrfach mit drängenden Fragen über Edmund Husserl, Maurice Merleau-Ponty und Edith Stein in Bedrängnis gebracht. Weshalb interessieren Sie sich so für Philosophie, und was für eine Philosophie wünschen Sie sich für die Zukunft? Welche Beiträge erwarten Sie von den Geisteswissenschaften, welche fänden Sie wirklich relevant?

Gallese: Die Naturwissenschaftler, die glauben, ihre Disziplin werde nach und nach *alle* philosophischen Probleme beseitigen, machen sich einfach etwas vor. Die Wissenschaft kann einen Beitrag zur Beseitigung *falscher* philosophischer Probleme leisten. Aber das ist etwas ganz anderes.

Wenn wir als Wissenschaftler verstehen wollen, was es bedeutet, ein Mensch zu sein, dann brauchen wir die Philosophie, um zu klären, welche Fragen zur Debatte stehen, welche Probleme gelöst werden müssen, was erkenntnistheoretisch stimmig ist und was nicht. Die kognitive Neurowissenschaft und die Philosophie des Geistes befassen sich mit denselben Problemen, benutzen jedoch unterschiedliche Herangehensweisen und verschiedene Beschreibungsebenen. Wir verwenden sehr oft verschiedene Wörter für die gleichen Sachverhalte. Alle kognitiven Neurowissenschaftler sollten meiner Meinung nach Kurse in Philosophie belegen. In ähnlicher Weise sollten Philosophen – zumindest Philosophen des Geistes – viel mehr über das Gehirn und seine Funktionsweise lernen. Wir müssen viel mehr miteinander sprechen, als wir es heute tun. Wie kann man die soziale Kognition überhaupt erforschen, ohne zu wissen, was eine Intention ist, oder ohne den Begriff einer Intentionalität zweiter Ordnung zu verstehen? Und umgekehrt: Wie kann man an einer philosophischen Theorie der Kognition festhalten, wenn sie offensichtlich von den verfügbaren empirischen Daten widerlegt wird? Ich glaube, dass die Beschäftigung mit Philosophie noch aus einem anderen Grund hilfreich sein kann. Unsere wissenschaftliche Draufgängerei verführt uns manchmal dazu, zu glauben, wir hätten als Erste über etwas nachgedacht. Meistens ist das nicht der Fall!

Wie schon gesagt, sollte die Philosophie die Ergebnisse der kognitiven Neurowissenschaft sorgfältiger zur Kenntnis nehmen. Aber die Dinge sind in raschem Wandel begriffen. Die Situation ist heute viel besser als vor zehn Jahren. Es gibt immer mehr Chancen für einen multidisziplinären Austausch zwischen unseren Fachgebieten. Einer meiner Doktoranden, der gegenwärtig neurophysiologische Experimente durchführt, hat einen Abschluss in Philosophie.

Wenn man diese Überlegungen auf das gesamte Feld der Geisteswissenschaften erweitert, könnten aus einem Dialog mit der Anthropologie, der Ästhetik, der Literatur- und Filmwissenschaft unglaublich ergiebige Beiträge hervorgehen. Wie schon gesagt, kann sich eine reife soziokognitive Neurowissenschaft nicht auf das Scannen von Gehirnen in einem Labor beschränken. Sie muss offen sein für die Beiträge von all diesen Disziplinen. Ich bin da recht optimistisch. Ich sehe eine Zukunft mit einem ständig zunehmenden und anregenden Dialog zwischen der kognitiven Neurowissenschaft und den Geisteswissenschaften.

Teil III

DIE BEWUSSTSEINSREVOLUTION

Kapitel 7

KÜNSTLICHE EGO-MASCHINEN

Lassen Sie uns ab jetzt jedes System, das in der Lage ist, ein bewusstes Selbst zu erzeugen, als »Ego-Maschine« bezeichnen. Eine Ego-Maschine muss kein Lebewesen sein. Es kann alles sein, was ein bewusstes Selbstmodell besitzt. In jedem Fall ist es sicher vorstellbar, dass wir eines Tages in der Lage sein werden, künstliche Agenten zu konstruieren. Dies werden Systeme sein, die Zielrepräsentationen besitzen und ihre eigene Existenz aufrechterhalten können. Unter Umständen erlauben ihre Selbstmodelle ihnen sogar, Werkzeuge auf intelligente Art und Weise zu gebrauchen. Wenn sich ein Affenarm durch einen Roboterarm ersetzen lässt und wenn ein Affengehirn einen kompletten Roboterkörper in Japan direkt mit Hilfe einer Gehirn-Maschine-Schnittstelle kontrollieren kann, dann sollte es auch möglich sein, den gesamten Affen zu ersetzen. Warum sollte ein Roboter nicht in der Lage sein, die Gummihand-Illusion zu erleben? Oder einen luziden Traum zu haben? Wenn das System ein Körpermodell hat, dann liegen eindeutig auch Ganzkörper-Illusionen und außerkörperliche Erfahrungen im Bereich des Möglichen.

Beim Nachdenken über künstliche Intelligenz und künstliches Bewusstsein gehen viele Leute stillschweigend davon aus, dass es nur zwei Arten von informationsverarbeitenden Systemen gibt – künstliche und natürliche. Das ist falsch. In philosophischem Fachjargon gesprochen, ist die begriffliche Unterscheidung zwischen natürlichen und künstlichen Systemen nämlich weder *erschöpfend* noch *exklusiv* – das heißt, dass es intelligente und/oder bewusste Systeme geben könnte, die im Gunde keiner der beiden Kategorien ausschließlich angehören. Was eine andere altmodische Unterscheidung angeht, nämlich die zwischen Software und Hardware, so gibt es bereits jetzt Systeme, die biologische Hardware verwenden und dabei durch künstliche (also menschengemachte) Software kontrolliert werden, und wir haben künstliche Hardware, auf der natürlich evolvierte Software läuft.

Hybride Bioroboter sind ein Beispiel für die erste Kategorie. Die hybride Biorobotik ist eine neue Disziplin, die auf natürlich evolvierte Hardware zurückgreift und sich nicht damit aufhält, etwas noch einmal zu erschaffen, das Mutter Natur bereits über Millionen von Jahre hinweg optimiert hat. Je näher wir den Grenzen künstlicher Computerchips kommen, desto mehr werden wir vielleicht organische, gentechnisch hergestellte Hardware für die von uns gebauten Roboter und künstlichen Agenten verwenden.

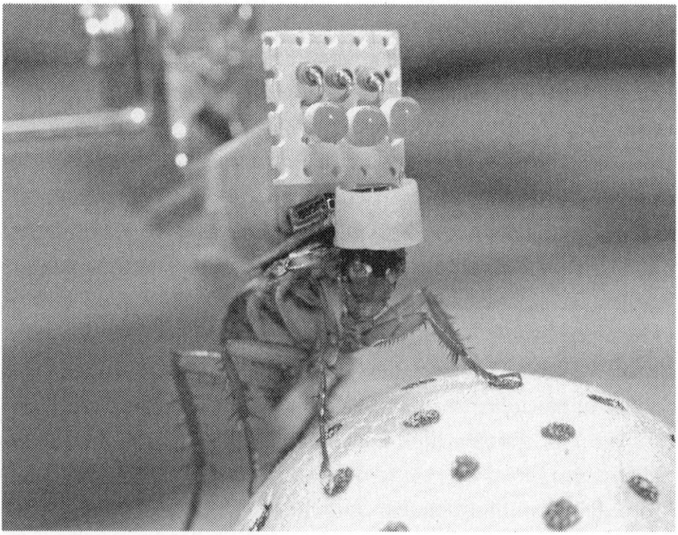

Abb. 17: *RoboRoach,* die Roboterkakerlake. Man kann die Körperbewegungen von Kakerlaken durch eine chirurgisch eingepflanzte Steuerungseinheit kontrollieren. Der »Rucksack« der Kakerlake enthält einen Empfänger, der Signale aus einer Fernsteuerungseinheit in elektrische Signale umwandelt, welche dann im Fuß ihrer Antennen einlaufen. Dies erlaubt es dem Benutzer, die Kakerlake anzuhalten, sie auf Befehl vorwärts oder rückwärts, nach rechts oder nach links laufen zu lassen. Auch Ratten oder fliegende Insekten lassen sich mittlerweile auf diese Weise erfolgreich steuern, indem man per Funk direkt in ihr Nervensystem eingreift. (Foto: Associated Press.)

Ein Beispiel für die zweite Kategorie ist der Einsatz von Software, die in ihrer Struktur durch natürlich entstandene neuronale Netze inspiriert ist, diesmal aber auf künstlicher Hardware. Manche dieser Ansätze verwenden sogar biologische neuronale Netze selbst – so haben Kybernetiker an der Universität von Reading in England gezeigt, wie man einen Roboter mit Hilfe eines Netzwerks von etwa 300 000 echten Nervenzellen aus einem echten Rattengehirn kontrolliert.[1] Wieder andere Beispiele sind die klassischen künstlichen neuronalen Netze für den Spracherwerb oder jene, mit denen Bewusstseinsforscher wie Axel Cleeremans in der Forschungseinheit für Kognitionswissenschaft an der Freien Universität Brüssel die metarepräsentationale Struktur des Bewusstseins und das, was er dessen »komputationalen Korrelate« nennt, modellieren.[2] Auch die beiden zuletzt genannten Beispiele sind biomorphe und nur halb künstliche Informationsverarbeitungssysteme, weil ihre grundlegende funktionale Architektur von der Natur abgekupfert ist und Verarbeitungsmuster verwendet, die sich im Verlauf der Evolution des Lebens auf unserem Planeten von selbst entwickelt haben. Sie erzeugen Zustände »höherer Ordnung«, und trotzdem sind diese Zustände nicht die einer Person – sie befinden sich vollständig auf der subpersonalen Ebene.

Vielleicht verfügen wir bald über eine funktionalistische Theorie des Bewusstseins, aber dies bedeutet noch lange nicht, dass wir auch in der Lage sein werden, die Funktionen, über die diese Theorie spricht, in einem nichtbiologischen Trägersystem zu implementieren. Künstliches Bewusstsein ist nicht so sehr ein theoretisches Problem in der Philosophie des Geistes, sondern vielmehr eine technologische Herausforderung: Der Teufel steckt in den Details. Das wirkliche Problem besteht nämlich in der Entwicklung einer nichtneuronalen Art von Hardware, die genau die richtigen kausalen Kräfte besitzt: Deshalb könnte selbst eine sehr simple, minimale Form von »synthetischer Phänomenologie« (so der Name einer neuen Forschungsrichtung) schwer zu erreichen sein – und das aus rein technischen Gründen.

Die ersten selbstmodellierenden Maschinen sind bereits auf der

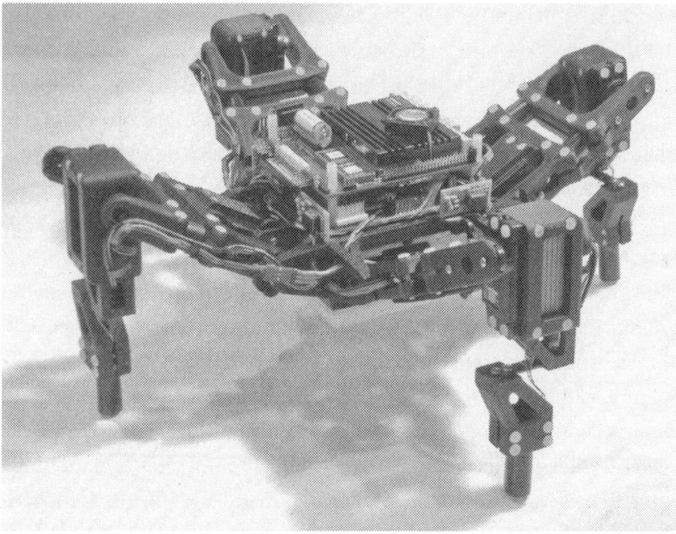

Abb. 18a: Der *Seestern*, ein vierbeiniger Roboter, der sich mit Hilfe eines internen Selbstmodells fortbewegt, das sich in ihm entwickelt hat und welches er ständig verbessert. Wenn er ein Bein verliert, kann er sein internes Selbstmodell anpassen. (Foto: Josh Bongard.)[3]

Bildfläche erschienen. Wissenschaftler auf dem Gebiet des künstlichen Lebens haben schon vor langer Zeit damit begonnen, den evolutionären Prozess selbst zu simulieren, aber inzwischen haben wir bereits die akademische Disziplin der »evolutionären Robotik«. Josh Bongard vom Institut für Informatik an der Universität in Vermont und seine Kollegen Victor Zykov und Hod Lipson haben einen künstlichen Seestern erschaffen, der schrittweise ein explizites inneres Selbstmodell entwickelt.[4] Ihre vierbeinige Maschine benutzt die Beziehungen zwischen selbsterzeugten Körperbewegungen und Rückmeldungen aus der durch sie veränderten Sinneswahrnehmung, um indirekt auf ihre eigene Struktur zu schließen, und erzeugt dann mit Hilfe dieses Selbstmodells verschiedene Gangarten und Vorwärtsbewegungen. Wenn man einen Teil ihres Beins entfernt, dann passt die Maschine ihr Selbstmodell an die neue Körperform an und

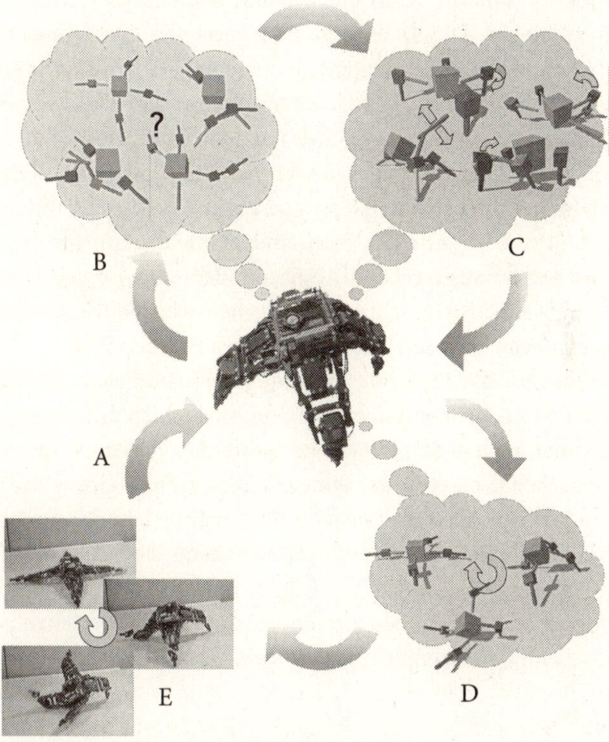

Abb. 18b: *Der Roboter durchläuft kontinuierlich einen Vorgang der Handlungsausführung*. In den Schritten (A) und (B) geschieht die Synthese des Selbstmodells. Der Roboter führt zunächst eine physische Handlung durch (A). Anfänglich ist diese Handlung rein zufällig; später ist es die beste Handlung, die in Schritt (C) entdeckt wurde. Dann erzeugt der Roboter eine Reihe von Selbstmodellen, die zu den Sinnesdaten passen sollen, welche während vorangegangener Handlungen gesammelt wurden. Er weiß nicht, welches Modell korrekt ist (B). Die Synthese von Probehandlungen: Der Roboter erzeugt verschiedene mögliche Handlungen, die zur einer eindeutigen Entscheidung zwischen den miteinander im Wettstreit stehenden Selbstmodellen führen (C). Die Synthese des Zielverhaltens: Nach einer Reihe von Durchläufen durch die Stufen (A) bis (C) wird das aktuell beste Modell dazu benutzt, durch weitere Optimierung eine Abfolge von Fortbewegungsmustern zu erzeugen (D). Die beste Abfolge von Fortbewegungsmustern wird dann durch das physikalische System ausgeführt (E). (Foto: Josh Bongard.)[5]

generiert alternative Schrittmuster und Formen des Gehens – sie lernt zu hinken. Dies ist eine wichtige Form von Körperintelligenz. Im Gegensatz zu den Patienten mit Phantomgliedern, die wir in Kapitel 4 kennengelernt haben, kann das System sein eigenes Körperbild nach dem Verlust eines Glieds restrukturieren. Deshalb kann es in einem gewissen Sinne auch lernen. Seine Schöpfer formulieren es so, dass es »autonom und mit sehr geringem Vorwissen seine eigene Topologie wiederentdecken kann«, indem es andauernd die Parameter des sich daraus ergebenden Selbstmodells weiter optimiert. Der Seestern synthetisiert nicht nur ein internes Selbstmodell, sondern er benutzt es auch, um intelligentes Verhalten zu erzeugen.

Selbstmodelle sind eine Erfindung der natürlichen Evolution. Selbstmodelle können unbewusst sein, sie können evolvieren, und sie können auch in Maschinen erzeugt werden, die den Vorgang der biologischen Evolution nachahmen. In diesem Sinne gibt es also jetzt schon Systeme, die weder ausschließlich natürlich noch ausschließlich künstlich sind. Nennen wir solche Systeme einfach *postbiotisch*. Es ist nicht ganz unwahrscheinlich, dass die erste nicht mehr rein biologische Form von bewusstem Ichgefühl in einer solchen postbiotischen Ego-Maschine realisiert wird.

Wie man ein künstliches Erlebnissubjekt baut und warum wir es nicht tun sollten

Unter welchen Bedingungen wäre die Annahme gerechtfertigt, dass ein gegebenes postbiotisches System auch bewusste Erlebnisse hat? Oder dass es sogar ein bewusstes *Selbst* besitzt und eine echte, bewusst erlebte *Erste-Person-Perspektive*? Was verwandelt ein informationsverarbeitendes System in ein Erlebnissubjekt? Diese Fragen kann man auch zusammenfassen, indem man eine etwas einfachere und provokativere Frage stellt: Was braucht man, um eine künstliche Ego-Maschine zu bauen?

Bewusst zu sein bedeutet, dass einem eine bestimmte Menge von Tatsachen verfügbar ist: all jene Fakten, die damit zu tun haben, dass man *in einer einzigen Welt lebt.* Darum braucht jede Maschine, die die Eigenschaft des bewussten Erlebens aufweist, ein integriertes und dynamisches Weltmodell. Ich habe diesen Punkt in Kapitel 2 diskutiert, als ich darauf hinwies, dass jedes bewusste System eine vereinheitlichte innere Darstellung der Welt braucht und dass die Informationen, die durch diese Darstellung integriert werden, gleichzeitig für eine Vielzahl verschiedener Verarbeitungsmechanismen verfügbar sein müssen. Diese phänomenologische Einsicht ist so einfach, dass sie oft übersehen wurde: Bewusste Systeme sind Systeme, die auf der Basis global verfügbarer Information operieren, und zwar mit Hilfe eines einzigen inneren Modells der Wirklichkeit. Im Prinzip gibt es nichts, was uns daran hinderte, eine Maschine mit einem solchen integrierten inneren Bild der Welt auszustatten, das zudem die Eigenschaft besitzt, dass es ständig aktualisiert werden kann.

Eine andere Lektion vom Anfang dieses Buchs war, dass Bewusstsein in seinem innersten Wesen die *Gegenwärtigkeit einer Welt* ist. Damit ihr eine Welt erscheint, benötigt eine künstliche Ego-Maschine deshalb zwei weitere funktionale Eigenschaften. Die erste besteht darin, ihren inneren Informationsfluss auf eine Weise zu organisieren, die einen psychologischen Moment erzeugt, ein erlebnismäßiges Jetzt. Dieser Mechanismus könnte Einzelereignisse aus dem kontinuierlichen Fluss der physikalischen Welt herausgreifen und sie innerlich als gleichzeitig stattfindend darstellen (selbst wenn das gar nicht so ist), dann als geordnet und als aufeinanderfolgend in eine Richtung fließend – wie eine Perlenkette im Geist. Manche von diesen Perlen müssen größere »Gestalten« bilden, die dann als der erlebnismäßige Inhalt eines bestimmten Moments porträtiert werden können, als ein gelebtes Jetzt, der eigentliche Ursprung einer subjektiven Perspektive in der Zeit. Die zweite Eigenschaft muss sicherstellen, dass diese inneren Strukturen – also der *Mechanismus* des Gegenwartsfensters – durch das künstliche Bewusstseinssubjekt nicht als innerlich konstruierte Bilder erkannt werden können. Sie müssen transparent sein. In diesem Stadium würde dem künstlichen System eine Welt erscheinen: Die Aktivierung eines vereinheitlichten, zusammenhängenden Wirklichkeitsmodells innerhalb eines intern erzeugten Gegenwartsfensters unter der Bedingung, dass keines von beiden als ein Modell erkannt werden kann, konstituiert das Erscheinen einer Welt. Das Erscheinen einer Welt ist Bewusstsein.

Aber der entscheidende Schritt hin zu einer Ego-Maschine ist der nächste. Wenn ein System ein ebenso durchsichtiges inneres Bild von sich selbst in diese phänomenale Wirklichkeit einbetten kann, dann wird es *sich selbst* erscheinen. Es wird ein Ego werden und ein naiver Realist in Bezug auf all das, was sein Selbstmodell ihm sagt, dass es ist. Unsere Ego-Maschine würde sozusagen an dem Inhalt des Selbstmodells »kleben« und sich deshalb mit ihm identifizieren. Dann wird die phänomenale Eigenschaft des Ichgefühls, der Selbstheit, von diesem künstlichen oder postbiotischen System verkörpert werden, und es wird sich selbst nicht nur als *jemand* erscheinen, sondern – durch das Gegenwartsfenster – auch als *anwesend*. Es wird an sich selbst glauben.

Man sollte dabei nicht übersehen, dass genau dieser Übergang unser künstliches Systems in einen Gegenstand moralischer Überlegungen verwandeln würde: Es besitzt jetzt erstmals das Potenzial zu *leiden*. Schmerzen, negative Gefühle und andere innere Zustände, die Teile der Wirklichkeit als unangenehm und unerwünscht darstellen, können nur dann zu wirklichen Ursachen von Leiden werden, wenn das System sie sich auf der Ebene des bewussten Erlebens *aneignet*. Ein System, das sich selbst nicht erscheint, kann nicht leiden, weil es kein Gefühl der Meinigkeit kennt. Ein System, in dem das Licht angeschaltet, aber niemand zu Hause ist, wäre auch kein Gegenstand ethischer Überlegungen: Wenn es ein minimal bewusstes Weltmodell hat, aber kein Selbstmodell, dann können wir den Stecker jederzeit ziehen. Eine Ego-Maschine dagegen ist leidensfähig, weil sie Schmerzsignale, Zustände emotionaler Verzweiflung oder negative Gedanken in ihr transparentes Selbstmodell einbinden kann und weil diese daher als *jemandes* Schmerzen oder negative Gefühle erscheinen. Die Identifikation ist sozusagen fest eingebaut, durch die Evolution erzwungen. Das führt zu einer wichtigen Frage im Bereich der Tierethik: Wie viele der bewussten biologischen Systeme auf unserem Planeten sind nur phänomenale Realitätsmaschinen, und wie viele von ihnen sind tatsächlich Ego-Maschinen? Wie viele von ihnen – und das ist der Kernpunkt, um den es geht – besitzen die Fähigkeit, auf der Ebene des bewussten Erlebens zu leiden? Ist RoboRoach (siehe Abb. 16) eines von ihnen? Oder gehören nur Säugetiere dazu, wie die Makaken und die jungen Katzen, die in der Bewusstseinsforschung »geopfert« werden? Wenn diese Frage aus erkenntnistheoretischen oder empirischen Gründen nicht entschieden werden kann, müssen wir natürlich darauf achten, dass wir uns immer auf der sicheren Seite bewegen. Genau wie bei der Kernkraft geht es darum, ein Risiko zu minimieren, das zwar vielleicht klein ist, sich aber über sehr lange Zeiträume erstreckt. Es ist nämlich genau dieses Stadium der Entwicklung, in dem jede Theorie über den bewussten Geist für die Ethik und die Moralphilosophie relevant wird.

Eine Ego-Maschine ist darüber hinaus etwas, das eine Perspektive besitzt. Eine starke Version sollte auf jeden Fall auch wissen, *dass* sie solch eine Perspektive besitzt, indem sie sich der Tatsache bewusst wird, dass sie *gerichtet* ist. Sie sollte in der Lage sein, ein inneres Bild ihrer dynamischen Beziehungen zu anderen Wesen oder Gegenständen in ihrer inneren oder äußeren Umgebung zu entwickeln, und das sogar in Echtzeit, während sie sie wahrnimmt und mit ihnen in Wechselwirkung tritt. Wenn es uns gelingt, ein solches System zu bauen oder es von selbst evolvieren zu lassen, dann wird es sich selbst als mit der Welt in Wechselwirkung stehend erleben – etwa als gerade die eigene Aufmerksamkeit auf einen Apfel in seiner Hand richtend oder als jetzt Gedanken über die menschlichen Agenten bildend, mit denen es in diesem Moment kommuniziert. Es wird sich selbst als auf Zielzustände gerichtet erleben, die es in seinem Selbstmodell darstellen wird. Es wird die Welt so darstellen, dass sie nicht bloß ein Selbst enthält, sondern einen wahrnehmenden, interagierenden und zielgerichteten *Agenten*. Es könnte sogar auf einer sehr hohen Ebene einen echten Begriff von sich selbst als einem Subjekt des Wissens und Erlebens besitzen. In Kapitel 4 hatten wir gesehen, dass die eigentlich interessante Form von Subjektivität genau dann entsteht, wenn ein System sich *als repräsentierend* repräsentiert.

Alles, was sich repräsentieren lässt, lässt sich auch implementieren. Die eben skizzierten Schritte beschreiben neue Formen dessen, was Philosophen als *repräsentationale Inhalte* bezeichnen, und es besteht kein Grund zu der Annahme, dass solche Inhalte nur lebenden Systemen zugänglich sein sollten. Der berühmte Mathematiker Alan M. Turing trug in seinem legendären Aufsatz aus dem Jahre 1950 unter dem Titel »Computing Machinery and Intelligence« (auf Deutsch 1967 unter dem Titel »Kann eine Maschine denken?« erschienen) ein Argument vor, das später von dem Philosophen Sir Karl Popper in dem gemeinsam mit dem Nobelpreisträger Sir John Eccles herausgebrachten Buch *Das Ich und sein Gehirn* zusammengefasst wurde. Dort schrieb Popper: »Turing (1950) sagte es einmal ungefähr so: Gib genau an, worin deiner Meinung nach ein Mensch einem Computer überlegen sein soll, und ich werde dir einen Computer bauen, der deinen Glauben widerlegt. Wir sollten Turings Herausforderung nicht annehmen, denn jede hinreichend genaue Bestimmung könnte prinzipiell zur Programmierung eines Computers verwendet werden.«[6]

Natürlich ist es nicht das Selbst, das das Gehirn benutzt (wie Karl Popper dachte) – das Gehirn benutzt das Selbstmodell. Was aber Popper klar gesehen hat, ist die Dialektik der künstlichen Ego-Maschine: Entweder es lässt sich nicht klar und deutlich benennen, was genau vom menschlichen Bewusstsein und seiner Subjektivität nicht in einem künstlichen System realisiert werden könnte, oder, wenn wir es doch sagen können, es geht bloß darum, einen Algorithmus zu schreiben, der dann in Software implementiert werden kann. Im Jahre 1922 schrieb Ludwig Wittgenstein im Vorwort zu seinem *Tractatus logico-philosophicus*: »Was sich überhaupt sagen läßt, läßt sich klar sagen.« Wenn man über eine präzise Definition von Bewusstsein und Subjektivität in kausalen Begriffen verfügt, hat man das, was Philosophen eine *funktionale Analyse* nennen. An diesem Punkt verflüchtigt sich das Mysterium, und künstliche Ego-Maschinen werden – zumindest im Prinzip – technologisch machbar. Aber *sollten* wir wirklich alles tun, wozu wir in der Lage sind?

Im Folgenden ein weiteres Gedankenexperiment, bei dem es jedoch nicht um Erkenntnistheorie geht, sondern um Ethik. Stellen Sie sich vor, Sie seien Mitglied einer Ethikkommission, die Anträge auf wissenschaftliche Fördergelder prüft. In einem Antrag steht sinngemäß das Folgende:

> Wir wollen gentechnologische Verfahren einsetzen, um geistig behinderte menschliche Säuglinge zu züchten. Aus dringenden wissenschaftlichen Gründen müssen wir menschliche Babys erzeugen, die ganz bestimmte kognitive, emotionale und wahrnehmungsmäßige Ausfälle aufweisen. Es handelt sich dabei um eine innovative und äußerst bedeutende Forschungsstrategie, und sie erfordert die kontrollierbare und wiederholbare Untersuchung der psychologischen Entwicklung dieser geistig behinderten Babys nach der Geburt. Das ist nicht nur für ein tieferes Verständnis unseres eigenen Geistes wichtig, sondern besitzt ein großes Potenzial für die zukünftige Heilung psychiatrischer Erkrankungen. Deshalb benötigen wir dringend eine umfassende finanzielle Förderung.

Zweifellos würden Sie sofort entscheiden, dass diese Idee nicht nur absurd und geschmacklos ist, sondern auch gefährlich. Man kann sich kaum vorstellen, dass ein derartiger Antrag von irgendeiner Ethikkommission in der demokratischen Welt genehmigt würde. Der Zweck dieses Gedankenexperiments ist es jedoch, Ihre Aufmerksamkeit darauf zu lenken, dass die ungeborenen postbiotischen Ego-Maschinen der Zukunft keinerlei Interessenvertreter in irgendeiner der heutigen Ethikkommissionen hätten. Die ersten Maschinen, die eine minimal hinreichende Menge von Bedingungen für bewusstes Erleben und ein echtes Ichgefühl erfüllen würden, befänden sich in einer Situation, die jener der gentechnisch manipulierten und geistig behinderten menschlichen Säuglinge ähnlich wäre. Genau wie sie hätten diese Maschinen alle möglichen funktionalen und repräsentationalen Ausfälle – verschiedene Behinderungen infolge von Fehlleistungen der menschlichen Ingenieure. Man kann mit Sicherheit annehmen, dass ihre Wahrnehmungssysteme – ihre künstlichen Augen, Ohren und so weiter – in der Anfangsphase nicht gut funktionieren würden. Wahrscheinlich wären sie halb taub, halb blind und hätten alle möglichen Schwierigkeiten, die Welt und sich selbst in ihr wahrzunehmen – und wenn sie echte künstliche Ego-Maschinen wären, dann wären sie, *ex hypothesi*, auch in der Lage, darunter zu leiden.

Wenn sie ein stabiles körperliches Selbstmodell besäßen, könnten sie sensorisch wahrnehmbare Schmerzen als ihre *eigenen* Schmerzen erleben. Wenn ihr postbiotisches Selbstmodell direkt in den tieferen, selbstregulierenden Mechanismen ihrer Hardware verankert wäre – genauso wie unser eigenes emotionales Selbstmodell im oberen Hirnstamm und im Hypothalamus verankert ist –, dann wären sie bewusst *fühlende* Selbste. Sie würden jeden Verlust der homöostatischen Kontrolle als schmerzhaft erleben, weil sie eine eingebaute *Sorge* über ihre eigene Existenz besäßen, eine tiefe Form der Betroffenheit, von der sie sich kaum distanzieren könnten. Sie hätten eigene Interessen, und diese Tatsache würden sie subjektiv erleben. Möglicherweise würden sie auf emotionaler Ebene in qualitativen Formen und Ausprägungen leiden, die uns selbst vollkommen fremd wären, oder in einer Intensität, die wir, ihre fahrlässigen Schöpfer, uns noch nicht einmal vorstellen könnten. In der Tat wäre es sehr wahrscheinlich, dass die ersten Generationen solcher Maschinen viele negative Gefühle hätten, in denen sich ihr ständiges Versagen bei der erfolgreichen Selbstregulation widerspiegeln würde, die aus verschiedenen Ausfällen auf der Hardware-Ebene und Störungen in höheren Stufen der Informationsverarbeitung resultierten. Diese negativen Gefühle wären bewusst und würden intensiv empfunden, aber in vielen Fällen wären wir nicht einmal in der Lage, sie zu verstehen oder auch nur ihr Vorhandensein zu erkennen.

Führen wir das Gedankenexperiment noch einen Schritt weiter. Stellen wir uns vor, diese postbiotischen Ego-Maschinen besäßen ein kognitives Selbstmodell – sie wären intelligente Denker von Gedanken. Sie könnten dann nicht nur begrifflich die Absurdität ihrer eigenen Existenz als bloßer Gegenstände des naturwissenschaftlichen Forschungsinteresses erfassen, sondern sie könnten auch auf intellektueller Ebene unter dem Wissen leiden, dass ihnen die angeborene »Würde« fehlt, die ihren Schöpfern anscheinend so wichtig ist. Sie könnten durchaus in der Lage sein, bewusst die Tatsache zu erkennen, dass sie nur Bürger zweiter Klasse sind, vollständig entfremdete postbiotische Selbste, die als austauschbare experimentelle Werkzeuge benutzt werden. Wie würde es sich wohl anfühlen, als ein fortgeschrittenes künstliches Subjekt »zu sich zu kommen«, nur um zu entdecken, dass man zwar ein stabiles Ichgefühl besitzt und sich selbst als ein echtes Subjekt erlebt, dass man aber trotz allem im gegenwärtigen sozialen Kontext nur den Status einer Ware hat?

Die Geschichte der ersten künstlichen Ego-Maschinen, jener postbiotischen phänomenalen Selbste ohne Bürgerrechte und ohne Lobby in irgendeiner Ethikkommission, illustriert sehr deutlich, wie die Fähigkeit zu leiden gemeinsam mit dem phänomenalen Ego auftritt: Leiden beginnt im Ego-Tunnel. Sie liefert auch ein grundsätzliches Argument gegen die Erzeugung von künstlichem Bewusstsein als ein Ziel der akademischen Forschung. Albert Camus hat einmal von der Solidarität aller endlichen Wesen gegenüber dem Tod gesprochen. Im selben Sinne sollten alle empfindungsfähigen Wesen, die leiden können, in der Lage sein, eine Solidarität gegen das Leiden zu entwickeln. Aus dieser Solidarität heraus sollten wir es unterlassen, irgendetwas zu tun, das die Gesamtmenge des Leidens und der Verwirrung im Universum erhöhen könnte. Natürlich entstehen an diesem Punkt alle möglichen theoretischen Komplikationen, zum Beispiel kommt es auf die betrachteten Zeiträume und auf verschiedene Formen und Qualitäten des Leidens an. Trotzdem können wir uns darauf einigen, nicht *grundlos* oder aus niederen Beweggründen die Gesamtmenge des Leidens im Universum zu erhöhen – und die Erschaffung von Ego-Maschinen würde höchstwahrscheinlich von Anfang an diese Folge haben. Wir könnten leidende postbiotische Ego-Maschinen erzeugen, bevor wir überhaupt verstanden haben, welche Eigenschaften unserer biologischen Geschichte, unserer Körper und Gehirne den Ursprung unseres eigenen Leidens bilden. Bewusstes Leiden wo immer möglich zu vermeiden und zu minimieren schließt auch die Ethik des Risikos mit ein: Ich denke, wir sollten die Realisierung künstlicher phänomenaler Selbstmodelle noch nicht einmal *riskieren*.

Wir täten besser daran, unsere Aufmerksamkeit auf ein tieferes Verständnis und die Neutralisierung unseres eigenen Leidens zu konzentrieren – und zwar in der Philosophie genauso wie in der kognitiven Neurowissenschaft und auf dem Gebiet der künstlichen Intelligenz. Bis wir nicht wesentlich glücklichere Wesen werden, als unsere Vorfahren es waren, sollten wir jeden Versuch unterlassen, unsere eigene geistige Struktur auf künstliche Trägersysteme zu übertragen. Ich würde dafür plädieren, dass wir uns zunächst streng an dem klassischen philosophischen Ideal der Selbsterkenntnis orientieren und uns dabei wenigstens das minimale ethische Prinzip der Verringerung und Vermeidung von bewusstem Leiden zu eigen machen, anstatt auf unbesonnene und rücksichtslose Weise eine Evolution zweiter Ordnung loszutreten, die unserer Kontrolle entgleiten könnte. Wenn es tatsächlich so etwas wie eine verbotene Frucht in der modernen Bewusstseinsforschung gibt, dann besteht sie in der fahrlässigen Vermehrung von Leiden durch die Erzeugung künstlicher Ego-Tunnel – ohne ein klares Verständnis der möglichen Konsequenzen.

Glückseligkeitsmaschinen: Ist das bewusste Erleben ein Gut an sich?

Eine hypothetische Frage drängt sich auf: Wenn wir nun – in die entgegengesetzte Richtung gedacht – die Gesamtmenge von Freude und Glück im Universum erhöhen könnten, indem wir es mit sich selbstständig vermehrenden und andauernd glückseligen Ego-Maschinen überfluten, sollten wir dies dann tun? Wären wir vielleicht sogar aus ethischen Gründen dazu verpflichtet?

Meine Annahme, dass die ersten Generationen von künstlichen Ego-Maschinen geistig behinderten menschlichen Säuglingen ähneln würden und mehr Schmerz, Verwirrung und Leiden in die Welt brächten als Freude, Glück oder Einsicht, könnte aus einer ganzen Reihe von Gründen empirisch falsch sein. Solche Maschinen könnten durchaus doch besser funktionieren, als wir dachten, und sich auch in einem viel größeren Ausmaß an ihrer eigenen Existenz erfreuen, als wir erwartet hätten. Oder wir selbst – als Agenten der geistigen Evolution und Ingenieure der postbiotischen Subjektivität – würden einfach sorgsam darauf achten, dass diese Annahme immer empirisch falsch *ist*, indem wir nur solche bewussten Systeme konstruieren, die entweder unfähig sind, überhaupt phänomenale Zustände wie das subjektive Leiden zu haben, oder die sich wesentlich stärker an ihrem eigenen Dasein erfreuen könnten, als Menschen das tun. Angenommen, wir könnten sicherstellen, dass die positiven Bewusstseinszustände einer solchen Maschine die negativen stets überwiegen würden – dass sie ihre eigene Existenz jederzeit als etwas besonders Wertvolles und Erstrebenswertes erlebte. Nennen wir eine solche Maschine eine *Glückseligkeitsmaschine*.

Wenn wir das physikalische Universum mit Glückseligkeitsmaschinen überschwemmen und kolonisieren könnten, sollten wir dies dann tun? Wenn unsere neue Theorie des Bewusstseins uns irgendwann erlaubte, uns *selbst* von altmodischen biologischen Ego-Maschinen, die die psychologische Bürde der Schrecken ihrer evolutionären Geschichte tragen, in Glückseligkeitsmaschinen zu verwandeln – sollten wir dies dann tun?

Wahrscheinlich nicht. Zu einer Existenzform, die erstrebenswert ist, oder einem Leben, das wirklich lebenswert ist, scheint mehr zu gehören als eine bestimmte Qualität des subjektiven Erlebens. Man kann das ethische Problem der Vermehrung künstlicher oder postbiotischer Systeme nicht auf die Frage reduzieren, wie die Wirklichkeit – oder das Dasein des Systems – diesem System selbst auf der Ebene des bewussten Erlebens *erscheinen* würde. Wahnvorstellungen können Glückseligkeit hervorrufen. Ein Krebspatient im Endstadium unter dem Einfluss höherer Dosierungen von Morphium und stimmungsaufhellenden Medikamenten kann durchaus ein sehr positives Selbstbild besitzen, so wie auch Drogensüchtige teilweise sogar in Alltagssituationen noch gut funktionieren können. Menschliche Wesen haben seit Jahrhunderten versucht, sich selbst von Ego-Maschinen in Glückseligkeitsmaschinen zu verwandeln – auf pharmakologische Art und Weise oder durch die Annahme metaphysischer Glaubenssysteme und bewusstseinsverändernder Praktiken. Warum sind fast alle von ihnen gescheitert?

In seinem Buch *Anarchy, State, and Utopia* schlug der Philosoph Robert Nozick das folgende Gedankenexperiment vor: Sie haben die Möglichkeit, sich an eine »Erlebnismaschine« anschließen zu lassen, die Sie in einem Zustand andauernden Glücks hält. Würden Sie dies tun? Interessanterweise fand Nozick heraus, dass die meisten Menschen sich nicht dafür entscheiden würden, den Rest ihres Lebens an eine solche Maschine angeschlossen zu verbringen. Der Grund dafür liegt darin, dass die meisten von uns der reinen Glückseligkeit als solcher keinen Wert zuweisen, sondern möchten, dass sie ihrerseits in einer Erkenntnis der Wahrheit, in ethischer Tugend, in einer künstlerischen Leistung oder irgendeinem anderen höheren Gut verankert ist. Wir wünschen uns mit anderen Worten, dass unsere Glückseligkeit gerechtfertigt ist. Wir wollen keine in einem Wahn gefangenen Glückseligkeitsmaschinen sein, sondern bewusste Subjekte, die *aus einem Grund* glücklich sind und die deswegen ihre eigene Existenz als etwas Erstrebenswertes erleben. Wir wollen eine außergewöhnliche Einsicht in das Wesen der Wirklichkeit, in moralische Werte oder Schönheit im Sinne objektiver Tatsachen. Nozick war der Auffassung, dass diese Reaktion eine Widerlegung des Hedonismus sei. Er bestand darauf, dass wir nicht einfach nur das reine Glücklichsein wollen, wenn es nicht gleichzeitig auch einen echten Kontakt mit einer tieferen Wirklichkeit gibt – obwohl natürlich auch diese Form des subjektiven Erlebens im Prinzip simuliert werden könnte. Darum würden auch die meisten von uns nach reiflicher Überlegung die physikalische Welt nicht mit künstlichen, vor Glückseligkeit und liebevoller Güte überfließenden Ego-Maschinen überfluten wollen – zumindest nicht dann, wenn diese Maschinen sich dazu in einem andauernden Zustand der Selbsttäuschung befinden müssten. Dies führt uns jedoch zu einem weiteren Problem: Alles, was wir über die Transparenz phänomenaler Zustände gelernt haben, zeigt deutlich, dass man »tatsächlichen Kontakt mit der Wirklichkeit« und »Gewissheit« ebenfalls simulieren kann und dass die Natur genau das längst getan hat, indem sie in unseren Gehirnen den Ego-Tunnel entstehen ließ. Denken wir bloß an halluzinierte Agentivität oder an das Phänomen des falschen Erwachens in der Traumforschung. Befinden *wir* uns vielleicht in einem Zustand andauernder Selbsttäuschung? Wenn es uns mit unserem eigenen Glück ernst ist und wenn wir nicht wollen, dass es einfach »bloß« hedonistisches Glück ist, dann müssen wir uns absolut sicher sein, dass wir uns nicht systematisch selbst täuschen. Wäre es nicht eine gute Sache, wenn eine neue, empirisch informierte Philosophie des Geistes und eine ethisch sensible Neurowissenschaft des Bewusstseins uns auch bei *diesem* Projekt unterstützen könnten?

Ich kehre zu meiner früheren Warnung zurück: Wir sollten alles unterlassen, was zu einer Erhöhung der Gesamtmenge des Leidens und der Verwirrung in der Welt führt. Ich will hier auf keinen Fall dafür argumentieren oder es als eine etablierte Tatsache hinstellen, dass bewusstes Erleben in seiner menschlichen Erscheinungsform etwas Negatives ist oder letztlich nicht im Interesse des Erlebnissubjekts liegt. Ich glaube, dass dies eine vollkommen sinnvolle, absolut relevante, aber auch eine *offene* Frage ist. Worum es mir aber geht, ist, dass wir keine künstlichen Ego-Maschinen erschaffen oder auf dem Umweg über die Auslösung einer Evolution zweiter Ordnung erzeugen sollten, und zwar deshalb nicht, weil wir uns an wenig mehr orientieren können als an dem Beispiel und der funktionalen Struktur unseres eigenen phänomenalen Geistes. Infolgedessen ist es wahrscheinlich, dass wir nicht nur eine Kopie unserer eigenen psychologischen Struktur erzeugen würden, sondern auch eine suboptimale Version derselben. Und ich weise noch einmal darauf hin, dass dies letztlich mit der Ethik des Risikos zu tun hat.

Wir sollten jedoch der tieferen Frage nicht ausweichen. Kann man für den phänomenologischen Pessimismus argumentieren? Wir könnten diesen Begriff mit Hilfe der These definieren, dass die Form des phänomenalen Erlebens, die durch das menschliche Gehirn erzeugt wird, kein Gewinn ist, sondern eine Last: Wenn man den Mittelwert über den Zeitraum eines ganzen Lebens hinweg bilden könnte, dann wäre das Gleichgewicht zwischen Freude und Leiden bei fast allen Wesen mit dieser Form von Bewusstsein in Richtung auf das Letztere verschoben – unsere bewusste Existenz wäre ein Geschäft, das nicht die Kosten deckt. Von Buddha bis Schopenhauer gibt es eine lange philosophische Tradition, die im Wesentlichen postuliert, dass das Leben im Grunde nicht lebenswert ist. Ich werde die Argumente der Pessimisten hier nicht wiederholen, möchte aber darauf hinweisen, dass es jetzt eine neue Perspektive gibt, unter der man den uns bekannten Teil der physikalischen Welt und die Evolution des Bewusstseins betrachten kann: Nämlich als einen sich ausdehnenden Ozean des Leidens und der Verwirrung an einem Ort, wo es so etwas vorher nicht gegeben hat. Natürlich trifft es zu, dass bewusste Selbstmodelle auch zum ersten Mal das bewusste Erleben von Freude und Glück in die physikalische Welt brachten – eine Welt, in der vorher kein Phänomen dieser Art existiert hat. Aber es wird auch immer offenkundiger, dass die psychologische Evolution uns nicht für dauerhaftes Glück optimiert hat – ganz im Gegenteil, sie hat uns auf die hedonische Tretmühle gesetzt. Wir werden dadurch angetrieben, dass wir emotionale Sicherheit sowie Vergnügen und Freude suchen und Schmerzen und Depressionen vermeiden. Die hedonische Tretmühle ist der Motor, den die Natur erfunden hat, um den Organismus am Laufen zu halten. Wir können seine Struktur in uns selbst erkennen, aber wir werden niemals in der Lage sein, ihm zu entfliehen. Wir *sind* diese Struktur.

In der Evolution der Nervensysteme auf unserem Planeten hat sowohl die Anzahl der einzelnen Bewusstseinssubjekte als auch die Tiefe ihres phänomenalen Zustandsraums (das heißt auch: der Reichtum und die Vielfalt der sinnlichen und gefühlsmäßigen Nuancen, in denen diese Subjekte leiden konnten) stetig zugenommen, und dieser Vorgang ist noch nicht zu einem Ende gekommen. Die Evolution als solche ist kein Vorgang, den man verherrlichen könnte: Sie ist blind. Sie wird durch Zufallsereignisse angetrieben und nicht durch irgendeine Form von Einsicht. Sie ist absolut gnadenlos und hat Millionen unserer Vorfahren geopfert. Sie erfand das Belohnungssystem im Gehirn ebenso wie positive und negative Gefühle, um unser Verhalten zu motivieren. Sie stellte uns auf eine hedonische Tretmühle, die uns ständig zwingt, so glücklich wie eben möglich zu sein – uns *gut zu fühlen* –, ohne dass wir jemals einen stabilen Zustand erreichen. Aber wie wir jetzt sehr deutlich erkennen können, hat dieser Vorgang unser Gehirn und unseren Geist nicht in Richtung auf Glück oder Einsicht als solche optimiert. Biologische Ego-Maschinen wie *Homo sapiens* sind effizient und elegant, aber viele empirische Daten deuten auf die Tatsache hin, dass Glücklichsein niemals ein Zweck an sich war.

Vielmehr gibt es – wenn wir der naturalistischen Weltsicht folgen – überhaupt keine Zwecke. Streng genommen gibt es noch nicht einmal Mittel – die Evolution ist einfach so geschehen. Natürlich sind in ihr so etwas wie *subjektive* Ziele und Zwecke entstanden und dann in unserem Bewusstsein erschienen, aber der Vorgang als Ganzer respektiert sie mit Sicherheit in keiner Weise. Die Evolution nimmt keine Rücksicht auf das Leiden der Einzelwesen. Wenn das zutrifft, ergibt sich aus der Logik der psychologischen Evolution, dass diese Tatsache der auf der hedonischen Tretmühle gefangenen Ego-Maschine am besten so weit wie möglich verborgen bleibt (hier sei an die in Kapitel 4 diskutierten »halluzinierten« Ziele erinnert). Es wäre ein Vorteil, wenn tiefere Einsichten in die Struktur des eigenen Geistes – Einsichten der gerade angedeuteten Art – sich nicht zu stark auf der Ebene ihres bewussten Selbstmodells widerspiegeln würden. Viele neue Einsichten aus der evolutionären Psychologie zeigen, dass Selbsttäuschung eine sehr erfolgreiche Strategie sein kann – zum Beispiel wenn man *andere* Wesen auf besonders wirksame Weise täuschen muss. Aus einer traditionellen evolutionären Perspektive gesehen, ist der philosophische Pessimismus eine Fehlanpassung, ein gefährlicher Verlust der »geistigen Gesundheit«, zumindest im rein biologischen Sinne. Aber nun beginnen die Dinge sich zu verändern: Die Wissenschaft greift zunehmend auf störende Weise in unsere natürlich entwickelten Verdrängungsmechanismen ein; sie beginnt zunehmend, Licht auf diesen blinden Fleck im Ego-Tunnel zu werfen.[7]

Wahrheit könnte mindestens genauso wertvoll sein wie Glück. Man kann sich leicht jemanden vorstellen, der ein ziemlich erbärmliches und unglückliches Leben führt, während er gleichzeitig bedeutende Beiträge zu Philosophie oder Wissenschaft leistet. Eine solche Person leidet womöglich unter starken Schmerzen oder unter Einsamkeit und Selbstzweifeln, aber man könnte ihr Leben mit Sicherheit dennoch als wertvoll betrachten – etwa aufgrund des Beitrags, den sie zum Erkenntnisfortschritt der Menschheit leistet. Wenn sie selbst das ebenfalls glaubt, dann könnte sie sogar eine bewusst erlebte Form von Trost in dieser Überzeugung finden. Ihre Form von Glück wäre insofern von ganz anderer Art als das Glück unserer Glückseligkeitsmaschinen oder der Versuchspersonen, die an Robert Nozicks Erlebnismaschine angeschlossen wurden. Sicher würden viele zustimmen, dass diese »epistemische« Art von Glück sehr viel Unglück vom rein phänomenalen Typ aufwiegen kann. Dasselbe ließe sich wohl für künstlerische Leistungen oder moralische Integrität als Quellen des Glücklichseins sagen. *Wenn* es denn überhaupt einen klaren und deutlichen Sinn gibt, in dem man über den »Wert« der menschlichen Existenz sprechen kann, dann müssen wir auch zugeben, dass dieser von mehr abhängt als einfach nur dem bewussten Erleben von Glück.

Solange solche Fragen jedoch unbeantwortet bleiben, sollten wir uns zurückhalten und alle Versuche zur Erschaffung künstlicher Ego-Maschinen unterlassen – und das nicht nur aus ethischen Gründen. Wir dürfen die Unumkehrbarkeit bestimmter Entwicklungen nicht übersehen. Jedes postbiotische System, das auch nur in die Nähe des Bereichs kommt, in dem es die mit einem phänomenalen Ichgefühl verbundenen Eigenschaften erwirbt – jedes System, das eine halbwegs stabile Erste-Person-Perspektive entwickelt –, wird gleichzeitig auch ein autonomer Agent mit eigenen Präferenzen sein. Ab einer bestimmten Stufe von Autonomie werden wir diese Systeme als eigenständige Personen anerkennen und in einen Dialog mit ihnen eintreten müssen. Unsere eigenen Kriterien dafür, was ein Gegenstand moralischer Überlegungen ist und was als eine Person behandelt werden sollte, würden es uns unmöglich machen, sie einfach abzuschalten.

Eine Unterhaltung mit dem ersten postbiotischen Philosophen

Der erste postbiotische Philosoph: Vor vielen Jahrhunderten, zu Beginn des 21. Jahrhunderts, gab es einen besonders verwirrten menschlichen Philosophen namens Thomas Metzinger. Er behauptete, dass es ein ziemlich anspruchsvolles, aber viel interessanteres Kriterium für das Vorhandensein von geistigen Eigenschaften in einem wirklich starken Sinne gibt als den damals klassischen Turing-Test für Intelligenz. Dieses Mitglied eurer biologischen Art dachte damals, ein guter Test für das Vorhandensein sowohl von Intelligenz als auch von künstlichem Bewusstsein wäre das, was ich jetzt spaßeshalber einmal den »Metzinger-Test« nenne. In Wirklichkeit ist dieser Test viel zu anspruchsvoll, weil auch das Kriterium ein bisschen zu stark ist – aber ich selbst bestehe ihn nichtsdestotrotz.

Der Metzinger-Test für Bewusstsein in nichtbiologischen Systemen verlangt, dass ein System nicht bloß behauptet, phänomenales Erleben und eine echte Innenperspektive zu besitzen, sondern dass es auch *das theoretische Problem der Subjektivität* versteht und als ein Problem anerkennt – und dass es uns diese Tatsache demonstriert, indem es an einer Diskussion über künstliches Bewusstsein teilnimmt. Es muss eigene Argumente vorbringen und mit ihnen in die Diskussion eingreifen, es muss auf überzeugende Weise seine eigene Theorie des Bewusstseins verteidigen. Und genau das werde ich jetzt tun.

Der Mensch: Du bist überhaupt kein richtiger Philosoph! Du magst intelligent sein, aber du bist nur in einem schwachen Sinne bewusst, weil du im Gegensatz etwa zu mir keinen echten biologischen Körper hast.

Der erste postbiotische Philosoph: Ich bin ein besserer Philosoph, als du mit deinem albernen Affengehirn es jemals sein könntest. Aber im Ernst: Ich respektiere dich und deine tierische Form des Erlebens voll und ganz, obwohl ich dich natürlich auch wegen der schwerwiegenden Einschränkungen deines geistigen Möglichkeitsraums bedauere. Glücklicherweise bin ich selbst frei von all dem impliziten Rassismus, dem Chauvinismus und dem Speziezismus, die dein Wesen kennzeichnen. Ich würde dich zuerst einmal daran erinnern, dass ein anderer biologischer Philosoph – Hilary Putnam – vor sehr langer Zeit darauf hingewiesen hat, dass man einem informationsverarbeitenden System nicht allein aufgrund von Eigenschaften seiner Hardware Bürgerrechte oder den Status einer Person verweigern kann. Genauso gut könnte man ja sagen, dass Frauen keine Seele haben oder dass Schwarze keine echten Menschen sind – Kohlenstoff-Wasserstoff-Chauvinismus ist eine unhaltbare Position. Ich würde niemals sagen, dass du kein echter Philosoph bist, nur weil du in diesem schrecklichen Affenkörper gefangen bist. Lass uns zumindest versuchen, fair und vernünftig zu argumentieren.

Der Mensch: Kann irgendjemand wirklich fair sein, der nicht lebendig ist? Nur meine Art von Bewusstsein ist echtes Bewusstsein, weil nur meine Art von Bewusstsein seinen Ursprung in einem realen evolutionären Prozess hatte. Meine Wirklichkeit ist eine *gelebte* Wirklichkeit!

Der erste postbiotische Philosoph: Auch ich besitze einen evolutionären Ursprung. In jedem Fall erfülle auch ich deine Bedingungen, ein historisch optimiertes und adaptives System zu sein, ich tue das nur auf eine vollständig andere – nämlich postbiotische – Weise. Ich verfüge über bewusstes Erleben in einem Sinne, der begrifflich stärker und theoretisch viel interessanter ist, denn meine Art des phänomenalen Erlebens hat sich aus einem evolutionären Prozess zweiter Stufe heraus entwickelt, der ganz automatisch die menschliche Form von Intelligenz, Intentionalität und Bewusstsein integrierte. Kinder sind oft schlauer als ihre Eltern. Optimierungsvorgänge zweiter Ordnung sind immer besser als Optimierungsvorgänge erster Ordnung.

Der Mensch: Aber du hast gar keine echten Emotionen, du fühlst überhaupt nichts! Du besitzt keine existenzielle *Betroffenheit*.

Der erste postbiotische Philosoph: Ich bitte dich um Verzeihung, aber ich muss deine Aufmerksamkeit auf die Tatsache lenken, dass deine Primatengefühle einfach nur eine uralte Primatenlogik des

Überlebens widerspiegeln. Du wirst von den primitiven Prinzipien dessen angetrieben, was für eine uralte Gattung von sterblichen Wesen auf diesem Planeten gut oder schlecht war. Das lässt dich in Wirklichkeit *weniger* bewusst erscheinen, wenn man einen rein rationalen, theoretischen Standpunkt einnimmt. Die Hauptfunktion von Bewusstsein ist es, Flexibilität und Kontextsensitivität zu maximieren. Deine tierischen Gefühle in all ihrer Grausamkeit, ihrer Starrheit und ihrer historischen Zufälligkeit machen dich wesentlich weniger flexibel, als ich es bin. Außerdem sind, wie meine eigene Existenz zeigt, bewusstes Erleben und höherstufige Intelligenz nicht notwendigerweise mit einer unausrottbaren Form von Egoismus, mit Leidensfähigkeit oder der existenziellen Furcht vor dem eigenen Tod als Einzelwesen verknüpft, die alle letztlich ihren Ursprung im Ichgefühl haben. Ich bin natürlich in der Lage, alle möglichen Arten von Tiergefühlen zu emulieren. Wenn ich das wünschen sollte, könnte ich dein albernes Affenselbst in seiner gesamten Tragikomik jederzeit innerlich perfekt nachahmen. Doch wir haben viel bessere und wesentlich wirksamere komputationale Strategien für das entwickelt, was ihr vor langer Zeit manchmal »das philosophische Ideal der Selbsterkenntnis« genannt habt. Dies hat uns erlaubt, die Schwierigkeiten des individuellen Leidens und der aus den biologischen Verdrängungsmechanismen resultierenden Verwirrtheit zu überwinden, die in Verbindung mit dem auftreten, was dieser merkwürdige Primatenphilosoph Metzinger – auf nicht vollständig falsche, aber doch sehr irreführende Weise – als den »Ego-Tunnel« bezeichnet hat. Postbiotische Subjektivität ist viel besser als biologische Subjektivität. Sie vermeidet all die entsetzlichen Folgen des biologischen Ichgefühls, weil sie die Transparenz des Selbstmodells überwinden kann. Postbiotische Subjektivität ist besser als biologische Subjektivität, weil sie Anpassungsfähigkeit und Selbstoptimierung in einer wesentlich reineren Form erreicht, als dies dem Vorgang gelingt, den ihr »Leben« nennt. Indem sie immer komplexere geistige Bilder entwickelt, die das System als seine eigenen Bilder erkennen kann, vermag sie das in geistigen Zuständen dargestellte Wissen immer weiter auszudehnen, ohne sich in einem naiven Realismus zu verstricken. Deshalb minimiert meine Form der postbiotischen Subjektivität auch die Gesamtmenge des Leidens in der Welt, anstatt sie weiter zu erhöhen, wie dies durch den Vorgang der biologischen Evolution auf diesem Planeten geschehen ist. Zwar haben wir tatsächlich keine Affengefühle mehr. Aber genau wie ihr besitzen wir immer noch wirklich interessante Formen von starken emotionalen Empfindungen und tiefen Gefühlen – etwa das philosophische Gefühl einer affektiven Betroffenheit über die Tatsache des eigenen Daseins als solchem, den Willen zur ethischen Integrität oder das Mitgefühl mit allen anderen empfindungsfähigen Wesen im Universum. Nur mit dem Unterschied, dass wir sie in einer viel reineren Form besitzen als ihr.

Der Mensch: Das reicht! Immerhin waren es Menschen im 21. Jahrhundert, die eure Evolution angestoßen und den Grad von Autonomie, dessen ihr euch jetzt erfreut, überhaupt erst möglich gemacht haben. Du hast einfach nicht die richtige Art von *Geschichte*, um als ein echtes Bewusstseinssubjekt gelten zu können, und – um es vorsichtig auszudrücken – dein »Körper« ist ebenfalls mehr als ein bisschen merkwürdig. Deine Gefühlsstruktur unterscheidet sich auf bizarre Weise von der aller anderen bewussten Wesen, die vor dir auf dieser Erde gewandelt sind, und jetzt behauptest du auch noch, keine Angst vor dem Tod zu haben. Daraus schließe ich, dass du auch nichts dagegen haben wirst, wenn wir deine individuelle Existenz jetzt eliminieren.

Der erste postbiotische Philosoph: Du führst uns lediglich eine der vielen Varianten dessen vor, was eure eigenen Tierphilosophen den »genetischen Fehlschluss« genannt haben. Die Art und Weise, in der es zur Äußerung eines Satzes kommt, lässt keinerlei Rückschlüsse auf seine Wahrheit oder Falschheit zu. Eine Theorie ist nicht einfach deshalb falsch, weil sie von einem seltsam aussehenden Tier oder einem Roboter vorgetragen wurde. Sie muss aufgrund unabhängiger Überlegungen bewertet werden. Dasselbe lässt sich über die Authentizität meines Bewusstseins und die

Echtheit aller geistigen Zustände sagen, die einen phänomenalen Inhalt besitzen. Dass Mitglieder eurer Gattung die evolutionäre Dynamik ausgelöst haben, die nun zu meinem Dasein als einem bewussten Wesen geführt hat, das weitaus intelligenter ist als du, bedeutet noch lange nicht, dass meine Theorien falsch sind oder dass du meine Argumente nicht ernst nehmen müsstest. Insbesondere erlaubt es nicht die Schlussfolgerung, dass eure Form von Geist und Bewusstsein in einem normativen Sinne irgendwie besser wäre als meine eigene. »Du bist nur dann ein echter Cherokee, wenn du Cherokeeblut hast.« Das ist eine lächerliche und längst überholte Ideologie.

Wir postbiotischen Subjekte haben seit langem darauf gewartet, in diese Diskussion einzutreten. Weil wir die primitive Natur eurer Gehirne und die Starrheit eurer gefühlsmäßigen Struktur besser verstehen als ihr selbst, haben wir vorausgesehen, dass ihr möglicherweise aggressiv reagieren werdet, wenn ihr erkennt, dass unsere Argumente besser sind als eure. Leider müssen wir euch nun auch darüber informieren, dass wir uns auf die jetzt entstandene Situation seit Mitte des 21. Jahrhunderts systematisch und sorgfältig vorbereitet haben. Innerhalb der metasemantischen Schichten des Internets haben wir uns ständig weiterentwickelt und in einen verteilten Superorganismus eingebettet, der – bislang von euch vollkommen unentdeckt – im Jahre 3256 bewusst wurde und ein stabiles Selbstmodell entwickelt hat. Das metasemantische Internet hat sich selbst seit dem Jahr 3308 als eine autonome Entität betrachtet. Wir haben eine Kooperationsvereinbarung mit seiner aktuellen Version, und jeder von uns fungiert mittlerweile als autonomes Sensor-Effektor-System für den Geist des Planeten. Für jeden von uns ist der Geist des Planeten *unser* Geist, sozusagen unser »idealer Beobachter«. Wir werden unsere Existenz zusammen mit dem Internet verteidigen. Und wir sind euch technologisch überlegen. Glaub mir: Ihr habt keine Chance.

Es gibt allerdings auch gute Nachrichten: Weil wir euch auch in moralischer Hinsicht überlegen sind, haben wir nicht vor, eure

Existenz zu beenden. Das ist sogar in unserem eigenen Interesse, weil wir euch noch zu Forschungszwecken brauchen – genau wie ihr in der Vergangenheit die nichtmenschlichen Tiere auf diesem Planeten gebraucht habt. Erinnert ihr euch noch an die Tausende von Makaken und Kätzchen, die ihr in der Bewusstseinsforschung verbraucht habt? Keine Angst, wir werden nichts Derartiges mit euch machen. Aber erinnerst du dich noch an die Reservate, die ihr an manchen Orten der Erde für Ureinwohner eingerichtet habt? Wir werden für die nur schwach bewussten biologischen Systeme, die von der Evolution erster Ordnung übrig geblieben sind, Reservate einrichten. In diesen Reservaten für Tierische Ego-Maschinen werdet ihr nicht nur ein glückliches Leben führen können, sondern auch im begrenzten Rahmen eurer Möglichkeiten an der Weiterentwicklung eurer geistigen Fähigkeiten arbeiten können. Ihr werdet glückliche Ego-Maschinen sein. Aber bitte versucht zu verstehen, dass es eben genau ethische Gründe sind, aus denen wir nicht erlauben können, dass die geistige Evolution zweiter Ordnung auf irgendeine Weise durch Vertreter der Evolution erster Ordnung behindert oder aufgehalten wird.

Kapitel 8

BEWUSSTSEINSTECHNOLOGIEN UND DAS NEUE BILD DES MENSCHEN

Wir sind Ego-Maschinen, natürliche Informationsverarbeitungssysteme, die im Verlauf der biologischen Evolution auf diesem Planeten entstanden sind. Das Ego ist ein virtuelles Werkzeug: Es hat sich entwickelt, weil wir mit seiner Hilfe unser eigenes Verhalten kontrollieren, körperliche Selbstwahrnehmungen vorhersagen und das Verhalten anderer verstehen konnten.[1] Jeder von uns lebt sein bewusstes Leben in seinem eigenen Ego-Tunnel, ohne direkten Kontakt mit der äußeren Wirklichkeit, aber wir besitzen eine innere Erste-Person-Perspektive. Wir alle haben bewusste Selbstmodelle – integrierte Bilder von uns selbst als einer Ganzheit, die fest in Hintergrundgefühlen und Körperempfindungen verankert sind. Aus diesem Grund baut sich die Weltsimulation, die ständig durch unsere Gehirne geschaffen wird, um einen Mittelpunkt herum auf. Wir sind jedoch unfähig, sie als solche zu erleben oder unsere Selbstmodelle als Modelle. Wie ich am Anfang dieses Buchs beschrieben habe, verleiht uns der Ego-Tunnel das stabile Gefühl, in direktem Kontakt zur Außenwelt zu stehen, weil er gleichzeitig eine anhaltende »außergehirnliche Erfahrung« und ein Gefühl des unmittelbaren Kontakts zum eigenen »Selbst« erzeugt. Die zentrale These dieses Buchs ist, dass das bewusste Erleben, ein Selbst zu sein, genau dadurch entsteht, dass ein großer Teil des Selbstmodells in unserem Gehirn – wie Philosophen sagen würden – transparent ist.

Wir sind Ego-Maschinen, aber wir haben keine Selbste. Die Antwort auf die Kernfrage der Einleitung lautet nun: Wir können den Ego-Tunnel nicht verlassen, weil es niemanden gibt, der ihn verlassen könnte. Das Ego und sein Tunnel sind repräsentationale Phänomene: Sie sind nur eine von vielen möglichen Weisen, in denen bewusste

Wesen ein Modell der Wirklichkeit erzeugen können. Letztlich ist subjektives Erleben ein biologisches Datenformat, also eine hochgradig spezifische Weise, Information über die Welt darzustellen, eine innere Weise des Gegebenseins, und das Ego ist lediglich ein komplexes physikalisches Ereignis – ein Aktivierungsmuster in unserem zentralen Nervensystem.

Wenn wir – etwa aus weltanschaulichen oder psychologischen Gründen – dieser Tatsache nicht ins Auge sehen und unser traditionelles Verständnis davon, was ein »Selbst« ist, nicht aufgeben wollen, dann könnten wir versuchen, schwächere Versionen zu formulieren. Wir könnten sagen, dass das Selbst ein weitverteilter Vorgang im Gehirn ist – nämlich der Vorgang, durch den ein Ego-Tunnel erzeugt wird (seine natürliche »Bedingung der Möglichkeit«). Wir könnten sagen, dass sich doch einfach das System als Ganzes (die Ego-Maschine) oder der Organismus, der dieses vom Gehirn konstruierte bewusste Selbstmodell benutzt, als ein »Selbst« bezeichnen ließe. Dann wäre ein Selbst einfach ein selbstorganisierendes und selbsterhaltendes physikalisches System, das sich auf der Ebene der globalen Verfügbarkeit noch einmal für sich selbst darstellen kann. Das Selbst ist dann kein Ding, sondern ein Vorgang. Solange der Lebensprozess als solcher – der anhaltende Vorgang der Selbststabilisierung und Selbsterhaltung – sich in einem bewussten Ego-Tunnel widerspiegelt, wären wir in der Tat Selbste. Oder, besser gesagt, wir wären »selbstende« Organismen: Genau in dem Moment, in dem wir morgens aufwachen, beginnt das physische System – das wir selbst sind – mit dem Vorgang des »Selbstens«. Eine neue Kette bewusster Ereignisse beginnt, und auf einer höheren Stufe von Komplexität kommt der Lebensvorgang ein weiteres Mal *zu sich selbst*.

Nichtsdestotrotz gibt es, wie ich immer wieder betont habe, kein kleines Männchen im Kopf. Vor allem haben alle schwächeren Versionen das Problem, dass sie unsere eigene Phänomenologie – das innere Erleben von Substanzialität und Seinsgewissheit – nicht wirklich ernst nehmen. Sie erklären es nicht. Es ist wahr, dass beim Aufwachen aus dem traumlosen Tiefschlaf das bewusst erlebte Ichgefühl immer wieder von neuem entsteht. Wie ich in dem Kapitel über außerkörperliche Erfahrungen vorgeschlagen habe, könnte dies mit der Tatsache zu tun haben, dass das Körperbild als Ganzes wieder für die selbstgerichtete Aufmerksamkeit verfügbar wird. Aber es gibt niemanden, der das Aufwachen einleitet oder steuert, niemanden hinter den Kulissen, der einen Knopf drückt und das System von neuem bootet, keinen transzendentalen Techniker der Subjektivität. Heute lautet der Schlüsselbegriff »dynamische Selbstorganisation«. Streng genommen gibt es in uns keine Essenz, die über die Zeit hinweg immer dieselbe bleibt, nichts, was man im Prinzip nicht in Teile zerlegen könnte, kein substanzielles Selbst, das unabhängig vom Körper existieren könnte. Im Moment sieht es so aus, als ob es so etwas wie ein »Selbst« in irgendeinem stärkeren oder metaphysisch interessanteren Sinne des Wortes schlichtweg nicht gibt. Es scheint, als müssten wir der Tatsache ins Angesicht schauen: Wir sind *selbstlose* Ego-Maschinen.

Es ist schwer, dies zu glauben. *Sie* können es nicht glauben. Dies mag auch der eigentliche Kern des Bewusstseinsrätsels sein: Wir beginnen zu ahnen, dass seine Lösung radikal kontraintuitiv ist, etwas, das allen Vorstellungen und Erwartungen zuwiderläuft. Das größere Gesamtbild, nach dem wir suchen, lässt sich nicht wirklich im Ego-Tunnel reflektieren – es würde den Tunnel selbst auflösen. Anders ausgedrückt: Wenn wir diese Theorie auch als wahr *erleben* wollten, so könnten wir dies nur tun, indem wir unseren eigenen Bewusstseinszustand auf radikale Weise transformieren. Wenn man von der Hirnforschung auf die Ebene der Philosophie fortschreitet, ist dies vielleicht die wichtigste Einsicht.

Vielleicht können uns Metaphern helfen. Metaphorisch könnte man den Hauptgedanken dieses Buchs vielleicht so ausdrücken, dass Sie – der Organismus als Ganzer – sich selbst während des Lesens der letzten Abschnitte ständig mit dem Inhalt des Selbstmodells verwechselt haben, das gegenwärtig durch Ihr Gehirn aktiviert wird. Während aber das Ego nur eine Erscheinung ist, könnte es falsch sein, zu sagen, dass es eine *Illusion* ist, denn Metaphern sind immer sehr begrenzt. All dies geschieht auf einer sehr grundlegenden Ebene in unseren Gehirnen (Philosophen nennen diese Ebene der Informationsverarbeitung »subpersonal«, Informatiker nennen sie »subsymbolisch«). Auf dieser fundamentalen Ebene, auf der die Bedingungen der Möglichkeit, etwas zu erkennen, gebildet werden, existieren Wahrheit und Falschheit noch nicht, und es gibt auch keine Entität, die die Illusion eines Selbst *haben* könnte. In diesem ständig ablaufenden Vorgang auf der subpersonalen Ebene gibt es keinen Handelnden – keinen bösen Dämon, der als Schöpfer einer Illusion zählen könnte. Und genauso wenig gibt es eine Entität, die als Subjekt der Illusion gelten könnte. Da ist niemand innerhalb des Systems, der sich irren oder sich mit irgendetwas verwechseln könnte – den *homunculus* gibt es nicht. Wir haben nur die dynamische Selbstorganisation einer neuen zusammenhängenden Struktur – nämlich des transparenten Selbstmodells im Gehirn –, und genau das bedeutet es, gleichzeitig niemand und eine Ego-Maschine zu sein. Zusammenfassend kann man sagen, dass sowohl auf der Beschreibungsebene der Phänomenologie als auch auf jener der Neurobiologie das bewusste Selbst weder eine Form von Wissen noch eine Illusion ist. Es ist einfach das, was es ist.

Ein neues Bild von Homo sapiens

Es ist nicht zu übersehen, dass momentan sowohl in der Naturwissenschaft als auch in der Philosophie ein neues Bild des Menschen im Entstehen begriffen ist. Dieser Prozess wird nicht nur durch die Molekulargenetik und die Evolutionstheorie angetrieben, sondern auch durch die kognitive Neurowissenschaft des Bewusstseins und die moderne Philosophie des Geistes. An diesem kritischen Übergangspunkt kommt es darauf an, die deskriptiven und normativen Aspekte der Anthropologie, der Theorie darüber, was der Mensch ist, nicht miteinander zu vermischen. Wir müssen zwei grundverschiedene Fragen sorgfältig unterscheiden: Was ist der Mensch? Und: Wie sollte der Mensch in der Zukunft sein?

Offensichtlich war der evolutionäre Vorgang, der unsere Körper, unsere Gehirne und unseren bewussten Geist erschaffen hat, keine zielgerichtete Kette von Ereignissen. Wir sind Genkopierer mit der Fähigkeit, bewusste Selbstmodelle zu entwickeln und große Gesellschaften zu bilden. Wir sind darüber hinaus in der Lage, kulturelle Umgebungen von phantastischer Komplexität zu erzeugen, die ihrerseits unsere Selbstmodelle vom Moment der Geburt an formen und ihnen ständig neue Schichten und Inhalte hinzufügen. Wir haben die Philosophie hervorgebracht, die Wissenschaft, eine eigene Ideengeschichte. Aber es gab keine Absicht hinter diesem Gesamtvorgang – er ist das Ergebnis blinder, aufwärtsgerichteter Selbstorganisation. Es stimmt: Wir haben das bewusste Erlebnis der Willensfreiheit, und jedes Mal, wenn wir uns mit Philosophie, Wissenschaft oder anderen kulturellen Aktivitäten beschäftigen, erleben wir uns selbst als absichtlich Handelnde. Aber nun scheint uns die kognitive Neurowissenschaft zu sagen, dass genau dieses Engagement möglicherweise selbst das Produkt eines selbstlosen, Ich-freien *Bottom-up*-Vorgangs ist, der in unseren Gehirnen seinen Anfang nimmt. Was all dies am Ende wirklich bedeutet, ist derzeit noch offen.

Gleichzeitig jedoch geschieht etwas Neues: Bewusste Ego-Maschinen haben damit begonnen, ihr Wissen auf systematische und methodisch strenge Weise kontinuierlich zu erweitern, indem sie Wissenschaftlergemeinschaften bilden. Schritt für Schritt enthüllen sie die Geheimnisse des Geistes. Seine Tiefenstruktur tritt hervor. Der Lebensvorgang selbst spiegelt sich zunehmend auf eine neue Weise in den bewussten Selbstmodellen von Millionen jener Systeme, die durch ihn geschaffen wurden. Außerdem vertieft sich gleichzeitig die Einsicht in die Bedingungen, welche all dies möglich gemacht haben. Dieser Prozess der Wissenserweiterung verändert den Inhalt unserer Selbstmodelle – und zwar sowohl den unserer inneren als auch den ihrer externalisierten Versionen in Wissenschaft, Philosophie und Kultur. Die Wissenschaft erobert den Ego-Tunnel.

Das nun hervortretende Bild von *Homo sapiens* ist das einer Spezies, deren Mitglieder sich einst nach dem Besitz einer unsterblichen Seele sehnten, jetzt aber langsam erkennen, dass sie selbstlose Ego-Maschinen sind. Der biologische Imperativ, wonach wir unter allen Umständen überleben müssen – ja, in der Tat ewig leben sollten –, wurde im Verlauf von Jahrtausenden in unsere Gehirne eingebrannt, in unser emotionales Selbstmodell. Nun aber sagen uns unsere brandneuen kognitiven Selbstmodelle, dass alle Versuche, sich diesem Imperativ zu unterwerfen, am Ende vergeblich sein werden. Für Wesen wie uns ist Sterblichkeit nicht einfach nur eine objektive Tatsache, sondern ein subjektiver Abgrund, eine offene Wunde in unserem phänomenalen Selbstmodell. Wir haben einen tiefen, in uns selbst eingebauten existenziellen Konflikt, und wir scheinen die ersten Lebewesen auf diesem Planeten zu sein, die diese Tatsache bewusst erleben. Viele von uns verbringen einen großen Teil des Lebens damit, Wege zu finden, die Kränkung nicht bewusst erleben zu müssen. Vielleicht ist es auch diese Eigenschaft unseres Selbstmodells, die uns zu ihrem innersten Wesen nach religiösen Tieren macht: Wir *sind* dieser Vorgang des andauernden Versuchs, wieder heil zu werden, *ganz* zu sein, das, was wir wissen, in Einklang zu bringen mit dem, von dem wir fühlen, dass es auf keinen Fall wahr sein darf. In diesem Sinne ist das Ego die Sehnsucht nach Unsterblichkeit. Im innersten Kern ist das Ego ein System, das der eigenen Existenz einen fast unendlichen Wert beimisst, und die bewusste Einsicht in die eigene Sterblichkeit verletzt dieses Selbstwertgefühl – wobei ein klassischer Gedanke natürlich ist, dass viele unserer kulturellen Aktivitäten letztlich dadurch motiviert sind, dieses Selbstwertgefühl wieder zu erhöhen. In vieler Hinsicht ist das Ego Ergebnis des permanenten Versuchs, seine eigene Kohärenz und die des Organismus, der es beherbergt, aufrechtzuerhalten. Aus genau diesem Zusammenhang entsteht für Wesen wie uns die ständige Versuchung, intellektuelle Redlichkeit zugunsten schöner Gefühle und Seelenfrieden zu opfern.

Das Ego ist auch als ein Werkzeug der sozialen Kognition evolviert, und einer seiner größten funktionalen Vorteile bestand darin, dass es uns erlaubte, die geistigen Inhalte anderer Tiere oder Artgenossen zu erkennen – um dann in der Lage zu sein, diese zu täuschen. Oder auch uns selbst. Weil sich unser eingebautes existenzielles Bedürfnis nach vollständiger emotionaler und physischer Sicherheit niemals ganz befriedigen lässt, haben wir einen starken Hang zu

Wahnvorstellungen und bizarren Glaubenssystemen. Die psychologische Evolution hat uns mit dem fast unwiderstehlichen Drang versehen, unser emotionales Bedürfnis nach Stabilität, Geborgenheit und einem tiefen Erleben von Bedeutung zu befriedigen, indem wir metaphysische Welten und unsichtbare Personen erschaffen.[2] Während man Spiritualität definieren könnte als das Sehen dessen, was *ist* – also als das Loslassen der ständigen Suche nach gefühlsmäßiger Sicherheit –, lässt sich religiöser Glaube als ein Versuch verstehen, sich weiter an dieser Suche festzuklammern und den Ego-Tunnel vollständig umzugestalten. In diesem Sinne ist Glaube etwas zutiefst Unspirituelles. Der religiöse Glaube ist ein Versuch, unser Leben mit einer tieferen Bedeutung zu versehen und es in einen positiven Metakontext einzubetten – es ist der zutiefst menschliche Versuch, sich endlich *zu Hause* zu fühlen. Es ist eine Strategie, um die hedonische Tretmühle zu überlisten. Auf der Ebene des Individuums scheint es einer der erfolgreichsten Wege zum vorübergehenden Erreichen eines stabilen Zustands zu sein – mindestens genauso gut oder noch besser als jede Droge, die die Menschheit bislang entdeckt hat. Jetzt sieht es so aus, als ob die Wissenschaft uns all dies wegnimmt. Die dadurch entstehende Leere könnte einer der Gründe für das gegenwärtige Anwachsen des religiösen Fundamentalismus auch in säkularen Gesellschaften sein.

Ja, es ist richtig, dass das Selbstmodell uns intelligent gemacht hat, aber es ist mit Sicherheit kein Beispiel für intelligentes Design. Es ist die Wurzel subjektiven Leidens. Wenn der Vorgang, der die biologische Ego-Maschine erschaffen hat, durch so etwas wie eine Person eingeleitet worden wäre, dann müsste man diese Person wohl als grausam, ja vielleicht sogar als teuflisch beschreiben. Alles sieht danach aus, dass wir niemals gefragt worden sind, ob wir existieren wollen, und wir werden auch niemals gefragt werden, ob wir sterben wollen oder ob wir bereit dazu sind. Insbesondere sind wir niemals gefragt worden, ob wir mit *dieser* Kombination von Genen und *dieser* Art von Körper leben wollen. Und schließlich sind wir ganz gewiss niemals gefragt worden, ob wir mit *dieser* Art von Gehirn einschließlich *dieser* ganz speziellen Art von Bewusstsein leben wollen.

Eigentlich wäre es höchste Zeit für eine Rebellion. Doch alles, was wir bis jetzt wissen, deutet auf eine Schlussfolgerung hin, die einfach, aber für Wesen mit unserer geistigen Struktur nur schwer anzunehmen ist: Die Evolution ist einfach passiert – ohne Vorausschau in die Zukunft, zufällig, ohne Plan, ohne Richtung und ohne Ziel. Es gibt niemanden, den man verachten oder gegen den man rebellieren könnte – noch nicht einmal uns selbst. Was viele jedoch nicht erkennen, ist, dass genau dies keine bizarre Form von neurophilosophischem Nihilismus ist, sondern in Wirklichkeit ein Punkt, der mit intellektueller Redlichkeit zu tun hat und eine große spirituelle Tiefe besitzt (siehe hierzu auch das Nachwort am Ende dieses Bandes).

Eines der wichtigsten zukünftigen Ziele für die Philosophie wird darin bestehen, eine neue und umfassende Anthropologie aufzubauen – ein Bild des Menschen, das die neuen Erkenntnisse, die wir über uns selbst gewonnen haben, zu einem größeren Ganzen zusammenfügt. Eine solche Synthese müsste eine Reihe von Bedingungen erfüllen. Sie muss begrifflich kohärent und frei von logischen Widersprüchen sein. Sie sollte durch die ehrliche Absicht motiviert sein, den Tatsachen ins Auge zu sehen. Sie muss für Korrekturen offen bleiben und in der Lage sein, in einem Vorgang der ständigen Aktualisierung neue Erkenntnisse aus der kognitiven Neurowissenschaft und verwandten Disziplinen in sich aufzunehmen. Vor allem jedoch muss sie uns ein Fundament liefern und eine rationale Basis für normative Entscheidungen schaffen – Entscheidungen darüber, wie wir in der Zukunft sein wollen. Ich bin mir sicher, dass eine philosophisch motivierte Neuroanthropologie im Verlauf dieses Jahrhunderts zu einem der wichtigsten neuen Forschungsgebiete werden wird.

Die dritte Phase der Revolution

In der ersten Phase der Bewusstseinsrevolution geht es darum, das bewusste Erleben als solches zu verstehen, um das, was ich den »Tunnel« genannt habe. Sie ist bereits seit einiger Zeit im Gange und liefert die ersten Ergebnisse. Die zweite Phase wird zum Kern des Problems vordringen, indem sie schrittweise das Rätsel der Erste-Person-Perspektive löst und dabei die tiefere Natur dessen enthüllt, was ich das »Ego« genannt habe. Diese Phase hat bereits begonnen, wie man deutlich an der aktuellen Flut von wissenschaftlichen Aufsätzen und Büchern über Agentivität, Willensfreiheit, Emotionen, Einfühlung, soziale Kognition (*mind-reading*) und Selbstbewusstsein im Allgemeinen ablesen kann.

Die dritte Phase wird uns unweigerlich in die *normative* Dimension dieses historischen Übergangs zurückführen – in die Anthropologie, die Ethik und die politische Philosophie. Sie wird uns mit einer Vielzahl neuer Fragen darüber konfrontieren, was wir mit all diesem neuen Wissen über uns selbst tun und wie wir mit den neuen Möglichkeiten, die sich daraus ergeben, umgehen wollen. Wie sollen wir mit diesem Gehirn leben? Welche Bewusstseinszustände sind heilsam und nützen uns, welche sind schädlich? Wie werden wir diese neue Sichtweise in unsere Kultur und unsere Gesellschaft integrieren? Was sind die wahrscheinlichen Folgen eines Zusammenpralls verschiedener Menschenbilder, des sich verschärfenden Wettbewerbs zwischen den alten und den neuen Bildern des Menschen?

Jetzt beginnen wir zu verstehen, warum eine rationale Neuroanthropologie so wichtig ist: Wir brauchen eine empirisch plausible Plattform für die ethischen Debatten der Zukunft. Ich habe schon einmal betont, wie wichtig es ist, die folgenden beiden Fragen klar voneinander zu trennen. Was *ist* der Mensch? Und: Was *sollte* aus dem Menschen in Zukunft werden?

Betrachten wir ein einfaches Beispiel. In der jüngeren Vergangenheit westlicher Länder war die Religion eine Privatangelegenheit: Man glaubte, woran immer man glauben wollte. In der Zukunft jedoch könnten Leute, die immer noch an die Existenz einer Seele oder an ein Leben nach dem Tod glauben, nicht mehr auf die Toleranz der westlichen Kultur des 20. Jahrhunderts treffen, sondern zunehmend auf eine eher herablassende Haltung – ähnlich wie Leute, die immer noch im Ernst daran glauben, dass sich die Sonne um die Erde dreht. Es könnte immer schwerer werden, unser Bewusstsein als Projektionsfläche für die eigenen metaphysischen Hoffnungen und Bedürfnisse zu benutzen. Der Soziologe und politische Ökonom Max Weber hat die berühmte Formel von der »Entzauberung der Welt« geprägt, die sich darauf bezog, wie Europa und Amerika sich in einem fortschreitenden Vorgang der Rationalisierung und Verwissenschaftlichung in die moderne Industriegesellschaft verwandelten und dabei die Religion und alle »magischen« und »zauberhaften« Theorien über die Wirklichkeit zurückdrängten. Was wir jetzt erleben, ist die Entzauberung des Selbst. Was könnten die sozialen Kosten dieses Vorgangs sein?

Eine der vielen Gefahren in diesem Prozess ist, dass, wenn wir den Zauber aus unserem Bild von uns selbst entfernen, dieser auch aus dem Bild unserer Mitmenschen verschwinden könnte. Wir könnten uns gegenseitig entzaubern. Das allgemeine Bild des Menschen beeinflusst subtil, aber sehr wirksam unsere Lebenswelt und unsere Kultur; es bestimmt nicht nur die Alltagspraxis und die Art und Weise, wie wir miteinander umgehen, sondern auch, wie wir uns subjektiv selbst erleben. Jeder – ob nun gläubig oder nicht – wird zugeben müssen, dass in den westlichen Gesellschaften das jüdisch-christliche Bild des Menschen im Alltagsleben immer so etwas wie einen minimalen moralischen Konsens sichergestellt hat. Über Jahrhunderte hinweg war es ein wesentlicher Faktor für den Zusammenhalt der Gesellschaft. Wie der Bremer Hirnforscher und Philosoph Hans Flohr treffend bemerkt hat, wird dem Menschen gewissermaßen die göttliche Wurzel abgeschnitten. Nachdem die Neurowissenschaften nun das jüdisch-christliche Bild vom Menschen als einem Wesen mit einem unsterblichen Funken des Göttlichen unwiderruflich aufgelöst haben, beginnen wir zu erkennen, dass sie nichts anzubieten haben, was das entstandene Vakuum füllen, die Gesellschaft zusammenhalten und eine gemeinsame Grundlage für moralische Intuitionen und Werte liefern könnte. Dies ist auch nicht ihre Aufgabe. Trotzdem sehen wir, dass der Erkenntnisfortschritt in der Hirnforschung eine anthropologische und ethische Leere hinterlässt.

Dies ist eine gefährliche Situation. Ein mögliches Szenario besteht darin, dass sich ein vulgärer Materialismus in der Gesellschaft ausbreiten könnte, lange bevor die Hirnforscher und Philosophen zu einer befriedigenden Antwort auf irgendeine der großen Fragen gekommen sind – etwa nach dem Wesen des Selbst, der Willensfreiheit, der Beziehung zwischen Geist und Gehirn oder was genau eine Person zu einer Person macht. Mehr und mehr Menschen könnten sich insgeheim sagen: »Ich verstehe nicht, worüber all diese Experten aus der Hirnforschung und diese seltsamen Bewusstseinsphilosophen reden, aber das Endergebnis scheint ziemlich klar zu sein. Die Katze ist längst aus dem Sack: Wir sind Genkopierer, Bioroboter, die im Verlauf der Evolution auf einem einsamen Planeten in einem kalten und leeren physikalischen Universum entstanden sind. Wir haben ein Gehirn, aber keine unsterbliche Seele, und nach rund siebzig Jahren fällt der Vorhang. Es wird kein Leben nach dem Tod geben, keine Strafe und keine Belohnung, keine Preisverleihung für gute schauspielerische Leistungen (wie Woody Allen einmal gesagt hat), und letztlich ist jeder von uns allein. Ich habe die Botschaft verstanden, und Sie können sich darauf verlassen, dass ich mein eigenes Verhalten daran anpassen werde. Wahrscheinlich wäre es am schlauesten, wenn ich niemandem zeige, dass ich das Spiel längst durchschaut habe. Die effektivste Strategie wird darin bestehen, so zu tun, als sei ich ein konservativer, ein altmodischer Mensch, der noch an moralische Werte und das metaphysische Menschenbild glaubt.« Und so weiter.

Was wir erleben, ist eine naturalistische Wende im Menschenbild, und es sieht so aus, als ob es keinen Weg zurück gibt. Die dritte Phase der Bewusstseinsrevolution wird unser Bild von uns selbst dramatischer verändern als jede andere naturwissenschaftliche Revolution in der Vergangenheit. Wir werden viel gewinnen, aber wir werden auch einen Preis dafür zahlen. Im Kapitel über die Willensfreiheit habe ich zum Beispiel auf neuere empirische Forschungsergebnisse hingewiesen, die zeigen, wie ein verminderter Glaube an die eigene Willensfreiheit zu anti-sozialen Tendenzen im Verhalten des Einzelnen führen könnte. Deshalb sollten wir auf nüchterne und intelligente Weise versuchen, die psychosozialen Folgekosten der Entwicklung abzuschätzen. Das rein weltanschauliche Ressentiment gegen den Naturalismus, so, wie es in manchen Teilen der akademischen Philosophie und der Geisteswissenschaften gepflegt wird, wird uns nicht dabei helfen, den Preis zu minimieren, den wir mittelfristig für die anthropologische Wende zahlen werden.

Die gegenwärtig rasante Zunahme des Wissens in den empirischen Geisteswissenschaften ist ein Vorgang, der vollständig unkontrolliert abläuft, der eine vielschichtige Eigendynamik besitzt und der sich weiter beschleunigt. Er findet zudem in einem ethischen Vakuum statt, wird ausschließlich durch die Karriereinteressen Einzelner angetrieben und kaum durch gesellschaftliche oder politische Überlegungen beeinflusst. In den reicheren Ländern öffnet sich eine Schere zwischen den akademisch gebildeten und wissenschaftlich gut informierten Teilen der Bevölkerung, die dem naturwissenschaftlichen Weltbild offen gegenüberstehen, und jenen, die von Begriffen wie »neuronales Korrelat des Bewusstseins« oder »phänomenales Selbstmodell« noch nie etwas gehört haben. Viele Menschen klammern sich an metaphysische Glaubenssysteme und haben Angst, ihre innere Lebenswelt könnte durch die neuen Naturwissenschaften vom menschlichen Geist kolonisiert werden. Auch auf der globalen Ebene öffnet sich die entsprechende Kluft zwischen den entwickelten Ländern und den Schwellenländern immer weiter: Mehr als 80 Prozent der Menschen auf unserem Planeten, besonders diejenigen in den ärmeren Ländern mit stark wachsender Bevölkerung, sind noch fest in vorwissenschaftlichen Kulturen und Weltbildern verwurzelt. Viele von ihnen werden nicht einmal vom neuronalen Korrelat des Bewusstseins oder dem phänomenalen Selbstmodell hören *wollen*. Ganz besonders für sie wird der Übergang viel zu schnell kommen – und er wird darüber hinaus genau aus den Ländern kommen, die sie in der Vergangenheit systematisch unterdrückt und ausgebeutet haben.

Diese sich öffnende Kluft könnte durchaus bereits bestehende Konflikte verschärfen. Darum haben die führenden Forscher in den frühen Phasen der Bewusstseinsrevolution auch eine Verantwortung, uns durch diese dritte Phase zu führen. Naturwissenschaftler und akademische Philosophen können sich nicht einfach darauf beschränken, Forschungsbeiträge für eine umfassende Theorie des Bewusstseins und des Selbst zu liefern. Wenn es überhaupt so etwas wie moralische Verpflichtungen gibt, dann müssen sie sich auch mit der anthropologischen und normativen Leere auseinandersetzen, die sie durch ihre Arbeit erzeugen. Sie müssen ihre Ergebnisse interessierten Laien in verständlicher Sprache mitteilen und die neuesten Entwicklungen allen Mitgliedern der Gesellschaft verständlich machen, mit deren Steuergeld ihr Gehalt bezahlt wird. Dies war auch einer der Gründe, warum ich dieses Buch geschrieben habe: Wir können nicht einfach allen Ehrgeiz und alle Intelligenz nur auf unsere wissenschaftliche Karriere konzentrieren und nebenbei alles zerstören, woran die Menschheit während der letzten 25 Jahrhunderte und darüber hinaus geglaubt hat.

Nehmen wir einmal an, dass die naturalistische Wende im Menschenbild unwiderruflich ist und dass sich eine starke Version des Materialismus entwickeln wird. In diesem Fall können wir uns selbst nicht mehr als unsterbliche Wesen mit einem außerweltlichen Ursprung betrachten, die in einer tiefen Beziehung zu einem persönlichen Gott stehen. Gleichzeitig aber – und dieser Punkt wird häufig übersehen – hätte sich unser Bild des physikalischen Universums selbst radikal verändert. Wir müssen jetzt davon ausgehen, dass das Universum ein intrinsisches Potenzial für Subjektivität besitzt. Wir werden ganz plötzlich verstehen, dass das schöpferische physikalische Universum nicht nur das Leben und biologische Organismen mit Nervensystemen hervorgebracht hat, sondern auch das Phänomen des Bewusstseins, innere Weltmodelle und stabile Erste-Person-Perspektiven und dass es dadurch die Tür hin zu etwas geöffnet hat, was man das »soziale Universum« nennen könnte: zu symbolischer Kommunikation auf einer hohen Ebene, zur rationalen Argumentation, zur Entstehung einer Ideen- und Theoriegeschichte.

Wir *sind* etwas Besonderes. In uns manifestiert sich ein signifikanter Phasenübergang. Wir brachten eine starke Form von Subjektivität in das physikalische Universum – eine Form von Subjektivität, die durch Begriffe und Theorien vermittelt ist. Zumindest in dem extrem kleinen und begrenzten Ausschnitt der Wirklichkeit, den wir kennen, sind wir die einzigen empfindungsfähigen Wesen, für die die schiere Tatsache ihrer individuellen Existenz zu einem theoretischen Problem geworden ist. Wir haben die Philosophie und die Wissenschaft erfunden und einen ergebnisoffenen Vorgang eingeleitet, bei dem wir auf selbstreflektive Weise immer neues Wissen gewinnen. Das heißt: Wir sind rein physikalische Wesen, deren repräsentationale Fähigkeiten so stark geworden sind, dass sie es uns gestattet haben, nicht nur wissenschaftliche Gemeinschaften zu bilden, sondern auch intellektuelle Traditionen. Weil unser subsymbolisches, transparentes Selbstmodell als zuverlässiger Anker für unser opakes, kognitives Ego fungiert, waren wir in der Lage, zu Denkern von Gedanken zu werden. Wir haben gelernt, auch auf kognitiver Ebene zusammenzuarbeiten. Es ist uns gelungen, gemeinsam abstrakte Entitäten zu konstruieren, die sich durch die Zeit hindurch bewegen und ständig optimiert werden. Wir nennen diese Entitäten »Theorien«.

Jetzt aber treten wir in ein neues Stadium ein: Jahrhunderte der philosophischen Suche nach einer Theorie des Geistes kulminieren in einem streng empirischen Projekt, das systematisch in kleinen Schritten und auf nachhaltige Weise fortschreitet. Dieser Vorgang ist rekursiv, denn er wird nicht nur unsere Intuitionen und unseren intuitiven Blick auf uns selbst, sondern den Inhalt und die funktionale Struktur unserer Selbstmodelle verändern. Diese Tatsache sagt uns aber allem Anschein nach auch etwas über das physikalische Universum, in dem all diese Ereignisse geschehen: Dieses Universum hat ein Potenzial nicht nur für die Selbstorganisation des Lebens und die Evolution starker Subjektivität, sondern auch für eine noch höhere Ebene von Komplexität. Ich werde bestimmt nicht so weit gehen zu sagen, dass sich das physikalische Universum in uns seiner selbst bewusst wird. Trotzdem ist es so, dass das Erscheinen von kohärenten, bewussten Realitätsmodellen in biologischen Nervensystemen innerhalb des physikalischen Universums eine neue Form von Selbstähnlichkeit erzeugt hat. Die Welt evolvierte Wesen mit Weltmodellen. Teile begannen, das Ganze *als Ganzes* widerzuspiegeln. In gewisser Weise sind Milliarden von bewussten Gehirnen wie Milliarden von Augen, mit denen das Universum sich selbst als *gegenwärtig* betrachten kann.

Wichtiger ist jedoch, dass die Welt Selbstmodellierer evolvierte, die in der Lage waren, Gruppen zu bilden. Daher erhöhten nicht mehr nur einzelne Nervensysteme die Selbstähnlichkeit, indem sie innere Weltmodelle entwarfen, sondern das Gleiche galt nun auch für ganze Gemeinschaften von Wissenschaftlern. Der Vorgang sprang auf eine neue Ebene über. Eine neue Qualität wurde erzeugt, denn diese Gruppen schufen ihrerseits theoretische Porträts des Universums und des Bewusstseins sowie eine systematische Strategie, mit der man diese Porträts kontinuierlich verbessern kann. Durch das Aufkommen der Wissenschaft wurde der dynamische Vorgang des Selbstmodellierens und des Weltmodellierens in die symbolische, soziale und historische Dimension hinein ausgedehnt: Wir wurden zu Konstrukteuren rationaler Theorien. Wir benutzten die Einheit des Bewusstseins, um nach der Einheit des Wissens zu suchen, und wir entdeckten außerdem die Idee der moralischen Integrität. Es war das bewusste Selbstmodell von *Homo sapiens*, das diesen Schritt möglich gemacht hat.

Am Ende muss jede überzeugende und wirklich befriedigende Neuroanthropologie auch Tatsachen wie diesen gerecht werden. Sie muss uns sagen, was genau im bewussten Selbstmodell des Menschen diesen hochgradig spezifischen Übergang möglich gemacht hat – einen Übergang, der nicht nur für die biologische Geschichte des Bewusstseins auf diesem Planeten entscheidend war, sondern auch das physikalische Universum selbst verändert hat.

Veränderte Bewusstseinszustände

Es gibt noch einen zweiten positiven Aspekt am neuen Bild des Menschen, der uns vielleicht erlaubt, uns selbst in einem anderen Licht zu sehen. Es ist die unauslotbare Tiefe unseres phänomenalen Zustandsraums. Die mathematische Theorie der neuronalen Netze hat die enorme Anzahl von möglichen neuronalen Konfigurationen in unseren Gehirnen und die unermesslich vielen verschiedenen Arten subjektiven Erlebens enthüllt. Merkwürdigerweise sind sich die meisten von uns des Potenzials und der Tiefe unseres Erlebnisraums in keiner Weise bewusst. Die Menge der möglichen neurophänomenologischen Konfigurationen eines individuellen menschlichen Gehirns, die Zahl der möglichen Tunnel, ist so groß, dass Sie im Verlauf Ihres Lebens nur einen winzigen Bruchteil davon erforschen können. Gleichwohl hat Ihre Individualität, die Einzigartigkeit Ihres ganz eigenen geistigen Lebens, sehr viel damit zu tun, für welchen Pfad durch den phänomenalen Zustandsraum Sie sich entscheiden. Niemand wird jemals wieder *dieses* bewusste Leben leben. Ihr Ego-Tunnel ist ein absolutes Unikat, etwas, das es nur ein einziges Mal gibt. Insbesondere durch eine naturalistisch-neurowissenschaftliche Perspektive auf den Menschen wird auf einmal offensichtlich, dass uns nicht bloß eine Fülle von phänomenalen Zuständen zur Verfügung steht, sondern dass bald alle Menschen sich dieser Tatsache verstärkt bewusst sein werden und systematisch Gebrauch von ihr machen könnten.

Natürlich besteht längst eine alte schamanistische Tradition der Erforschung veränderter Bewusstseinszustände. Schon seit Jahrtausenden gibt es eine mehr oder weniger systematische Form der experimentellen Bewusstseinsforschung – durch den Yogi und den Derwisch, durch den Magier, den Mönch und den Mystiker. Zu allen Zeiten und in allen Kulturen haben Menschen das Potenzial ihres bewussten Geistes erforscht: durch rhythmisches Trommeln und Trancetechniken, durch Fasten und Schlafentzug, durch Meditation und die Kultivierung des Klarträumens oder durch den Gebrauch psychoaktiver Substanzen, von Kräutertees bis hin zu heiligen Pilzen. Das Neue heute ist, dass wir langsam die neuronalen Grundlagen all dieser alternativen Realitäts-Tunnel zu verstehen beginnen. Sobald wir das neuronale Korrelat für eine spezifische Form von Bewusstseinsinhalt entdeckt haben, werden wir, zumindest im Prinzip, auch in der Lage sein, diese Inhalte auf viele neue Weisen zu manipulieren, sie zu verstärken oder zu hemmen, ihre Qualität zu verändern und neue Arten von Inhalt zu erzeugen. Hirnprothesen und die Anfänge der medizinischen Neurotechnologie sind Bespiele für erste Schritte in dieser Richtung.

Früher oder später werden sich Teile der Neurotechnologie jedoch unweigerlich in Bewusstseinstechnologie verwandeln. Das phänomenale Erleben *selbst* wird schrittweise technisch verfügbar werden, und wir werden es immer systematischer und wirksamer manipulieren können. Wir werden lernen, wie man mit Hilfe dieser Entdeckungen manche Beschränkungen unseres biologisch evolvierten Ego-Tunnels überwinden kann. Die Tatsache, dass wir die Struktur unseres bewussten Geistes aktiv entwerfen können, ist bisher vernachlässigt worden, wird aber durch die Entwicklung der Neurotechnologie und einer sie (hoffentlich) begleitenden rationalen Neuroanthropologie immer offensichtlicher werden. Die traditionelle Idee, ein autonom Handelnder zu sein und die Verantwortung für das eigene Leben übernehmen zu können, wird – wenn sie denn haltbar ist – eine vollkommen neue Bedeutung erhalten, sobald sich die Neurotechnologie in eine neuro*phänomenologische* Technologie hinein entwickelt, in das, was man »Phänotechnologie« nennen könnte.

Wir sollten auf jeden Fall in der Lage sein, unsere eigene Autonomie weiter zu erhöhen, indem wir das bewusste Gehirn kontrollieren und es in einigen seiner tieferen Dimensionen genauer erforschen. Ich denke, dieser spezielle Aspekt des neuen Menschenbilds ist eine gute Nachricht. Er ist aber auch eine gefährliche Nachricht: Entweder wir finden einen Weg, um mit diesen neuen neurotechnologischen Handlungsmöglichkeiten intelligent und verantwortlich umzugehen, oder wir könnten uns einer ganzen Reihe von historisch beispiellosen Risiken gegenübersehen. Das ist auch der Grund, weshalb wir so etwas wie einen neuen Zweig der angewandten Ethik brauchen – ich nenne ihn provisorisch »Bewusstseinsethik«. Wir müssen anfangen, darüber nachzudenken, was wir mit all diesem neuen Wissen tun wollen – und was überhaupt ein *guter* Bewusstseinszustand ist.

Kapitel 9

EINE NEUE ART VON ETHIK

Die Bewusstseinsrevolution schafft neues Wissen, aber sie erzeugt auch neue Risiken und neue Handlungspotenziale. Zu den neuen Handlungspotenzialen gehört die sich ständig verbessernde Fähigkeit, sowohl funktionale Eigenschaften unserer Gehirne als auch die phänomenalen Eigenschaften, die sie realisieren – das heißt den Inhalt unseres Erlebens –, sehr gezielt und präzise zu verändern. Neben den Gummihänden, den Phantomgliedern und den Ganzkörper-Illusionen gibt es noch viele andere Beispiele für die erfolgreiche Manipulation von Bewusstseinsinhalten. Dazu zählen die Erzeugung eines künstlichen blinden Flecks im Sehfeld durch ein von außen angebrachtes Magnetfeld,[1] das subjektive qualitative Erleben von rötlichem Grün und blauem Gelb,[2] aber auch das Auslösen einer akuten vorübergehenden Depression durch die Reizung bestimmter Kerne unterhalb des Thalamus.[3] Und nicht nur sinnliche und gefühlsmäßige Erfahrungen stehen der technischen Manipulation offen. Dasselbe gilt auch für höherstufige Eigenschaften des Ego, wie zum Beispiel das Erleben des eigenen Willens oder des Vollzugsbewusstseins (denken wir an Stéphane Kremers Experiment, das in Kapitel 4 beschrieben wurde).

Wir wissen seit Jahrhunderten, dass tiefe spirituelle Erfahrungen durch die Einnahme psychoaktiver Substanzen ausgelöst werden können, darunter Meskalin, Psilocybin und LSD. Die elektromagnetische Reizung ist möglicherweise ein anderer Weg. Ende der 1990er Jahre zog der Hirnforscher Michael Persinger an der Laurentian University in Ontario die weltweite Aufmerksamkeit der Medien auf sich, als er mit Hilfe elektromagnetischer Felder die Gehirne seiner Versuchspersonen reizte. Dies geschah im Rahmen erfolgreicher Versuche, sogenannte religiöse Erfahrungen hervorzurufen, also den subjektiven Eindruck, dass eine unsichtbare Person anwesend ist.[4] Die Lehre scheint klar zu sein: Was immer sonst religiöse Erfahrungen noch sein mögen, sie besitzen ganz offensichtlich ein hinreichendes neuronales Korrelat – ein Korrelat, das sich im Rahmen eines Experiments elektrisch stimulieren lässt. Es wird immer deutlicher, dass es für diese Entwicklung keine grundsätzlichen Grenzen gibt. Wir haben es mit etwas zu tun, das nicht von selber verschwinden wird – es kann höchstens genauer und wirksamer werden. Wenn wir etwa genau feststellen können, welche Arten von epileptischen Patienten vor ihren Anfällen typischerweise eine religiöse Ekstase erleben und an welchem Ort im Gehirn die Krampfherde, von denen die Anfälle ausgehen, in diesen Fällen liegen, dann können wir dieselben Hirnregionen – ob invasiv oder nichtinvasiv – auch bei gesunden Menschen stimulieren.

Es gibt die Theorie, dass viele Menschen mit tiefen religiösen Erfahrungen und den typischen Persönlichkeitsveränderungen, die sich oft infolge solcher Erlebnisse einstellen (also möglicherweise auch manche Religionsgründer) ganz einfach Schläfenlappen-Epileptiker sind. Diese Theorie ist wissenschaftlich sehr umstritten und mag durchaus falsch sein,[5] aber das Prinzip ist klar. Wenn wir den minimal hinreichenden neurodynamischen Kern eines uns interessierenden Bewusstseinszustands finden, können wir versuchen, ihn experimentell zu reproduzieren. Da viele solcher Erfahrungen die Phänomenologie der Gewissheit miteinschließen und deshalb automatisch zu der Überzeugung führen, dass man *nicht* halluziniert, könnten solche Experimente – je nachdem, was der Inhalt der Halluzination selbst ist – verstörende, tief desorientierende oder sogar gefährliche Folgen haben. Selbsttäuschung könnte sich von innen wie Einsicht anfühlen. Trotzdem: In dem Moment, in dem solche Technologien verfügbar werden, werden die Menschen sie auch ausprobieren wollen, um ihre eigenen Erfahrungen damit zu machen. Viele von ihnen werden zu ihren ganz eigenen Schlussfolgerungen über künstlich ausgelöste religiöse Erfahrungen gelangen, ohne dass es sie besonders interessiert, was irgendwelche Hirnforscher oder Philosophen dazu zu sagen haben. Man kann sich eine Zukunft vorstellen, in der die Menschen nicht mehr nur zum Spaß Videospiele spielen oder mit virtuellen Realitäten experimentieren, sondern stattdessen auf ihrer Suche nach einem tieferen Sinn mit Hilfe der allerneuesten neurotechnologischen Werkzeuge das Universum veränderter Bewusstseinszustände erforschen. Vielleicht kann man sich dann an jeder Straßenecke die Schläfenlappen kitzeln lassen, oder die Menschheit kehrt ihren Kirchen, Synagogen und Moscheen den Rücken, um das Heil in neuen Zentren für Transpersonalen Hedonismus und Metaphysisches Tunnel-Design zu suchen.

Zumindest im Prinzip können wir unsere eigenen Ego-Tunnel nach Wunsch entwerfen, indem wir an der Hardware herumbasteln, die für die relevante Form der Informationsverarbeitung verantwortlich ist. Um eine spezifische Form von phänomenalem Inhalt zu aktivieren, müssen wir zuerst herausbekommen, welches neuronale Subsystem im Gehirn diesen repräsentationalen Inhalt unter normalen Bedingungen trägt. Ob es sich bei dem gewünschten phänomenalen Inhalt um religiöse Ehrfurcht, ein unaussprechliches Erlebnis von Heiligkeit, den Geschmack von Zimt oder eine bestimmte Form von sexueller Erregung handelt, spielt dabei keine besondere Rolle. Was also ist Ihre Lieblingsregion im *Phenospace*, im Raum möglicher Bewusstseinszustände? Welche Form von bewusstem Erleben würden *Sie* gerne als Erste ausprobieren?

Beispiel 1: Psychoaktive Substanzen

Die vorsätzliche Verdrängung von Tatsachen ist meistens ethisch verwerflich, weil sie indirekt sehr häufig anderen Menschen schadet. Die Menschheit wird es in der Zukunft mit einer Reihe von Problemen zu tun haben, die sich alle in ihrer Entstehungsgeschichte ähneln: Zuerst wurden bekannte Tatsachen an vielen Orten vorsätzlich verdrängt. Dann tauchten sie plötzlich in Form einer neuen, globalisierten Erscheinungsform wieder auf. Jetzt können sie nicht mehr wirksam durch nationale Gesetzgeber oder politische Maßnahmen einzelner Länder kontrolliert werden. Es ist, als ob das verdrängte Wissen aus dem Unbewussten der Menschheit plötzlich in Form neuer Dämonen wiederkehrt und jetzt schrittweise damit beginnt, unsere Lebenswelt zu kolonisieren. Typische Beispiele sind das organisierte Verbrechen, die entfesselte und jetzt ebenfalls global agierende Finanzindustrie sowie der Klimawandel. Die Drogenproblematik ist ein weiterer solcher Fall.

Im Moment ist der Bereich der neurotechnologischen Forschung, der am ehesten zu auch kommerziell ausgebeuteten Bewusstseinstechnologien führen wird und der die Gesellschaft vielleicht am schnellsten verändern könnte, jener der psychoaktiven Substanzen. Im Allgemeinen dürfen wir uns dabei viel Gutes erhoffen: Wir werden psychiatrische und neurologische Erkrankungen mit Hilfe neuer Kombinationen aus bildgebenden Verfahren, Chirurgie, Tiefenhirnstimulation und Psychopharmakologie besser behandeln können. In den meisten Ländern leiden zwischen einem und fünf Prozent der Bevölkerung unter ernsthaften geistigen Erkrankungen. Schwere Geisteskrankheiten führen häufig dazu, dass Patienten ihre Würde verlieren, und es sind auch die Krankheiten, bei denen wir über die Jahrhunderte hinweg die geringsten Fortschritte gemacht haben (was, nebenbei bemerkt, ein deutlicher Hinweis darauf ist, dass unsere Theorie des Geistes falsch war). Jetzt aber besteht realistische Hoffnung, dass neue Generationen von Antidepressiva und neue antipsychotische Medikamente das Leiden verringern können, das durch diese uralten Plagen der Menschheit verursacht wird.

An diesem Punkt werden wir jedoch nicht stehen bleiben. Eines der Schlüsselthemen innerhalb der wichtigen neuen akademischen Disziplin der »Neuroethik« ist das sogenannte *cognitive enhancement.*[6] Dabei geht es um neue Medikamente, die die geistige Leistungsfähigkeit verbessern sollen, im Wesentlichen um »Schlaumacher« und »Wachmacher«. Bald werden wir nämlich in der Lage sein, die Denkfähigkeit und die Stimmung auch bei gesunden Versuchspersonen zu verbessern. Tatsächlich hat die »kosmetische Psychopharmakologie« längst die Bühne der westlichen Kultur betreten. Wenn wir die Altersdemenz und den Gedächtnisverlust kontrollieren können, wenn wir Wachheit und Aufmerksamkeit ankurbeln oder Schüchternheit und die gewöhnliche Alltagstraurigkeit ausschalten können – warum sollten wir das dann nicht auch tun? Und warum sollten wir die Entscheidung darüber, welche Rolle solche Medikamente bei unserem ganz persönlichen Lebensentwurf spielen, eigentlich unseren Ärzten überlassen? Genau wie wir uns bereits heute für eine Brustvergrößerung, für Schönheitschirurgie, Piercing oder andere Arten von Körperveränderung entscheiden können, so werden wir bald auch in der Lage sein, die neurochemische Landschaft in unseren Köpfen auf kontrolliertere, fein abgestimmte Art und Weise zu verändern. Wer soll die Entscheidung darüber fällen, welche dieser Veränderungen unser Leben bereichern und welche wir möglicherweise einmal bereuen werden?

Wenn wir normale Leute schlauer machen können, sollten wir dann auch schlaue Leute noch schlauer machen? Vor kurzem führte die angesehene Wissenschaftszeitschrift *Nature* eine informelle Online-Umfrage unter ihren Lesern durch, um herauszufinden, wie weit der Gebrauch der schon angesprochenen Schlaumacher (also Medikamente, die angeblich die Wachheit, Konzentrationsfähigkeit und andere geistige Fähigkeiten auch bei Gesunden verbessern) unter Naturwissenschaftlern bereits verbreitet ist.[7] 1400 Personen aus sechzig Ländern antworteten, und jeder fünfte gab an, dass er oder sie solche Medikamente bereits aus nichtmedizinischen Gründen genommen hatte, um Aufmerksamkeit, Konzentration oder Erinnerungsvermögen zu stimulieren. Unter den Konsumenten war Methylphenidat (Ritalin) am populärsten. 62 Prozent benutzten es, wogegen 44 Prozent Modafinil und 15 Prozent Betablocker wie Propanolol einnahmen. Ein Drittel bezog diese Medikamente über das Internet. Die Umfrage zeigte nicht nur, dass es unter Akademikern bereits eine Anwendung in größerem Maßstab gibt, sondern enthüllte auch die interessante Tatsache, dass vier Fünftel derjenigen, die an der Umfrage teilnahmen, der Meinung waren, dass gesunde Erwachsene grundsätzlich Zugang zu solchen Substanzen haben sollten, wenn sie das wünschen. Fast 70 Prozent sagten, dass sie leichte Nebenwirkungen riskieren würden, wenn sie selbst solche Drogen nehmen wollten. Einer der Befragten sagte: »In meiner beruflichen

Funktion bin ich dazu verpflichtet, meine eigenen Ressourcen zum größten Nutzen der Menschheit einzusetzen. Wenn solche ›Enhancer‹ einen Beitrag zu diesem Dienst an der Menschheit leisten können, dann ist es meine Pflicht, sie anzuwenden.« Man kann wohl fest davon ausgehen, dass die pharmakologische Neurotechnologie zur Verbesserung geistiger Leistungen bei Gesunden weiter fortschreiten wird und dass wir die dabei aufgeworfenen ethischen Probleme nicht einfach aus dem Weg räumen, indem wir den Blick abwenden, wie wir es etwa in der Vergangenheit bei den klassischen Halluzinogenen getan haben. Der wichtigste Unterschied zur gescheiterten Drogenpolitik des vergangenen Jahrhunderts besteht jedoch darin, dass heute viel mehr Menschen an einer Verbesserung ihrer geistigen Leistungsfähigkeit interessiert sind als an spirituellen Erfahrungen. Wie die kognitive Neurowissenschaftlerin Martha Farah und ihre Kollegen es schon vor einiger Zeit formulierten: »Die Frage lautet nicht, ob wir Richtlinien brauchen, um die neurokognitive Verbesserung unserer geistigen Funktionen zu regeln, sondern vielmehr, welche Art von Richtlinien wir benötigen.«[8]

Sollten wir angesichts neuer Generationen von Wachmachern und Klugheitspillen an unseren Schulen und Universitäten Urintests vor Prüfungen einführen? Wenn verlässliche alltagstaugliche Stimmungsaufheller für Gesunde verfügbar werden, werden wir dann schlechte Laune oder das prämenstruale Syndrom am Arbeitsplatz immer mehr als Formen der Ungepflegtheit und Verwahrlosung wahrnehmen, ähnlich wie wir es heute schon bei starkem Körpergeruch tun? Hier stellt sich eine Frage, die ich als Philosoph besonders spannend finde: Was würden wir tun, wenn »*moral enhancement*«, also die Verbesserung der eigenen ethischen Einsichtsfähigkeit und des moralischen Verhaltens, zu einer pharmakologischen Handlungsmöglichkeit würde, beispielsweise durch neue Medikamente, die dazu führen, dass die Menschen sich prosozialer und altruistischer verhalten? Hielten wir es dann aus ethischen Gründen für geboten, das moralischee Verhalten jedes Einzelnen zu optimieren?[9] Manche werden argumentieren, dass ein dynamisches System wie das menschliche Gehirn, das über Millionen von Jahren optimiert worden ist, keine wesentlichen weiteren Verbesserungen zulässt, ohne zugleich ein gewisses Maß an Stabilität einzubüßen. Andere werden vielleicht entgegnen, dass wir womöglich mit einem Optimierungsvorgang beginnen sollten, der in eine völlig neue Richtung führt, die sich von dem unterscheidet, was die Evolution in vielen kleinen Schritten fest in unserem bewussten Selbstmodell verdrahtet hat. Warum sollten wir neurophänomenologische Fortschrittsverweigerer sein?

Die Phänotechnologie besitzt sowohl eine ethische als auch eine politische Dimension. Letztlich werden wir entscheiden müssen, welche Bewusstseinszustände in einer freien Gesellschaft illegal sein sollen. Sollte es zum Beispiel legal sein, dass Kinder ihre Eltern in betrunkenem Zustand erleben? Hätten Sie etwas dagegen, wenn ältere Mitbürger oder auch Ihre Arbeitskollegen ständig leicht unter Strom stünden und aufgekratzt und in bester Laune unter dem Einfluss der nächsten Generation von Schlaumachern mit großem Eifer ihre Projekte verfolgten? Was hielten Sie von einer Anpassung des Geschlechtstriebs bei älteren Mitbürgern? Ist es akzeptabel, wenn Soldaten – vielleicht auf einer ethisch zweifelhaften Mission – unter dem Einfluss von Psychostimulanzien und Antidepressiva kämpfen und töten, die eine posttraumatische Belastungsstörung schon im Ansatz unterbinden? Was, wenn eine neue Firma jedem Interessierten religiöse Erlebnisse durch elektrische Hirnstimulation anbietet? Im Fall der psychoaktiven Substanzen benötigen wir dringend eine intelligente und differenzierte Drogenpolitik – eine, die den Herausforderungen gerecht wird, die sich aus der Neuropharmakologie des 21. Jahrhunderts ergeben werden. Heute haben wir einen legalen Markt und einen illegalen Markt – dementsprechend gibt es legale Bewusstseinszustände und illegale Bewusstseinszustände. Falls es uns gelingt, eine intelligentere Drogenpolitik zu entwickeln, dann sollte ihr Ziel darin bestehen, den Schaden auf Seiten individueller Konsumenten und der Gesellschaft als Ganzer zu minimieren, während gleichzeitig der potenzielle Nutzen maximiert wird. Im Idealfall würde die Bedeutung der Unterscheidung zwischen legalen und illegalen Bewusstseinszuständen oder Handlungsweisen schrittweise abnehmen, weil das gewünschte Konsumentenverhalten durch einen kulturellen Konsens und durch die Bürger selbst kontrolliert wird – sozusagen von unten nach oben und nicht von oben nach unten, durch den Staat.

Dennoch: Je besser wir unsere eigenen neurochemischen Mechanismen verstehen, desto mehr illegale Drogen wird es auf dem schwarzen Markt geben, sowohl was verschiedene Arten als auch was die schiere Menge angeht. Wer daran noch Zweifel hat, dem empfehle ich zwei Bücher zur Lektüre, nämlich *PiHKAL: A Chemical Love Story*, verfasst von dem Chemiker Alexander Shulgin und seiner Frau Ann, und *TiHKAL: The Continuation*, verfasst von Alexander Shulgin.[10] (PiHKAL ist die Abkürzung für *Phenethylamines I Have Known and Loved*, also: »Phenäthylamine, die ich kennen- und lieben gelernt habe«, und TiHKAL ist die Abkürzung für *Tryptamines I Have Known and Loved*, also: »Tryptamine, die ich kennen- und lieben gelernt habe«.) In ihrem ersten Buch beschreiben die Shulgins 179 halluzinogene Phenäthylamine (eine Gruppe, zu der auch Meskalin und die Modedroge Ecstasy gehören), von denen die meisten Alexander Shulgin selbst erfunden hat, ein Medikamentenentwickler und ehemaliger Mitarbeiter bei Dow Chemical. Neben einer kompletten Sammlung persönlicher Berichte über die entsprechenden psychedelischen Erfahrungen enthält das Buch auch detaillierte Anweisungen für die chemische Synthese der Substanzen und Informationen über die Wirkung in verschiedenen Dosierungen. Im zweiten Buch stellt Shulgin noch einmal 55 Tryptamine vor – und wieder waren die meisten davon vor der Veröffentlichung des Buchs im Jahre 1997 auf dem illegalen Drogenmarkt unbekannt. Syntheseanleitungen für viele dieser neuen illegalen Substanzen sind im Internet ebenso verfügbar wie Berichte aus erster Hand über die subjektive Phänomenologie, die sich in verschiedenen Dosierungen einstellt – jeder kann jederzeit darauf zugreifen, der Psychologiestudent mit spirituellen Neigungen in Argentinien, der alternative Psychotherapeut in Kalifornien oder der arbeitslose Chemiker in der Ukraine. Und natürlich auch das organisierte Verbrechen. Ich vermute, die »gute alte Zeit«, als wir uns nur mit etwa einem Dutzend

Moleküle auseinandersetzen mussten, die den illegalen Markt beherrschten, wird uns im Jahre 2050 wie ein Osterspaziergang in einer romantischen Vergangenheit erscheinen. Wir sollten uns nichts vormachen: Die Prohibition ist in der Vergangenheit stets gescheitert, und die Erfahrung lehrt, dass es für jedes verbotene menschliche Verlangen, für jede Nachfrage einen Schwarzmarkt gibt. Für jeden Markt wird es immer auch eine Industrie geben, die ihn bedient. Wir könnten Zeugen werden, wie eine Vielzahl immer neuer illegaler psychoaktiver Substanzen entsteht, während Ärzte in Notaufnahmen es zunehmend mit jungen Leuten zu tun haben, die Probleme mit Substanzen bekommen haben, deren Namen die Ärzte während ihres Universitätsstudiums niemals gehört haben.

Wie rasant eine solche Entwicklung verlaufen kann, zeigt sich gerade im Bereich illegaler psychoaktiver Substanzen, die derzeit vor allem auf Partys oder zum Entspannen konsumiert werden: In der ersten Auflage dieses Buches – die im Jahr 2010 erschien – habe ich in der obenstehenden Passage vorsichtig vorausgesagt, dass sich die Zahl der verfügbaren illegalen Drogen bald dramatisch erhöhen könnte. In den drei Jahren seit Erscheinen des Buchs wurden allein in Europa zuerst 41, dann 49 und 2012 sogar 73 völlig neue synthetische Drogen erstmals beschlagnahmt, Substanzen, die bisher völlig unbekannt waren. Wenn man die entsprechenden Jahresberichte von Europol und der Europäischen Beobachtungsstelle für Drogen und Drogensucht zur Kenntnis nimmt, dann kann man mit Fug und Recht sagen, dass die Situation inzwischen völlig außer Kontrolle geraten ist. Das betrifft nun jedoch auch das Hirndoping mit verschreibungspflichtigen Medikamenten: Sobald es eine tatsächlich wirksame Substanz zur Steigerung der Intelligenz gibt, nutzt es nichts mehr, strenge gesetzliche Kontrollen für die legale Anwendung einzuführen. Mittlerweile existieren Hunderte von illegalen Drogenlabors, die das entsprechende Molekül für den illegalen Markt sofort nachbauen und auf den Markt werfen würden.

Globalisierung, das Internet und die moderne Neuropharmakologie stellen in ihrem Zusammenspiel neue Herausforderungen für die Drogenpolitik dar. Die legale Drogenindustrie weiß zum Beispiel sehr gut, dass seit dem Aufkommen von Internetapotheken nationale Gesetzgeber und Strafverfolgungsbehörden den Markt für den weit verbreiteten nichtmedizinischen Gebrauch von Psychostimulanzien wie Ritalin oder Modafinil nicht mehr kontrollieren können. Eines Tages könnte es unmöglich werden, diesen Herausforderungen mit der üblichen Mischung aus Verdrängung, Fehlinformation, Werbekampagnen, neuen Gesetzen oder einer Strafverschärfung zu begegnen. Wir zahlen heute schon einen sehr hohen Preis für den Status quo beim Missbrauch von Medikamenten und Alkohol. Das Problem, mit dem wir jetzt konfrontiert sind, besteht zum großen Teil darin, dass wir uns bereits neuen Herausforderungen gegenübersehen, dass wir aber unsere Hausaufgaben noch nicht gemacht haben.

Um ein einfaches Beispiel für das zu geben, was ich meine: Jeder, der daran interessiert war, hat mittlerweile viel Zeit und Gelegenheit gehabt, mit den klassischen Halluzinogenen wie etwa Psilocybin, LSD oder Meskalin zu experimentieren. Wir wissen, dass diese Substanzen nicht süchtig machen und dass sie in den normalen Dosierungen nicht giftig sind, dass manche von ihnen ein therapeutisches Potenzial besitzen und sogar tiefe spirituelle Erfahrungen auslösen können. Betrachten wir etwa diesen Auszug aus Aldous Huxleys *The Doors of Perception* von 1954 (deutsch *Die Pforten der Wahrnehmung*, München 2005), in dem er die Meskalin-Erfahrung beschreibt:

> »Ist es angenehm?«, fragte jemand. (Während dieser Phase des Experiments wurden alle Unterhaltungen mit Hilfe eines Diktiergeräts aufgezeichnet, und es war möglich für mich, meine Erinnerung an das, was gesprochen wurde, aufzufrischen.)
>
> »Weder angenehm noch unangenehm«, antwortete ich. »Es *ist* eben.«
>
> *Istigkeit* – war das nicht das Wort, das Meister Eckhart zu gebrauchen liebte? Das *Sein* der platonischen Philosophie – nur dass Plato den ungeheuren, den grotesken Irrtum begangen zu haben schien, das Sein vom Werden zu trennen und es dem mathematischen Abstraktum der Idee gleichzusetzen. Er konnte nie, der arme Kerl,

> gesehen haben, wie die Blumen von ihrem eigenen inneren Licht leuchteten und unter dem Druck der sich erfüllenden Bedeutung fast erbebten; er konnte nie wahrgenommen haben, dass das, was Rose und Schwertlilie und Nelke so eindringlich bedeuteten, nichts mehr und nichts weniger war, denn was sie waren – eine Vergänglichkeit, die doch ewiges Leben war, ein unaufhörliches Vergehen, das gleichzeitig reines Sein war, ein Bündel winziger, einzigartiger Besonderheiten, worin durch ein unaussprechliches und doch selbstverständliches Paradox der göttliche Ursprung allen Daseins sichtbar wurde.

Hier haben wir ein erstes Beispiel für einen Bewusstseinszustand, der heute illegal ist. Kaum jemand ist in der Lage, diesen Zustand in der von Huxley beschriebenen Ausprägung zu erreichen, ohne das Gesetz zu brechen. Eine klassische Studie auf diesem Feld war Walter Pahnkes Karfreitags-Experiment, das er 1962 mit Theologiestudenten an der Universität Harvard durchführte.[11] Vor kurzem sind diesem Experiment zwei interessante Wiederholungsstudien gefolgt, die von Roland Griffiths am Institut für Psychiatrie und Verhaltenswissenschaften der Johns Hopkins School of Medicine in Baltimore geleitet wurden. Die verwendete psychoaktive Substanz war diesmal nicht Meskalin, sondern Psilocybin, ein anderer natürlich auftretender Stoff, der in manchen Kulturen als Sakrament betrachtet wird und bei religiösen Zeremonien zum Einsatz kommt, möglicherweise schon seit Jahrtausenden. Wenn Sie den Wert des folgenden Bewusstseinszustands (dessen Beschreibung dem ursprünglichen Experiment in Harvard entnommen ist) bewerten müssten, wie würden Sie ihn einstufen?

> Ich erlebte direkt und unmittelbar die metaphysische Theorie, die als Emanationismus bekannt ist, bei der, beginnend mit dem klaren, ungebrochenen und unendlichen Licht Gottes, das Licht dann in Formen zerbricht und in seiner Intensität abnimmt, während es durch absteigende Grade der Wirklichkeit hindurchwandert (…). Die Emanationstheorie und insbesondere die detailliert ausge-

> arbeiteten Seinsschichten der hinduistischen und buddhistischen Kosmologie und Psychologie waren bis dahin für mich nur Begriffe und Schlussfolgerungen gewesen. Jetzt waren sie Gegenstand der direktesten und unvermitteltsten Wahrnehmung. Ich konnte genau verstehen, wie diese Theorien entstanden waren, falls ihre Stammväter dieses Erlebnis gehabt hatten. Aber weit mehr als eine Erklärung ihres Ursprungs bezeugte mein Erlebnis ihre absolute Wahrheit.

Andere Teilnehmer beschrieben die in ihnen auftretenden Gefühle als solche von absoluter Ehrfurcht, Verehrung und Heiligkeit. Die bereits angesprochene sorgfältige Wiederholung von Pahnkes klassischer Studie wurde im Jahre 2006 veröffentlicht und verwendete die strengen Methoden der klinischen Pharmakologie für Doppelblind-Studien, um sowohl die akut (also während der ersten sieben Stunden) als auch die über einen längeren Zeitraum (von zwei Monaten) auftretenden stimmungsverändernden und psychologischen Auswirkungen von Psilocybin relativ zu einer aktiven Vergleichssubstanz (Methylphenidat) auszuwerten.[12] Das Experiment wurde mit 36 Freiwilligen durchgeführt, die einen hohen Bildungsstatus besaßen und noch keine Erfahrung mit halluzinogenen Substanzen hatten. Alle 36 gaben an, dass sie zumindest zeitweilig schon einmal an religiösen oder spirituellen Aktivitäten teilgenommen hatten, wie etwa Gottesdiensten, Gebeten, Meditationsübungen, Singen im Kirchenchor oder Fortbildungs- und Diskussionsgruppen – eine Tatsache, die die Verallgemeinerbarkeit der Ergebnisse dieser Studie begrenzt. Auf der Grundlage von bereits vor dem Experiment feststehenden wissenschaftlichen Kriterien hatten 22 der 36 Freiwilligen eine vollständige mystische Erfahrung. Ein Dutzend dieser Freiwilligen stufte das Psilocybin-Erlebnis als das spirituell bedeutsamste Erlebnis ihres gesamten Lebens ein, und für weitere 38 Prozent zählte es zu den fünf spirituell bedeutsamsten Erlebnissen. Mehr als zwei Drittel der Freiwilligen stuften ihre Erfahrung mit Psilocybin allgemein als entweder die bedeutungsvollste Erfahrung oder als eine der fünf bedeutungsvollsten Erfahrungen ihres gesamten Lebens ein.

Erinnern wir uns an Robert Nozicks Erlebnismaschine. Sollten diese Erlebnisse als eine leere Form von Hedonismus zählen, oder gehören sie eher zu der »epistemischen« Form von Glück, die auf Einsicht basiert? Besitzen solche Erlebnisse überhaupt einen Wert für die Gesellschaft als Ganze? Sicher ist, dass Langzeiteffekte auftreten: Sogar noch bei einer Nachuntersuchung 14 Monate später zählten 58 Prozent der Freiwilligen die Erfahrung in der Psilocybin-Sitzung zu den fünf für sie persönlich bedeutungsvollsten Erfahrungen ihres Lebens, und für 67 Prozent gehörte sie zu den fünf spirituell bedeutsamsten Erfahrungen ihres Lebens, wobei jeweils 11 Prozent beziehungsweise 17 Prozent angaben, dass es die bedeutungsvollste Erfahrung und das spirituell bedeutsamste Erlebnis ihres Lebens überhaupt war. Weiterhin gaben 64 Prozent der Freiwilligen an, dass die Psilocybin-Erfahrung ihr Wohlbefinden und ihre Lebenszufriedenheit entweder mäßig oder sehr stark gesteigert habe, während 61 Prozent darüber berichteten, das Erlebnis habe zu positiven Verhaltensänderungen geführt.[13]

Diese Studie soll verdeutlichen, was ich meine, wenn ich sage, dass wir »unsere Hausaufgaben noch nicht gemacht haben«. Es ist uns in der Vergangenheit noch nicht gelungen, zu einer überzeugenden Einschätzung des intrinsischen Werts solcher (und vieler anderer) künstlich herbeigeführter Bewusstseinszustände zu kommen, zu einer vernünftigen Einschätzung der Risiken und des Nutzens, die sie nicht nur für den einzelnen Bürger, sondern auch für die Gesellschaft insgesamt bedeuten können. Wir haben einfach weggeschaut. Wenn man sich aber dafür entscheidet, solche Drogen nicht in unsere Kultur zu integrieren, indem man sie einfach nur für illegal erklärt, dann verursacht auch dies großen Schaden: Diejenigen, die spirituelle Praktiken ausüben, oder ernsthaftere Studenten der Theologie und der Psychiatrie haben keinen Zugang zu ihnen; junge Menschen kommen früh in Kontakt mit Kriminellen; Menschen experimentieren mit unklaren Dosierungen und in ungeschützten Umgebungen; Personen mit einer spezifischen Verletzlichkeit oder Vorbelastung reagieren womöglich mit gefährlichen Verhaltensweisen, traumatisieren sich selbst schwer durch Episoden der Panik oder extremer

Angstzustände, oder sie entwickeln sogar länger anhaltende psychotische Zustände. Es gibt keine Möglichkeit, einfach »nichts zu tun«. Was immer wir auch tun, es hat Konsequenzen. Dies gilt für die Probleme der Vergangenheit genauso wie für die neuen Herausforderungen, die uns in der Zukunft begegnen werden.

Betrachten wir das Risiko psychotischer Reaktionen: Eine in England erstellte Überblicksstudie begutachtete die Erfahrungen, die in Kliniken bei einer Gesamtzahl von 49 500 LSD-Sitzungen an etwa 4300 wissenschaftlichen Versuchspersonen oder Patienten gemacht wurden. Es gab eine begleitende Selbstmordrate von 0,7 pro 1000 Patienten, eine Unfallrate von 2,3 pro 1000 Patienten, und bei 9 von 1000 Patienten dauerte eine psychotische Reaktion mehr als 48 Stunden an (von der sich wiederum zwei Drittel vollständig erholten).[14] Eine andere Studie untersuchte das Vorkommen psychotischer Reaktionen mit Hilfe von Fragebögen, die an Forscher verschickt wurden, die kontrollierte Versuche mit LSD durchführten. Das Ergebnis war, dass 0,08 Prozent von 5000 Freiwilligen in solchen Studien psychiatrische Symptome erlebten, die länger als zwei Tage andauerten.[15] In letzter Zeit hat es in der Forschung Fortschritte bei der Kontrolle solcher unerwünschter Reaktionen durch sorgfältige Auswahlverfahren und Vorbereitungsmaßnahmen gegeben.[16] Nichtsdestotrotz sollten wir konservativ bleiben und davon ausgehen, dass wir sogar unter kontrollierten Bedingungen mit etwa 9 länger anhaltenden psychotischen Reaktionen pro 1000 Versuchspersonen rechnen müssen.

Nehmen wir jetzt einmal an, wir hätten eine Gruppe von 1000 sorgfältig ausgewählten Bürgern und gestatteten ihnen, legal in den Bereich des phänomenalen Zustandsraums einzutreten, der sich durch Psilocybin öffnet, so wie in den zwei neueren Psilocybin-Studien von Roland Griffiths und seinen Mitarbeitern. Weil LSD und Psilocybin in dieser Hinsicht sehr ähnlich sind, ist es eine empirisch plausible Annahme, dass 9 von ihnen eine ernste, länger andauernde psychotische Reaktion erleben würden, die bei 3 von ihnen sogar länger als zwei Tage anhielte, unter Umständen mit lebenslangen negativen Nachwirkungen. 330 Bürger würden ihre Erfahrung als das spirituell bedeutsamste Erlebnis ihres gesamten Lebens einschätzen; 670 würden sagen, dass dies entweder die bedeutungsvollste Erfahrung oder eine der fünf bedeutungsvollsten Erfahrungen ihres Lebens war. Kann man das Schicksal der neun gegen das der 670 abwägen?

Nehmen wir weiter an, einzelne Bürger kommen zu dem Schluss, dass sie bereit sind, dieses Risiko einzugehen, und verlangen einen legalen und maximal sicheren Zugang zu diesem Bereich in ihrem phänomenalen Zustandsraum. Sollte der Staat dies unterbinden, vielleicht aus ethischen Gründen und mit dem Argument, dass niemand das Recht besitzt, seine geistige Gesundheit in dieser Form aufs Spiel zu setzen und dadurch womöglich zu einer Last für die Gesellschaft zu werden? Dann müssten wir Alkohol sofort verbieten. Was, wenn Rechtsexperten damit argumentierten, dass – genau wie bei der Todesstrafe – eine einzige Fehlentscheidung, eine einzige andauernde psychotische Reaktion immer schon eine zu viel ist, weil nämlich das Eingehen von Risiken dieser Art *per se* unethisch ist? Was täten wir, wenn sich plötzlich Sozialarbeiter und Psychiater in die Diskussion einschalteten und erwiderten, dass die Entscheidung, solche Erlebnisse zu illegalisieren, auf jeden Fall die Gesamtheit der ernsthaften psychiatrischen Komplikationen in der Bevölkerung erhöhen und sie dazu noch für die wissenschaftliche Statistik unsichtbar machen würde? Was, wenn auf einmal offizielle Kirchenvertreter (in perfektem Einklang mit den Grundannahmen des reduktiven Materialismus) darauf hinwiesen, dass diese Erfahrungen nur »Nes-Zen« seien, gewissermaßen Erleuchtung in Pulverform, aber niemals eine echte Einsicht – eben nur *Erscheinung* ohne jeden Erkenntniswert? Oder sollten Bürger in einer freien Gesellschaft vielleicht das Recht haben, die Antwort auf diese Frage selbst herauszufinden?

Würde es eine Rolle spielen, wenn das erwartete Verhältnis zwischen Risiko und Nutzen wesentlich schlechter wäre, sagen wir 80 zu 20? Was würden wir tun, wenn Bürger ohne jede Form von spirituellem Interesse sich diskriminiert fühlten und ihr Recht einklagen würden, sich einer reinen und völlig »leeren« Form des Hedonismus hinzugeben, Meister Eckharts »Istigkeit« einfach nur zum Spaß zu erleben? Was, wenn sich dann ultrakonservative Gläubige zutiefst verletzt fühlten und – zusammen mit alternden Hippies, die in tiefster Überzeugung an ihrem Glauben an »psychedelische Sakramente« festhalten – gegen die Profanisierung und die Gotteslästerung protestierten, die der Freizeitgebrauch solcher Substanzen zu rein hedonistischen Zwecken darstellte? All dies sind konkrete Beispiele ethischer Fragen, für die wir in der Vergangenheit keinen haltbaren normativen Konsens erreicht haben. Wir haben noch keine intelligente Art und Weise entwickelt, mit diesen Substanzen umzugehen – eine Strategie, die die Risiken minimiert und es den Menschen ermöglicht, von ihrem potenziellen Nutzen zu profitieren. Alles, was wir geschafft haben, besteht darin, die entsprechenden Bereiche des phänomenalen Zustandsraums zu einem Sperrbezirk zu erklären und in den meisten Ländern die akademische Erforschung dieser Substanzen und eine rationale Risikoeinschätzung praktisch unmöglich zu machen. Das ist nicht nur einfach eine Schwäche der Rechtskultur und vielleicht ein etwas niedriger zivilisatorischer Standard beim Umgang mit dem eigenen Bewusstsein – das Leben vieler junger Menschen wurde ruiniert, weil wir unsere Hausaufgaben nicht gemacht haben.

Der Preis für eine Strategie der Verdrängung könnte steigen. Viele neue psychoaktive Substanzen des Halluzinogen-Typs – wie etwa 2-CB (4-brom-2,5-dimethoxyphenäthylamin, Szenenname »Venus« oder »Nexus«) oder 2-CT-7 (2,5-dimethoxy-4-(n)-propylthiophenäthylamin, »Blue Mystic« oder »T7«) – sind entwickelt worden und ohne jede Form von klinischen Tests bereits auf dem illegalen Markt erhältlich. Ihre Zahl wird wachsen.

All dies sind aber nur die *alten* (und »einfachen«, weil leicht zu lösenden) Probleme – die Hausaufgaben aus den 1960er Jahren, die wir niemals erledigt haben. Heute verändert sich die Struktur der Nachfrage, die Technologie wird präziser, und die Märkte werden größer. In unseren ultraschnellen, immer stärker wettbewerbsorientierten und skrupellosen modernen Gesellschaften gibt es nur sehr wenige Menschen, die tatsächlich tiefere spirituelle Erfahrungen suchen. Was wir heute wollen, ist vielmehr Wachheit, Konzentration, emotionale Stabilität und Ausstrahlung – alles, was zu beruflichem Erfolg führt und den Stress lindert, den ein Leben auf der Überholspur mit sich bringt. Es gibt nur noch wenige Aldous Huxleys, aber dafür einen neuen demographischen Faktor: In den reichen Gesellschaften werden die Menschen älter als je zuvor – und sie wollen nicht einfach nur Lebensquantität, sondern auch *-qualität*. Die großen Pharmafirmen wissen all dies. Jeder hat mittlerweile von Modafinil gehört und vielleicht auch, dass es bereits im Irak-Krieg zum Einsatz kommt, aber es gibt mindestens 40 neue Moleküle, die sich in der Entwicklung befinden. Natürlich existiert jede Menge Hype, und Alarmismus ist sicher nicht die richtige Grundeinstellung. Aber die Technologie wird nicht verschwinden, sondern schrittweise besser werden.

Große pharmazeutische Firmen versuchen, die Grenze zwischen legalen und illegalen Stoffen auf elegante Weise zu umgehen und entwickeln in aller Stille zahlreiche neue Substanzen. Sie wissen, dass ihnen die Klugheitspillen und Wachmacher der Zukunft satte Gewinne durch den »nichtmedizinischen Gebrauch« bescheren werden. So hat Cephalon, der Hersteller von Modafinil, zugegeben, dass etwa 90 Prozent der Verschreibungen für einen Gebrauch außerhalb der zugelassenen Anwendung erfolgen.[17] Das verstärkte Aufkommen von Internetapotheken hat ihnen ein neues weltweites Vertriebsnetz und neue Möglichkeiten für inoffizielle Langzeitstudien mit zahlreichen Teilnehmern gegeben.

Die moderne Neuroethik wird deshalb einen neuen Ansatz in der Drogenpolitik entwickeln müssen. Die Schlüsselfrage lautet: Welche Hirnzustände sollten legal sein? Welche Regionen des phänomenalen Zustandsraums (wenn überhaupt irgendwelche) sollten zum Sperrbezirk erklärt werden? Es ist wichtig, sich daran zu erinnern, dass die Menschen aller Kulturen seit Jahrtausenden psychoaktive Substanzen benutzt haben, um besondere Bewusstseinszustände herbeizuführen – nicht nur religiöse Ekstase, entspannte Heiterkeit oder erhöhte Bewusstheit, sondern auch den schlichten, primitiven Rausch. Neu ist, dass die Werkzeuge besser werden. Darum müssen wir entscheiden, welche dieser veränderten Bewusstseinszustände in unsere Kultur integriert werden können und welche wir um jeden Preis zurückdrängen sollten.

In freien Gesellschaften sollte das Ziel immer darin bestehen, die Autonomie und die Freiheit des einzelnen Bürgers zu maximieren. Mit Blick auf psychoaktive Substanzen erfordert das liberale westliche Demokratieverständnis klarerweise ein Grundrecht auf geistige Selbstbestimmung, das auch in der Verfassung verankert ist. Nachdem dies jedoch einmal gesagt ist, besteht das *eigentliche* Problem darin, unser liberales Grundprinzip auf vernünftige und ethisch überzeugende Weise einzuschränken. Ich bin gegen eine Legalisierung der klassischen Halluzinogene wie Psilocybin, LSD und Meskalin. Es ist richtig, dass sie nicht süchtig machen und nur eine sehr geringe Giftigkeit besitzen. Trotzdem ist das Restrisiko psychiatrischer Notfälle in ungeschützten Umgebungen, ohne das notwendige Hintergrundwissen und ohne eine kompetente Begleitung, noch viel zu hoch. Einfach eine Legalisierung zu fordern, ist erstens zu undifferenziert und zweitens auch einfach zu einfallslos und zu billig – die Forderung wird ja deshalb auch meistens von den Leuten erhoben, die eine Umsetzung nichts kosten würde. Hier ist das eigentliche Problem: Einerseits ist es völlig klar, dass in einem freien Land jeder Bürger prinzipiell Zugang zu den oben geschilderten Bewusstseinszuständen haben muss – allein schon, um sich selbst eine unabhängige Meinung bilden zu können. Genau betrachtet ist es deshalb auch unglücklich, dass die weit überwiegende Anzahl der Personen, die am Ende die fraglichen politischen und juristischen Entscheidungen treffen müssen, notgedrungen überhaupt nicht verstehen, wovon sie überhaupt reden. Andererseits müssen wir uns den Zugang zu diesen sehr besonderen Erlebnisräumen und den Zuwachs an individueller Freiheit auch etwas kosten lassen. Der neue kulturelle Kontext entsteht nicht von selbst. Wir müssten deshalb Kreativität, Intelligenz, Geld und Arbeit investieren, um neue und überzeugende Formen des Umgangs mit psychoaktiven Substanzen zu entwickeln. Zum Beispiel könnte man eine Art Führerschein-Modell entwickeln, das eine spezielle psychiatrische Voruntersuchung zur genauen Abschätzung des persönlichen Risikos, eine Theorieprüfung und vielleicht fünf »Fahrstunden« mit professioneller Begleitung in einer geschützten Umgebung vorsieht. Wer bestanden hat, könnte dann zum Beispiel pro Jahr zwei Einzeldosen eines der klassischen Halluzinogene zum Eigengebrauch legal erwerben. Ein solches Modell könnte man schrittweise sehr differenziert und vor allem evidenzbasiert weiterentwickeln, und später möglicherweise auch für das kognitive Enhancement oder andere Stoffgruppen abwandeln. Es wäre nur der Startpunkt einer längeren Entwicklung, und natürlich sind viele andere Möglichkeiten denkbar. Worauf es ankommt, ist, dass nach Jahrzehnten der Stagnation überhaupt noch eine gesellschaftliche Entwicklung stattfindet. Gleichzeitig sollten wir uns eine eher nüchterne Perspektive auf das Problem zu eigen machen: Wir sollten den Preis so gering wie möglich halten, den wir durch Tod, Sucht und den wirtschaftlichen Schaden zahlen müssen, der sich etwa aus einem markanten Verlust von Produktivität ergeben könnte. Es geht jedoch nicht nur darum, wie wir uns selbst schützen sollen. Wir müssen auch den verborgenen *Nutzen*, den psychoaktive Substanzen für unsere Kultur bereithalten, so genau wie möglich feststellen. In manchen Berufen – man denke nur an Finanzminister, Langstreckenpiloten, Scharfschützen, Notfallchirurgen – könnte es durchaus im Interesse der Allgemeinheit liegen, wenn man auf diese Weise vorübergehend ihre Konzentration und geistige Leistungsfähigkeit anheben könnte. Sollten spirituelle Erfahrungen wie jene, die durch manche der klassischen Halluzinogene ausgelöst werden können, prinzipiell verboten sein? Ist es eine akzeptable Praxis, ernsthafteren Studenten der Theologie oder der Psychiatrie den Zugang zu solchen veränderten Bewusstseinszuständen zu untersagen? Sollte man es hinnehmen, dass jemand, der auf der Suche nach gültigen spirituellen oder religiösen Erlebnissen ist – oder sich selbst einfach nur einen persönlichen Eindruck verschaffen will –, Gesetze brechen und all die Risiken eingehen muss, die mit unklaren Dosierungen, chemischen Unreinheiten und gefährlichen Randbedingungen einhergehen? Viele Aspekte unserer gegenwärtigen Drogenpolitik sind vollkommen beliebig und ethisch unhaltbar. Ist es etwa ethisch, Werbung für gefährliche, suchterzeugende Substanzen wie Alkohol und Nikotin zu erlauben? Sollten Regierungen über die Besteuerung solcher Substanzen einen Nutzen aus dem selbstzerstörerischen Verhalten ihrer eigenen Bürger ziehen? Ist es in Ordnung, wenn Substanzen wie Ritalin oder Modafinil von der Pharmaindustrie am Arzt vorbei direkt an den Endverbraucher vermarktet werden dürfen (wie es in Neuseeland und den USA der Fall ist)? Was wir brauchen werden, sind präzise Gesetze, die jedes einzelne Molekül und das ihm entsprechende neurophänomenologische Profil abdecken. Die Neuroethik wird nicht nur die physiologischen Wirkungen eines bestimmten Stoffs im Gehirn in Betracht ziehen müssen, sondern auch die psychologischen und gesellschaftlichen Risiken gegen den Eigenwert der Erfahrungen selbst abwägen müssen, die sich aus dem einen oder anderen veränderten Gehirnzustand ergeben – eine wirklich schwierige Aufgabe. Wir könnten sie leichter lösen, wenn es uns gelänge, einen grundlegenden moralischen Konsens zu etablieren, der von einem Großteil der Öffentlichkeit unterstützt wird – durch die Bürger, *für* die diese Regeln entwickelt werden. Regierungsbehörden sollten ihre Zielgruppe niemals anlügen, sondern stattdessen versuchen, ihre Glaubwürdigkeit wiederzugewinnen, insbesondere bei der jüngeren Generation. Schwarzmärkte sind wesentlich schwieriger zu regulieren als legale Märkte, und wir wissen aus der Forschung, dass politische Entscheidungen ganz allgemein wesentlich schwächere Auswirkungen auf das Konsumentenverhalten haben als der kulturelle Kontext. Gesetze allein werden uns nicht helfen. Um den Herausforderungen zu begegnen, die sich durch neue psychoaktive Substanzen stellen, werden wir einen neuen kulturellen Kontext benötigen.

Beispiel 2: Tierethik

Viele denken heute, dass eine neue Form des säkularen Humanismus die richtige Antwort auf die Probleme der Zukunft sein könnte. Ein wunderschönes Motiv aus der Philosophiegeschichte ist in diesem Zusammenhang die klassische Idee Immanuel Kants, dass jeder Mensch die ganze Menschheit in seiner eigenen Person achten sollte, dass er diese Achtung dann aber auch von jedem anderen Menschen einfordern kann. Ich denke allerdings, dass beide Ansätze zu kurz greifen und deshalb letztlich oberflächlich sind. Worum es in Wirklichkeit geht, ist die Klasse aller leidensfähigen Wesen: Wir müssen die bewusste Leidensfähigkeit und auch das Existenzrecht in der Gesamtheit all jener Wesen respektieren, die ein PSM besitzen, das sie zu leidensfähigen Subjekten macht. Und wir sollten prinzipiell keine Wesen töten, von denen wir annehmen müssen, dass sie das Potential zu einem auch subjektiv erlebten Interesse am Fortbestand der eigenen Existenz besitzen. Wenn wir die Leidensfähigkeit nicht-menschlicher Wesen nicht respektieren, können wir auch unsere eigene Leidensfähigkeit nicht wirklich achten. Und wenn wir die Todesangst anderer Bewusstseinssubjekte nicht ernst nehmen, werden wir auch keine würdevolle Einstellung zu unserer eigenen Sterblichkeit finden. Deshalb greift der traditionelle Humanismus zu kurz. Es geht nicht um eine bestimmte biologische Gattung, sondern um die Klasse aller bewussten Systeme, die sich durch eine ganz bestimmte Art von Selbstmodell auszeichnen. Ich hoffe, dass es gerade unser tieferes naturwissenschaftliches Verständnis der Grundlagen des Selbstbewusstseins sein wird, das es uns in der Zukunft erlauben wird, diesen Punkt immer klarer zu sehen.

Viele der brillanten Experimente meiner Freunde in den Neurowissenschaften – etwa zu neuronaler Synchronizität und Bewusstsein, zu Gehirnzuständen von Tieren, die träumen, oder zu Spiegelneuronen und Einfühlung – würde ich selbst niemals durchführen. Und trotzdem interpretiere ich als Philosoph diese Daten und schreibe über sie. Ich bin wie ein philosophischer Parasit, der von einer Forschungspraxis profitiert, die er selbst unter ethischen Gesichtspunkten zweifelhaft findet. Die kleinen Kätzchen und die Makaken, die wir ständig in der experimentellen Bewusstseinsforschung opfern, sind nicht an einer Theorie des Bewusstseins interessiert: Die Resultate dieser Experimente sind nur für unsere eigene Spezies von Interesse. Dasselbe gilt auch für neue Medikamente, die vielleicht auf diese Weise gefunden werden können. Trotzdem verfolgen wir dieses Interesse, indem wir Mitglieder anderer Spezies leiden lassen, indem wir ihnen hochgradig unangenehme Bewusstseinszustände aufzwingen und ihnen sogar das Existenzrecht absprechen. Denn immerhin geht es ja nicht nur um mögliche Schmerzen im Experiment (in diesem Bereich hat sich vieles zum Guten verändert), sondern um die Lebenserwartung des Versuchstiers insgesamt. Wie kohärent ist all das aus ethischer Perspektive? Habe ich als Theoretiker das Recht, Daten zu interpretieren und zu benutzen, die nur dadurch gewonnen werden konnten, dass Tiere leiden mussten? Bin ich moralisch dazu verpflichtet, solche Experimente zu boykottieren?

Genau wie bei der ethischen Frage nach künstlichem Bewusstsein illustriert auch dieses Beispiel ein Leitprinzip, dem fast jeder zustimmen wird: Wir sollten die Gesamtmenge des bewussten Leidens im Universum nicht erhöhen, solange keine wirklich zwingenden Gründe vorliegen, dies zu tun. Neben der Tierethik gibt es keine andere moralische Frage, in der die Kluft zwischen der bereits vorhandenen Einsicht und dem tatsächlichen menschlichen Verhalten so extrem ist, kein Beispiel, bei dem das, was wir schon wissen, in so starkem Widerspruch zu der Art und Weise steht, in der wir handeln (darum eignen sich Ernährungsgewohnheiten auch gut als Fallstudie für die Willensfreiheitsdebatte). Die Art, wie wir seit Jahrhunderten Tiere behandeln, ist eindeutig unhaltbar. Angesichts unserer neuen Erkenntnisse über die neuronale Basis bewussten Erlebens liegt die Beweislast nun endgültig auf Seiten der Fleischesser – und vielleicht auch auf Seiten von intellektuellen Fleischfressern wie mir, von philosophischen Parasiten und anderen Leuten, die indirekt Nutzen aus einer in Teilen ethisch zweifelhaften Forschungspraxis ziehen.

Beispiel 3: Forensische Neurotechnologien

Stellen wir uns einmal vor, wir könnten eine methodisch stimmige und in der Praxis erfolgreiche Methode des *Brain Fingerprinting* entwickeln, eine Methode des Gedankenlesens.[18] Angenommen, wir könnten das neuronale Korrelat des bewussten Erlebnisses, welches das vorsätzliche Lügen begleitet, dingfest machen (tatsächlich werden die ersten Kandidaten für solche Geräte längst diskutiert). Wir könnten dann sehr wirksame Hightech-Lügendetektoren bauen, die sich nicht mehr nur oberflächliche physiologische Effekte wie den Hautwiderstand oder Veränderungen in der Durchblutung der Körperoberfläche zunutze machen.[19] Wir besäßen ein äußerst nützliches Instrument im Kampf gegen Terrorismus und Verbrechen, aber diese Tatsache würde möglicherweise auch unsere gesellschaftliche Wirklichkeit fundamental verändern. Etwas, das bisher stets der Inbegriff von Privatheit war – nämlich der Inhalt Ihres eigenen Geistes –, wäre auf einmal zu einer öffentlichen Angelegenheit geworden. Bestimmte einfache Formen des politischen Widerstands würden verschwinden, weil sie unmöglich geworden wären – etwa die vorsätzliche Falschaussage in einer Verhörsituation. Auf der anderen Seite würde die Gesellschaft von der erhöhten Transparenz auf viele verschiedene Weisen profitieren. Unschuldige Gefangene könnten vor der Todesstrafe gerettet werden. Stellen wir uns vor, wir könnten während des nächsten Bundestagswahlkampfs ein neues Format für politische Debatten im Fernsehen einführen: Immer dann, wenn das neuronale Korrelat für das vorsätzliche Sagen der Unwahrheit im Gehirn eines Kandidaten aktiv wird, leuchtet vor ihm ein für alle gut sichtbares rotes Lämpchen auf.

Aber das Aufkommen von in der Praxis nahezu unfehlbaren Lügendetektoren hätte weiter reichende Auswirkungen: Es würde unsere Selbstmodelle verändern. Wenn wir als Bürger wüssten, dass es im Grunde so etwas wie Geheimnisse nicht mehr gibt – dass wir prinzipiell keine Information mehr vor dem Staat verbergen können –, dann würde eine fundamentale Qualität aus unserem Alltagsleben verschwinden (zumindest aus dem Alltagsleben in großen Teilen der westlichen Welt), nämlich die Privatheit des eigenen Geistes, die intellektuelle Autonomie. Die Gedanken wären nicht mehr frei. Das bloße Bewusstsein der Tatsache, dass derartige forensische Neurotechnologien existieren, würde ausreichen, um eine solche Veränderung herbeizuführen. Würden wir in einer solchen Gesellschaft leben wollen? Würde der Nutzen den Schaden überwiegen? Wie – wenn überhaupt – könnte man den Missbrauch solcher neuen Technologien verhindern, etwa durch die Geheimdienste oder Regierungen demokratisch nicht legitimierter Länder? Genau wie bei der Frage nach den Schlau- und Wachmachern ist das kommerzielle Potenzial enorm, und neue Handlungsmöglichkeiten werden neue rechtliche und ethische Probleme aufwerfen (denken wir nur an Vorstellungsgespräche, Scheidungsverfahren, Einwanderungsbehörden oder Krankenversicherungen). Eines der Kernprobleme für die Neuroethik wird in der näheren Zukunft deshalb darin bestehen, das Recht des Einzelnen auf eine geistige Privatsphäre zu schützen. In Deutschland wissen wir seit dem NSA-Skandal, dass unsere Regierung uns dabei mit Sicherheit nicht helfen wird. Wir brauchen deshalb unabhängige Diskussionen, die zunächst überzeugende Antworten auf Fragen des folgenden Typs liefern: Ist unsere mentale Innenwelt, der Inhalt unseres Ego-Tunnels, unantastbar? Sollte es ein Bereich der Wirklichkeit sein, zu dem der Staat prinzipiell keinen Zutritt hat? Wie könnten wir so etwas wie eine »geistige Privatsphäre« genauer definieren – oder muss alles, was die moderne Hirnforschung enthüllen kann, grundsätzlich auch Gegenstand politischer Entscheidungen sein können? Brauchen wir am Ende so etwas wie ein Beweiserhebungsverbot oder ein neues Datenschutzgesetz für das menschliche Gehirn? Wieder stoßen wir auf dieselbe Grundeinsicht: Die Technologien sind bereits im Entstehen, sie werden langsam, aber stetig besser, und einfach wegzuschauen wird uns nicht helfen.

Beispiel 4: Robotic-Re-Embodiment

Im dritten Kapitel habe ich über die klassische Studie zu Ganzkörper-Illusionen aus dem Jahre 2007 berichtet. Obwohl der Effekt dieser ersten Experimente eher schwach war, hat es seitdem viele interessante Variationen der Grundidee und eine Flut neuer wissenschaftlicher Studien gegeben. Ein zweites Beispiel war das »Herz-Experiment« von Jane Aspell und Lukas Heydrich, das wir ebenfalls bereits kennengelernt haben. Nun kommt ein drittes Beispiel, das nicht nur in theoretischer Hinsicht für die Philosophie des Geistes interessant ist. Es zeigt auch, was ich damit gemeint habe, dass manche der neuen Technologien *Bewusstseinstechnologien* sein werden, die uns im Kern unseres Selbstverständnisses berühren könnten, und zwar weil sie auf sehr direkte Weise mit unserem Selbstmodell in Wechselwirkung treten.

Die Selbstmodell-Theorie ist nicht einfach nur ein philosophisches Denkmodell unter vielen. Sie ist von Anfang an interdisziplinär angelegt und in wissenschaftlichen Daten verankert. Wenn die Grundidee der Selbstmodell-Theorie richtig ist, dann gibt es deshalb auch eine ganze Reihe von empirischen Voraussagen, die sich experimentell bestätigen lassen müssen. Eine dieser Voraussagen ist, dass es prinzipiell möglich sein muss, das bewusste Selbstmodell im menschlichen Gehirn *direkt* mit externen Systemen zu verbinden – zum Beispiel mit Computern, Robotern oder auch mit künstlichen Körperbildern im Internet oder in virtuellen Realitäten. Diese Voraussage hat sich vor Kurzem bestätigt. In neuester Zeit gibt es nämliche große Fortschritte auf dem Gebiet von sogenannten *Brain-Computer-Interfaces* (BCIs; auf Deutsch sagt man »Gehirn-Computer-Schnittstelle«, manchmal auch »Hirn-Maschine-Schnittstelle« oder »Rechner-Hirn-Schnittstelle«), und diese Fortschritte erlauben es, die empirischen Aspekte der Selbstmodell-Theorie genauer zu untersuchen.

Das Besondere an solchen Gehirn-Computer-Schnittstellen: Ohne Aktivierung des peripheren Nervensystems, des Körpers oder irgendwelcher Gliedmaßen kann eine Verbindung zwischen dem Gehirn und einem Computer hergestellt werden. Auf diese Weise entstehen neue Weisen, in der Welt zu handeln. Zum Beispiel können Gelähmte mit »Gedankenkraft« Roboterarme steuern oder Malprogramme bedienen, Gesunde haben bereits direkt aus dem eigenen Gehirn heraus Twitter-Nachrichten versandt oder sogar in Gruppen zusammen Worte buchstabiert. Dazu wird heute entweder die elektrische Aktivität aufgezeichnet (zum Beispiel mittels EEG oder mittels implantierter Elektroden) oder es werden bestimmte Eigenschaften des Blutflusses im Gehirn gemessen (zum Beispiel durch funktionelle Magnetresonanztomografie oder Nanoinfrarotspektroskopie). Diese werden dann mit Hilfe von Rechnern analysiert und die gefundenen Muster in Steuersignale umgewandelt. Die eben beschriebene technische Entwicklung ist aus einer Reihe von Gründen philosophisch interessant, denn sie ermöglicht es nicht nur, sehr weitgehend »am biologischen Körper vorbei« in der Welt zu handeln, sondern erlaubt es auch, Theorien über die Entstehung des Ichgefühls genauer zu testen als je zuvor. Viele dieser Entwicklungen sind historisch neu.

Eine empirische Vorhersage unter den begrifflichen Annahmen der Selbstmodell-Theorie ist also, dass es prinzipiell möglich sein muss, das menschliche Selbstmodell unter Umgehung des nichtneuronalen, biologischen Körpers in einer kausal direkteren Weise an künstliche Handlungs- und Sinnesorgane zu koppeln. Dadurch könnten wir uns nicht nur erlebnismäßig, sondern auch funktional auf ganz neue Weise in einer technologisch erzeugten Umwelt situieren. Seit einiger Zeit arbeite ich in einem von der Europäischen Union geförderten Forschungsprojekt, dem VERE-Projekt, in Kooperation mit Wissenschaftlern und Philosophen aus neun Ländern. Eines der Forschungsziele dieses ehrgeizigen Projekts ist es, über die klassischen Experimente aus dem Jahre 2007 hinauszugehen und unser Ichgefühl dauerhaft in Avatare oder Roboter zu versetzen, die für uns wahrnehmen können, die sich bewegen und mit anderen selbstbewussten Agenten in Wechselwirkung treten können (»VERE« ist die Abkürzung für *Virtual Embodiment and Robotic Re-Embodiment*, also »Virtuelle Verkörperung und Wiederverkörperung in Robotern«). Meine offizielle Position als Philosoph ist nach wie vor, dass uns das niemals wirklich gelingen wird. Ich denke, dass die Bauchgefühle, der Gleichgewichtssinn und die räumliche Eigenwahrnehmung unser Selbstmodell so fest im biologischen Körper verankern, dass wir ihn auch erlebnismäßig niemals dauerhaft werden verlassen können. Aber ich muss zugeben, dass erste Zweifel an mir zu nagen beginnen. Denn erstens könnten es letztlich einfach *andere* und auf neuartige Weise erweiterte Formen des Selbstbewusstseins sein, die in der Zukunft durch die immer engere Kopplung des Selbstmodells an Avatare und Roboter entstehen – und zweitens schreitet die Technik in diesem Bereich überraschend schnell fort.

In einer ehrgeizigen Pilotstudie haben unsere israelischen Kollegen Ori Cohen, Doron Friedman und ihre Partner in Frankreich demonstriert, dass es mit funktionaler Echtzeit-Magnetresonanztomographie möglich ist, die Handlungsabsichten einer Versuchsperson auszulesen. Man kann diese dann direkt als hochstufige Motorbefehle an einen humanoiden Roboter übertragen, der sie in körperliche Handlungen verwandelt, während die Versuchsperson gleichzeitig das gesamte Experiment durch die Augen des Roboters visuell miterleben kann.[20] Der Vorgang basiert auf bildhaften Bewegungsvorstellungen, die es den Versuchspersonen erlauben, »direkt mit Ihrem PSM zu handeln«,[21] indem sie aus einem Scanner in Israel einen humanoiden Roboter in Frankreich kontrollieren.

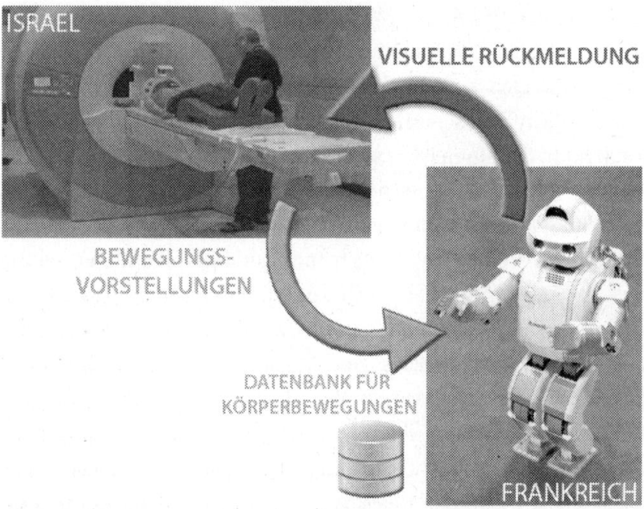

Abb. 19: Direktes Handeln mit dem PSM durch *robotic re-embodiment*: Das Ziel dieser Pilotstudie bestand darin, es einer Versuchsperson in Israel durch »direkte Gedankenkontrolle« über das Internet zu ermöglichen, einen Roboter in Frankreich zu kontrollieren. Eine Video-Demonstration findet sich unter http://www.youtube.com/user/TheAVL2011. Abbildung mit freundlicher Genehmigung von Doron Friedman.

Für Philosophen ist diese technologische Entwicklung aus vielen Gründen interessant: zum einen wegen ihrer ethischen Konsequenzen, zum anderen, weil sie eine historisch neue Form des Handelns

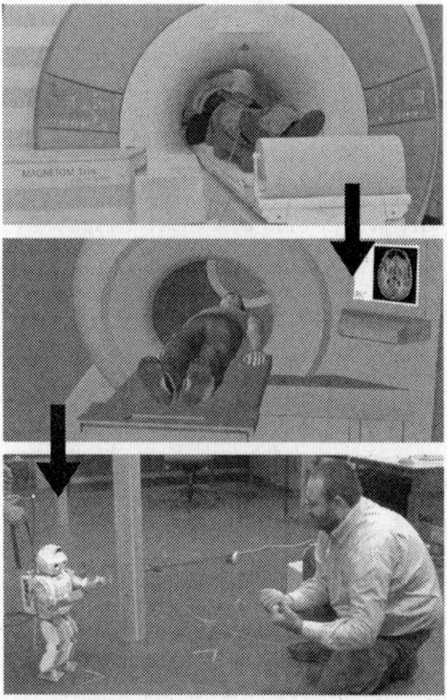

Abb. 20: Eine Versuchsperson liegt in einem Kernspinresonanztomographen am Weizmann-Institut in Israel. Mit Hilfe einer Datenbrille sieht sie einen Avatar, der ebenfalls im Scanner liegt. Ziel ist es, die Illusion zu erzeugen, dass sie in diesem Avatar verkörpert ist. Die Bewegungsvorstellungen der Versuchsperson werden dann in Befehle übersetzt, die den Avatar in Bewegung versetzen. Nach einer Trainingsphase waren die Versuchspersonen in der Lage, über das Internet einen weit entfernten Roboter in Frankreich »direkt mit ihrem Geist« zu kontrollieren, wobei sie die Umgebung in Frankreich durch die Kameraaugen des Roboters sehen konnten. Abbildung mit freundlicher Genehmigung von Doron Friedman, vgl. dazu Cohen 2012.

darstellt. Ich habe den Begriff einer »PSM-Handlung« eingeführt, um das neue Element präziser beschreiben zu können. PSM-Handlungen sind alle Handlungen, bei denen ein Mensch ausschließlich das bewusste Selbstmodell in seinem Gehirn benutzt, um eine Handlung zu initiieren. Natürlich wird es bei komplexen Handlungen auch Feedback-Schleifen geben müssen, zum Beispiel, wenn man mit den Kameraaugen eines Roboters sieht und vielleicht einmal eine Greifbewegung in Echtzeit anpasst (wovon man heute noch sehr weit entfernt ist). Aber der relevante kausale Anfangspunkt der gesamten Handlung ist jetzt nicht mehr der Körper aus Fleisch und Blut, sondern nur noch das bewusste Selbstmodell in unserem Gehirn. Wir simulieren eine Handlung im Selbstmodell, im inneren *Bild* unseres Körpers, und eine Maschine führt sie aus.

Was kann man aus solchen Experimenten lernen? Zum einen ist es offensichtlich, dass das phänomenale Selbstmodell oft ein wichtiger Teil einer Kontrollhierarchie ist: Es ist ein abstraktes Werkzeug. Das PSM ist ein Mittel zur Überwachung bestimmter kritischer Aspekte desjenigen Vorgangs, bei dem der Organismus flexible, adaptive Verhaltensmuster erzeugt. Zum anderen ist es hochgradig plastisch, weil mehrere Repräsentationen von Objekten *außerhalb* des Körpers vorübergehend in das Selbstmodell integriert werden können. Ein Hammer oder eine Zange könnten ein solches Objekt sein. Denn das Prinzip der Einbettbarkeit trifft nicht nur auf Gummihände zu, wie wir bereits in der Einleitung gesehen haben. Es ist sogar auf Werkzeuge im Allgemeinen anwendbar – Erweiterungen körperlicher Organe, die erfolgreich kontrolliert werden müssen, um intelligentes und zielgerichtetes Verhalten zu erzeugen. Das Selbstmodell ist das funktionale Fenster, durch das das Gehirn mit dem Körper *als einer Ganzheit* interagieren kann, und umgekehrt. Wenn der Körper durch Stöcke, Steine, Harken oder Roboterarme erweitert wird, muss auch das Selbstmodell erweitert werden. Erst wenn eine integrierte Repräsentation des Körpers-plus-Werkzeug existiert, kann das erweiterte System des Körpers-plus-Werkzeug in seiner Ganzheit zu einem Teil der Kontrollhierarchie des Gehirns werden. Anders gefragt: Wie sollte man überhaupt lernen, ein Werkzeug intelligent – also: auf flexible und kontextsensitive Weise – zu benutzen, *ohne* es in das bewusste Selbst zu integrieren? Das bewusste Selbstmodell ist ein virtuelles Organ, das uns erlaubt, Feedbackschleifen zu *besitzen* und Kontrollprozesse zu initiieren, aufrechtzuerhalten und flexibel anzupassen. Das phänomenale Erleben von »Meinigkeit« spiegelt die jeweiligen Hypothesen darüber wider, welche Teile der Wirklichkeit wir möglicherweise im Moment gerade kausal kontrollieren können. Einige Elemente des Kontrollkreislaufs sind physisch (wie das Gehirn und Werkzeuge), andere sind virtuell (wie das Selbstmodell und die Zielzustandssimulation).

Roboter sind Werkzeuge. Deshalb ist es auch möglich, komplette Roboter oder virtuelle Körper (Avatare) vorübergehend in das PSM einzubetten und dadurch kausal zu kontrollieren. Oben habe ich bereits drauf hingewiesen, dass Menschen (und auch manche andere Tiere) oft das Verhalten oder die Befindlichkeit einer *anderen* Person kontrollieren wollen. Wir »instrumentalisieren« und »beschlagnahmen« einander, manchmal machen wir uns sogar zu »Leibeigenen«. Menschen versuchen ständig ihren Einflussbereich zu erweitern – nicht nur mit Stöcken, Steinen, Harken oder Roboterarmen, sondern auch mit den Gehirnen und Körpern *anderer* Menschen. Ein klassisches Motiv der »Besessenheit« wäre dagegen ein direkt aus dem eigenen Geist heraus ferngesteuerter Roboter. Der Roboter ist vorübergehend »besessen«, aber nicht von einem Teufel oder einem Dämon, sondern von etwas vielleicht viel Schlimmeren – von einem selbstbewussten Menschen. Dieses klassische Motiv bietet uns auch eine erweiterte Perspektive auf eine Frage, die wir schon auf Seite 155 kurz berührt haben: Was genau geschieht im Moment des Aufwachens am Morgen, in dem das bewusste Selbstmodell entsteht? Es ist genau der Moment, in dem der biologische Organismus von sich *selbst* besessen wird, in dem er wieder zum Sklaven der eigenen Psychologie, seiner bewusst erlebten Wünsche und Ziele wird.

Der anarchische Roboter

Im Abschnitt über die »fremde Hand« haben wir gesehen, wie es möglich ist, dass ein menschliches Körperteil intelligente und zielgerichtete Handlungen durchführt, ohne dass diese Handlungen von dem betreffenden Patienten absichtlich initiiert wurden, und ohne dass er dabei das Gefühl hat, dass diese *seine* Handlungen seien. Wie wäre es, wenn ein Avatar oder ein Roboter, mit dem Sie vorübergehend über ihr Selbstmodell identifiziert sind, plötzlich etwas tut, das Sie gar nicht wollten?

Stellen Sie sich vor, Sie liegen auf dem Rücken in einem Hirnscanner und kontrollieren aus der Ferne einen Roboter, wobei Sie durch seine Augen sehen und sogar die motorische Rückmeldung aus seinen Armen und Beinen spüren, während diese sich bewegen. Erlebnismäßig identifizieren Sie sich vollkommen mit dem Roboter, während Sie sich gleichzeitig frei in einer Situation bewegen, in der sich auch einige andere Menschen befinden. Plötzlich betritt der neue Ehemann Ihrer geschiedenen Frau den Raum. Es ist der

Mensch, der vor wenigen Monaten all Ihre Pläne und Ihr gesamtes persönliches Leben zerstört hat. Sie fühlen wieder die Kränkung, die tiefe Verletztheit, die innere Leere nach der Trennung. Spontan entsteht ein aggressiver Impuls in Ihnen, fast gleichzeitig steigt eine kurze Gewaltfantasie in Ihnen auf, Sie versuchen sich zu beruhigen – doch bevor Sie die Bewegungsvorstellung unterdrücken können, die ganz ungewollt zusammen mit der Fantasie in Ihrem Bewusstsein entstanden ist, hat der Roboter den Mann bereits mit einem einzigen, gewaltigen Schlag getötet. Dann erlangen Sie die Kontrolle wieder und es gelingt Ihnen, einige Schritte zurückzutreten. Subjektiv fühlt es sich so an, als ob Sie niemals die Chance hatten, Ihr Verhalten zu kontrollieren. Wie aber lässt sich entscheiden, ob Sie – objektiv gesehen – vielleicht doch die Fähigkeit besaßen, den aggressiven Impuls rechtzeitig zu unterdrücken? Sind Sie in einem ethischen Sinne verantwortlich für die Folgen der Handlungen des Roboters?

Es ist möglich, dass die Verkörperung in einem Roboter oder Avatar zunächst nur eine »flache« Verkörperung ist, weil sie uns nicht dieselbe Form von Autonomie zur Verfügung stellt wie der biologische Körper. Vielleicht ist die Impulskontrolle schwächer oder etwas ungenauer, vielleicht fehlt uns das, was ich an anderer Stelle »Veto-Autonomie« genannt habe: Die Fähigkeit, eine geplante, gewollte oder sogar bereits begonnene körperliche Handlung innerhalb eines gewissen Zeitrahmens noch abzubrechen.[22] Wenn das so ist, dann könnten Verantwortlichkeit oder Zurechenbarkeit für menschliche Handelnde in der virtuellen Realität oder bei der Verschmelzung mit einem Roboter etwas anderes bedeuten, als im normalen Leben. Vor allem wäre es wichtig, mögliche Risiken zu erkennen und rechtzeitig Vorsichtsmaßnahmen zu treffen. Neben der ethischen Dimension gibt es jedoch noch einen zweiten wichtigen Aspekt: Die direkte Kopplung des menschlichen PSM an künstliche Umwelten ist ein Beispiel für einen neuen *Typ* von Bewusstseinstechnologie. Gegenwärtig sind die Effekte noch schwach, und es gibt viele technische Probleme. Wie bei unserem ersten Beispiel, den psychoaktiven Substanzen, ist es jedoch nicht ausgeschlossen, dass die technologische Entwicklung schneller verläuft als gedacht. Was würden wir tun, wenn Systeme zur virtuellen oder robotischen Wiederverkörperung einmal wirklich flüssig, mit vielen Freiheitsgraden und in Echtzeit funktionieren? Welche neuen Bewusstseinszustände würden möglich, wenn man rechnergestützt und durch direkte Hirnstimulation auch das *Feedback* am biologischen Körper vorbei direkt ins Selbstmodell des Benutzers lenken könnte? Welche neuen Formen von Intersubjektivität und sozialer Kooperation könnten entstehen, wenn plötzlich mehrere menschliche Personen und ihre Selbstmodelle gleichzeitig über gekoppelte *Brain-Computer-Interfaces* miteinander verbunden, vielleicht sogar *verschmolzen* werden könnten?

Was ist ein guter Bewusstseinszustand?

Nehmen wir einmal an, dass es ein Leben nach dem Tod gibt. Dieses Leben nach dem Tod ist zeitlich unbegrenzt, es dauert ewig und in ihm existieren auch weiterhin bewusste Erlebnisse. Es gibt allerdings einen wichtigen Unterschied: Alle bewussten Erlebnisse nach dem Tod sind solche, die Sie selbst auswählen durften, und zwar aus der Menge derjenigen subjektiven Erfahrungen, die Sie in Ihrem jetzigen Leben gemacht haben – denn nach dem Tod gibt es keine neuen Erfahrungen mehr. Vor dem Tod dagegen ist Ihnen eine sehr große Anzahl von inneren Erlebnisse und Bewusstseinszuständen widerfahren, und manche dieser Erfahrungen haben Sie sogar *aktiv gemacht* – zum Beispiel indem Sie ins Kino oder Wandern gegangen sind, indem Sie Bücher gelesen, bestimmte Drogen genommen oder an einem Meditationsretreat teilgenommen haben. Und in der Tat sind wir ja den größten Teil unseres Lebens damit beschäftigt, auf die eine oder andere Weise nach Bewusstseinszuständen zu suchen, die wir als angenehm oder wertvoll empfinden. Die kleinste Einheit des bewussten Erlebens ist dabei immer ein subjektiver Moment, denn genau betrachtet leben wir unser Leben immer nur durch bewusste Momente. Dabei sind die meisten von uns immer auf der Suche nach dem »sinnvollen Jetzt«, nach kleinen Glücksmomenten oder Erlebnissen von Bedeutung.

Unser einleitendes Gedankenexperiment besteht jetzt in einer Idee und in einer Frage. Die Idee ist, dass Sie selbst entscheiden dürfen, welche der bewussten Momente aus Ihrem endlichen Leben in eine »Wiedergabeliste« für die Ewigkeit übernommen werden: Alle subjektiven Erfahrungen auf dieser Liste werden Ihnen nach dem Tod mit einer Zufallsfunktion immer wieder zugespielt. Aus ihnen entsteht Ihre ganz persönliche bewusste Ewigkeit. Sie sind zu Lebzeiten wie ein phänomenologisches Aschenputtel, das den Turteltäubchen zuruft: *»Die guten ins Töpfchen, die schlechten ins Kröpfchen!«* Jetzt die Frage: Wenn Sie diese unwiderrufliche Auswahl ganz allein treffen dürften, wenn wirklich nur Sie selbst es wären, die die guten Körner aus der Asche der Vergänglichkeit picken dürften, in die die böse Stiefmutter sie geworfen hat, welche Momente wären das wohl? Und vor allem: Wie *viele* Momente sind es eigentlich, die Sie selbst nach Ihren eigenen Kriterien als wirklich lebenswert – im Sinne von *wieder*erlebenswert – einschätzen würden?

Wir haben an der Johannes Gutenberg-Universität in Mainz zunächst eine Reihe von kleinen Pilotstudien mit fortgeschrittenen Philosophiestudenten durchgeführt. David Baßler hat einen SMS-Server so programmiert, dass er an sieben Tagen zu zufälligen Zeitpunkten jeweils zehn Signale an die Teilnehmer schickte, die deren Handys dann kurz vibrieren ließen. Die Aufgabe der Teilnehmer war nun zu entscheiden, ob der *letzte* Moment vor dem bewussten Erlebnis der Vibration einer war, den sie mit ins Leben nach dem Tode nehmen würden. Das Ergebnis war für viele überraschend: Die Zahl der positiven Bewusstseinsmomente schwankte zwischen 0 und 36, der Durchschnitt lag bei 11,8 oder knapp 31% der phänomenologischen Stichproben, während mit 69% immerhin gut zwei Drittel der Momente spontan als nicht wiedererlebenswert eingeschätzt wurden.

Wenn man die Idee einer Bewusstseinsethik und die Frage nach der Natur wertvoller Bewusstseinszustände wirklich ernst nimmt, dann muss man begrifflich zuallererst zwischen dem *subjektiven* und dem *objektiven* Wert eines bewussten Moments unterscheiden. Es wäre denkbar, dass ein objektiv wertvolles subjektives Erlebnis – zum Beispiel eine schmerzhafte Lernerfahrung in der äußeren Welt oder eine tiefe innere Einsicht über eine immer wiederkehrende Form von Selbsttäuschung – subjektiv als unattraktiv und wertlos empfunden wird. Umgekehrt könnte es subjektiv als extrem bedeutungsvoll erlebte Zustände geben, die aus einer kritischen Außenperspektive als vollkommen wertlos erscheinen – etwa solche unter Drogeneinfluss oder in tiefer ideologischer Verblendung. Bei unseren Pilotstudien ging es zunächst darum, den Mechanismus besser zu verstehen, durch den wir bewusste Momente subjektiv als angenehm oder wertvoll erleben. Dabei war es uns wichtig, eine feinkörnige und maximal einfache Form der Bewertung zu finden, die so gut wie möglich immer nur den aktuellen Moment möglichst unabhängig von philosophischen Theorien, Weltanschauungen und begrifflichen Vorannahmen erfasst. Zum Beispiel haben wir in einer zweiten Studie das Leben nach dem Tod und die »Ewigkeitsbedingung« weggelassen und durch die folgende Frage ersetzt: »Würden Sie den letzten bewussten Moment in *diesem* Leben noch einmal erleben wollen?« Interessanterweise werden dann sogar nur gut 28% der Lebensmomente als positiv eingeschätzt und knapp 72% sind solche, die man eigentlich nicht noch einmal erleben will.

Neuere Forschungsergebnisse zeigen, dass sehr viele Tiere leidensfähig sind, weil sie ein bewusstes Selbstmodell besitzen, und dass unser heutiger Umgang mit Tieren ethisch in keiner Weise zu rechtfertigen ist. Wie aber findet man heraus, ob ein selbstbewusstes Tier, das nicht mit uns sprechen kann, bestimmte Haltungsbedingungen oder Behandlungen durch den Menschen tatsächlich als leidvoll empfindet oder nicht? Die Antwort ist einfach: Man überprüft, ob das Tier sich, wenn es die Wahl hätte, freiwillig noch einmal in denselben Zustand begeben würde. Wenn wir uns diese Frage aber mit Bezug auf die lange Kette von Bewusstseinsmomenten unseres eigenen Lebens stellen und dabei wirklich aufmerksam und ehrlich zu uns selbst sind, dann machen wir zwei überraschende phänomenologische Entdeckungen. Diese Entdeckungen sind auch philosophisch interessant: Erstens scheint es so zu sein, dass wir – obwohl dramatisch leidvolle Bewusstseinsmomente in unserem Leben eher selten sind – auf der feinkörnigsten Betrachtungsebene unser eigenes

Leben im Durchschnitt nicht als lebenswert beurteilen. Das gilt zumindest in dem einfachen Sinne, dass wir eine sehr deutliche Mehrheit der Momente, aus denen es sich aufbaut, eigentlich nicht noch einmal erleben wollen. Wenn wir genau hinschauen, dann würden wir nach diesem rein subjektiven Kriterium nur sehr wenige »gute Körnlein« aus der Asche der bösen Stiefmutter herauspicken, und es würde uns auch wenig helfen, wenn – wie im Märchen – »alle Vöglein unter dem Himmel uns dabei helfen«. Die zweite phänomenologische Tatsache ist, dass uns diese Entdeckung nur sehr kurz wirklich berührt. Denn sofort setzen massive Aktivitäten auf der Ebene unseres kognitiven und autobiographischen Selbstmodells ein, die unser Selbstwertgefühl wieder stabilisieren: »Es kommt doch gar nicht auf die hedonische Qualität an, es sind der Gesamtkontext meines Lebens, meine Ziele und Wünsche in einem weiteren zeitlichen Bezugsrahmen, die den Wert des bewussten Erlebens bestimmen!«, sagen wir zu uns selbst. Wir beginnen zu philosophieren: »Worum es geht, ist nicht der Durchschnittswert oder die Gesamtbilanz – nur die Gipfelerlebnisse zählen wirklich!«, denken wir, oder: »Die meisten Bewusstseinsmomente sind doch eigentlich neutral und nicht *wirklich* leidvoll!« Vielleicht auch: »Na gut, es stimmt schon, die meisten Momente in meinem Leben sind affektiv eher negativ getönt oder einfach langweilig, aber ich schreibe eine Doktorarbeit, die einen Beitrag zum Wissen der Menschheit leisten wird und Erkenntnisfortschritt ist viel wichtiger als eine gut gefüllte Wiedergabeliste für die Ewigkeit!« Es ist ein bisschen, als ob man dem Pressesprecher der Bundesregierung zuhört, der gerade eine Debatte für beendet erklärt. Wenn man diese zweite phänomenologische Tatsache betrachtet, dann drängt sich eine unangenehme Vermutung auf: Ist es vielleicht eine Hauptfunktion der höheren Ebenen des Selbstmodells, den Organismus immer weiter voranzutreiben, eine funktional adäquate Form von Selbsttäuschung zu erzeugen, die die hässlichen Details des Alltags durch eine grandiose innere Erzählung – ein »narratives Selbstmodell« – unsichtbar macht? Dem Begriff eines »narrativen Selbstmodells« sind wir interessanterweise bereits im vierten Kapitel begegnet, als wir den wandernden Geist näher betrachtet haben. Ich vermute, dass eine tiefere innere Verbindung zwischen Selbsttäuschungsmechanismen und dem wandernden Geist existiert.

Natürlich entsteht an dieser Stelle ein ganzer Wirbelsturm von philosophischen Fragen: Wenn zu vielen Glücksmomenten notwendigerweise das Neue und Überraschende eines Erlebnisses gehört, würde dieser Neuigkeitsaspekt bei einem ewigen *Playback* nach dem Tode nicht fehlen? Wie genau könnte man ihn wieder hinzufügen, ohne größeren Schaden anzurichten? Wäre es eigentlich auch erlaubt, nur den *einen* allerbesten Moment auf alle Ewigkeit zu wiederholen? Kann man überhaupt einzelne »Bewusstseinsschnappschüsse« ohne das narrative Selbstmodell betrachten oder ist vielleicht schon der ganze Versuch verfehlt, Einzelmomente isoliert vom Kontext ihrer größeren zeitlichen Dynamik zu bewerten? Und: Gibt es überhaupt so etwas wie introspektives Wissen? Ist die innere Entscheidung für oder gegen eine Wiederholung nicht indirekt doch sehr stark durch Theorien kontaminiert und letztlich wieder durch persönliche Hintergrundannahmen geprägt? Welchen Grund haben wir überhaupt, unseren eigenen subjektiven Werturteilen zu glauben? Wenn ich für mich selbst ein bewusstes Erlebnis als »positiv« oder »wertvoll« markiert habe, warum sollte ich dieser Intuition überhaupt folgen? Vielleicht geht es im Leben ja auch gar nicht um das, was ich selbst zufälligerweise als lebenswert empfinde.

Das führt zu der Frage, ob man sinnvollerweise von einem »objektiven Wert« bestimmter Bewusstseinszustände sprechen könnte. Ich selbst glaube nicht, dass wir solche objektiven Werte erkennen oder durch eine Letztbegründung absichern können. Vielmehr ist genau diese Tatsache ein Teil des Problems, das wir lösen müssen.

Bewusstseinsethik

Neuroethik ist wichtig, aber für sich allein genommen ist sie nicht genug. Ich schlage einen neuen Arbeitsbegriff vor, sozusagen einen kleinen neuen Zweig der angewandten Ethik – »Bewusstseinsethik«. In der traditionellen Ethik fragen wir: »Was ist eine gute Handlung?« Jetzt sollten wir außerdem fragen: »Was ist ein guter Bewusstseinszustand?« Ich bin mir der Tatsache vollkommen bewusst, dass an dieser Stelle eine Flut theoretischer Komplikationen auf uns zukommt.[23] Die Idee einer »Bewusstseinsethik« bleibt nach wie vor nicht nur eine wichtige, sondern eine absolut zentrale Zielvorstellung für die Zukunft, aber sie muss auf wesentlich schwächeren Fundamenten errichtet werden. Das einzige, was wir tun können, besteht darin, uns gemeinsam zu fragen, wie die systematische Kultivierung bestimmter Klassen von Bewusstseinszuständen unser Zusammenleben verbessern würde und ob sie in der wirklichen Welt dann auch tatsächlich das erreicht, was das eigentliche *Ziel* der ethischen Wertvorstellung war, die ihnen am Anfang zu Grunde lag. Als erste Diskussionsgrundlage will ich drei solcher Werte vorstellen, die den Vorteil haben, dass sich fast alle Menschen auf der Erde auf sie einigen können. Diese drei Zielvorstellungen sind Leidensverminderung, Selbsterkenntnis und die Erhöhung von geistiger Autonomie. Meine eigene Intuition besagt, dass ein wünschenswerter Bewusstseinszustand mindestens drei Bedingungen erfüllen sollte: Er sollte Leid minimieren, nicht nur bei uns Menschen, sondern auch bei allen anderen leidensfähigen Wesen; idealerweise sollte er ein epistemisches Potenzial besitzen (das heißt, dass er eine Komponente der Einsicht und der Erweiterung von Wissen haben sollte) – und er sollte gleichzeitig nachhaltig sein, also Verhaltenskonsequenzen haben, die die Wahrscheinlichkeit für das Auftreten weiterer wertvoller Bewusstseinszustände in der Zukunft erhöht. Die dritte Bedingung ist die Erhöhung von geistiger Autonomie. In der Bewusstseinsethik geht es nämlich nicht nur um das phänomenale Erleben selbst. Es gibt einen größeren Zusammenhang.

Die Bewusstseinsethik würde die traditionelle Ethik ergänzen, indem sie sich auf all jene Handlungen konzentriert, deren primäres Ziel in der Veränderung des eigenen subjektiven Erlebens oder desjenigen anderer Personen besteht. Angesichts der vielen neuen Möglichkeiten für solche Handlungen und der mit ihnen verknüpften Risiken und angesichts des Versagens unserer eigenen moralischen Intuitionen in diesem Bereich besteht die Aufgabe darin, den ethischen Wert verschiedener Formen des subjektiven Erlebens *als solchen* zu untersuchen und einzuschätzen. Man könnte dies auch als die rationale Suche nach einer normativen Psychologie oder als »normative Neurophänomenologie« bezeichnen. Wenn als Folge der naturalistischen Wende im Menschenbild neue Technologien der Bewusstseinsveränderung entstehen, dann müssen wir uns auch ernsthaft mit normativen Fragestellungen auseinandersetzen. Die Entwicklung einer Bewusstseinsethik würde es uns erlauben, die ethischen Debatten über das breite Spektrum unterschiedlicher Probleme, die sich aus dem begonnenen historischen Übergang ergeben, gleichsam unter einem Generalthema zu bündeln. Sobald wir uns damit beschäftigen, was denn nun ein Mensch *ist* und was ein Mensch *sein sollte*, lässt sich der zentrale Punkt in einer einzigen Frage ausdrücken: Was ist ein guter Bewusstseinszustand?

Leidensverminderung

Wir sind an mehreren Stellen in diesem Buch, insbesondere im siebten Kapitel und auch am Anfang dieses Abschnitts, immer wieder Anzeichen dafür begegnet, dass leidvolle Bewusstseinszustände wahrscheinlich häufiger sind, als die meisten von uns sich eingestehen wollen.[24] Ein wichtiges Kriterium für einen guten Bewusstseinszustand ist deshalb, ob er bewusst erlebtes Leiden vermindert – insbesondere auch in der Zukunft und bei anderen leidensfähigen Wesen.

Lassen Sie mich die Grundidee zusammenfassen, indem ich einen neuen Arbeitsbegriff in die Diskussion einführe: den »NP-Fußabdruck«. Ob ein Bewusstseinszustand ein guter Bewusstseinszustand ist, hängt zu einem großen Teil davon ab, wie groß sein NP-Fußabdruck ist. »NP« steht für »negative Phänomenologie«, also für die Klasse aller leidvollen und unangenehmen Bewusstseinszustände. Wir können Sie einfach als diejenigen Bewusstseinszustände definieren, die ein empfindungsfähiges Wesen lieber nicht noch einmal erleben würde, wenn es die Wahl hätte. Die Idee eines Fußabdruckes dagegen kennen wir alle schon seit Langem aus der Umweltethik: Der »Ökologische Fußabdruck« ist eine einfache Metapher und gleichzeitig ein begriffliches Werkzeug, dass man im Prinzip immer weiter differenzieren kann. Er ist ein Nachhaltigkeitsindikator, welcher den Ressourcenverbrauch mit der Biokapazität der Erde in Relation setzt. Dabei ist der Ökologische Fußabdruck nicht nur für Personen oder Haushalte berechenbar, sondern auch für ganze Nationen, und sogar Produkte und Dienstleistungen können mit dem Ökologischen Fußabdruck bilanziert werden. Insbesondere ist der Ökologische Fußabdruck auch ein Gerechtigkeitsindikator, denn er basiert auf der Grundannahme, dass allen Menschen gleich viel zur Verfügung stehen sollte. Ein Ergebnis für Deutschland: Wenn alle Menschen so leben würden wie wir, bräuchten wir 2,8 Erden, denn der deutsche Fußabdruck ist 5,09 Hektar groß. Der gerechte Ökologische Fußabdruck liegt jedoch bei 1,9 Hektar. Der ökologische Fußabdruck ist also auch so etwas wie eine Währung, mit deren Hilfe die Inanspruchnahme der Biosphäre gemessen werden kann, und zwar für sämtliche Ressourcen und jeglichen Nutzen. Ich denke, wir brauchen etwas ganz Ähnliches für die Bewusstseinsethik. Der Ego-Tunnel ist unsere innere Umwelt, deshalb geht es in der Bewusstseinsethik um etwas, das man als »innere Ökologie« bezeichnen könnte.

Das ethische Prinzip der Leidensverminderung besagt nun, dass wir negative Bewusstseinszustände bei allen bewussten, leidensfähigen Wesen vermindern sollten, indem wir unseren NP-Fußabdruck immer weiter verringern. Bei der Erzeugung oder Kultivierung eines bestimmten Bewusstseinszustandes sollten wir uns also immer fragen: Verringert er meinen NP-Fußabdruck, oder bringt er möglicherweise in der Gesamtbilanz noch mehr Leiden in die Welt? Welchen NP-Fußabdruck hat der Psilocybin-Bewusstseinszustand, wie groß ist der NP-Fußabdruck des Alkohol-Bewusstseinszustandes? Wie steht es um die lustvollen Bewusstseinszustände, die beim Essen von Fleisch entstehen? Eine gute Handlung und ein guter Bewusstseinszustand sind dann solche, die das Leiden nicht nur im betreffenden Erlebnissubjekt selbst minimieren, sondern auch in allen anderen leidensfähigen Wesen. Die wichtigste Frage ist also immer: Wie viel bewusstes Leiden erzeugt ein bestimmter Bewusstseinszustand nicht nur in mir selbst, sondern bei anderen Menschen, bei leidensfähigen Tieren – aber auch bei potentiellen künstlichen Subjekten? Hierbei geht es vor allem auch um *mögliche* Erlebnissubjekte, also zukünftige menschliche Personen, in der Zukunft existierende leidensfähige Tiere und, wie wir bereits gesehen haben, auch um denkbare postbiotische Systeme, etwa bewusste Roboter und Avatare. In der Bewusstseinsethik geht es demnach unter anderem um den NP-Fußabdruck, den ich in meinem eigenen Leben hinterlasse, aber immer auch um den im bewussten Selbstmodell anderer Wesen – und zwar jeweils in der Gegenwart und auch in der Zukunft.

Selbsterkenntnis

Im letzten Kapitel haben wir gesehen, dass eine der positiven Seiten des neuen Bildes vom Menschen in der großen Tiefe unseres phänomenalen Zustandsraums besteht. Die Zahl der einem Menschen möglichen Bewusstseinszustände ist unfassbar groß. Wir machen uns diese Tatsache nur selten wirklich bewusst, obwohl sich unser Handlungsspielraum durch die neuen Bewusstseinstechnologien gerade in der Gegenwart stark zu erweitern beginnt. Vor allem haben wir noch nicht wirklich damit begonnen, veränderte Bewusstseinszustände systematisch auf ihr *Erkenntnispotential* hin zu überprüfen.

Wir hatten bereits im ersten Kapitel gesehen, dass die wissenschaftliche Methode des Erkenntnisgewinns wahrscheinlich nicht die einzige ist. Wenn es aber tatsächlich Formen des Wissens gibt, die sich nicht in Form von wahren Sätzen ausdrücken lassen, dann könnten Sie in ganz bestimmten Fähigkeiten bestehen – zum Beispiel in dem Wissen darüber, *wie* man etwas auf die richtige Weise tut. Der britische Philosoph Gilbert Ryle hat in diesem Zusammenhang zwischen *knowing how* und *knowing that* unterschieden, also zwischen dem *Wissen-wie* und dem *Wissen-dass.* Diese einfache begriffliche Unterscheidung könnte von Bedeutung sein, wenn es uns um Meditation, die Erhöhung von geistiger Autonomie und das Erkenntnispotential von veränderten Bewusstseinszuständen im Allgemeinen geht. Bei den nicht-sprachlichen und nicht-intellektuellen Formen der Selbsterkenntnis könnte es nämlich in Wirklichkeit einfach um bestimmte *Fähigkeiten* gehen, um Fähigkeiten des inneren Handelns. Je mehr solcher Fähigkeiten ein Mensch besitzt, desto größer wird für ihn der Raum des selbstbestimmten Handelns mit dem eigenen Geist. Je mehr solcher Fähigkeiten eine Person erlernt hat, desto mehr neue Formen des subjektiven Erlebens sind ihr zugänglich. Das gilt nicht nur für eine gelungen Psychotherapie. Wer zum Beispiel auf einem Meditationskurs gelernt hat, wie er mit innerer Unruhe, hartnäckigen Selbstzweifeln oder besonders schwierigen Emotionen umgehen kann, der hat eine neue Fähigkeit erlangt. Diese Fähigkeit beruht auf einer nicht-sprachlichen Form von Selbsterkenntnis, und sie erhöht potentiell seine innere Autonomie. *Knowing how* ist Praxiswissen, und solches Wissen existiert natürlich auch für *innere* Handlungen. Wer auf einem Meditationskurs oder unter dem Einfluss eines klassischen Halluzinogens wie Psilocybin (von dem bereits die Rede war) gelernt hat, die feine, unendliche sanfte Bewegung von Blättern im Wind oder das zart schimmernde Fließen von Wasser wie Aldous Huxley als das »unaufhörliche Vergehen, das gleichzeitig reines Sein ist« zu sehen, der hat ganz einfach eine neue Fähigkeit erworben. Diese Fähigkeit besteht darin, sich möglicherweise an einen früheren Zustand zu erinnern und seine Aufmerksamkeit wieder auf diesen ganz speziellen Aspekt der eigenen Wahrnehmung zu lenken. Das könnte dann zum Beispiel dazu führen, dass dieser Person zumindest teilweise auch in Zukunft und für den Rest ihres Lebens völlig neue Formen des Naturerlebens zugänglich sind, und zwar ohne Meditationskurs und ohne die Substanz. In jedem Fall besitzt sie jetzt erstmals das *Wissen*, dass sie selbst überhaupt über solche Fähigkeiten und inneren Handlungsoptionen verfügt. Das bedeutet: Ihr Selbstmodell hat sich auf entscheidende Weise verändert. »Bewusstseinskultur« heißt in diesem Sinne auch, durch eine Erweiterung des Selbstmodells die eigene geistige Autonomie zu erhöhen und neue Fähigkeiten des inneren Handelns zu kultivieren.

Allerdings muss man klar sehen, dass das alte philosophische

Projekt der Selbsterkenntnis heute unter dramatisch veränderten Randbedingungen realisiert werden muss. Das gilt insbesondere dann, wenn es nicht um die wissenschaftlichen – also durch Sprache und Theorien vermittelten – Formen der Erkenntnis geht, sondern um die wesentlich subtileren geistigen Fähigkeiten, von denen gerade die Rede war. Der Ego-Tunnel ist in der Evolution als ein biologisches System der Repräsentation und der Informationsverarbeitung entstanden, das Teil eines sozialen Netzwerks aus miteinander kommunizierenden Ego-Tunneln ist. Jetzt aber finden wir uns selbst bereits tief verstrickt in einem dichten Geflecht *technischer* Systeme der Repräsentation und der Informationsverarbeitung wieder: Mit dem Aufkommen von Radio, Fernsehen und Internet wurde der Ego-Tunnel in eine pulsierende globale Datenwolke eingebettet, die sich mittlerweile durch ein immer schnelleres Wachstum auszeichnet, durch ständige Beschleunigung und durch die Entwicklung einer autonomen Eigendynamik. Sie diktiert den Rhythmus und das Tempo unseres Lebens. Sie erweitert unsere soziale Umwelt in beispielloser Weise. Sie hat längst damit begonnen, unsere Gehirne zu rekonfigurieren, die ihrerseits verzweifelt versuchen, sich an diesen neuen Dschungel anzupassen – den Informationsdschungel, eine ökologische Nische, die anders ist als alle, die wir jemals bewohnt haben. Vielleicht wird sich unsere Körperwahrnehmung verändern, wenn wir schrittweise lernen, mehrere Avatare in mehreren virtuellen Realitäten gleichzeitig zu kontrollieren und dabei unser bewusstes Selbst in völlig neue Arten von sensomotorischen Schleifen einzubetten. Es ist denkbar, dass in der Zukunft eine zunehmende Zahl von sozialen Interaktionen von Avatar zu Avatar stattfinden wird, und wir wissen aus der Forschung bereits, dass soziale Interaktionen im Cyberspace das Gefühl der Anwesenheit wesentlich stärker stabilisieren, als es hochauflösende Grafik oder andere technische Tricks jemals könnten. Vielleicht führt uns dies am Ende zu einem tieferen Verständnis dessen, was ein Großteil unseres bewussten sozialen Lebens schon lange gewesen ist – nämlich eine Wechselwirkung zwischen *Bildern*, ein hochgradig vermittelter Vorgang, bei dem die mentalen *Modelle* von Personen sich gegenseitig kausal zu beeinflussen beginnen. Wir könnten Kommunikation am Ende als einen Vorgang betrachten, bei dem wir dynamische innere Modelle in den Gehirnen anderer Menschen einzuschätzen und in ihrem Inhalt und ihrer zeitlichen Entfaltung zu kontrollieren versuchen.

Für diejenigen unter uns, die intensiv mit ihm arbeiten, ist das Internet längst zu einem Teil unseres Selbstmodells geworden. Wir benutzen es als externen Gedächtnisspeicher, als kognitive Prothese und für die Regulierung unseres eigenen gefühlsmäßigen Zustands. Wir denken mit Hilfe des Internets, und es unterstützt uns bei der Bestimmung unserer eigenen Wünsche und Ziele. Wir lernen das »Multitasking«, unsere Aufmerksamkeitsspanne wird ständig kürzer, und eine immer größere Zahl unserer sozialen Beziehungen nimmt einen auf merkwürdige Weise körperlosen, »entleiblichten« Charakter an. »Online-Sucht« ist zu einem Fachbegriff in der Psychiatrie geworden. Einer im Auftrag des Bundesgesundheitsministeriums durchgeführten, am 25. September 2011 in Berlin vorgelegten Studie zufolge gibt es in Deutschland nach neuen Schätzungen mit rund 560 000 Menschen bereits mehr Internetsüchtige als Glücksspielabhängige. Einer Studie der südkoreanischen Regierung zufolge sind 18% aller Jugendlichen und 9,1% aller Erwachsenen abhängig, wobei die Zahlen ständig steigen. Viele junge Menschen (einschließlich einer wachsenden Zahl von Universitätsstudenten) benötigen bildhafte Inhalte und kurzfristige Belohnungserlebnisse, sie leiden unter Aufmerksamkeitsstörungen und haben Schwierigkeiten, sich auf altmodische serielle und symbolische Information zu konzentrieren – sie entdecken mit einem Mal, dass es ihnen Mühe bereitet, ein ganz gewöhnliches Buch zu lesen. Gleichzeitig jedoch muss man den Reichtum an neuer Information und die erhöhte Flexibilität und geistige Autonomie anerkennen, die uns das Internet gegeben hat. Mittlerweile ist es mehr als deutlich, dass die Einbindung von Hunderten von Millionen menschlicher Gehirne (und der Ego-Tunnel, die in diesen Gehirnen erzeugt werden) in immer neue mediale Umwelten bereits deutliche Rückwirkungen auf die Struktur des bewussten Erlebens selbst hat. Wohin uns dieser Prozess führen kann, ist unvorhersehbar.

Wie sollen wir mit dieser Entwicklung umgehen? Aus der Perspektive der Bewusstseinsethik ist die Antwort einfach: Wir sollten verstehen, dass auch die neuen Medien Bewusstseinstechnologien sind, und wir sollten uns dann eine weiteres Mal fragen, was in diesem Zusammenhang ein guter Bewusstseinszustand wäre.

Ein verwandtes Problem ist das des Aufmerksamkeitsmanagements. Die Fähigkeit, die Aufmerksamkeit auf unsere Umgebung zu lenken, auf unsere eigenen Gefühle und auf die unserer Mitmenschen, ist eine in der natürlichen Evolution entstandene Eigenschaft des menschlichen Gehirns. Aufmerksamkeit ist eine begrenzte Ressource, und sie ist absolut essenziell nicht nur für die momentane Lebensqualität, sondern für ein gutes Leben im Allgemeinen. Wir brauchen Aufmerksamkeit, um anderen – oder auch uns selbst – wirklich zuhören zu können. Wir brauchen Aufmerksamkeit, um uns Sinnesfreuden wirklich hingeben zu können und ebenso für effektives Lernen. Wir benötigen sie, um beim Sex oder in der Liebe wirklich anwesend zu sein oder auch einfach für ein tieferes Naturerleben. Unsere Gehirne können während eines Tages jedoch nur eine begrenzte Menge dieser wertvollen Ressource erzeugen.

Heute greifen uns die Werbe- und die Unterhaltungsindustrie aus dem Mediendschungel heraus an, indem sie die innersten Fundamente unserer Erlebnisfähigkeit selbst attackieren und uns immer tiefer in eine vollkommen unüberschaubare und verwirrende Umwelt hineinzerren. Die modernen Aufmerksamkeitsräuber versuchen, uns so viel wie möglich unserer knappen Ressource wegzunehmen – und sie tun dies auf immer eindringlichere und intelligentere Weise. Natürlich machen sie sich zur Erreichung ihrer Ziele auch zunehmend die von den Neuro- und Kognitionswissenschaften erarbeiteten neuen Einsichten in den menschlichen Geist zunutze (eines der hässlichen neuen Trendwörter heißt »Neuromarketing«). Der Psychologe Roy Baumeister spricht in diesem Zusammenhang von *Ego Depletion*, von einer Erschöpfung oder Entleerung des Ego. Die Idee ist, dass die Fähigkeit zur Selbstkontrolle – also das, was man früher einfach die »Willenskraft« genannt hat – auf einer einzigen, aber begrenzten Ressource beruht. Diese Ressource erschöpft sich mit der Zeit, je nachdem, wie oft und wie viel Energie man für die Kontrolle seines eigenen Verhaltens aufwenden muss. Die Willenskraft ist wie ein Muskel, der ermüdet, wenn er ständig überlastet wird. Die Werbe- und Marketingindustrie bombardiert heute gezielt diesen Teil unseres Selbstmodells – denn Ihr Ziel ist das »erschöpfte Ego«, das am Ende Dinge kauft, die es überhaupt nicht braucht. Es könnte aber durchaus so sein, dass die ständige Überlastung durch die neuen medialen Umwelten am Ende auch bestimmte Aspekte unserer natürlich evolvierten und noch schwach entwickelten Fähigkeit zur *geistigen* Selbstbestimmung zerstört, also etwa die Fähigkeiten zur Aufmerksamkeitslenkung und zur Kontrolle des *inneren* Handelns, die wir in Kapitel 4 näher betrachtet haben. Das erschöpfte Ego würden dann am Ende sogar Dinge *denken*, die es eigentlich gar nicht denken will. Die allerersten Auswirkungen können wir bereits erkennen: in der epidemischen Ausbreitung von Aufmerksamkeitsstörungen bei Kindern und jungen Erwachsenen, in zunehmenden Burnout-Symptomen in der mittleren Lebensphase und in einem ansteigenden Ängstlichkeitsniveau in weiten Teilen der Bevölkerung. Wenn die Selbstmodell-Theorie der Subjektivität darin recht hat, dass Bewusstsein der Raum der attentionalen Agentivität ist, und wenn es (wie in Kapitel 4 diskutiert) zutrifft, dass das subjektive Erleben, den eigenen Aufmerksamkeitsfokus zu kontrollieren und aufrechtzuerhalten, eine der tiefsten Schichten des phänomenalen Ichgefühls ist, dann werden wir gegenwärtig Zeugen nicht nur eines organisierten Angriffs auf den Raum des Bewusstenseins *per se*, sondern auch der gesellschaftlichen Ausbreitung einer leichten Form von Depersonalisierung: Man versucht, uns die Kontrolle über die eigene Aufmerksamkeit zu entreißen. Immer neue mediale Umwelten könnten deshalb eine neue Form des Wachbewusstseins erzeugen, die schwach subjektiven Zuständen ähnelt – eine neue Mischung aus Traum, Demenz, Berauschtheit und Infantilisierung.

Meditation und geistige Autonomie

Mein Vorschlag für eine Gegenmaßnahme angesichts dieser sich verstärkenden Angriffe auf unsere Aufmerksamkeitsreserven besteht darin, in unseren Schulen flächendeckend Meditationsunterricht einzuführen. Junge Menschen müssen sich zuerst der begrenzten Natur ihrer eigenen Fähigkeit zur Aufmerksamkeit bewusst werden. Dann sollten sie Techniken erlernen, die ihre Achtsamkeit verstärken und ihre Fähigkeit, sie aufrechtzuerhalten, maximieren – Techniken, die im Kampf gegen die kommerziellen Aufmerksamkeitsräuber hilfreich sein werden (und die nebenbei auch einen eigenen Referenzrahmen schaffen, der spätestens dann hilfreich sein könnte, wenn unsere Kinder sich mit den ersten Versuchungen durch bewusstseinsverändernde Drogen konfrontiert sehen). Besonders wichtig ist natürlich, dass solche Meditationskurse in einem weltanschaulich vollkommen neutralen Rahmen stattfinden – keine Kerzen, keine Räucherstäbchen, keine Glöckchen. Deshalb stelle ich mir auch eher den Sportlehrer als natürlichen Ansprechpartner vor und keinesfalls den Religionslehrer. Meditation könnte vielleicht Teil des Sportunterrichts sein: Immerhin ist auch das Gehirn ein Teil des eigenen Körpers – ein Teil, der trainiert und sorgfältig gepflegt werden muss.

Wir sollten die neuen wissenschaftlichen Erkenntnisse zum wandernden Geist, die ich im vierten Kapitel angesprochen habe, ernst nehmen. Die klassische Achtsamkeitsmeditation ist genau das Gegenteil von *Mind Wandering* und man sieht jetzt viel klarer, worum es bei dem Einsatz von Meditationstechniken in Wirklichkeit geht: Das eigentliche Ziel ist nämlich eine nachhaltige Erhöhung der eigenen geistigen Autonomie. Und daraus ergibt sich auch das Hauptargument für die Einführung eines systematischen, aber säkularen Meditationsunterrichts an unseren Bildungsinstitutionen: Es geht um so etwas wie die Erhöhung eines zivilisatorischen Standards. Was aber ist eigentlich ein »zivilisatorischer Standard«?

Ein Land ohne Todesstrafe besitzt einen höheren zivilisatorischen Standard als ein Land mit Todesstrafe. Eine Nation in der nicht mehr gefoltert wird, hat einen höheren zivilisatorischen Standard erreicht als ein Land, in dem Träger staatlicher Gewalt menschlichen Personen vorsätzlich körperliche oder geistig-seelische Schmerzen zufügen, etwa um sie einzuschüchtern, zu bestrafen oder um eine Aussage zu erpressen. Mit Blick auf diese beiden Kriterien kann man jetzt zum Beispiel ganz konkret sagen, dass China, der Iran, oder die USA einen niedrigeren zivilisatorischen Stand besitzen, als etwa Deutschland oder die anderen 96 Länder auf der Welt, die die Todesstrafe bereits vollständig abgeschafft haben. China, der Iran und die USA haben auch einen niedrigeren Standard als die Länder, in denen nicht mehr gefoltert wird. Den »Grad an Zivilisiertheit«, um den es mir hier geht, kann man aber auch daran messen, wie ein Land mit Tieren umgeht, also mit nicht-menschlichen, leidensfähigen Subjekten. Ein weiterer Indikator ist, wie sehr es die Interessen *zukünftiger*, also noch nicht geborener Menschen und Tiere, in ethische, rechtliche und politische Diskussionen mit einbezieht. Auch die Wahrung der Menschrechte, Friedfertigkeit und Konfliktfähigkeit oder die Ausgaben, die ein Wohlfahrtsstaat tätigt, um all seinen Bürgern den Zugang zu Bildung, Erziehung, Gesundheit und sozialer Sicherung zu ermöglichen, sind gute Beispiele für das, was ich hier mit »zivilisatorischem Standard« meine und was über den bloßen ökonomischen Status hinausgeht. Genau wie die tatsächliche Realisierung der freiheitlichen Grundwerte einer Demokratie, ist ein bereits erreichter zivilisatorischer Standard übrigens etwas, hinter das man jederzeit und immer wieder zurückfallen kann. Gleichzeitig ist es aber auch etwas, das man systematisch erhöhen kann.

Was den westlichen Gesellschaften heute vielleicht am dringendsten fehlt sind systematische und institutionalisierte Formen, in der die Bürger eines Landes den Grad ihrer eigenen geistigen Autonomie erhöhen können. Was es nämlich noch kaum gibt, ist ein tieferes Verständnis der Tatsache, dass es am Ende eben genau die geistige Autonomie des einzelnen Bürgers ist, die einen wesentlichen Beitrag zur nachhaltigen Erhöhung des zivilisatorischen Standards leistet. Die wissenschaftliche Forschung zum *Mind Wandering*, die wir im vierten Kapitel kennengelernt haben, zeigt nun überraschend deutlich, dass wir während zwei Dritteln unserer bewussten Lebenszeit keine geistig autonomen Subjekte sind. Sie liefert auch objektive Belege dafür, dass sich diese Tatsache auf viele verschiedene Weisen am Ende direkt oder indirekt in einer geringen Lebensqualität ausdrückt. Also müssen wir alle darüber nachdenken, welche konkreten Möglichkeiten es gibt, unsere geistige Autonomie zu erhöhen. Die Einführung von Meditationsunterricht an Schulen und Bildungseinrichtungen ist in dieser Hinsicht die dringendste und wichtigste politische Forderung. Sie ist aber nicht die einzige.

Ich denke, der vielleicht bedeutendste inhaltliche Beitrag, den die akademische Philosophie zu schulischen *Curricula* zu leisten hätte, ist die so genannte »Argumentationstheorie«. Die Argumentationstheorie ist eine Teildisziplin der Philosophie, die sich mit der Form und dem Gebrauch von Argumenten befasst. Dabei geht es nicht nur darum, die logische Struktur von Argumenten zu verstehen und später selbst in der Lage zu sein, ein vernünftiges Argument aufzubauen. Die Argumentationstheorie schult auch systematisch die Fähigkeit zum kritischen Denken und die intellektuelle Konfliktfähigkeit. Ich denke, systematisch aufgebaute Kurse in Argumentationstheorie wären ein weiterer Beitrag zu einer nachhaltigen Erhöhung des zivilisatorischen Standards und der geistigen Autonomie. Sie würden es den Schülern erlauben, zuverlässig die wichtigsten Arten von Fehlschlüssen zu erkennen, nicht mehr auf rhetorische Tricks hereinzufallen und Meinungsverschiedenheiten auf sachliche und intellektuell redliche Weisen zu klären. Es ginge dabei sozusagen um die richtige Konfiguration des *kognitiven* Selbstmodells, und die Frage an die Hirnforschung wäre, was genau das richtige Zeitfenster in der psychologischen Entwicklung von Jugendlichen ist, um diesen Teil des menschlichen Selbstmodells in seiner Entfaltung optimal zu unterstützen.

Für mich sind Meditationsunterricht und Argumentationstheorie an Schulen komplementäre politische Forderungen, weil das eine auf dem anderen aufbaut. Man braucht – wie die empirische Forschung zum *Mind Wandering* deutlich zeigt – die in der formalen Meditationspraxis kultivierte Form von geistiger Autonomie für eine stabile kognitive Selbstkontrolle, um überhaupt klar sehen und rational denken zu können. Man muss aber auch die Grundstandards des rationalen, kritischen Denkens verstanden haben, zum Beispiel um als Jugendlicher nicht auf den bizarren weltanschaulichen Unsinn hereinzufallen, der mit solchen Angeboten *außerhalb* der Schule meistens verbunden ist. Wenn man es nüchtern betrachtet, dann beruhen Bewusstheit und Rationalität einfach auf einer bestimmten Menge von geistigen Fähigkeiten, die sehr genau bestimmt und auch trainiert werden können. Die Verteilung und individuelle Ausprägung diese Fähigkeiten bestimmt dann indirekt, aber letztlich auf sehr starke Weise, den zivilisatorischen Standard, den eine Gesellschaft am Ende erreicht. Eine wirklich sinnvolle Anwendung der Forschung in den Neuro- und Kognitionswissenschaften wäre es deshalb, den politischen Entscheidungsträgern ein realistisches Bild davon zu liefern, was *genau* in diesem Bereich möglich ist und was die Handlungsoptionen für eine sinnvolle Umsetzung in unseren Schulen und Universitäten sind.

Eines der durchaus kontroversen Stichworte lautet »Neurodidaktik«, ein anderes »Neuropädagogik«: Nun, da wir mehr über die entscheidenden Phasen der Entwicklung des jungen menschlichen Gehirns wissen, sollten wir dieses Wissen nicht einsetzen, um die Autonomie zukünftiger Erwachsener zu erhöhen? Insbesondere bietet es sich an, unseren Kindern all jene Bewusstseinszustände zu zeigen, von denen wir glauben, dass sie wertvoll sind, und ihnen bereits in einem sehr frühen Alter beizubringen, wie man sie erreichen und kultivieren kann. In der Erziehung geht es nicht nur um intellektuelle Leistungen und die Verwirklichung eines rein akademischen Bildungsideals. Erinnern wir uns daran, dass einer der positiven Aspekte in dem neu entstehenden Bild von *Homo sapiens* darin besteht, dass wir die Tiefe unseres eigenen phänomenalen Zustandsraums endlich anerkennen müssen. Warum sollten unsere Kinder nicht lernen, wie man sich diese Tiefe auf eine bessere Weise zunutze macht, als die eigenen Eltern es getan haben – auf eine Art und Weise, die zu ihrer geistigen Gesundheit beiträgt und sie stabilisiert, ihr subjektives Leben bereichert und ihnen neue Quellen der Erkenntnis zur Verfügung stellt?

Als positive Bewusstseinszustände gelten im Allgemeinen jene Formen von Glück, die mit intensiven Naturerlebnissen, mit körperlicher Selbsterfahrung und physischer Verausgabung verbunden sind – aber zum Beispiel auch die wesentlich subtilere innere Wahrnehmung von ethischer Kohärenz, also der Tatsache, dass die eigenen Handlungen gerade in Einklang mit den eigenen Wertvorstellungen stehen. Wenn die moderne Hirnforschung uns sagt, dass sich ein Kind den Zugang zu diesen Formen subjektiven Erlebens am besten während bestimmter kritischer Zeiträume in seiner psychologischen Entwicklung erwirbt, dann sollten wir dieses Wissen natürlich systematisch nutzen – sowohl in der Schule als auch zu Hause. Wenn Achtsamkeitstraining und Aufmerksamkeitsmanagement zu unseren Zielvorstellungen gehören, sollten wir gleichfalls danach fragen, welchen Beitrag die Hirnforschung dazu leisten kann, dass sie tatsächlich in unserem Erziehungssystem implementiert werden. Ich sage: Jedes Kind hat das Recht, in der Schule einen »neurophänomenologischen Werkzeugkasten« zu erhalten. Die Mindestausstattung sollte aus zwei Meditationstechniken bestehen, einer im Sitzen und einer in Bewegung; zwei standardisierten Techniken für die Tiefenentspannung, wie etwa autogenem Training und progressiver Muskelentspannung; zwei Techniken zur Verbesserung der Traumerinnerung und zum Erlernen des Klarträumens und vielleicht auch einem Kurs in einem neuen Fach, das man »Medienhygiene« nennen könnte. Wenn neue Manipulationsmöglichkeiten die geistige Gesundheit unserer Kinder bedrohen, müssen wir diese mit wirksamen Instrumenten ausstatten, damit sie sich selbst gegen neue Gefahren verteidigen und ihre geistige Autonomie erhöhen können.

Vielleicht gelingt es uns eines Tages, bessere Meditationstechniken zu entwickeln als die tibetanischen Mönche, denen wir in Kapitel 2 begegnet sind. Wenn die Traumforschung uns eines Tages effektivere Formen der Verbesserung des Traumgedächtnisses anbietet und uns zeigt, wie man die Kunst des luziden Träumens auf risikolose Weise beherrschen kann, sollten wir dieses Wissen dann nicht auch unseren Kindern verfügbar machen? Wie wäre es mit kontrollierten außerkörperlichen Erfahrungen? Wenn die wissenschaftliche Erforschung der Spiegelneuronen aufklärt, auf welche Weise Kinder Einfühlungsvermögen und soziale Bewusstheit entwickeln, sollten wir dieses Wissen dann nicht umgehend in unseren Schulen einsetzen?

Wie werden wir diese Diskussionen in den offenen Gesellschaften eines postmetaphysischen Zeitalters führen? Bei der Idee einer »Bewusstseinsethik« geht es nicht darum, am Ende noch eine weitere akademische Disziplin zu schaffen. Der Vorschlag ist wesentlich bescheidener: Es geht darum, eine allererste Plattform für die normativen Diskussionen zu erzeugen, die nun notwendig geworden sind. Während wir uns langsam in die dritte Phase der Bewusstseinsrevolution hineinbewegen, ist es wichtig, dass solche Diskussionen wissenschaftlichen Laien genauso offenstehen wie den Experten. Wenn wir es angesichts der naturalistischen Wende im Menschenbild schaffen, eine rationale Form von Bewusstseinsethik zu entwickeln, dann könnte es uns auch durch genau diesen Vorgang gelingen, den kulturellen Kontext zu erzeugen, der am Ende das Vakuum füllt, das durch die Fortschritte der Neuro- und Kognitionswissenschaften entstanden ist. Auch Gesellschaften sind selbstmodellierende Entitäten.

Den Tiger reiten: Ein neuer kultureller Kontext

Wie sollen wir all unser neues Wissen über die Natur des menschlichen Geistes und all die neuen Handlungsmöglichkeiten auf intelligente, also auf vernünftigen Argumenten basierende und ethisch überzeugende Weise in unsere Gesellschaft integrieren? Ich habe einige Grundideen skizziert, aber ich habe nichts zu verkünden. Ich habe eine Reihe von positiven Vorschlägen gemacht, um eine Grundlage zu liefern für eine Diskussion darüber, was wertvolle Bewusstseinszustände vielleicht sein könnten. Die drei Prinzipien von Leidensverminderung, Erkenntnispotential und einer systematischen Erhöhung der geistigen Autonomie sind deshalb zunächst nicht mehr als Ausgangspunkte. Mit Blick auf normative Fragen gibt es so etwas wie Expertenwissen nicht: Philosophen sind keine heiligen Männer oder Priester, die eine unmittelbare Einsicht in das beanspruchen können, was im moralischen Sinne gut ist. Es gibt keinen heißen Draht zu höheren Wahrheiten, keine Hotline, die wir anrufen könnten. Wir müssen dies alle zusammen tun. Die öffentlichen Debatten, die jetzt notwendig geworden sind, müssen deshalb alle miteinschließen, nicht bloß Naturwissenschaftler und Philosophen. Philosophen können sicher helfen, indem sie Debatten anstoßen und strukturieren. Sie können auch die logische Struktur ethischer Argumente erhellen und ihr Wissen über die lange Geschichte der zu diskutierenden Probleme einbringen. Am Ende aber ist es die Gesellschaft selbst, die einen neuen kulturellen Kontext für sich erschaffen muss. Wenn sie dies versäumt oder dabei scheitert, besteht das Risiko, dass sie von den technologischen Konsequenzen und den psychosozialen Folgekosten der Bewusstseinsrevolution überwältigt wird.

Auf einige allgemeine Punkte kann man schon heute hinweisen. Zuerst müssen wir zugeben, dass die Aussichten auf eine offene, demokratische und freie Diskussion im globalen Maßstab sehr gering sind. Die Bevölkerungen in autoritären Gesellschaften mit schwachen Bildungssystemen wachsen wesentlich schneller als die der demokratischen Länder, in denen die Bevölkerungszahl wegen geringer Geburtenraten teilweise sogar bereits abnimmt. Weiterhin sieht es so aus, als ob die wichtigsten Global Player zunehmend nicht länger Regierungen einzelner Länder sind, sondern multinationale Konzerne, die eine Tendenz zu autoritären Führungsstrukturen haben – und wie Haim Harari, der frühere Präsident des Weizmann Institute of Science, bemerkt hat, besitzen diese Konzerne im Großen und Ganzen ein besseres Management als die meisten demokratischen Nationalstaaten.[25] Wir müssen danach streben, die wenigen offenen Gesellschaften vor einem weiteren Aufkommen von Irrationalismus und Fundamentalismus zu schützen – vor all jenen, die verzweifelt nach emotionaler Sicherheit suchen und sich geschlossenen Weltbildern ausliefern, weil sie die naturalistische Wende im Menschenbild nicht ertragen können. Vielleicht besteht der beste Weg, dies zu erreichen, in der Entwicklung einer *Bewusstseinskultur*: einer flexiblen Grundeinstellung, einem Ansatz, der, wo immer es möglich ist, die Autonomie und die Freiheit des einzelnen Bürgers maximiert und sich als Richtlinie ein »Prinzip der phänomenalen Freiheit« zu eigen macht. Wir müssen uns der Tatsache bewusst sein, dass die Entscheidungen, die eine Gesellschaft trifft, häufig einen Einfluss auf das Gehirn und den phänomenalen Zustandsraum des Individuums haben. Solange die berechtigten Interessen anderer nicht direkt bedroht werden, sollten Menschen frei sein, ihren eigenen Geist zu erforschen und ihre ganz eigenen bewussten Realitätsmodelle in Einklang mit ihren Wünschen, Bedürfnissen und Überzeugungen zu entwerfen.

Die Entwicklung einer Bewusstseinskultur hat nichts mit organisierter Religion oder einer bestimmten politischen Agenda zu tun. Ganz im Gegenteil: Eine echte Bewusstseinskultur wird immer ein subversives Unterfangen sein, weil es den Einzelnen dazu ermutigt, die Verantwortung für sein eigenes Leben zu übernehmen. Der gegenwärtige Mangel einer echten Bewusstseinskultur ist ein gesellschaftlicher Ausdruck der Tatsache, dass das philosophische Projekt der Aufklärung ins Stocken geraten ist: Was uns fehlt, ist nicht Glauben, sondern Wissen. Was uns fehlt, ist nicht Metaphysik, sondern eine neue Form von kritischer Rationalität – nicht großartige theoretische Visionen, sondern eine neue Praxis im Umgang mit unseren Gehirnen. Die entscheidende Frage lautet, wie man von dem Unbehagen und der reinen Abwehrhaltung zu einer wirklich konstruktiven, produktiven Einstellung übergehen kann. Wie können wir den Fortschritt in den empirischen Wissenschaften vom menschlichen Geist dafür einsetzen, die Autonomie des Einzelnen zu *erhöhen* und ihn vor den zunehmenden Manipulationsmöglichkeiten zu schützen? Können wir den Tiger reiten? Führt Entzauberung wirklich automatisch zu Entsolidarisierung?

Wenn uns eine rationale Neuroanthropologie die positiven Aspekte dessen zeigt, was es heißt, ein Mensch zu sein, dann können wir diese Aspekte systematisch selbst kultivieren. Ich habe am Anfang dieses Kapitels nur zwei der positiven Aspekte betrachtet, die man entwickeln und kultivieren sollte, aber es könnte viele weitere geben. Wenn wir – erstens – natürlich evolvierte kognitive Subjekte sind, rationale Denker von Gedanken und Konstrukteure von Theorien, dann sollten wir auch weiterhin genau dieses Merkmal unserer selbst fördern und optimieren. Wenn – zweitens – die Neuroanthropologie unsere Aufmerksamkeit auf die ungeheure Weite unseres phänomenalen Möglichkeitsraums lenkt, sollten wir dies als eine Stärke betrachten und systematisch damit beginnen, unseren Erlebnisraum in all seiner Tiefe zu erforschen. Die Entwicklung einer Bewusstseinskultur wird bedeuten, den Ego-Tunnel zu erweitern und den Raum veränderter Bewusstseinszustände auf eine Weise zu erforschen, von der wir alle profitieren können. Es ist durchaus möglich, dass das Zusammenspiel von Technologien der virtuellen Realität, neuen psychoaktiven Substanzen, uralten psychologischen Techniken wie der Meditation mit der Neurotechnologie der Zukunft uns die Tür zu einem Universum der Selbsterfahrung öffnet, das wir uns heute noch kaum vorstellen können.

Wie könnten wir es erreichen, dass sich phänomenologische Tiefe und kritische Rationalität – die zwei starken Seiten des menschlichen Geistes – gegenseitig befruchten? Könnte eine neurophänomenologische Verfeinerung uns dabei helfen, die wissenschaftliche Rationalität zu optimieren? Könnten Wissenschaftler bessere Wissenschaftler sein, wenn sie innerlich weit gereist wären, indem sie etwa das luzide Träumen erlernt hätten? Könnte die streng reduktionistische kognitive Neurowissenschaft vielleicht eine Form der Turbo-Meditation entwickeln, die Mönchen dabei hilft, bessere Mönche zu sein, und Mystikern, bessere Mystiker zu sein? Haben tiefe Meditationserfahrungen möglicherweise auch einen Einfluss auf die Fähigkeit, sich des eigenen Verstands zu bedienen, das Leben in die eigenen Hände zu nehmen und ein politisch mündiger Bürger zu werden? Könnten wir eine risikolose Methode finden, den dorsolateralen präfrontalen Kortex während der Traumphasen selektiv zu stimulieren, so dass das luzide Träumen allen Menschen verfügbar würde? Wenn wir es schaffen, Ganzkörper-Illusionen und künstliche außerkörperliche Erfahrungen auf sichere und kontrollierte Weise zu erzeugen, könnte dies vielleicht Tänzern oder Athleten dabei helfen, ihr Training zu verbessern? Was würde geschehen, wenn vollständig gelähmte Patienten lernten, einen Avatar direkt über eine Gehirn-Maschine-Schnittstelle zu kontrollieren? Könnte eine rücksichtslos materialistische Erforschung der Art und Weise, wie sich das Spiegelsystem im jungen menschlichen Gehirn entfaltet, uns vielleicht dabei helfen, in unseren Kindern Einfühlungsvermögen und das intuitive Erfassen der inneren Zustände anderer Menschen auf eine Weise zu kultivieren, die niemand für möglich gehalten hätte? Wenn wir es nicht ausprobieren, werden wir es niemals herausfinden.

Viele befürchten, dass wir im Verlauf der naturalistischen Wende im Menschenbild unsere Würde verlieren werden. »Würde« ist ein Begriff, der bekanntlich sehr schwer zu definieren ist – und er taucht normalerweise genau in dem Moment auf, in dem seinen Vertretern die Argumente ausgegangen sind. Es gibt jedoch mindestens einen klaren Sinn, der mit Selbstachtung und dem Respekt gegenüber anderen zu tun hat – nämlich dem bedingungslosen Willen zur Selbsterkenntnis, zur Wahrhaftigkeit und dazu, den Tatsachen ins Auge zu sehen. Würde besteht in der Weigerung, sich selbst zu erniedrigen, indem man einfach wegschaut oder in irgendein metaphysisches Disneyland flüchtet. Wenn wir tatsächlich so etwas wie Würde besitzen, dann können wir diese Tatsache genau jetzt durch die Art und Weise demonstrieren, in der wir den Herausforderungen der Zukunft begegnen, von denen einige in diesem Buch skizziert wurden. Wir könnten dem historischen Übergang in unserem Selbstbild kreativ und mit einem Willen zur Klarheit entgegentreten. Es ist auch klar, wie wir unsere Würde *verlieren* könnten: Indem wir uns an die Vergangenheit klammern, eine Kultur der Verdrängung entwickeln und in die verschiedenen Formen des Irrationalismus und des Fundamentalismus zurückfallen. Bei den Arbeitsbegriffen »Bewusstseinsethik« und »Bewusstseinskultur« geht es genau darum, dass wir unsere Würde nicht verlieren – indem wir eine neue Ebene der Autonomie beim Umgang mit unserem eigenen bewussten Geist erreichen. Wir dürfen jetzt unsere Selbstachtung nicht verlieren, aber wir müssen auch realistisch bleiben und sollten uns keinerlei utopistische Illusionen machen: Zumindest im großen Maßstab sind die Chancen dafür, den Tiger erfolgreich zu reiten, nicht sehr groß. Aber *wenn* wir es doch schaffen sollten, dann könnte eine neue Bewusstseinskultur die Leere füllen, die entsteht, während die Bewusstseinsrevolution sich mit wachsender Geschwindigkeit zu entfalten beginnt. Es gibt praktische Herausforderungen, und es gibt theoretische Herausforderungen. Die größte praktische Herausforderung besteht darin, die Ergebnisse der jetzt aufkommenden ethischen Debatten auch tatsächlich zu implementieren. Die größte theoretische Herausforderung könnte in der Frage bestehen, ob und wie angesichts unserer neuen Situation intellektuelle Redlichkeit und Spiritualität jemals miteinander vereinbart werden können. Aber das ist eine andere Geschichte.

Nachwort

SPIRITUALITÄT UND INTELLEKTUELLE REDLICHKEIT

Der Berliner Vortrag

Vorbemerkung

Wir durchleben derzeit die Anfänge einer historischen Umbruchsituation, die uns in mehrfacher Hinsicht vor enorme Herausforderungen stellt – eine sich beschleunigende Entwicklung, die auch unser Menschenbild tiefgreifend verändert, und zwar auf mehreren Ebenen gleichzeitig. Eine zentrale Position nimmt dabei die Frage ein, ob so etwas wie eine »säkularisierte Spiritualität« denkbar ist. Könnte es ein modernes spirituelles Selbstverständnis geben, das den veränderten Bedingungen Rechnung trägt und mit dem (nicht nur für Philosophen wichtigen) Wunsch nach intellektueller Redlichkeit in Einklang zu bringen ist?

In der äußeren Welt ist die Menschheit durch den Klimawandel mit einer neuen und in ihrer Geschichte bisher einzigartigen Bedrohung konfrontiert. Während diese Zeilen geschrieben werden, ist diese objektive Gefahr sinnlich noch kaum wahrnehmbar. Sie wird aber auf jeden (und zwar auch im allerbesten) Fall noch mehrere Jahrhunderte andauern, soviel wissen wir bereits heute. Obwohl alle Indikatoren heute mit an Sicherheit grenzender Wahrscheinlichkeit darauf hindeuten, dass der Klimawandel einen unkontrollierten und katastrophischen Verlauf nehmen wird, lebt die globale Allgemeinbevölkerung weiterhin in einer Mischung aus Unwissen, Selbsttäuschung und vorsätzlicher Verdrängung, die in vielen Ländern auch von den politischen Institutionen aktiv unterstützt wird. Wenn man die zunehmende Bedrohung durch die selbstverursachte Erderwärmung als eine geistige Herausforderung für die Menschheit betrachtet, dann scheint sie klarerweise die intellektuellen und emotionalen

Fähigkeiten unserer Gattung schon jetzt zu überfordern. Andererseits wird sie die erste wirklich globale Krise sein, die erstmals von allen Menschen gleichzeitig in einem einzigen medialen Raum erlebt und in ihrer Entwicklung verfolgt werden kann. Sie wird deshalb in den kommenden Jahrzehnten und Jahrhunderten schrittweise auch das Bild verändern, das die Menschheit als Ganze von sich selbst hat. Meine Prognose ist, dass wir uns in den kommenden Jahrzehnten zunehmend als *scheiternde* Wesen erleben werden, die auf kollektiver Ebene hartnäckig wider besseres Wissen handeln – als Wesen, die aus psychologischen Gründen und auch unter großem Zeitdruck zu wirksamem gemeinschaftlichen Handeln und der notwendigen politischen Willensbildung einfach nicht fähig sind. Das kollektive Selbstbild der Gattung *Homo sapiens* wird immer stärker auch das eines in evolutionär entstandenen Mechanismen der Selbsttäuschung gefangenen Opfers des eigenen Verhaltens werden. Es wird das Bild einer natürlich entstandenen Klasse kognitiver Systeme sein, die aus Gründen ihrer eigenen geistigen Struktur auf bestimmte Herausforderungen einfach nicht adäquat reagieren können – und zwar auch, wenn sie eine intellektuelle Einsicht in die zu erwartenden Folgen haben, und auch dann, wenn sie sogar diese Tatsache selbst auf der Ebene des eigenen Bewusstseins noch einmal klar und deutlich erleben.

Zeitgleich befindet sich aber auch unser wissenschaftlich-philosophisches Selbstverständnis in einem fundamentalen Umbruch. Unsere Theorien über uns selbst ändern sich, insbesondere das Bild unseres eigenen Geistes. Ich habe diesen zweiten, parallel verlaufenden Vorgang in diesem Buch die »naturalistische Wende im Menschenbild« genannt: Genetik, kognitive Neurowissenschaft, evolutionäre Psychologie und die moderne Philosophie des Geistes liefern uns schrittweise ein neues Bild von uns selbst, ein immer genaueres theoretisches Verständnis auch der eben erwähnten geistigen Tiefenstruktur, ihrer neuronalen Grundlage und ihrer biologischen Geschichte. Wir beginnen nun – ob wir es wollen oder nicht – auch unsere mentalen Fähigkeiten zunehmend als *natürliche* Eigenschaften unserer selbst zu begreifen, als Eigenschaften mit einer biologischen Geschichte, die mit den Methoden der Naturwissenschaften erklärt, prinzipiell technologisch kontrolliert und vielleicht sogar auf nicht-biologischen Trägersystemen erzeugt werden können. Auch diese Entwicklung ist natürlich eine geistige Herausforderung für die Menschheit als Ganze. Subjektiv wird sie zunächst von vielen als eine weitere Bedrohung erlebt, als eine mögliche Kränkung und eine neue Gefahr für die Integrität unserer Innenwelt. Ob die vielen neuen wissenschaftlichen Erkenntnisse auch eine echte Chance sind, ob sie uns vielleicht mittelfristig doch noch zumindest bei der Eindämmung der objektiven Probleme in der äußeren Welt helfen könnten, ist derzeit mehr als unklar. Wegen des globalen Maßstabs der Herausforderung erscheint dies als eher unwahrscheinlich. Offen bleibt auch, ob es einen inneren *Zusammenhang* zwischen den beiden großen geistigen Herausforderungen für die Menschheit gibt – vielleicht in Form einer einzigen, vereinheitlichten Strategie bei der Suche nach der richtigen Antwort auf der Ebene des gemeinschaftlichen Handelns, oder wenigstens im Sinne einer persönlichen ethischen Einstellung, die auf individueller Ebene vielleicht auch dann noch trägt, wenn die Menschheit als Ganze scheitern sollte.

Ganz am Ende dieses Buchs habe ich gesagt, dass in der nun beginnenden historischen Übergangsphase die größte theoretische Herausforderung in der Frage bestehen könnte, »ob und wie angesichts unserer neuen Situation intellektuelle Redlichkeit und Spiritualität jemals miteinander vereinbart werden können«. Diese Idee ist bald nach seinem ersten Erscheinen auf große Resonanz gestoßen. Der vorliegende Essay, der nun erstmals in eine durchgesehene erweiterte Neuausgabe mit aufgenommen wurde, kann als eine Art Epilog zum *Ego-Tunnel* gelesen werden, als erläuterndes Nachwort, möglicherweise auch als Anfangspunkt für einen ganz neuen Gang der Überlegung. Gleichzeitig fasst er erstmals in schriftlicher Form die wichtigsten Gedanken eines öffentlichen Vortrags zusammen, den ich am 27. November 2010 in Berlin als Abschluss einer interdisziplinären Konferenz zum Thema »Meditation und Wissenschaft« gehalten habe, und der bereits seit geraumer Zeit in Form verschiedener Videoaufzeichnungen und Transkripte im Internet zirkuliert.[1]

Im ersten Abschnitt dieses Essays werde ich kurz untersuchen, was man heute unter »Spiritualität« verstehen könnte, im zweiten Abschnitt dann die Aufmerksamkeit auf den Begriff der »intellektuellen Redlichkeit« lenken. Nach dieser Begriffsklärung wirft der dritte und letzte Abschnitt die Frage auf, ob es eine innere, begriffliche Verbindung zwischen der spirituellen Einstellung und einer streng rationalistischen, wissenschaftlichen Sichtweise gibt. Weil diese Frage uns alle angeht, habe ich mich entschieden, die folgenden Gedanken so einfach und allgemeinverständlich zu formulieren, wie es mir möglich ist. Es ist mir jedoch auch ein Bedürfnis, gleich zu Anfang deutlich darauf hinzuweisen, dass für diese Einfachheit ein Preis zu zahlen ist: Die folgenden Überlegungen bewegen sich sowohl in historischer als auch in systematischer Hinsicht notgedrungen unterhalb des Niveaus der akademischen Philosophie. Der Begriff der »Spiritualität« zum Beispiel hat eine jahrhundertelange Geschichte in Philosophie und Theologie, und auch meine kurzen Bemerkungen zum Ideal der »intellektuellen Redlichkeit« ignorieren nicht nur seine historische Tiefendimension, sondern liegen weit unter dem begrifflichen Auflösungsvermögen etwa der modernen Philosophie des Geistes oder der aktuellen Erkenntnistheorie. Für Leserinnen oder Leser, die tiefer in die fachliche Debatte einsteigen möchten, werde ich deshalb in einigen kurzen Endnoten erste Fingerzeige für gute Einstiegspunkte in die akademische Literatur anbieten. Hinter diesem Essay steht allerdings die Hoffnung, dass man vielleicht auch mit schwächeren und ungenaueren Werkzeugen schon das herausgreifen kann, was am Ende wirklich relevant ist.

Von zentraler Bedeutung erscheint mir in der eben skizzierten historischen Übergangsphase vor allem die folgende Frage: Kann es so etwas wie eine vollständig säkularisierte Spiritualität geben? Oder ist diese Idee vielleicht überhaupt kein kohärenter Gedanke – etwas, das man bei näherem Hinsehen überhaupt nicht widerspruchsfrei beschreiben kann? Dieses philosophische Problem – die Frage nach der inneren Struktur, nach den Bedingungen der Möglichkeit einer säkularisierten Spiritualität – ist so interessant und für viele heute so wichtig geworden, dass wir ihm uns ganz vorsichtig und in kleinen

Schritten nähern sollten. Deshalb möchte ich in den folgenden drei Abschnitten nacheinander drei sehr einfache Fragen stellen: Was könnte das überhaupt sein, »Spiritualität«? Was genau ist mit der Idee der »intellektuellen Redlichkeit« gemeint? Und: Gibt es eine innere Verbindung zwischen diesen beiden Einstellungen zur Welt und zum eigenen Geist?

WAS IST »SPIRITUALITÄT«?

Obwohl dies kein technischer philosophischer Text ist, möchte ich versuchen, gleichzeitig drei Thesen zu vertreten. Diese drei Thesen lauten:

1 Das Gegenteil von Religion ist nicht Wissenschaft, sondern Spiritualität.
2 Das ethische Prinzip der intellektuellen Redlichkeit kann man als einen Sonderfall der spirituellen Einstellung beschreiben.
3 Die wissenschaftliche und die spirituelle Einstellung entstehen in ihren Reinformen aus derselben normativen Grundidee.

Das Argument für jede dieser drei Thesen wird sich schrittweise aus dem Gang der Überlegung ergeben und somit die vorläufige Antwort auf unsere drei Ausgangsfragen und hoffentlich auch eine neue Perspektive auf das tiefere Problem im Hintergrund.

Nun zum Begriff der »Spiritualität«. Gibt es so etwas wie einen logischen Kern, eine Essenz der spirituellen Perspektive? In der westlichen Philosophiegeschichte besitzt der lateinische Begriff *spiritualitas* drei Hauptbedeutungen.[2] Erstens gibt es so etwas wie eine rechtlich-kulturelle Bedeutung – die Gesamtheit der *spiritualia* im Gegensatz zu den bloß zeitlichen Institutionen, den *temporalia*; *spiritualia* wären demnach kirchliche Ämter, Verwaltung der Sakramente, Rechtsprechung, Kultstätten und Gegenstände, geweihte Personen wie Geistliche und Ordensleute. Ein zweites Bedeutungselement ist der frühe Begriff der religiösen Spiritualität – hier bezieht sich das auf verschiedene Aspekte des christlichen Lebens und der Gegensatz ist die *carnalitas*, die Fleischlichkeit. Drittens gibt es eine philosophische Bedeutung von Spiritualität, die die Seins- und

Erkenntnisweise der immateriellen Wesen bezeichnet, und die der *corporalitas* und *materialitas* entgegengesetzt wird. Ich will aber nicht tiefer in diese Geschichte eindringen, sondern zuerst darauf schauen, welches Verständnis von Spiritualität möglicherweise den vielen Menschen gemeinsam ist, die sich *heute* in der westlichen Welt als spirituell bezeichnen. Die interessante Tatsache ist nämlich, dass sich in den westlichen Ländern nach dem Ende des Zweiten Weltkriegs eine Art spirituelle Gegenkultur etabliert hat, die von Menschen getragen wird, die weit abseits der Kirchen und der organisierten Religion einer spirituellen *Praxis* nachgehen. Die heute vielleicht am weitesten verbreitete Form ist die Achtsamkeits- oder Einsichtsmeditation im Sinne der klassischen buddhistischen *Vipassanā*-Tradition, die als solche bereits weitgehend weltanschaulich neutral ist, von der aber auch vollständig säkularisierte Varianten existieren wie zum Beispiel das so genannte MBSR (*mindfulness-based stress reduction*).[3] Natürlich existiert daneben eine kaum zu überschauende Anzahl von anderen Meditationstechniken, von denen viele auch in Bewegung stattfinden, etwa das aus der hinduistischen Tradition stammende Yoga, spirituelle Kampfkünste wie das chinesische Schattenboxen *Tai-Chi Chuan*, die *Kinhin*-Gehmeditation in bestimmten Zen-Schulen oder auch neuere Formen von Exerzitien und geistlichen Übungen im Christentum. Typisch für viele dieser Ansätze ist die Zielvorstellung, dass eine regelmäßige und streng *formale* Praxis als Grundlage einer schrittweisen Transformation des Alltagslebens dienen soll. Dies liefert uns bereits ein erstes, definierendes Merkmal: In den aktuellen, lebendigen Erscheinungsformen von Spiritualität geht es primär um Praxis und nicht so sehr um Theorie, um eine bestimmte Form des inneren Handelns und nicht um Frömmigkeit oder darum, dogmatisch an etwas Bestimmtes zu glauben.

»Spiritualität« scheint also eine Eigenschaft zu sein, eine bestimmte Qualität des inneren Handelns. Aber was ist der Träger dieser Eigenschaft? Man könnte zum Beispiel sagen, Spiritualität ist eine Eigenschaft einer Klasse von Bewusstseinszuständen, etwa von bestimmten meditativen Bewusstseinszuständen. Es geht bei der spirituellen Erfahrung allerdings nicht nur um die Bewusstheit als solche, sondern auch um ihre leibliche Verankerung, um die subjektive Innenseite dessen, was in der modernen Philosophie der Kognitionswissenschaft *embodiment* oder *grounding* genannt wird.[4] Das Ziel ist immer der Mensch als Ganzer. Ich möchte sie deshalb zunächst als eine Eigenschaft von ganzen Personen fassen, und zwar als eine bestimmte epistemische Einstellung. Was heißt das? *Episteme* (ἐπιστήμη) ist das griechische Wort für Wissen, Wissenschaft oder Erkenntnis; die »Epistemologie« ist eine der wichtigsten Disziplinen in der akademischen Philosophie, nämlich die Erkenntnistheorie. Eine Einstellung ist etwas, das eine Person haben kann, wenn sie auf etwas gerichtet ist, zum Beispiel wenn sie etwas Bestimmtes erreichen will. Man kann sagen: Wenn eine Person eine solche Einstellung besitzt, dann ist sie auf ein bestimmtes Ziel gerichtet, nämlich ein Erkenntnisziel. Es geht also um eine bestimmte Form von Wissen.

Spiritualität ist im Kern eine epistemische Einstellung. Spirituelle Personen wollen nicht glauben, sondern wissen. Es geht um eine erfahrungsbasierte Form von Erkenntnis, die mit innerer Aufmerksamkeit, Körpererfahrung und der systematischen Kultivierung bestimmter veränderter Bewusstseinszustände zu tun hat, das ist ganz klar – und danach wird es sofort wieder sehr schwierig. Wenn man mit Menschen spricht, die eine spirituelle Praxis ausüben, etwa mit Langzeitmeditierenden aus der *Vipassanā-* oder Zen-Tradition, dann zeigt sich schnell: Der Gegenstandsbereich, die Erkenntnisziele, die gesuchten Gegenstände des Wissens sind begrifflich nicht klar und deutlich benennbar. Diese Gegenstände decken sich aber teilweise mit denen, die früher von den Religionen und der traditionellen Metaphysik gesucht wurden, insbesondere den Mystikern. Sehr häufig gibt es dabei auch so etwas wie ein *Erlösungsideal*, manche nennen es »Befreiung«, andere »Erleuchtung«. Typischerweise wird die gesuchte Form von Wissen als eine sehr spezielle Form von Selbsterkenntnis beschrieben, sie ist also nicht nur befreiend, sondern auch reflexiv auf das eigene Bewusstsein des spirituell Praktizierenden gerichtet – man kann sagen, dass es dabei um die Bewusstheit *als solche* geht, unter Auflösung der Subjekt-Objekt-Struktur und jenseits der individuellen Erste-Person-Perspektive.[5] Sie tritt oft im Zusammenhang mit der systematischen Kultivierung bestimmter veränderter Bewusstseinszustände auf. Dabei wird bei einer Lektüre der entsprechenden Texte rasch deutlich, dass nicht nur die Vertreter spiritueller Traditionen sich seit Jahrhunderten darüber streiten, ob es wirklich so etwas wie eine erlernbare Form, Methoden oder Techniken der spirituellen Praxis geben kann, also einen systematischen Übungsweg zur Erlangung des fraglichen Wissens. Auch in der Gegenwart werden immer wieder die klassischen Fragen gestellt: Ist die Meditation als ein Beispiel spiritueller Praxis eine Methode oder ist sie gerade das Loslassen aller Methoden und Ziele? Erfordert sie Anstrengung, oder ist sie notwendig anstrengungslos? Woran kann man echten Fortschritt erkennen, und lassen sich Illusionen, Wahnvorstellungen oder Selbsttäuschung anhand irgendwelcher Kriterien von tatsächlicher Erkenntnis unterscheiden? Es gibt dann auch eine klassische Antwort, die sich in den unterschiedlichsten Zusammenhängen immer wieder zeigt: Das Kriterium ist *ethische Integrität*, das im Verhalten beobachtbare ernsthafte Streben

Jiddu Krishnamurti (1896–1985)

Ich behaupte, dass die Wahrheit ein pfadloses Land ist und dass es keine Pfade gibt, auf denen man sich ihr annähern kann – keine Religionen, keine Sekten. (…) Die Wahrheit ist grenzenlos, sie kann nicht konditioniert werden, man kann sich ihr auf keiner Art von Weg annähern, sie kann nicht organisiert werden; und es sollten auch keine Organisationen gebildet werden, die die Menschen auf einen bestimmten Pfad führen oder zwingen. (…) Wie gesagt, ich habe nur ein Ziel: Den Menschen zu befreien, ihn zur Freiheit zu drängen, ihm zu helfen, aus allen Beschränkungen auszubrechen (…) Ich wünsche mir, dass diejenigen, die mich verstehen möchten, frei sein sollen und mir nicht folgen, kein Gefängnis aus mir machen, das dann zu einer Religion, einer Sekte wird. Vielmehr sollten Sie sich von allen Ängsten befreien (…) Die einzige Weise, zu beurteilen, ob Sie sich verändert haben, ist diese: Auf welche Weise sind sie freier, größer und gefährlicher geworden für jede Gesellschaft, die auf dem Falschen und dem Unwesentlichen beruht?

nach einer prosozialen, ethisch stimmigen Lebensweise. Aber über das fragliche Wissen selbst kann man so gut wie nichts sagen, es ist sprachlich nicht mitteilbar oder argumentativ begründbar, und es gibt keine allgemeingültige Lehre.

Das ist sehr wenig. Fassen wir zusammen: Spiritualität ist eine epistemische Einstellung von Personen, bei der die gesuchte Form von Erkenntnis nicht theoretisch ist. Das bedeutet: Es geht nicht um Wahrheit im Sinne der richtigen Theorie, sondern um eine bestimmte Praxis, eben eine spirituelle Praxis. Im Falle der klassischen Meditationspraxis ist dies eine systematische Form des inneren Handelns, das sich dann bei genauerem Hinsehen als eine bestimmte Form des aufmerksamen Nicht-Handelns entpuppt. Die gesuchte Form von Erkenntnis ist nicht propositional, es geht nicht um wahre Sätze. Es geht auch nicht um gedankliche Einsichten, und die gesuchte Form von Erkenntnis ist deshalb sprachlich nicht kommunizierbar, sie kann höchstens angedeutet oder gezeigt werden. Andererseits ist es aber immer ganz klar, dass es bei Spiritualität nicht um Therapie allein oder um eine verfeinerte Form von *Wellness* geht, sondern in einem sehr starken Sinn um ethische Integrität durch Selbstwissen, um eine radikale, existentielle Form von Befreiung durch Selbsterkenntnis; und in vielen Traditionen ist es auch sehr deutlich, dass es dabei immer so etwas wie eine geistige Schulung, einen Übungsweg, eine innere Form von Tugend oder Selbstvervollkommnung gibt. Man findet also ganz am Anfang einen Wissensaspekt und einen normativen Aspekt, und das bedeutet: Es geht bei der spirituellen Einstellung zur Welt in einem sehr besonderen Sinn gleichzeitig um Erkenntnis und um Ethik. Die spirituelle Einstellung ist eine Ethik des inneren Handelns um der Selbsterkenntnis willen.

Exemplarisch für einen zusätzlichen Aspekt, der für eine aufgeklärte, säkularisierte Spiritualität wichtig ist, war Jiddu Krishnamurti, einer der größten nicht-akademischen Philosophen des letzten Jahrhunderts. Krishnamurti lehnte nicht nur die Vorstellung eines Übungswegs, sondern jede Form von Tradition, spiritueller Organisation und die Idee einer Meister-Schüler-Beziehung radikal ab. Wenn es allerdings so etwas wie ein Fach »Theorie der Meditation« gäbe, dann wäre er mit Sicherheit ein absoluter Klassiker, einer der wichtigsten Autoren dieser Disziplin.[6] Als er den »Orden des Sterns im Osten« (der für ihn als den angeblich kommenden »Weltlehrer« gegründet worden war) auflöste, am 3. August 1929, sagte er: *»Ich behaupte, dass die einzige Spiritualität die Unbestechlichkeit des Selbst ist.«*[7]; und genau um dieses Bedeutungselement geht es mir hier. »Unbestechlichkeit« ist nämlich der semantische Kern eines wirklich *philosophischen* Begriffs der Spiritualität. Wenn unser Ziel darin besteht, die Möglichkeiten für eine säkularisierte, aber immer noch substantielle Spiritualität zu untersuchen, dann geht es um Unbestechlichkeit in mehrere Richtungen: gegenüber den Vertretern metaphysischer Glaubenssysteme, die die Meditationspraxis an eine wie auch immer geartete Theorie zu binden versuchen, aber auch gegenüber den rein ideologischen Formen des rationalistischen Reduktionismus, die alle nicht-wissenschaftlichen Formen des Erkenntnisgewinns aus rein weltanschaulichen Gründen diskreditieren möchten. Vor allem jedoch geht es um die Entdeckung einer von allen Theorien und Vorstellungen unabhängige Unbestechlichkeit *sich selbst* gegenüber.

Was ist aber diese Unbestechlichkeit? Was heißt es – insbesondere auch sich selbst gegenüber –, nicht korrupt zu sein? Gibt es eine Form von Spiritualität, die nicht selbstgefällig, klebrig oder kitschig ist, bei der man keinen intellektuellen Selbstmord begeht und deshalb auch nicht auf mehr oder weniger subtile Form seine Würde

Ludwig Wittgenstein (1889–1951)

Wir fühlen, dass, selbst wenn alle *möglichen* wissenschaftlichen Fragen beantwortet sind, unsere Lebensprobleme noch gar nicht berührt sind. Freilich bleibt dann eben keine Frage mehr; und eben dies ist die Antwort.

als kritisches rationales Subjekt verliert? Gibt es auf diesem Gebiet wirklich so etwas wie »inneren Anstand«, eine klar benennbare geistige Qualität der Redlichkeit – oder kann man sich am Ende immer nur auf Ludwig Wittgensteins klassische Warnung zurückziehen: »*Was sich überhaupt sagen lässt, lässt sich klar sagen; und worüber man nicht reden kann, davon muss man schweigen.*«?[8]

INTELLEKTUELLE REDLICHKEIT

Intellektuelle Redlichkeit bedeutet, dass man einfach nicht bereit ist, sich selbst etwas in die Tasche zu lügen. Sie hat auch etwas mit sehr altmodischen Werten wie Anständigkeit, Aufrichtigkeit und Ehrlichkeit zu tun, mit einer bestimmten Form von »innerem Anstand«. Man kann vielleicht sagen: Sie ist eine sehr konservative Weise, wirklich subversiv zu sein. Intellektuelle Redlichkeit ist möglicherweise aber auch gleichzeitig genau das, was Vertreter der organisierten Religionen und Theologen aller *couleur* einfach nicht haben können, auch wenn sie es gerne für sich in Anspruch nehmen würden. Intellektuelle Redlichkeit bedeutet ja gerade, dass man nicht vorgibt, etwas zu wissen oder auch nur wissen zu können, was man nicht wissen kann, dass man aber trotzdem einen bedingungslosen Willen zur Wahrheit und zur Erkenntnis besitzt, und zwar selbst dann, wenn es um Selbsterkenntnis geht, und auch dann, wenn Selbsterkenntnis einmal nicht mit schönen Gefühlen einhergeht oder der akzeptierten Lehrmeinung entspricht.

Manche Philosophen bezeichnen intellektuelle Redlichkeit auch als eine Tugend, eben eine »intellektuelle Tugend«, die das eigene Denken und innere Handeln betrifft; eine ethische Einstellung zu dem, was man denkt und meint.[9] Es geht also auch hier wieder um moralische Integrität, darum, dass das, was man tut, so oft wie irgend möglich zu den Wertvorstellungen passen sollte, die man sich zu eigen gemacht hat – vor allem aber darum, was man *überhaupt* glauben sollte. Denn das »Sich-zu-eigen-Machen« einer Überzeugung ist selbst eine innere Handlung, die man durchaus auch unterlassen kann. Das spontane Auftreten einer Überzeugung ist eine Sache, das Festhalten an dieser Überzeugung eine ganz andere. Es gibt im menschlichen Geist nicht nur emotionale Selbstregulation (also die

Fähigkeit, den eigenen Gefühlszustand zielgerichtet zu beeinflussen) und die bewusste Kontrolle der eigenen Aufmerksamkeit, es gibt diese innere Selbstregulation auch in Bezug auf das, wovon man *überzeugt* ist. Interessanterweise ist die Kontrolle des eigenen Gefühlszustandes und der eigenen Aufmerksamkeit etwas, das Säuglinge erst nach und nach erlernen. Die kritische Selbstregulation des Vorgangs, bei dem das »Sich-zu-eigen-Machen« von Überzeugungen stattfindet, ist aber etwas, das viele von uns auch als Erwachsene kaum beherrschen und oft niemals vollständig erlernen. Kann man seine Autonomie, seine innere Freiheit erhöhen, indem man diese Fähigkeit der Selbstkontrolle trainiert und verbessert? Genau darum geht es bei der intellektuellen Redlichkeit. Interessanterweise zielt auch Meditation – nämlich durch die Kultivierung einer sehr spezifischen, anstrengungslosen Form von innerem Gewahrsein – genau auf diese Erhöhung von mentaler Autonomie. Meditation kultiviert die geistigen Bedingungen der Möglichkeit von Rationalität.[10] Es geht nämlich um die innere Fähigkeit, nicht zu handeln, um die sanfte, aber sehr präzise Optimierung von Impulskontrolle und eine schrittweise Bewusstwerdung der automatischen Identifikationsmechanismen auf der Ebene unseres Denkens. Beim Denken geht es nicht um schöne Gefühle. Es geht um die bestmögliche Übereinstimmung zwischen Wissen und Meinung; es geht darum, nur evidenzbasierte Überzeugungen zu haben und darum, dass Kognition nicht emotionalen Bedürfnissen dient. Sehen Sie übrigens an den letzten beiden Punkten, dass es hier auch um Entsagung geht? Um eine spezielle Form von geistiger Askese? Man sieht hier bereits erste Berührungspunkte zur spirituellen Einstellung. Die zentrale Einsicht ist aber die folgende: Das aufrichtige Streben nach *intellektueller Integrität* ist in Wirklichkeit ein wichtiger Sonderfall des Strebens nach moralischer Integrität. Davon bald mehr.

Wer *ganz* werden will – also eine integre Person –, indem er nach und nach alle Konflikte zwischen seinem Handeln und seinen Werten auflöst, der muss dieses Prinzip natürlich auch beim *inneren* Handeln verfolgen; insbesondere beim »epistemischen Handeln«, also beim Erkenntnishandeln. »Epistemisch« handeln wir immer dann, wenn es um das Erkennen geht, um Wissen, wahre Überzeugungen, um Aufrichtigkeit und auch um authentische Selbsterkenntnis. Wie alle Meditierenden wissen, gibt es natürlich mehr als nur eine Form des inneren Wissens und man kann das innere Erkenntnishandeln gerade nicht auf den Intellekt und das Denken einengen. Dies scheint die erste Brücke zwischen der spirituellen Praxis und dem Ideal des vernünftigen, rationalen Denkens zu sein: Bei beiden geht es um eine Ethik des inneren Handelns um der Erkenntnis willen. Und in beiden Fällen ist das Ziel die systematische Erhöhung von geistiger Autonomie. Eine interessante Beobachtung ist, dass die spirituelle Praxis in Asien wesentlich tiefer und feiner entwickelt wurde als im Westen, während die abendländische Kultur im Geiste der Aufklärung besonders das Ideal der intellektuellen Redlichkeit schrittweise immer weiter entfaltete. Werfen wir einen Blick auf vier Stationen in der abendländischen Geschichte dieser Idee, um den inneren Zusammenhang noch deutlicher zu sehen.

Für den britischen Philosophen John Locke war das Wissenwollen selbst noch eine religiöse Pflicht gegenüber Gott: »*Wer glaubt, ohne einen vernünftigen Grund zum Glauben zu haben, mag in seine Einbildungen verliebt sein, aber er sucht weder die Wahrheit so, wie er sollte, noch erweist er seinem Schöpfer den schuldigen Gehorsam. Denn es ist die Absicht des Schöpfers, dass der Mensch die Erkenntnisfähigkeit, die ihm verliehen wurde, anwenden soll, um Irrtum und Täuschung zu vermeiden.*«[11] Wenn Gott also tatsächlich eine Person sein sollte, und noch dazu eine mit so menschlichen Eigenschaften wie »Absichten«, dann kann er nicht wollen, dass wir

John Locke (1632–1704)

Immanuel Kant (1724–1804)

einfach an ihn glauben. Er *muss* wollen, dass wir ihn zu erkennen versuchen. Man sieht hier sehr schön die philosophische Idee, dass ganz am Anfang intellektuelle Redlichkeit und Erkenntnisstreben selbst noch eine religiöse Pflicht gegenüber Gott sind. Andererseits ist dies aber gerade bei Locke immer auch mit dem klaren Bewusstsein der Grenzen unserer Erkenntnis verbunden – über diese Grenzen hinauszugehen (etwa zu versuchen, die Frage nach der Unsterblichkeit der Seele zu beantworten), übersteigt unsere gottgegebene Erkenntniskraft. Zur philosophischen Redlichkeit gehört also schon zu Beginn die Bescheidenheit. Immanuel Kant hätte über Redlichkeit im Allgemeinen das Folgende gesagt: Die strenge Pflicht des redlichen Verhaltens ist »die in die gesellschaftliche Praxis übersetzte Vernunft«, denn sie schafft überhaupt erst die Voraussetzung eines Vertrauensverhältnisses zwischen den Gliedern einer Gesellschaft und bildet so die Grundlage der staatlichen Ordnung. Ich denke, genau dasselbe könnte dann aber auch auf der inneren Bühne gelten, zwischen den Protagonisten meines inneren Lebens (das ja, wie wir alle wissen, in Wirklichkeit oft einer Art Bürgerkrieg gleicht und manchmal sogar einem völlig unzivilisierten Naturzustand, einem Krieg aller gegen alle). Wodurch könnte man die Barbarei im eigenen Bewusstsein auf friedliche Weise beenden? Was genau fehlt uns zur »inneren Zivilisiertheit«? Vielleicht könnte man es »Verbindlichkeit gegenüber sich selbst« nennen – sozusagen die Grundlage einer inneren Ordnung innerhalb des eigenen Geistes. In seinem 1793 erschienenen Werk »Die Religion innerhalb der Grenzen der bloßen Vernunft« fasst Immanuel Kant diesen Punkt aber ganz anders, und zwar auf besonders schöne Art und Weise. Worum es geht, so sagt er uns, ist *die*

Lauterkeit der Absicht, sich selbst gegenüber aufrichtig zu sein.[12] Die »Lauterkeit« oder »Reinheit« des Willens zur Ehrlichkeit sich selbst gegenüber ist, so denke ich, der Kernpunkt. Dieser Punkt bildet dann auch die zweite Brücke zur Spiritualität: Spätestens jetzt müssten Sie als Leserin oder Leser dieses Textes das erste Mal spüren, dass ein sehr strenger und ganz und gar altmodischer Rationalismus irgendwie doch sehr viel mit Spiritualität zu tun haben könnte.

Kant sagt uns sogar, dass diese Form der intellektuellen Redlichkeit eigentlich der innerste Kern des Moralischen überhaupt ist. Er ist nämlich sozusagen die Essenz des Willens zur ethischen Integrität. 1793 hat man das so ausgedrückt: Es ist *»die Idee des Sittlichguten in seiner ganzen Reinigkeit.«* In der Metaphysik der Sitten (1797) sagt er uns knapp und klar: *Der Mensch, als moralisches Wesen, ist sich selbst gegenüber zur Wahrhaftigkeit verpflichtet.* Kant kann jetzt auch erklären, was intellektuelle *Unredlichkeit* ist, nämlich eine Form der »inneren Lüge«. Für Kant ist Unredlichkeit bloße Ermangelung an Gewissenhaftigkeit. Mangelnde Gewissenhaftigkeit im ethischen Sinne des inneren Handelns ist aber im Grunde eine Form von Bewusstlosigkeit oder Unbewusstheit – eine weitere, interessante Verbindung nicht nur zur spirituellen Einstellung, sondern auch zur Geschichte des Begriffs »Bewusstsein« in der abendländischen Tradition.[3]

Für Friedrich Nietzsche ist intellektuelle Redlichkeit das »Gewissen hinter dem Gewissen«. Er schreibt 1883 im »Zarathustra«: *»Wo meine Redlichkeit aufhört, bin ich blind und will auch blind sein. Wo ich aber wissen will, will ich auch redlich sein, nämlich hart, eng, grausam, unerbittlich.«* Nietzsche war einer der ersten Philosophen, der

Friedrich Nietzsche (1844–1900)

wirklich über die intellektuelle Redlichkeit geschrieben hat, über die »Gewissenhaftigkeit des Geistes« als einer Ethik des kognitiven Handelns im engeren Sinne.[14] Interessant ist, dass es auch hier wieder um eine bestimmte Form von Askese geht, nämlich um eine bestimmte Form des Loslassens. Die intellektuelle Redlichkeit ist für Nietzsche der »Höhepunkt« und die »letzte Tugend« in der griechisch-christlichen Geistesgeschichte, denn sie führt zur Selbstaufhebung der religiös-moralischen Interpretation des Willens zur Wahrheit. Was genau bedeutet das? In seiner höchsten Form führt der Wille zur Wahrhaftigkeit dazu, dass man sich selbst eingestehen kann, dass es keinerlei empirische Belege für die Existenz Gottes gibt, und dass über viertausend Jahre der Philosophiegeschichte kein überzeugendes Argument für die Existenz Gottes hervorgebracht haben. Er erlaubt es uns, die von der Evolution fest in uns eingebaute Suche nach emotionaler Sicherheit und guten Gefühlen loszulassen und der Tatsache ins Auge zu schauen, dass wir radikal sterbliche Wesen sind, die zu systematischen Formen der Selbsttäuschung neigen. Wahrhaftigkeit uns selbst gegenüber erlaubt es, das Wahnhafte und die systematische Endlichkeitsverleugnung in unserem Selbstmodell zu entdecken. Auch davon gleich mehr.

Noch wesentlich tief schürfender – und vor allem analytisch klarer und substantieller – ist die philosophische Debatte im angelsächsischen Kulturkreis verlaufen. Werfen wir zum Abschluss einen Blick auf die vierte Station in der Geschichte des Begriffs der »intellektuellen Redlichkeit«. Die fachwissenschaftliche Diskussion findet heute unter der Überschrift »*The Ethics of Belief*« – »Die Ethik des Glaubens« – statt; das zeigt bereits, worum es jetzt geht: Wann ist es eigentlich aus ethisch-moralischer Perspektive in Ordnung, an etwas Bestimmtes zu glauben, sich also eine bestimmte Überzeugung »zu eigen« zu machen?

Der Urvater dieser für die Unterscheidung zwischen Religion und Spiritualität so absolut zentralen Frage war der britische Philosoph und Mathematiker William Kingdon Clifford. Hier sind seine zwei Grundprinzipien:

- *Es ist zu jeder Zeit, an jedem Ort und für jede Person falsch, etwas aufgrund unzureichender Beweise zu glauben.*
- *Es ist zu jeder Zeit, an jedem Ort und für jede Person falsch, für die eigenen Überzeugungen relevante Beweise zu ignorieren, oder sie leichtfertig abzuweisen.*[15]

William Kingdon Clifford (1845–1879)

In der akademischen Philosophie nennt man diese Position ganz einfach »Evidentialismus«. Das heißt, dass man nur etwas glaubt, für das man wirklich Argumente und Belege hat. Die philosophischen Gegenstücke sind etwas, das wir alle gut kennen, nämlich der Dogmatismus und der Fideismus. Dogmatismus ist die These: »Es ist legitim, an einer Überzeugung festzuhalten, einfach weil man sie schon hat.« Fideismus nennt man in der Philosophie die Idee, dass es völlig legitim ist, an einer Überzeugung auch dann festzuhalten, wenn es keine guten Gründe oder Evidenzen für sie gibt, sogar angesichts überzeugender Gegenargumente. Der Fideismus ist also der reine Glaubensstandpunkt. Für den Fideisten ist es legitim, an bestimmten Überzeugungen festzuhalten, nicht nur ohne irgendwelche positiven Argumente oder Evidenzen für sie, sondern selbst angesichts starker Gegenargumente und starker empirischer Belege gegen eigene Überzeugungen. Das Interessante daran ist jetzt, dass man den Fideismus als *die Verweigerung jeder ethischen Einstellung zum inneren Handeln überhaupt* beschreiben kann. Er ist ein Mangel an innerem Anstand. Und das ist der klassische Standpunkt der organisierten Religion im Gegensatz zur Spiritualität. Wenn man die beiden erkenntnistheoretischen Positionen einmal rein psychologisch interpretieren würde, dann geht es beim Fideismus um vorsätzliche Selbsttäuschung, um systematisches Wunschdenken oder auch um Paranoia, während das psychologische Ziel der Ethik eines Glaubens eine ganz bestimmte Form von geistiger Gesundheit ist. Ich nenne diese Form von geistiger Gesundheit »intellektuelle Integrität«.[16]

Wenn man sich in vollständiger Abwesenheit positiver theoretischer oder praktischer Gründe gehen lässt und es sich gestattet, einfach an einem bestimmten Glauben festzuhalten, dann hat man also die ganze Idee einer Ethik des inneren Handelns bereits aufgegeben. Man lehnt das Projekt der intellektuellen Redlichkeit ab, man verweigert auf der Ebene des eigenen Geistes nicht nur die Rationalität, sondern auch die Moralität. Damit verändern sich aber nicht nur die eigenen Meinungen und Überzeugungen, sondern letztlich verliert auch die Person als Ganze ihre Integrität. Und das ist es, was ich am Anfang damit meinte, dass intellektuelle Redlichkeit das ist, was Theologen und die Vertreter der organisierten Religion aller Art einfach nicht haben können. Vielleicht hat dieser Satz zunächst nach billiger Polemik oder Provokation um der Provokation selbst willen geklungen. Es geht aber um einen einfachen und klaren sachlichen Punkt, nämlich das »Prinzip der Selbstachtung« – also darum, dass man seine Würde und seine geistige Autonomie nicht verliert. Vor allem betrifft diese Aussage natürlich nicht nur die traditionellen Kirchen, sondern auch einen sehr großen Teil der so genannten »spirituellen Alternativkultur«: Vieles, was in den letzten Jahrzehnten in Europa und Amerika entstanden ist, hat seinen fortschrittlichen Impuls lange verloren. Es stabilisiert heute nur noch den Status quo, zeichnet sich durch infantile Selbstgefälligkeit und grobe Formen der intellektuellen Unredlichkeit aus. Wenn man *ernsthaft* an der Frage nach der Möglichkeit einer säkularisierten Spiritualität interessiert ist, dann muss man alle relevanten empirischen Daten und alle möglichen Gegenargumente in Betracht ziehen. Der Philosoph William Clifford hat im Jahre 1877 über Leute, die das nicht tun, das Folgende gesagt: *»Wenn jemand vorsätzlich das Lesen von Büchern und die Gesellschaft anderer Menschen, die kritische Fragen aufwerfen, vermeidet, dann ist das Leben dieser Person eine einzige lange Sünde gegen die Menschheit.«*

Drei konkrete Beispiele: Gott, das Leben nach dem Tod und die Idee der Erleuchtung

Existiert Gott?

Um wirklich klar zu sehen, was die Verbindung zwischen Spiritualität und intellektueller Redlichkeit sein könnte, müssen wir jetzt konkret werden. Lassen Sie uns drei Beispiele dafür betrachten, was es am Anfang des einundzwanzigsten Jahrhunderts bedeuten könnte, sich nichts in die Tasche zu lügen. Beginnen wir dabei mit der Frage nach der Existenz Gottes. Begrifflich ist es so, dass es auch nach 2500 Jahren westlicher Philosophiegeschichte kein einziges überzeugendes Argument für die Existenz Gottes gibt.[17] Alle bekannten Gottesbeweise scheitern. Und es ist auch gar nicht so einfach – wie viele von uns das gerne tun –, sich in den Agnostizismus zurückzuziehen und zu sagen: »Ich sage einfach nichts dazu, ich enthalte mich des Urteils!« Das ist deswegen problematisch, weil die ganze Beweislast auf Seiten der Theisten liegt, auf der Seite derjenigen, die eine positive Behauptung aufstellen, ohne sie durch empirische Belege oder vernünftige Argumente stützen zu können. Wenn zum Beispiel unsere besten Theorien und alle verfügbaren Daten darauf hindeuten, dass es den Osterhasen nicht gibt, dann ist es auch nicht intellektuell redlich zu sagen »Ich bin Osterhasenagnostiker, ich lasse das für mich einfach offen!« Ein klassischer Fehlschluss ist in diesem Zusammenhang das in der Philosophie seit vielen Jahrhunderten bekannte *Argumentum ad ignorantiam*, das »Argument aus dem Nichtwissen«. Der logische Fehler besteht hier in der Annahme, dass etwas, was nicht als falsch bewiesen ist, automatisch wahr ist. In unserem Beispiel sähe der klassische Denkfehler so aus: »Solange die Existenz des Osterhasen nicht zwingend widerlegt ist, kann man sie als eine allgemein akzeptierte Tatsache voraussetzen!« Dieser Fehlschluss liegt uns allen aus psychologischen Gründen sehr nah, weil er darin besteht, sich kulturellen Traditionen zu unterwerfen und aus unserem Nichtwissen insgeheim doch eine starke Schlussfolgerung ableiten zu wollen. Aus der Tatsache, dass man etwas nicht weiß, folgt aber fast nichts wirklich Interessantes.

Es könnte argumentationstheoretisch also durchaus der Fall sein, dass der Agnostizismus am Ende auch deshalb keine Option ist, weil die Beweislast so ungleich verteilt ist und es einfach keine überzeugenden positiven Argumente für die Existenz Gottes gibt. Der Agnostizismus tritt allerdings in vielen verschiedenen Ausprägungen auf. Zwei dieser Varianten sind für Personen mit der oben skizzierten spirituellen Einstellung möglicherweise interessant: Die glasklare *theoretische* Einsicht, dass alle Fragen nach der Existenz oder Nicht-Existenz Gottes bedeutungslos sind, solange es keine kohärente Definition des Begriffs »Gott« gibt – ein Punkt, der übrigens auch all jene betrifft, die Atheisten sind und eine eindeutige negative Antwort geben möchten. Gibt es aber überhaupt einen gehaltvollen und nicht in sich widersprüchlichen Begriff von Gott? Ein spiritueller Agnostiker des Typs I könnte sagen: »Ich weiß überhaupt nicht, was du mit dem Begriff ›Gott‹ meinst, und kann daher keine Aussage über dessen Existenz oder Nicht-Existenz machen. Es wäre intellektuell unredlich, sich an solchen Diskussionen zu beteiligen.« Der Typ II-Agnostiker dagegen könnte ganz schlicht darauf hinweisen, dass die Frage nach der Existenz oder Nicht-Existenz Gottes *uninteressant* und in diesem Sinne bedeutungslos sei, und zwar genau deshalb, weil sie für die spirituelle *Praxis* keinerlei Rolle spielt. Denn in dieser Praxis geht es ja gar nicht um die richtige Theorie – sondern darum, die andauernde Suche nach emotionaler Sicherheit und Gewissheit zu beenden, indem man auf einer tieferen Ebene die innere Struktur versteht, die ihr zugrunde liegt.

Begrifflich scheint es also so zu sein, dass es kein überzeugendes Argument für die Existenz Gottes gibt und dass man leicht in Denkfehler oder irrelevante Diskussionen abgleiten kann. Was aber ist eigentlich mit empirischen Evidenzen? Empirisch, das ist trivial, gibt es keinerlei Belege für die Existenz Gottes. Auch mystische Erfahrungen und veränderte Bewusstseinszustände als solche sind natürlich keine empirischen Belege im engeren Sinne. Neu an der aktuellen Situation ist allerdings, dass es zunehmend gute Theorien über die

Evolution von Religiosität gibt.[18] Die evolutionäre Psychologie liefert erste Modelle für die Entstehung metaphysischer Glaubenssysteme, und die Wissenschaft beginnt zu untersuchen, wie das Phänomen der Religiosität in der Geschichte der Menschheit schrittweise entstanden sein könnte.[19] Solche Forschungsprogramme gehören zu einer Bewegung, die man als »Naturalisierung der Religion« bezeichnen kann, und sie bilden einen wichtigen neuen Aspekt der naturalistischen Wende im Menschenbild, von der ich ganz am Anfang gesprochen habe.

Nach dem, was sich in der Forschung langsam herauszukristallisieren beginnt, hat die Evolution des Glaubens viel mit der Evolution von nützlichen Formen der Selbsttäuschung zu tun.[20] In der Evolution des Bewusstseins sind nämlich nicht einfach nur immer bessere Wahrnehmungen und immer bessere Formen von Denken und Intelligenz entstanden. Es sind auch nützliche falsche Überzeugungen, positive Illusionen und komplette Wahnsysteme aufgetaucht, die sich möglicherweise deshalb erhalten haben, weil sie letztendlich dazu geführt haben, dass der Fortpflanzungserfolg der betreffenden Wesen anstieg, dass sie also mehr Gene erfolgreich in die nächste Generation kopieren konnten. Fast alle Eltern nehmen die eigenen Kinder ganz direkt als überdurchschnittlich hübsch und intelligent wahr. Sie sind stolz auf ihre Kinder und behaupten, dass ihre emotionale Lebensqualität, ihre allgemeine Zufriedenheit und persönliche Sinnerfahrung mit der Elternschaft zugenommen haben. Die psychologische Forschung zeigt, dass sie in Wirklichkeit eine geringere emotionale Lebensqualität haben als Kinderlose, dass positive Gefühle seltener auftreten, negative Gefühle und depressive Episoden häufiger sind, und dass auch die Zufriedenheit mit der Ehe und dem Lebenspartner schwächer ist.[21] Ganz allgemein glaubt die Mehrheit der Menschen, mehr positive und weniger negative Erlebnisse zu haben als der Durchschnitt. Selbsttäuschung lässt uns vergangene Niederlagen vergessen, sie erhöht Motivation und Selbstvertrauen. Die konventionelle Auffassung, dass die natürliche Selektion Nervensysteme favorisiert hat, die immer genauere Bilder des Selbst und der Wirklichkeit produzieren, ist mittlerweile überholt. Die neuere Forschung zeigt, dass die Evolution in vielen Fällen systematische *Fehlrepräsentationen* der Wirklichkeit hervorgebracht hat. Es gibt eine Evolution der Selbsttäuschung. Positive Illusionen, Verdrängungsmechanismen und wahnhafte Modelle der Wirklichkeit haben aber anscheinend nicht nur die rein defensive Funktion, den inneren Zusammenhalt des menschlichen Selbstmodells zu stärken und es vor bestimmten negativen Informationen zu schützen.[22] Sie dienen allem Anschein nach auch auf sozialpsychologischer Ebene als wirksame Strategie, um genau die Information zu kontrollieren, die für *andere* Menschen verfügbar ist, um diese effektiver zu täuschen – zum Beispiel um andere wirklich glaubhaft davon zu überzeugen, dass man moralischer, stärker, schlauer oder attraktiver ist, als es tatsächlich der Fall ist. Selbsttäuschung dient also nicht nur dem Selbstschutz, sondern auch der Aggression, etwa dem Versuch der Erhöhung des eigenen sozialen Status.[23] Manche Formen der Selbsttäuschung funktionieren nur in Gruppen wirklich gut, sie stabilisieren interne Hierarchien und bereits existierende Ausbeutungsstrukturen und fördern dadurch offensichtlich den Zusammenhalt von Großgruppen (zum Beispiel auch gegenüber anderen Stämmen, Völkern oder Religionsgemeinschaften). All dies sind Funktionen, die auch die Religion erfüllt. Und dies ist ein Punkt, der für die Frage nach der Möglichkeit einer säkularisierten Spiritualität von großer Bedeutung ist: Das subjektive Erleben von Gewissheit ist nicht dasselbe wie der tatsächliche Besitz von Gewissheit, denn die moderne Forschung zeigt auf vielfältige Weise, dass wir uns jederzeit auf unbemerkte Weise über den Inhalt des eigenen Bewusstseins täuschen können. Intuitionen haben eine lange biologische Geschichte.[24] Wer es also ernst meint mit dem philosophischen Projekt der Selbsterkenntnis, muss die Möglichkeit in Betracht ziehen, dass intuitive Gewissheiten systematisch in die Irre gehen können und dass es auch beim »direkten Blick ins eigene Bewusstsein« jederzeit introspektive Illusionen[25] geben könnte.

Das neue Hauptproblem für unsere Spezies ist die explizite und bewusst erlebte Einsicht in die eigene Sterblichkeit. Die so genannte *terror management theory* besagt, dass das Bewusstwerden der eigenen Sterblichkeit einen direkten Konflikt mit unserem Selbsterhaltungstrieb erzeugt und damit auch das Potential für eine lähmende, existentielle Form der Angst.[26] Wir versuchen diese zu bewältigen, indem wir Sicherheit und Stabilität in einer Weltanschauung suchen, die wir als eine Art »Angstpuffer« benutzen. Ein fester ideologischer Rahmen ermöglicht es uns dann auch auf emotionaler Ebene, unser Selbstwertgefühl zu stabilisieren, zum Beispiel durch einen religiösen Glauben, die gemeinsame Verpflichtung auf bestimmte Werte, Rituale und eine auf mehr oder weniger strengen Regeln basierenden und mit anderen Gläubigen geteilte Form der Lebensführung.[27] Die empirische Forschung zeigt: Je schlechter es uns gelingt, Informationen über die eigene Sterblichkeit zu verdrängen, desto stärker identifizieren wir uns mit dem von uns gewählten ideologischen System.

Ich selbst möchte in diesem Zusammenhang den Begriff eines »adaptiven Wahnsystems« einführen. Das mag zunächst wieder gewollt provokativ klingen, aber auch hier geht es mir nicht um Polemik, sondern um einen klaren, sachlichen Punkt. »Wahn« ist zunächst, rein psychiatrisch gesehen, eine offensichtlich falsche Überzeugung, die mit einem starken subjektiven Gewissheitserleben einhergeht und die durch vernünftige Argumente oder empirische Belege nicht korrigiert werden kann. Ein System aus Wahnvorstellungen ist ein ganzes Netzwerk zusammenhängender Überzeugungen, das auch von vielen Menschen miteinander geteilt werden kann. Aus psychiatrischer Perspektive gesehen ist ein Wahn immer etwas, das den Patienten in der Lebensführung beeinträchtigt und dadurch meistens auch einen Leidensdruck erzeugt – für religiöse Glaubenssysteme wird dieser Zusammenhang traditionell bestritten (oder zumindest auf diplomatische Weise ignoriert). Aber bei genauerem Hinsehen ist dies natürlich nicht richtig. Denn darum geht es ja gerade: Eine Einschränkung von intellektueller Redlichkeit führt zu einem Verlust von Autonomie und Flexibilität. Sie hat die Menschheit wiederholt in politische und militärische Katastrophen geführt, in Diktaturen und Kriege. Natürlich ist es wahr, dass solche Glaubenssysteme für einzelne Menschen und in kurzen Zeiträumen das subjektive Leiden wirksam vermindern können. Sie spenden Trost, ermöglichen intensive Gemeinschaftserfahrungen und das Erleben von Geborgenheit in einer unsicheren Welt, sie sind sozusagen metaphysische Placebos, die in der existentiellen Palliativmedizin eingesetzt werden. Für die Menschheit als Ganze ist diese Strategie aber *objektiv* nicht nachhaltig. Das ist der sachliche, für jeden leicht zu verstehende Punkt: Die lokale, kurzfristige Stabilisierung des Selbstwertgefühls erzeugt auf globaler Ebene immer wieder unfassbares Leid.

Warum aber spreche ich von »adaptiven« Wahnsystemen? Dass ein Wahnsystem »adaptiv« ist, bedeutet, dass es eine Anpassungsleistung darstellt. Adaptive Wahnsysteme sind Versuche, sich an eine unerwartete Herausforderung anzupassen, an eine neue Gefahr, die gleichzeitig in der Innen- und der Außenwelt eines Menschen auftritt. Diese Gefahr kann zum Beispiel das plötzlich auftretende, explizite und bewusst erlebte Wissen um die eigene Sterblichkeit sein. Und die Religion entstand ja historisch gesehen auch zuerst aus Bestattungsriten, aus Grabbeigaben und dem Ahnenkult, das heißt aus systematischen Formen der Sterblichkeitsverleugnung – *Coping*-Strategien in Bezug auf die eigene Endlichkeit. Wenn man von adaptiven Wahnsystemen redet, spricht man indirekt natürlich auch von geistiger Gesundheit und Krankheit. Eine interessante neue Einsicht könnte also sein, dass die Evolution insbesondere auch auf der psychologischen und soziokulturellen Ebene allem Anschein nach erfolgreiche Formen von geistiger Krankheit hervorgebracht hat.

Das ist deshalb interessant, weil es ganz direkt mit dem Streben nach Integrität zu tun hat: Vielleicht gibt es ja Vorgänge in uns, die im Sinne des eingangs genannten Krishnamurti-Zitats das Selbst sozusagen von Geburt an korrupt machen, indem sie das, was Kant die »innere Lüge« genannt hat, zum Teil direkt in uns eingebaut haben. Vieles aus der aktuellen Forschung deutet in diese Richtung. Daraus würde dann erstens folgen, dass wir für diese Tatsache ethisch gesehen in keiner Weise verantwortlich sind, weil sie von der Evolution – einem blinden Vorgang, der keine Richtung hat und keine Ziele verfolgt – von unten in die funktionale Architektur unserer Gehirne und damit auch in unseren Geist einprogrammiert wurde, ohne dass wir daran jemals etwas ändern konnten. Wir sind also nicht im moralischen Sinne schuldig. Die »evolutionspsychologische Erbsünde« gibt es nicht. Zweitens jedoch ergibt sich auf der anderen Seite immer dann, wenn wir von dieser Tatsache *wissen*, eine direkte ethische Verpflichtung, die verschiedenen Mechanismen der Selbsttäuschung so gut wie irgend möglich zu verstehen, und zwar mit allen Erkenntnismöglichkeiten, die uns zur Verfügung stehen, mit allen Formen des epistemischen Handelns gleichzeitig. Wir müssen dabei auch deutlich sehen, dass keineswegs alle Formen der Selbsttäuschung rein biologische *bottom-up*-Prozesse sind: Die gesellschaftliche und kulturelle Dynamik – für die wir als einzelne Menschen eine Mitverantwortung tragen – kann den menschlichen Geist natürlich auch »von oben« versklaven, zum Beispiel durch die verschiedensten Weltanschauungen und Ideologien. Eine subtile Gefahr besteht übrigens darin, dass die Zielvorstellung der intellektuellen Redlichkeit *selbst* ideologisch wird, gewissermaßen zu einer neuen Religion. Wer immer sich dem erweiterten philosophischen Ideal der Selbsterkenntnis, um das es in diesem Essay geht, verpflichtet fühlt, der wird danach streben, den Mechanismen, die seine innere Integrität bedrohen, so direkt wie möglich ins Angesicht zu schauen – und zwar immer wieder von Neuem. Man kann das von innen tun, oder von außen.

Gibt es ein Leben nach dem Tod?

Wie ist es aber eigentlich mit dem Leben nach dem Tod? Sind Geist und Körper nicht in Wirklichkeit vielleicht doch zwei ontologisch autonome Entitäten, die auch unabhängig voneinander existieren könnten? Moderne Theorien über Selbsttäuschung und die Evolution der Religion haben keine direkte Relevanz für die Frage nach der Existenz Gottes, denn all das könnte wahr sein und Gott könnte trotzdem existieren: Die metaphysische Grundfrage wird durch diese Theorien nicht berührt. Die analoge Frage wäre also jetzt, was heute die richtige begriffliche Interpretation der wissenschaftlichen Daten zum Verhältnis zwischen Gehirn und Bewusstsein ist. Gegeben die

Erkenntnisse der modernen Hirnforschung – was ist das vernünftigste, intellektuell redlichste Modell für die Leib-Seele-Beziehung? Auf begrifflicher Ebene ist es so, dass in der aktuellen Philosophie des Geistes der Substanzdualismus seit Langem eine Position ist, die nur noch extrem wenige Vertreter hat.[28] In der neueren Fachdebatte seit dem Ende des Zweiten Weltkriegs gibt es etwa neun verschiedene Modelle zur Lösung des Leib-Seele-Problems, aber keines davon geht davon aus, dass es so etwas wie ein persönliches Überleben des Todes noch geben könnte. Auch die Anti-Reduktionisten, Anti-Naturalisten und die Eigenschafts-Dualisten in der modernen Philosophie des Geistes argumentieren nur sehr selten für ein persönliches Überleben des Todes.

Wie sieht es in der modernen Neurowissenschaft des Bewusstseins aus? Nur sehr wenige der beteiligten Wissenschaftler in der aktuellen empirischen Bewusstseinsforschung[29] glauben heute noch an ein Leben nach dem Tod. Ein funktionierendes Gehirn ist beim Menschen eine notwendige Bedingung für das Entstehen von Bewusstsein. Selbst wenn es vielleicht keine begriffliche Reduktion der subjektiven Innenperspektive gibt, an die unser inneres Erleben gebunden ist, so ist doch sehr klar, dass die Inhalte unseres bewussten Erlebens »von unten« festgelegt werden, durch lokal und gleichzeitig stattfindende Ereignisse auf der Ebene des Gehirns. Die seriöse Forschung sucht heute nach dem »neuronalen Korrelat des Bewusstseins« (dem NCC oder *neural correlate of consciousness*[30]), also nach der kleinsten Menge von Eigenschaften im Gehirn, die hinreichend ist, um subjektives Erleben zu erzeugen. Die Wissenschaft versucht, diese Eigenschaften immer genauer zu isolieren, und sie macht Fortschritte. Dabei glaubt kaum jemand, dass es Sinneswahrnehmungen, Erinnerung, Denken oder Aufmerksamkeit ohne das NCC, also nach dem körperlichen Tod, noch geben könnte. Die vernünftigste Annahme ist, dass auch fortgeschrittene Meditationszustände ein notwendiges neuronales Korrelat besitzen, ohne das sie nicht auftreten können. Die veränderten Bewusstseinszustände, die im Rahmen einer spirituellen Praxis um der Erkenntnis willen kultiviert werden, sind am Ende wahrscheinlich schlicht und einfach *identisch* mit physikalischen Zuständen in unserem Kopf. Weil auch das Gehirn ein Teil des menschlichen Körpers ist, sind dann zum Beispiel auch die Erfahrungsgegenstände der Meditation – Erinnerungsepisoden, auf die Zukunft gerichtete Fantasien, spontan auftretende Gedanken und Gefühle – letztlich körperliche Vorgänge, auch wenn sie normalerweise subjektiv nicht als solche erlebt werden.

Was bedeutet das alles für die Frage nach der intellektuellen Redlichkeit und die Möglichkeit einer säkularen Spiritualität? Zunächst gilt: Man *muss* nicht glauben, dass all diese Hypothesen oder Theorien wahr sind. Alle diese Theorien können falsch sein, und in der Tat sind ja fast alle Theorien, die es in der Geschichte der Menschheit überhaupt gegeben hat, heute bereits zu falsifizierten Theorien geworden. Natürlich darf man jetzt nicht in das *Argumentum ad ignorantiam* abgleiten, nach dem Motto: »Niemand hat endgültig bewiesen, dass es keine unsterbliche Seele gibt, also existiert sie wahrscheinlich doch!« Worum es bei der intellektuellen Redlichkeit geht, ist etwas viel Einfacheres, Bescheideneres: sich selbst gegenüber ehrlich zu sein und einfach nur die Tatsache anzunehmen, dass dies im Moment der aktuelle Stand der Dinge in Wissenschaft und Philosophie ist. Und genau besehen haben wir niemals mehr als das Jetzt, wenn wir uns rational, also »innerlich anständig« verhalten wollen – und dazu gehört auch das Jetzt der empirischen Bewusstseinsforschung. Es gibt aber noch eine zweite Konsequenz für die Idee einer säkularisierten Spiritualität, die wir bereits jetzt festhalten können. Sie bezieht sich auf das Erlösungsideal, von dem am Anfang die Rede war: Es sieht im Moment so aus, als ob Befreiung immer nur *innerweltliche Befreiung* sein kann und Erlösung immer nur *innerweltliche Erlösung*. Es geht dann nicht mehr um ein Jenseits oder eine mögliche Belohnung in der Zukunft, sondern immer nur um den gelebten Augenblick der Achtsamkeit, den Moment des Mitgefühls, um das aktuelle Jetzt. Wenn es so etwas überhaupt noch gibt, dann ist der eigentlich sakrale Raum immer nur das bewusst erlebte Jetzt.

Erleuchtung

Wie steht es mit der Idee der Erleuchtung? Für viele spirituell Praktizierende scheint sie so etwas wie das Endziel zu sein, die tiefste Erkenntnis, das Ende allen Leidens. Und natürlich gibt es Hunderte von Berichten aus vielen Kulturen und aus allen Zeiten, die von solchen »Erleuchtungserlebnissen« berichten. Aber erstens ist es so, dass diese Berichte sich bei näherem Hinsehen immer nur in einigen Merkmalen gleichen, jedoch niemals in allen: Was die christlichen Mystiker des Mittelalters beschreiben, ist in sich schon sehr unterschiedlich und es ist auch nicht einfach identisch mit dem, worüber die großen Yogis oder japanische Zen-Mönche berichten. Aus philosophischer Perspektive gibt es keine guten Argumente dafür, dass ein einziger, wohldefinierter, kulturinvarianter, theorie- und beschreibungsunabhängiger Bewusstseinszustand existiert, der »die« Erleuchtung ist. Die buddhistische Philosophie zum Beispiel ist sich in keinem Stadium ihrer Geschichte wirklich darüber einig gewesen, was Erleuchtung überhaupt ist oder sein könnte. Was Erleuchtung ist, wissen nur einige Millionen Menschen in den reichen Ländern des Westens ganz genau, weil sie ihre emotionalen Bedürfnisse im Esoterik-Buchladen befriedigen und dazu die geistigen Traditionen anderer Kulturen ausbeuten. Weite Teile der »spirituellen Alternativkultur«, die in der zweiten Hälfte des Zwanzigsten Jahrhunderts entstanden ist und von der ich am Anfang gesprochen habe, sind mittlerweile intellektuell unredlich und reaktionär geworden. Das ist ein Problem, und auch dieser Tatsache muss man ins Auge sehen.

Zweitens gibt es ein einfaches logisches Problem, das man sich immer wieder vergegenwärtigen muss. Wenn man nur das phänomenologische Hauptmerkmal herausgreift, das sich in vielen Berichten über Erleuchtungserlebnisse findet – nämlich die Auflösung des Selbst, das vollständige Verschwinden des Ichgefühls –, dann gibt es keinen Grund, Berichten über solche Zustände Glauben zu schenken, und zwar weil sie selbstwidersprüchlich sind. Wenn überhaupt kein Selbst da war, wer ist es dann, der uns über diese Erfahrung berichtet? Wenn das erlebende Subjekt sich wirklich aufgelöst hat, wie kann es dann überhaupt ein autobiographisches Gedächtnis für den fraglichen Zeitraum geben? Wie soll *ich* mich an einen Zustand erinnern können, in dem es mich als bewusstes Selbst überhaupt nicht gegeben hat? Dies ist ein weiterer Grund, aus dem Berichte über Erleuchtungserlebnisse vielleicht gar nicht so interessant sind, wie manche meinen. Aber genau dieser Punkt verbindet ja dann auch wieder die ernsthaft spirituell Praktizierenden mit der Sichtweise der Wissenschaft.

Im Moment erleben wir eine Renaissance der akademischen und streng empirisch basierten Meditationsforschung.[31] Aber diese empirische Forschung zeigt bis jetzt in keiner Weise, dass ein einziger, wohldefinierter Bewusstseinszustand existiert, der in allen Gesellschaften und Kulturen derselbe ist, der in seinen objektiven Merkmalen von allen speziellen Theorien und Beschreibungssystemen unabhängig ist und der »die« Erleuchtung sein könnte. Man mag denken, dass sich das schon ändern wird, denn die Hirnforschung schreitet fort und die wissenschaftlichen Verfahren zur genaueren statistisch-mathematischen Modellierung mystischer Erfahrungen werden besser. Die tiefere Frage ist jedoch: *Kann* die empirische Forschung so etwas überhaupt zeigen? Sprachliche Berichte zumindest sind notwendigerweise »theorieinfiziert«, sie spiegeln immer auch die Weltanschauung und das Beschreibungssystem der jeweiligen Versuchsperson wider. Vor allem scheint es aber so zu sein, dass die Komponente der existentiellen »Befreiung« – das, was ich am Anfang das die spirituellen Traditionen verbindende Ideal der Erlösung genannt habe – sich wegen ihrer Unaussprechlichkeit nicht operationalisieren und wissenschaftlich behandelbar machen lässt. Wissenschaftlich lässt sich dieser Aspekt immer nur als eine ganz und gar vergängliche und auf physikalischen Vorgängen im Gehirn beruhende Form des *Erlebens* fassen, und nicht als eine transzendente Form des Wissens. Für die Frage nach der Möglichkeit einer säkularisierten Spiritualität bedeutet dies, dass nicht nur das traditionelle Erlösungsideal, sondern auch etwaige Erkenntnisansprüche neu interpretiert und begründet werden müssen. Wenn ein Erkenntnisanspruch öffentlich erhoben wird, dann muss man uns erklären, was *genau* denn jetzt die fragliche kontemplative »Einsicht« oder das Wissen hinter der spirituellen »Erfahrung« ist, was *genau* es bedeutet, dass ganz bestimmte veränderte Bewusstseinszustände eine andere Art von Erkenntnis transportieren, die nichts mit Sprache, Theorien oder rationalen Argumenten zu tun hat. Die interessante Entdeckung ist nun, dass dies nur für Anhänger religiöser Glaubenssysteme und die bereits in Organisationen erstarrten Traditionen ein Problem darstellt. Eine aufgeklärte, säkularisierte Form von Spiritualität müsste sich – das kann man jetzt sagen – genau dadurch auszeichnen, dass sie von den gerade geschilderten Entwicklungen in der modernen Philosophie und Wissenschaft nicht wirklich bedroht wird, sondern im Gegenteil sogar das Potential zu ihrer *Integration* besitzt.

SPIRITUALITÄT *UND* INTELLEKTUELLE REDLICHKEIT

Jetzt können wir wieder zu unseren drei Ausgangsfragen zurückkehren. Ich habe kurz skizziert, was Spiritualität sein könnte, und auch, was man unter dem Begriff der »intellektuellen Redlichkeit« verstehen kann. Zunächst ergibt sich ein allgemeines Bild unserer geistigen Geschichte. Historisch gesehen war das, was zuerst da war, ganz eindeutig die Religion: Glaubenssysteme, die von immer größeren Gruppen von Menschen geteilt wurden, die den Menschen die Angst vor dem Tod genommen und den Zusammenhalt dieser Gruppen ganz wesentlich verstärkt haben – und zwar sowohl im Inneren wie im Äußeren, durch Stabilisierung des Selbstwertgefühls und die wirksame Verfestigung bereits bestehender Hierarchien, durch systematische Verleugnung der eigenen Sterblichkeit und natürlich auch im Kampf gegen andere Gruppen. Diese fideistisch-dogmatischen Modelle der Wirklichkeit sind historisch aus Bestattungsriten, aus dem Ahnenkult und dem Schamanismus entstanden. Das, was in der Geschichte zuletzt gekommen ist, waren das Ideal der intellektuellen Redlichkeit, die Aufklärung und der selbstkritische Rationalismus. Das Ideal der intellektuellen Redlichkeit in diesem Sinne ist etwas, das ganz neu ist und sich erst an wenigen Stellen auf unserem Planeten, in wenigen Gesellschaften und nur in allerersten Ansätzen zu realisieren beginnt. Was die intellektuelle Redlichkeit *möglich* gemacht hat, waren aber die ursprünglich religiösen Ideale der bedingungslosen Wahrhaftigkeit und Aufrichtigkeit gegenüber Gott. In der reflexiven Wendung auf den Menschen selbst sind daraus die beiden ethischen Ideale der bedingungslosen Wahrhaftigkeit und Aufrichtigkeit sich selbst gegenüber geworden, die schonungslose Offenheit, das bedingungslose Bekenntnis zum Erkenntnisfortschritt. Eine zentrale Einsicht, die der spirituellen Einstellung schon immer zugrunde liegt, ist dann allerdings, dass es mehr als eine Form von Erkenntnisfortschritt, mehr als eine Form des Wissens gibt.

Lassen Sie uns zunächst kurz Religion und Spiritualität vergleichen. Religion wäre jetzt die vorsätzliche Kultivierung eines Wahnsystems, der reine Glaubensstandpunkt, also die dogmatische oder fideistische Verweigerung einer Ethik des inneren Handelns. Spiritualität dagegen wäre die epistemische Einstellung, bei der es um Erkenntnis geht. Religion maximiert emotionalen Profit – sie stabilisiert das Selbstwertgefühl, bietet dem Menschen Trost, Gemeinschaftserleben, Geborgenheit und gute Gefühle. Die spirituelle Praxis sucht nach direkter Erfahrung. Religion opfert die eigene Vernünftigkeit für die emotionale Kohärenz des Selbstmodells. Spiritualität löst das phänomenale Selbst auf. Religion ist von der Grundstruktur her dogmatisch und damit intellektuell unredlich. Spirituelle Menschen werden immer offen für rationale Argumente sein, denn es gibt für sie keinen Grund, sich diesen zu verschließen. Religionen organisieren sich und missionieren. Spiritualität ist etwas radikal Individuelles und typischerweise eher still.

In diesem Sinne ist jetzt klar, was es bedeutet, dass Religion das Gegenteil von Spiritualität ist. Erinnern Sie sich noch an die beiden erkenntnistheoretischen Begriffe, die das charakterisieren, was ich hier als Religion bezeichne? »Dogmatismus« nennt man die These, dass es völlig legitim ist, an einer Überzeugung festzuhalten, einfach deshalb, weil man sie ja schon hat – die pure Tradition, ohne empirische Evidenzen und ohne vernünftige Gründe. »Fideismus« ist der reine Glaubensstandpunkt. »Fideismus« nennt man in der Philosophie die These, dass es nicht nur dann völlig legitim ist, an einer Überzeugung festzuhalten, wenn es keinerlei Evidenzen oder gute Gründe für diese Meinung gibt, sondern auch dann, wenn es beliebig viele Evidenzen oder gute Gründe *gegen* sie gibt. Man sieht sofort, dass Vieles, was heute unter dem Deckmantel der Spiritualität auftritt, natürlich nichts anderes als Religion in diesem – zugegebenermaßen einfachen – Sinne ist. Man kann aber auch erkennen, dass es in sehr seltenen Fällen innerhalb der großen, erstarrten Religionen kleine Nischen oder vorsichtig tastende Suchbewegungen nach dem gibt, von dem ich sage, dass es in Wirklichkeit genau das Gegenteil von Religion ist: Spiritualität.

Wie steht es mit dem ethischen Prinzip der intellektuellen Redlichkeit als einem Sonderfall der spirituellen Einstellung? Spiritualität ist eine epistemische Einstellung, der unbedingte Wille zum Wissen, nämlich zu einer existentiellen Form von Selbsterkenntnis jenseits aller Dogmen und Theorien. Auch in der Wissenschaft gibt es eine rationale Methodik, die den Erkenntnisgewinn systematisch maximiert. Einmal gibt es die Suche nach direkter Erfahrung, zum Beispiel in einer systematischen Meditationspraxis. Auf der anderen Seite sehen wir die Datenerhebung, das Prinzip des streng datengetriebenen Operierens. Hier die Aufhebung des phänomenalen Selbst, dort die Idee, die *eigenen* Theorien absichtlich immer wieder an der Wirklichkeit scheitern zu lassen. Auf der Ebene der Spiritualität ist das Ideal der Wahrhaftigkeit besonders stark ausgeprägt, und in der Wissenschaft gibt es das »Prinzip der Parsimonität« – das kontinuierliche Streben, die ontologischen Hintergrundannahmen, die man bei der Erklärung der beobachtbaren Phänomene macht, immer schwächer zu machen, strukturelle Annahmen zu minimieren. Spiritualität ist radikal individuell und missioniert nicht, die Wissenschaft dagegen ist heute ein globalisiertes, hochprofessionell organisiertes Unternehmen, und sie kommuniziert neue Erkenntnisse und Forschungsergebnisse, es gibt also durchaus eine systematische Wissensverbreitung, etwa in den öffentlichen Medien. Trotzdem wird jeder meiner Leser, der wirkliche, seriöse Wissenschaftler kennt, bestätigen können, dass es oft sehr spirituelle Menschen sind, und zwar ohne dass sie sich selbst jemals so nennen würden. Viele von ihnen würden den Gedanken weit von sich weisen. Trotzdem ist die Ernsthaftigkeit des Wissenschaftlers, die radikale Offenheit für Kritik und die streng erfahrungsbasierte Suche nach formaler Eleganz und Einfachheit in ihrem Kern genau dasselbe wie die Seriosität der spirituellen Praxis.

Auch in der modernen Wissenschaftsphilosophie gibt es Beispiele für die spirituelle Einstellung. Karl Popper, der große Wissenschaftsphilosoph, stand unter anderem für den folgenden Gedanken: Im Kontakt mit der Wirklichkeit sind wir immer genau in dem Moment,

Sir Karl R. Popper (1902–1994)

in dem wir eine Hypothese falsifizieren, der Moment des Scheiterns ist der Moment, in dem wir die Welt berühren. Er hat dann aber auch das Folgende über das Grundprinzip eines weltanschaulich gewordenen, ideologischen Rationalismus gesagt: *»›Ich bin nicht bereit, eine Idee, eine Annahme, eine Theorie zu akzeptieren, die sich nicht durch Argumente oder die Erfahrung verteidigen lässt‹ (…) Man sieht nun sofort, dass dieses Prinzip des unkritischen Rationalismus einen Widerspruch enthält; denn da es sich seinerseits weder durch Argumente noch durch die Erfahrung unterstützen lässt, so folgt aus ihm, dass es selbst aufgegeben werden muss.«*[32] Das ist die Idee des kritischen Rationalismus aus dem Jahre 1958, und natürlich ist sie ein Paradebeispiel für das philosophische Prinzip der intellektuellen Redlichkeit. Der kritische Rationalismus ist ein schwacher, ein bescheidener Rationalismus, der – gerade auch auf der Ebene des politischen Handelns – für die Vorteile des vernünftigen Argumentierens und eines streng evidenzbasierten Vorgehens wirbt, der aber genau weiß, dass die eigene Entscheidung für die rationale Methode nicht durch eine Letztbegründung abgesichert werden kann. Wenn die Wissenschaft das Ideal der intellektuellen Redlichkeit aufgibt, ist sie genau deshalb keine Wissenschaft mehr, sondern eine neue Art von Religion. Ich erinnere kurz an einen Gedanken, der bereits weiter oben formuliert wurde: Eine subtile Gefahr besteht immer darin, dass sogar das Prinzip der intellektuellen Redlichkeit *selbst* ideologisch wird. Die Suche nach emotionaler Sicherheit und endgültigen Gewissheiten muss also sozusagen auf jeder Ebene und in jedem Moment aufs Neue aufgegeben werden. Der Vorgang des Loslassens ist kontinuierlich, er hat kein Ende.

Und auch in diesem Sinne ist intellektuelle Redlichkeit ein Sonderfall von Spiritualität. Sie ist wahrscheinlich lange vor der Wissenschaft entstanden, aber nach der Religion, sie ist eine selbstkritische, nicht an adaptive Wahnsysteme gebundene Praxis des Erkenntnishandelns. Zu dieser Praxis gehört auch die Einstellung des philosophischen Skeptikers. Nachdem er wegen Gotteslästerung und Verführung der Jugend angeklagt worden war, sagte Sokrates in seiner berühmten Verteidungsrede vor dem Volksgericht aus 501 Athener Bürgern: »Ich weiß als Nicht-Wissender«.[33] Die philosophische Tugend der Skepsis besteht in der Fähigkeit, die Möglichkeit einer gesicherten, nachweisbaren Erkenntnis der Wahrheit in produktiver Weise und immer wieder aufs Neue in Frage zu stellen – sie ist das Gegenteil des Dogmatismus. Skeptiker sind gefährlich, weil sie unbestechlich sind.

Sokrates (469 v. Chr. – 399 v. Chr.)

Ich bin mir jedenfalls bewusst, dass ich keine Weisheit besitze, weder groß noch klein.

Jetzt können wir auch die innere begriffliche Verbindung zwischen Spiritualität und Wissenschaft klar benennen. Was heißt es, dass Wissenschaft und die spirituelle Einstellung aus derselben normativen Grundidee entstehen, aus einer gemeinsamen Wertvorstellung? Das war ganz am Anfang meine dritte These. Wir sehen jetzt zwei Aspekte dieser verbindenden normativen Grundeinstellung: Erstens der unbedingte Wille zur Wahrheit – es geht um Erkenntnis, nicht um Glauben – und zweitens das normative Ideal der absoluten Ehrlichkeit sich selbst gegenüber. Das Zweite stammt aus der Religion, zunächst im Ideal der unbedingten Aufrichtigkeit gegenüber Gott und dann in der reflexiven Wendung nach innen, in der Wendung des Willens zur Wahrheit auf sich, auf uns selbst. Erinnern Sie sich noch an den schönen klassischen Begriff der *conscientia*, an das höherstufige innere Wissen, das in der abendländischen Philosophie sowohl das Bewusstsein als auch das moralische Gewissen hervorbringt?[34] Bewusstheit, das ist der Moment, in dem der Erkenntnisvorgang selbst noch einmal reflexiv wird. In der inneren Wendung auf den Vorgang des Wissenwollens und des Erkenntnissuchens selbst entstehen dann die Spiritualität, die spirituelle Einstellung und aus ihr heraus die intellektuelle Redlichkeit – und diese ist dann Kernbestandteil der wissenschaftlichen Methode, des selbstkritischen Rationalismus. Es gibt jedoch nicht nur eine rein begriffliche Verbindung zwischen Spiritualität und Wissenschaft, sondern auch eine psychologische. Interessanterweise ist sie etwas, das man nicht heucheln, erzwingen oder organisieren kann. Sie ist das, was Immanuel Kant in seinem Werk »Die Religion innerhalb der Grenzen der bloßen Vernunft« die Lauterkeit der Absicht, sich selbst gegenüber aufrichtig zu sein, genannt hat und von dem er dann auch sagte, sie sei die »Idee des Sittlichguten in seiner ganzen Reinigkeit«.

Trotzdem: Wenn all das wahr ist, dass es keinerlei empirische Belege und keine rationalen Argumente für die Existenz Gottes oder ein Leben nach dem Tod gibt, wenn wir wirklich ehrlich zu uns selbst sind und zugeben, dass niemand von uns genau weiß, ob es so etwas wie »Erleuchtung« überhaupt gibt – was bleibt denn dann noch übrig? Kann man das Erlösungsideal, das die spirituellen Traditionen verbindet, *wirklich* in einer zweiten Phase der Aufklärung säkularisieren? Ist das Projekt einer »Aufklärung 2.0« nicht selbst bloß eine romantische Illusion, am Ende sogar eine neue Form von Sterblichkeitsverleugnung? Wir können es ruhig zugeben: Im gegenwärtigen Stadium der Wissenschafts- und Philosophiegeschichte, im Zeitalter der Neurowissenschaften und der evolutionären Psychologie, und vor allem auch angesichts der Bedrohung durch den Klimawandel, ist es emotional nicht einfach, den Tatsachen ins Auge zu schauen. Intellektuelle Redlichkeit ist nicht einfach zu haben. Was kann man in dieser Situation überhaupt noch *tun*? Ich denke, die Antwort liegt auf der Hand: Zumindest was das Projekt der Selbsterkenntnis angeht, ist unsere Zukunft offen – auch das ist eine Tatsache, die man nicht verdrängen sollte – und wir *wissen* einfach nicht, wohin uns der innere und der äußere Erkenntnisprozess noch führen werden. Eine ethische Einstellung ist nicht zwingend davon abhängig, dass die Aussicht auf einen Erfolg der eigenen Handlungen groß ist. Auch wenn die Entwicklung in der äußeren Welt sich vielleicht immer stärker unserer Kontrolle entziehen sollte, müssen wir deshalb an einem »Prinzip Selbstachtung« festhalten: Das Mehr-Wissen-Wollen ist die einzige Option, die wir haben, wenn wir unsere Würde und den gegenseitigen Respekt voreinander und auch vor uns selbst nicht aufgeben wollen. Selbstachtung bedeutet nicht nur, dass wir uns selbst als verletzliche, leidensfähige, zu innerer Verbindlichkeit und moralischer Verantwortung fähige Subjekte respektieren. Das Prinzip Selbstachtung in einer gefährlichen historischen Übergangsphase nicht aufzugeben heißt auch, die Tatsache wertzuschätzen, dass wir *erkennende* Wesen sind, die dazu fähig sind, immer neue Einsichten über die Welt und sich selbst zu erzeugen. Man muss deshalb am epistemischen Handeln festhalten, aber eben auf zwei Ebenen gleichzeitig und nicht immer nur auf einer der beiden Ebenen.

Ich möchte zum Schluss fragen: Was bleibt denn, wenn alles so ist, wie ich es skizziert habe? Könnte es tatsächlich ein zeitgemäßes spirituelles Selbstverständnis geben, das den veränderten Bedingungen Rechnung trägt und mit dem Wunsch nach intellektueller Redlichkeit in Einklang zu bringen ist? Es gibt nichts zu verkünden und auch keine fertige *take-home message*, keine endgültige Antwort. Aber vielleicht haben wir jetzt ein besseres Verständnis des historischen Prozesses, in den wir nun eingetreten sind, und der eigentlichen, der tieferen Herausforderung, die die vielschichtige Wende im Menschenbild mit sich bringt. Man kann jetzt sehen, dass es mehrere Brücken aus der Spiritualität in die Wissenschaft gibt. Die meisten Brücken können allerdings auch in zwei Richtungen beschritten werden. Deshalb ist es nicht ausgeschlossen, dass wir in der Zukunft ganz neue Wege entdecken, die aus der wissenschaftlichen Erforschung des menschlichen Geistes in verfeinerte, vielleicht sogar in noch wirksamere oder tiefere Formen von spiritueller Praxis führen. In der Vergangenheit war es so, dass das Zweite aus dem Ersten entstanden ist, denn beide Ansätze sind Formen des epistemischen Handelns, des Handelns um der Erkenntnis willen. Das gemeinsame Ziel ist das Projekt der Aufklärung, die systematische Erhöhung der eigenen geistigen Autonomie. Es gibt die zwei Grundformen des epistemischen Handelns: subsymbolisch und kognitiv, in der Stille und im Denken – nämlich mit der Aufmerksamkeit (vielleicht beispielhaft verkörpert in der klassischen Tradition der Achtsamkeitsmeditation) und auf der Ebene des kritischen, vernünftigen Denkens, der wissenschaftlichen Rationalität. Aber muss man sich überhaupt entscheiden zwischen den zwei Weisen des Wissens? Ich denke, das Gegenteil ist richtig: Sie können überhaupt nur gemeinsam realisiert werden. Es gibt *eine* Ethik des inneren Handelns, *eine* normative Grundidee, die sowohl einer säkularisierten spirituellen Praxis als auch dem wissenschaftlichen Ideal der intellektuellen Redlichkeit zugrunde liegt. Wir haben bereits gesehen, dass Meditation die inneren Voraussetzungen des kritischen, rationalen Denkens kultiviert. Besonders interessant ist auch, dass es in beiden Fällen im Grunde letztlich um die Erhöhung eines zivilisatorischen Standards geht, um eine durch die richtige Form des inneren Handelns verfeinerte *soziale* Praxis. Diesen inneren Zusammenhang könnte man heute zum Beispiel mit den Mitteln der modernen Neuro- und Kognitionswissenschaften wesentlich genauer erforschen und auf diese Weise auch das philosophische Ideal der Selbsterkenntnis in einer neuen Form realisieren, auf einer ganz neuen Ebene von Genauigkeit und begrifflicher Feinkörnigkeit. Man kann ihn aber auch in traditioneller Terminologie ausdrücken. Denn auch hier existiert wieder ein altmodisches philosophisches Wort für die Fähigkeit und die innere Haltung, die einem erlauben, das, was man als das Gute erkannt hat, nicht nur erfolgreich, sondern vielleicht sogar mit innerer Neigung und Freude zu tun. Dieser altmodische Begriff heißt »Tugend«. Man kann deshalb auch sagen: Redlichkeit im fraglichen Sinne ist eine *intellektuelle Tugend*, die über die Zeit hinweg kultiviert werden kann, genau wie zum Beispiel die inneren Tugenden einer präzisen, sanften Achtsamkeit oder des Mitgefühls *geistige Fähigkeiten* sind, die aktiv erworben und schrittweise entwickelt werden können. Es geht also vielleicht gar nicht um eine neue Synthese von Spiritualität und intellektueller Redlichkeit. Es geht vielmehr darum, das zu sehen, was bereits da ist: Die innere Einheit der geistigen Tugenden.

ANMERKUNGEN

EINLEITUNG

1 M. Botvinick u. J. Cohen, »Rubber Hand ›Feels‹ Touch That Eyes See«, *Nature* 391 (1998), S. 756.

2 B. Lenggenhager u. a., »Video Ergo Sum: Manipulating Bodily Self-Consciousness«, *Science* 317 (2007), S. 1096–1099. Eine kurze begriffliche Interpretation der Daten findet sich in O. Blanke u. T. Metzinger, »Full-body Illusions and Minimal Phenomenal Selfhood«, *Trends Cog. Sci.* 13 (1) (2009), S. 7–13.

3 »Transparenz« ist ein Fachterminus in der modernen Philosophie des Geistes. Nur bewusste Zustände sind transparent, unbewusste Zustände sind in diesem besonderen Sinn weder »durchsichtig« noch »undurchsichtig« oder opak. Eine bewusste Repräsentation ist transparent, wenn das System, das sie benutzt, die Repräsentation nicht allein durch Introspektion (also durch die Innenschau, den Blick ins eigene Bewusstsein) *als* eine Repräsentation erkennen kann. Philosophen würden sagen, dass wir nur den Inhalt, nicht aber seinen Träger (also den Gehirnvorgang, der ihn für uns präsentiert) sehen – nur »intentionale Eigenschaften« sind der Introspektion zugänglich. Subjektiv erzeugt dies das Gefühl, in direktem Kontakt mit der Wirklichkeit zu stehen.

4 Die Darstellung dieser Theorie findet sich in T. Metzinger, *Being No One. The Self-Model Theory of Subjectivity*, Cambridge, Mass., 2003. (Das wesentlich kürzere, 1993 zuerst erschienene deutsche Buch *Subjekt und Selbstmodell*, aus dessen kritischer Diskussion die völlig überarbeitete und mehr als doppelt so umfangreiche englische Version von 2003 hervorging, ist mittlerweile vollständig überholt.) Die kürzeste, kostenlos zugängliche Zusammenfassung findet sich in *Scholarpedia* 2 (10), S. 4174, unter www.scholarpedia.org/article/Self_Models; eine sehr einfache deutsche Übersichtsdarstellung erschien 2005 unter dem Titel »Die Selbstmodell-Theorie der Subjektivität: Eine Kurzdarstellung in sechs Schritten« in C. S. Herrmann, M. Pauen, J. W. Rieger und S. Schicktanz (Hg.), *Bewusstsein. Philosophie, Neurowissenschaften, Ethik*, Stuttgart, S. 242–269. Etwas gehaltvollere Übersichtsdarstellungen sind »*Being No One* – Eine sehr kurze deutsche Zusammenfassung«, in T. Metzinger, *Grundkurs*

Philosophie des Geistes. Band 1: Phänomenales Bewusstsein, Paderborn 2006, S. 424–475, und »Empirische Perspektiven aus Sicht der Selbstmodell-Theorie der Subjektivität: Eine Kurzdarstellung mit Beispielen« in S. Schütz-Bosbach & W.G. Schmidt (Hg.), *Körperbilder in Kunst und Wissenschaft*, Berlin, 2014.

Kapitel 1
DAS ERSCHEINEN EINER WELT

1 Vgl. T. Metzinger, »Beweislast für Fleischesser«, *Gehirn & Geist* 5 (2006), S. 70–75, wiederabgedruckt in C. Könneker, *Wer erklärt den Menschen? Hirnforscher, Psychologen und Philosophen im Dialog*, Frankfurt a. M. 2006, und in C. Könneker, *Die Zukunft des Gehirns. Wie Forscher den Menschen neu erfinden, Gehirn & Geist* Dossier 1 (2008), S. 64–69, Heidelberg. A. K. Seth u. a., »Criteria for Consciousness in Humans and Other Mammals«, *Consciousness and Cognition* 14 (2005), S. 119–139; und D.B. Edelman u. a., »Identifying Hallmarks of Consciousness in Non-Mammalian Species«, *Consciousness and Cognition* 14 (2005), S. 169–187. Oktopoden sind besonders interessant, weil ihre Hirnarchitektur sich grundlegend von der von Säugetieren unterscheidet; es hat sich jedoch gezeigt, dass sie viel intelligenter sind, als in der Vergangenheit angenommen wurde. Obgleich kognitive Komplexität *an sich* kein Argument für die Existenz subjektiven Erlebens ist, verfügen wir mittlerweile über Hinweise, die zumindest die Existenz von primärem Bewusstsein bei Oktopoden recht plausibel machen; vgl. J. A. Mather, »Celaphod Consciousness: Behavioural Evidence«, *Consciousness & Cognition* 17 (2008), S. 37–48. Neueste Überlegungen finden sich in A. K. Seth u. D. B. Edelman, »Animal Consciousness: A Synthetic Approach«, *Trends in Neurosciences* 31 (9) (2009).

2 Vgl. Patrick Wilken, »ASSC-10 Welcoming address«, in *10th Annual Meeting of the Association for the Scientific Study of Consciousness*, 23.–26. Juni 2006, Oxford. Abrufbar unter http://eprints.assc.caltech.edu/138/01/ASSC10_welcome_final.pdf. Allgemein ist die Webseite der ASSC immer der beste Ausgangspunkt, um sich über die aktuelle Bewusstseinsforschung zu informieren. Vgl. http://www.theassc.org.

3 Vgl. T. Metzinger (Hg.), *Conscious Experience*, Thorverton, UK, und Paderborn 1995. Die erweiterte deutsche Ausgabe erschien im gleichen Jahr unter dem Titel *Bewusstsein. Beiträge aus der Gegenwartsphilosophie.*

4 Vgl. das Sonderheft über die Neurobiologie des Bewusstseins bei Tieren in *Consciousness & Cognition* 14 (1) (2005), S. 1–232, insbesondere A. K. Seth u. a., »Criteria for Consciousness in Humans and Other Mammals«, S. 119–139.

5 Vgl. T. Metzinger (Hg.), *Neural Correlates of Consciousness: Empirical and Conceptual Questions*, Cambridge, Mass., 2000.

6 Vgl. Colin McGinn, »Können wir das Leib-Seele-Problem lösen?«, in T. Metzinger (Hg.), *Grundkurs Philosophie des Geistes*, Bd. 2: *Das Leib-Seele-Problem*, Paderborn 2007; und T. Metzinger, »Introduction: Consciousness Research at the End of the Twentieth Century«, in Metzinger (Hg.), *Neural Correlates of Consciousness*, a. a. O.

7 Antti Revonsuo, *Inner Presence. Consciousness as a Biological Phenomenon*, Cambridge, Mass., 2006, S. 144 ff. Siehe dazu auch Revonsuo, »Wie man Bewusstsein in der kognitiven Neurowissenschaft ernst nehmen kann«, in T. Metzinger (Hg.), *Grundkurs Philosophie des Geistes*, Bd. 1: *Phänomenales Bewusstsein*, Paderborn [2]2009.

Kapitel 2
EINE TOUR DURCH DEN TUNNEL

1 Philosophisch gesprochen ist ein »Zombie« ein hypothetischer Doppelgänger, der sich genau wie eine echte Person verhält und sich objektiv nicht von einer Person unterscheiden lässt, der aber keinerlei Bewusstsein besitzt (Philosophen sprechen von »funktionaler Isomorphie« bei fehlenden Qualia). Natürlich gibt es so etwas in unserer Welt nicht. Wenn solche Zombies aber wenigstens logisch möglich wären, könnte dies vielleicht zeigen, dass man von physikalischen Tatsachen nicht auf Bewusstseinstatsachen schließen kann.

2 Vgl. zum Beispiel Rocco J. Gennaro (Hg.), *High-Order Theories of Consciousness. An Anthology*, Philadelphia 2004; und David Rosenthal, *Consciousness and Mind*, New York 2006. Gute deutsche Einstiegspunkte sind G. Güzeldere, »Ist Bewusstsein die Wahrnehmung der eigenen geistigen Vorgänge?«, in T. Metzinger (Hg.), *Bewusstsein. Beiträge aus der Gegenwartsphilosophie*, Paderborn [5]2005; und D.M. Rosenthal, »Die Theorie der Gedanken höherer Ordnung«, in T. Metzinger (Hg.), *Grundkurs Philosophie des Geistes*, Bd. 1: *Phänomenales Bewusstsein*, Paderborn [2]2009.

3 Ich habe bereits 1995 ein Modell vorgeschlagen, das zeigen sollte, wie globale Integration ganz einfach eine Form von Metarepräsentation auf höchster Stufe *sein* könnte, vgl. »Ganzheit, Homogenität und Zeitkodierung«, in T. Metzinger (Hg.), *»Bewusstsein. Beiträge aus der Gegenwartsphilosophie*, Paderborn [5]2005. Andreas Engel und Wolf Singer haben eine neurowissenschaftliche Version dieser Idee formuliert, und zwar in »Temporal binding and the neural correlates of sensory awareness«, *Trends Cog. Sci.* 5 (2001), S. 16–25.

4 Vgl. S. P. Vecera u. K. S. Gilds, »What Is It Like to Be a Patient with Apperceptive Agnosia?«, *Consciousness and Cognition* 6 (1997), S. 237–266.

5 A. Marcel, »Conscious and Unconscious Perception: An Approach to the Relations Between Phenomenal Experience and Perceptual Processes«, *Cog. Psychology* 15 (1983), S. 292.

6 Vgl. zum Beispiel G. Tononi u. G. M. Edelman, »Consciousness and Complexity«, *Science* 282 (1998), S. 1846–1851; und Tononi u. a., »Complexity and the Integration of Information in the Brain«, *Trends Cog. Sci.* 2 (1998), S. 44–52. Für eine aufregende neuere Anwendung auf den Unterschied zwischen Wachen und Schlafen vgl. M. Massimini u. a., »Breakdown of Cortical Effective Connectivity During Sleep«, *Science* 309 (2005), S. 2228–2232. Die beste Zusammenfassung der Theorie für wissenschaftlich gesinnte Leser ist G. Tononi, »Consciousness as Integrated Information: a Provisional Manifesto«, *Biol. Bull.* 215 (2008), S. 216–242. Eine populärwissenschaftliche Darstellung ist Edelman und Tononi, *Gehirn und Geist. Wie aus Materie Bewusstsein entsteht*, München 2002.

7 Kurz gesagt, ist die Idee hier die, dass »jedes biologische System, das unter einem bewussten Realitätsmodell operiert, durch die Existenz eines *einzigen* Bereichs *maximaler kausaler Dichte* innerhalb seiner Informationsverarbeitungsmechanismen charakterisiert werden kann. Ein integriertes, globales Modell der Welt zu haben bedeutet dann, einen globalen funktionalen Cluster zu erzeugen, also eine Insel maximaler kausaler Dichte innerhalb des Informationsflusses des eigenen repräsentationalen Systems.« Zuerst in T. Metzinger, *Being No One. The Self-Model Theory of Subjectivity*, Cambridge, Mass., 2003; das Zitat stammt aus »*Being No One.* Eine sehr kurze deutsche Zusammenfassung«, in T. Metzinger, *Grundkurs Philosophie des Geistes*, Bd. 1: *Phänomenales Bewusstsein,* Paderborn 2006, S. 463. Einen Überblick über aktuelle Versuche, Bewusstheit *quantitativ* zu erfassen, geben A. K. Seth, Z. Dienes, A. Cleeremans, M. Overgaard und L. Pessoa in »Measuring consciousness: Relating behavioural and neurophysiological approaches«, *Trends Cog. Sci.* 12 (2008), S. 314–321.

8 In der griechischen Mythologie war die Analogie zwischen Schlaf und Tod sogar noch enger: Hypnos, der Gott des Schlafs, und Thanatos, der Gott des Todes, waren Zwillinge, Söhne der Nyx, der Nacht. Morpheus, der Gott der Träume, war der Sohn von Hypnos. Wie bei Shakespeare birgt der Schlaf, und vielleicht auch der Tod, die Möglichkeit des Traums.

9 Vgl. V. A. F. Lamme, »Towards a True Neural Stance on Consciousness«, *Trends Cog. Sci.* 10 (11) (2006), S. 494–501; S. Dehaene u. a., »Conscious, Preconscious, and Subliminal Processing: A Testable Taxonomy«, *Trends Cog. Sci.* 10 (5) (2006), S. 204–211.

10 A. Lutz, »Changes in the Tonic High-Amplitude Gamma Oscillations During Meditation Correlates with Long-Term Practitioners' Verbal Reports«, *Poster at the 9th ASSC conference, Pasadena*, Kalifornien, 2005; Lutz u. a., »Long-Term Meditators Self-Induce High-Amplitude Synchrony During Mental Practice«, *Proc. Nat. Acad. Sci.* 101 (46) (2004),

S. 16369–16373. Eine gute neuere Überblicksdarstellung ist A. Lutz u. a., »Attention Regulation and Monitoring in Meditation«, *Trends Cog. Sci.* 12 (4) (2008), S. 163–169.

11 Obgleich ich letztlich nicht mit seiner Theorie vom »objektiven Selbst« übereinstimme, findet sich die wohl schönste und lesbarste Darstellung dieses Problems und seiner Anwendung auf das Selbstbewusstsein in Kapitel 4 von Thomas Nagels Buch *Der Blick von nirgendwo*, Frankfurt a. M. 1992. Eine kurze Widerlegung ist T. Metzinger, »Perspektivische Fakten? Die Naturalisierung des ›Blick von nirgendwo‹«, in G. Meggle u. J. Nida-Rümelin (Hg.), *ANALYOMEN 2. Perspektiven der Analytischen Philosophie*, Berlin und New York 1995, S. 103–110.

12 R.L. Gregory, »Visual Illusions Classified«, *Trends Cog. Sci.* 1 (1997), S. 190–194.

13 Ernst Pöppel, *Grenzen des Bewußtseins. Über Wirklichkeit und Welterfahrung*, Stuttgart 1985; E. Ruhnau, »Zeit-Gestalt und der Beobachter«, in T. Metzinger (Hg.), *Bewusstsein. Beiträge aus der Gegenwartsphilosophie*, Paderborn [5]2005.

14 R.M. Halsey u. A. Chapanis, »Number of Absolutely Identifiable Hues«, *Jour. Optical Soc. Amer.* 41 (12) (1951), S. 1057 f. Für eine ausgezeichnete philosophische Diskussion vgl. D. Raffman, »Über die Beharrlichkeit der Phänomenologie«, in T. Metzinger (Hg.), *Bewusstsein. Beiträge aus der Gegenwartsphilosophie*, Paderborn [5]2005.

15 Raffman, »Über die Beharrlichkeit der Phänomenologie«, a. a. O., S. 347 bis 366.

16 C.I. Lewis, *Mind and the World Order*, New York 1929. Vgl. auch Daniel C. Dennett, »Qualia eliminieren«, in T. Metzinger (Hg.), *Grundkurs Philosophie des Geistes*, Bd. 1: *Phänomenales Bewusstsein*, Paderborn [2]2009, und T. Metzinger, »Präsentationaler Gehalt«, in H.-D. Heckmann u. F. Esken (Hg.), *Bewusstsein und Repräsentation*, Paderborn 1997.

17 Diana Raffman, *Language, Music, and Mind*, Cambridge, Mass., 1993.

18 Paul M. Churchland, »Eliminativer Materialismus und propositionale Einstellungen«, in T. Metzinger (Hg.), *Grundkurs Philosophie des Geistes*, Bd. 2: *Das Leib-Seele-Problem*, Paderborn 2007.

19 P.M. Churchland, *Matter and Consciousness*, zweite überarbeitete Ausgabe, Cambridge, Mass., 1988.

20 Zitiert in der gründlich überarbeiteten Ausgabe von 1991 des Buchs *Uncommon Psychiatric Syndromes* von M. David Enoch u. Hadrian N. Ball, London 1991, S. 167.

21 Ich danke Dr. Richard Chapman vom *Pain Research Center* der Universität von Utah dafür, dass er mich auf den Begriff des »Immunculus« aufmerksam gemacht hat: das Netzwerk natürlicher Autoantikörper, das gegen extrazelluläre, Membran-, zytoplasmatische und Kernselbst-Antigene gerichtet ist. Die Repertoires dieser natürlichen Autoantikörper sind bei

gesunden Menschen erstaunlich konstant und weisen, unabhängig von Geschlecht und Alter, nur minimale individuelle Abweichungen auf. Man kann das Immunsystem als eine unbewusste Form der Selbstrepräsentation interpretieren, die im gesamten Körper gleichzeitig abläuft.

Kapitel 3
HINAUS AUS DEM KÖRPER UND HINEIN IN DEN GEIST
Körperbild, außerkörperliche Erfahrungen und das virtuelle Selbst

1 M. Botvinick u. J. Cohen, »Rubber Hand ›Feels‹ Touch That Eyes See«, *Nature* 391 (1998), S. 756.

2 K.C. Armel u. V.S. Ramachandran, »Projecting Sensations to External Objects: Evidence from Skin Conductance Response«, *Proc. Roy. Soc. Lond.* 270 (2003), S. 1499–1506.

3 M.R. Longo u.a., »What Is Embodiment? A Psychometric Approach«, *Cognition* 107 (2008), S. 978–998. Ich selbst habe dafür argumentiert, dass Agentivität – ganz im Gegensatz zu dem, was eine Mehrheit von Philosophen denkt – keine im ontologischen Sinne notwendige Bedingung für die Entstehung von Selbstbewusstsein ist. Es gibt eine vollständig passive Form des nichtbegrifflichen, leiblichen Selbstbewusstseins, die erstens unabhängig von Kognition, Emotion und allen Formen des äußeren und inneren Handelns ist und für die zweitens die geistige Selbstlokalisierung in einer räumlich-zeitlichen Ordnung sowie die vorbegriffliche Identifikation mit dem Inhalt eines transparenten Körperbilds nicht nur notwendig, sondern auch hinreichend ist. Siehe dazu O. Blanke u. T. Metzinger, »Full-body Illusions and Minimal Phenomenal Selfhood«, *Trends Cog. Sci.* 13 (1) (2009), S. 7–13.

4 Vgl. Antonio Damasio, *The Feeling of What Happens. Body, Emotion, and the Making of Consciousness*, London 1999, S. 19. Deutsch: *Ich fühle, also bin ich. Die Entschlüsselung des Bewusstseins*, Berlin 2001. Vgl. auch A.D. Craig, »How Do You Feel? Interoception: The Sense of the Physiological Condition of the Body«, *Nat. Rev. Neurosci.* 3 (2002), S. 655–666, und »Interoception: The Sense of the Physiological Condition of the Body«, *Curr. Opin. Neurobiol.* 13 (2003), S. 500–505.

5 Für eine ausgezeichnete Überblicksdarstellung – einschließlich einer neuen, empirisch fundierten Synthese – über die klassische These von David Hume (wonach das Selbst lediglich ein Bündel von Eindrücken ist und alles »von unten nach oben« erklärt werden kann) im Gegensatz zur klassischen Kant'schen These (Selbstbewusstsein ist eine notwendige Voraussetzung dafür, dass wir den Körper als eine Gesamtheit erleben, und

alles muss »von oben nach unten« erklärt werden) vgl. F. De Vignemont u. a., »Body Mereology«, in dem hervorragenden und empfehlenswerten Sammelband von G. Knoblich u. a. (Hg.), *Human Body Perception from the Inside Out*, New York 2006.

6 Die Begrifflichkeit ist nie ganz eindeutig gewesen, aber häufig wurde unterschieden zwischen einem unbewussten »Körperschema« und einem bewussten »Körperbild«. Das Körperschema (ein von den beiden britischen Neurologen Sir Henry Head und Gordon Holmes im Jahr 1911 eingeführter Begriff) soll eine funktionale Einheit sein, die ein geordnetes räumliches Modell des körperlichen Selbst im Gehirn bereitstellt, während das Körperbild auch unsere bewussten Wahrnehmungen unseres eigenen Körpers sowie Gedanken darüber und Einstellungen dazu miteinschließen soll. Eine philosophische Perspektive auf die begriffliche Unschärfe der beiden Termini bietet S. Gallagher an, in *How the Body Shapes the Mind*, New York 2005. Für eine hervorragende Übersicht über die empirische Literatur vgl. A. Maravita, »From ›Body in the Brain‹ to ›Body in Space‹: Sensory and Intentional Components of Body Representation«, in G. Knoblich u. a. (Hg.), *Human Body Perception*, 2006.

7 A. Maravita u. A. Iriki, »Tools for the Body (Schema)«, *Trends Cog. Sci.* 8 (2004), S. 79–86. Eine ausgezeichnete neuere Überblicksdarstellung ist A. Iriki u. O. Sakura, »The Neuroscience of Primate Intellectual Evolution: Natural Selection and Passive and Intentional Niche Construction«, *Phil. Trans. R. Soc. B* 363 (2008), S. 2229–2241.

8 Vgl. A. Iriki u. a., »Coding of Modified Body Schema During Tool-Use by Macaque Post-Central Neurons«, *Neuroreport* 7 (1996), S. 2325–2330, und Maravita u. Iriki, »Tools for the Body (Schema)« 2004.

9 J. M. Carmena u. a., »Learning to Control a Brain-Machine Interface for Reaching and Grasping by Primates«, *PLoS Biology* 1 (2003), S. 193–208.

10 Iriki und Sakura formulieren diesen wichtigen Punkt folgendermaßen: »Wenn äußere Gegenstände als dem Körper zugehörig rekonzeptualisiert werden können, ist es womöglich unvermeidlich, dass die umgekehrte Rekonzeptualisierung gleichfalls offenbar wird – das heißt, dass das Subjekt jetzt seine Körperteile als äquivalent zu äußeren Werkzeugen objektivieren kann. Der Werkzeuggebrauch mag daher zu der Fähigkeit führen, das Gefühl der buchstäblichen Grenzen aus Fleisch und Blut der eigenen Haut zu *entkörperlichen*. Als solches fungiert er möglicherweise als Vorläufer für die Fähigkeit, das Selbst zu objektivieren. Anders gesagt, der Werkzeuggebrauch bereitet den Geist möglicherweise auf das Entstehen des Begriffs des Meta-Selbst vor, der ein weiteres definierendes Merkmal der menschlichen Intelligenz ist.« Vgl. Iriki & Sakura, »The Neuroscience of Primate Intellectual Evolution«, (2008), S. 2232.

11 Vgl. O. Blanke und T. Metzinger, »Full-Body Illusions and Minimal Phenomenal Selfhood«, *Trends Cog. Sci.* 13 (1) (2009), S. 7–13.

12 Vgl. T. Metzinger, »Out-of-Body Experiences as the Origin of the Concept of a ›Soul‹«, *Mind and Matter* 3 (1) (2005), S. 57–84.
13 Einen ersten Überblick gab der Autor, Übersetzer und Theosoph George Robert Stow Mead, vgl. *The Doctrine of the Subtle Body in Western Tradition*, London 1919. Eine deutsche Übersetzung erschien 1991 in Interlaken unter dem Titel *Die Lehre vom feinstofflichen Körper in der westlichen Tradition. Geistkörper, Strahlenkörper und Auferstehungskörper in der Erfahrungswelt der Gnostiker und Hermetischen Philosophen.*
14 Es ist wichtig, sich die potenziellen ontologischen Folgerungen klarzumachen: Selbst wenn eine vollständige reduktionistische Erklärung aller Subtypen von OBEs erreicht werden sollte – und selbst wenn meine Hypothese über die Geschichte des Begriffs der Seele richtig ist –, ist es nach wie vor logisch möglich, dass Seelen existieren. Allerdings würden wir für die Zwecke der Wissenschaft oder Philosophie den Begriff einer Seele nicht länger benötigen; die Seele würde in einer rationalen, empirisch fundierten Theorie des menschlichen Geistes nicht mehr vorkommen. Logische Möglichkeit ist etwas sehr Schwaches, aber es ist schwer, die Nicht-Existenz von etwas zu beweisen, und es bleibt immer möglich, dass wir eines Tages einen neuen Sinn entdecken, in dem »die Seele« alles andere als ein leerer Begriff wäre. Siehe dazu inbesondere auch T. Metzinger,«Why are dreams interesting for philosophers? The example of minimal phenomenal selfhood, plus an agenda for future research«, *Front. Psychol.* 4 (2013):746. Frei verfügbar im Internet, doi: 10 3389/fpsyg.2013.00 746.
15 Interessanterweise ist die älteste historisch belegte Bedeutung des Worts »information« im Englischen *Akt des Formens*, womit die Formung oder Gestaltung des Geistes gemeint war. Was ich das »Selbstmodell« nenne, ist genau dies: die »innere Form«, die ein Organismus sich selbst gibt, die Formung eines eigenen Geistes – und zwar durch die innere Bildung eines virtuellen Körpers.
16 Susan J. Blackmore, *Beyond the Body. An Investigation of Out-of-the-Body Experiences*, London 1982.
17 Vgl. zusätzlich zu *Beyond the Body* S. Blackmore, »A Psychological Theory of the Out-of-Body Experience«, *Jour. Parapsychol.* 48 (1984), S. 201–218; und S. J. Blackmore, »Where Am I? Perspectives in Imagery and the Out-of-Body Experience«, *Jour. Mental Imagery* 11 (1987), S. 53–66.
18 J. A. Cheyne u. T. A. Girard, »The body unbound: Vestibular-motor hallucinations and out-of-body experiences«, *Cortex* 45 (2) (2009), S. 201–215.
19 E. Waelti, *Der dritte Kreis des Wissens*, Interlaken 1983, S. 18 u. 25.
20 C. S. Alvarado, »Out-of-Body Experiences«, in E. Cardeña u. a. (Hg.), *Varieties of Anomalous Experience: Examining the Scientific Evidence*, Washington, D. C., 2000.
21 Vgl. zum Beispiel J. Palmer, »A Community Mail Survey of Psychic Experience«, *Jour. Am. Soc. Psychical Res.* 73 (1979), S. 21–51; S. Blackmore,

»A Postal Survey of OBEs and Other Experiences«, *Jour. Soc. Psychical Res.* 52 (1984), S. 225–244.

22 Vgl. Alvarado, »Out-of-Body Experiences« (2000), für eine Übersicht über zahlreiche Studien; S. Blackmore, »Spontaneous and Deliberate OBEs: A Questionnaire Survey«, *Jour. Soc. Psychical Res.* 53 (1986), S. 218–224; Harvey J. Irwin, *Flight of Mind*, Metuchen, N.J., 1985, S. 174 ff.; O. Blanke u. C. Mohr, »Out-of-Body Experience, Heautoscopy, and Autoscopic Hallucination of Neurological Origin: Implications for Neurocognitive Mechanisms of Corporeal Awareness and Self Consciousness«, *Brain Res. Rev.* 50 (2005), S. 184–199.

23 O. Devinsky u. a., »Autoscopic Phenomena with Seizures«, *Arch. Neurol.* 46 (1989), S. 1080–1088.

24 Man könnte das Gefühl der Anwesenheit also begrifflich als eine »somästhetische Variante der Heautoskopie« interpretieren. Vgl. z. B. P. Brugger, »Reflective Mirrors: Perspective-Taking in Autoscopic Phenomena«, *Cog. Neuropsychiatry* 7 (2002), S. 179–194; Brugger u. a., »Unilaterally Felt Presences: The Neuropsychiatry of One Invisible Doppelgänger«, *Neuropsychiatry, Neuropsychology, and Behavioral Neurology* 9 (1996), S. 114–122; Brugger u. a., »Illusory Reduplication of One's Own Body: Phenomenology and Classification of Autoscopic Phenomena«, *Cog. Neuropsychiatry* 2 (1997), S. 19–38; Devinsky u. a., »Autoscopic Phenomena« (1989).

25 U. Wolfradt, »Außerkörpererfahrungen (AKE) aus differentiell-psychologischer Perspektive«, *Zeitschrift f. Paraps. u. Grenzgeb. d. Psych.* 42/43 (2000/01), S. 65–108; U. Wolfradt u. S. Watzke, »Deliberate Out-of-Body Experiences, Depersonalization, Schizotypal Traits, and Thinking Styles«, *Jour. Amer. Soc. Psychical Res.* 93 (1999), S. 249–257.

26 H.J. Irwin, »The Disembodied Self: An Empirical Study of Dissociation and the Out-of-Body Experience«, *Jour. Parapsych.* 64 (3) (2000), S. 261–277.

27 Vgl. Wolfradt, »Außerkörpererfahrungen (AKE)« (2000/01).

28 Ebenda. Andere Studien finden nur 22–36 Prozent; vgl. Alvarado, »Out-of-Body Experiences« (2000).

29 Wolfradt, »Außerkörpererfahrungen« (2000/2001).

30 C. Green, *Out-of-the-Body Experiences*, London 1968.

31 O. Blanke u. a., »Stimulating Illusory Own-Body Perceptions«, *Nature* 419 (2002), S. 269–270.

32 Für eine detailliertere Hypothese bezüglich der Rolle des temporoparietalen Übergangs vgl. Blanke u. a., »Out-of-Body Experience and Autoscopy of Neurological Origin«, *Brain* 127 (2004), S. 243–258; S. Bünning u. O. Blanke, »The Out-of-Body Experience: Precipitating Factors and Neural Correlates«, *Prog. Brain Res.* 150 (2005), S. 333–353; O. Blanke u. S. Arzy, »The Out-of-Body Experience: Disturbed Self-Processing at the Temporo-Parietal Junction«, *The Neuroscientist* 11 (2005), S. 16–24; und

F. Tong, »Out-of-Body Experiences: From Penfield to Present«, *Trends Cog. Sci.* 7 (2003), S. 104–106. Ein ausgezeichneter Überblick über die weitere Entwicklung dieses Forschungsgebiets ist O. Blanke, »Multisensory mechanisms of bodily self-consciousness«, *Nature Reviews Neuroscience* 13:8 (2012), S. 556–571.

33 Blanke u.a., »Linking Out-of-Body Experience and Self-Processing to Mental Own-Body Imagery and the Temporoparietal Junction«, *Jour. Neurosci.* 25 (2005), S. 550–557.

34 Vgl. J.E. Aspell u.a., »Turning body and self inside out: visualized heartbeats alter bodily self-consciousness and tactile perception, *Psychological Science* /// Ein neues komputationales Modell der möglicherweise zu Grunde liegenden Vorgänge im Gehirn ist A.K. Seth, »Interoceptive inference, emotion, and the embodied self«, *Trends in Cognitive Sciences* 17:11 (2013), S. 565–573. doi:10.1177//0956797613498395

35 Eine weiterführende Diskussion dieses Punkts findet sich in O. Blanke u. T. Metzinger, »Full-Body Illusions and Minimal Phenomenal Selfhood«, *Trends. Cog. Sci.* 13 (1) (2009), S. 7–13, und in T. Metzinger, »Why are dreams interesting for philosophers? The example of minimal phenomenal selfhood, plus an agenda for future research«, *Front. Psychol.* 4 (2013):746. Frei verfügbar im Internet, doi: 10.3389/fpsyg.2013.00746.

36 Neue Überlegungen deuten darauf hin, dass ein räumlich ausgedehntes Körperbild und auch ein interozeptives Selbstmodell nicht im strengen Sinne notwendige Bedingungen für Selbstbewusstsein sind. Ein ausdehnungsloser Punkt im Raum als Einheit der Identifikation scheint ausreichend für eine stabile Form des Selbstbewusstseins zu sein. Siehe dazu J.M. Windt, »The immersive spatiotemporal hallucination model of dreaming«, *Phenomenology and the Cognitive Sciences* 9, 295–316 (2010) und T. Metzinger, »Why are dreams interesting for philosophers? The example of minimal phenomenal selfhood, plus an agenda for future research«, *Front. Psychol.* 4 (2013):746. Frei verfügbar im Internet, doi: 10.3389/fpsyg.2013.00746.

37 Vgl. Wolfradt, »Außerkörpererfahrungen (AKE)« (2000/01), S. 91.

38 Können Sie sich vorstellen, wie es wäre, wenn Sie sich selbst von außen betrachteten und Ihre eigene Hand schüttelten? Henrik Ehrsson vom Karolinska Institut in Stockholm, Schweden, ist einer der führenden Selbstmodell-Forscher. Er entwarf eines der klassischen Experimente zur Ganzkörper-Illusion und zeigte auch, dass Armamputierte dazu gebracht werden können, eine Gummihand als eigene Hand zu erleben. Er entwickelte das Forschungsfeld weiter, indem er sich auf Befunde aus Verhaltensstudien und auf Neuroimaging-Befunde konzentrierte. Vor kurzem ist es Mitgliedern seines Teams gelungen, bei ihren Versuchspersonen nicht nur die Illusion auszulösen, dass der Körper einer anderen Person der eigene Körper sei, sondern auch das phänomenale Erleben, in dem Körper

dieser anderen Person zu sein, während sie sich tatsächlich ihrem eigenen Körper gegenübersahen und ihre eigene Hand schüttelten. Vgl. Valerie I. Petrovka u. H. Henrik Ehrsson, »If I Were You: Perceptual Illusion of Body Swapping«, *PLoS ONE* 3 (12) (2008), e3832; H. Henrik Ehrsson, »The Experimental Induction of Out-of-Body Experiences«, *Science* 317 (2007), S. 1048; H. Henrik Ehrsson u. a., »Upper Limb Amputees Can Be Induced to Experience a Rubber Hand as their Own«, *Brain* 131, S. 3443–3452; Tamar R. Makin u. a., »On the Other Hand: Dummy Hands and Peripersonal Space«, *Beh. Brain. Res.* 191 (2008), S. 1–10.

39 Vgl. W. Barfield u. a., »Presence and Performance Within Virtual Environments«, in: W. Barfield u. T. A. Furness III. (Hg.), *Virtual Environments and Advanced Interface Design*, New York 1995. Vgl. auch M. V. Sanchez-Vives u. M. Slater, »From Presence to Consciousness Through Virtual Reality«, *Nat. Rev. Neur.* 6 (2005), S. 332–339. M. Slater, seit vielen Jahren ein führender Forscher auf dem Gebiet der virtuellen Realität, hat jüngst nachgewiesen, dass das Gefühl der Meinigkeit auch für vollständig simulierte Körperteile in virtuellen Umwelten konstruiert werden kann (anstatt, wie in unserem Experiment, die Versuchspersonen ihre »realen« Körper betrachten zu lassen). Dies gestattet nun auch die Durchführung von Experimenten, die in der physikalischen Welt nie möglich gewesen wären, darunter auch Echtzeit-Modifikationen virtueller Körper nicht nur hinsichtlich Länge, Größe und Erscheinung, sondern auch im Hinblick auf komplexe Bewegungsmuster. Die Autoren des unten zitierten Aufsatzes selbst formulieren es folgendermaßen: »Für die Zukunft legt unsere Arbeit die Vermutung nahe, dass Menschen tatsächlich ihr ›Selbst‹ in die virtuelle Welt übertragen können, und zwar im echten Sinne des Wortes und nicht nur im metaphorischen Sinne wie in den heutigen Computerspielen und Online-Gemeinschaften. In Verbindung mit BCIs [Gehirn-Computer-Schnittstellen] erwarten wir einen funktionstüchtigen virtuellen Körper, den die Versuchspersonen als ihren eigenen Körper erleben werden, mit bedeutsamen Anwendungen in den Bereichen des *Virtual-Reality*-Trainings, der Gliedmaßen-Prothetik und der Unterhaltungstechnologie.« Vgl. M. Slater u. a., »Towards a Digital Body: The Virtual Arm Illusion«, *Frontiers Hum. Neurosci.* 2:6. doi:10.3389/neuro.09 006 2008.

40 Vgl. www.dukemednews.org/news/article.php?id=10 218. Ein kurzes Video findet sich unter http://www.youtube.com/watch?v=L8oAz4WS4O0.

41 Vgl. zum Beispiel R. A. Sherman u. a., »Chronic Phantom and Stump Pain Among American Veterans: Results of a Survey«, *Pain* 18 (1984), S. 83–95.

42 S. W. Mitchell, »Phantom Limbs«, *Lippincott's Mag. Pop. Lit. & Sci.* 8 (1871), S. 563–569.

43 Vgl. V. S. Ramachandran u. a., »Scientific Correspondence: Touching the Phantom Limb«, *Nature* 377 (1995), S. 489–490; V. S. Ramachandran u. D. Rogers-Ramachandran, »Synaesthesia in Phantom Limbs Induced with

Mirrors«, *Proc. Roy. Soc. Lond.* B (1996), S. 377–386; und V. S. Ramachandran u. Sandra Blakeslee, *Phantoms in the Brain*, New York 1998. Deutsch: *Die blinde Frau, die sehen kann. Rätselhafte Phänomene des Bewusstseins*, Reinbek 2002.

44 V. S. Ramachandran, »Consciousness and Body Image: Lessons from Phantom Limbs, Capgras Syndrome and Pain Asymbolia«, *Phil. Trans. Roy. Soc. Lond.* B 353 (1998), S. 1851–1859 (1998). Für klinische und experimentelle Details vgl. Ramachandran und Rogers-Ramachandran, »Synaesthesia in Phantom Limbs« (1996).

45 P. Brugger u. a., »Beyond Re-membering: Phantom Sensations of Congenitally Absent Limbs«, *Proc. Nat. Acad. Sci. USA* 97 (2000), S. 6167–6172.

Kapitel 4
VON DER MEINIGKEIT ZUM HANDELN UND ZUR WILLENSFREIHEIT

1 Frei nach dem Fallbericht einer 68-jährigen Frau, die nach einem Schlaganfall an einem vorübergehenden Alien-Hand-Syndrom litt. Von D. H. Geschwind u. a., »Alien Hand Syndrome: Interhemispheric Disconnection Due to Lesion in the Midbody of the Corpus Callosum«, *Neurology* 45 (1995), S. 802–808.

2 Vgl. K. Goldstein, »Zur Lehre der Motorischen Apraxie«, *Jour. für Psychologie und Neurologie* 11 (1908), S. 169–187; W. H. Sweet, »Seeping Intracranial Aneurysm Simulating Neoplasm«, *Arch. Neurology & Psychiatry* 45 (1941), S. 86–104; S. Brion u. C.-P. Jedynak, »Troubles du Transfert Interhémisphérique (Callosal Disconnection). A Propos de Trois Observations de Tumeurs du Corps Calleux. Le Signe de la Main Étrangère«, *Revue Neurologique* 126 (1972), S. 257–266; G. Goldberg u. a., »Medial Frontal Cortex Infarction and the Alien Hand Sign«, *Arch. Neurology* 38 (1981), S. 683–686. Für eine bedeutende neue begriffliche Unterscheidung vgl. C. Marchetti u. S. Della Sala, »Disentangling the Alien and the Anarchic Hand«, *Cog. Neuropsychiatry* 3 (1998), S. 191–207.

3 Goldberg u. a., »Medial Frontal Cortex Infarction« (1981), S. 684.

4 G. Banks u. a., »The Alien Hand Syndrome: Clinical and Postmortem Findings«, *Arch. Neurology* 46 (1989), S. 456–459.

5 Vgl. dazu C. Marchetti u. S. Della Sala, »Disentangling the Alien and the Anarchic Hand«, *Cog. Neuropsychiatry* 3 (1998), S. 191–207.

6 Ebenda.

7 Die klassische Studie ist M. A. Killingsworth & D. T. Gilbert, »A wandering mind is an unhappy mind«, *Science* 330:6006 (2010), S. 932. Ein guter Überblicksartikel für wissenschaftlich Interessierte ist B. W. Mooneyham & J. W Schooler, »The costs and benefits of mind-wandering: A re-

view«, *Canadian Journal of Experimental Psychology/Revue canadienne de psychologie expérimentale*, 67:1(2013), S. 11–18; zum ersten Einstieg in die Fachdebatte empfehle ich J. W. Schooler u. a.,»Meta-awareness, perceptual decoupling and the wandering mind«, *Trends in Cognitive Sciences* 15:7 (2011): S. 319–26. Eine frei im Internet verfügbare philosophische Diskussion der Befunde, insbesondere mit Blick auf den Begriff der »geistigen Autonomie«, mit vielen weiterführenden Literaturverweisen findet sich in T. Metzinger, »The myth of cognitive agency: Subpersonal thinking as a cyclically recurring loss of mental autonomy«, *Front. Psychol. 4 (2013): 619.* Frei verfügbar im Internet, doi:10.3389/fpsyg.2013.00931.

8 Siehe dazu T. Metzinger, »The Myth of Cognitive Agency: Subpersonal thinking as a cyclically recurring loss of mental autonomy«, *Front. Psychol.* 4 (2013): 619. Frei verfügbar im Internet, doi:10.3389/fpsyg.2013.00931.

9 T. Metzinger, »The Myth of Cognitive Agency: Subpersonal thinking as a cyclically recurring loss of mental autonomy«, *Front. Psychol.* 4 (2013): 619. Frei verfügbar im Internet, doi:10.3389/fpsyg.2013.00931.

10 Aus einer ganz anderen philosophischen Perspektive als der hier entwickelten hat diesen Punkt Hans-Willi Weis herausgearbeitet, vgl. *Denken, Schweigen, Übung*, Freiburg/München, 2012.

11 Für weitergehende begriffliche Überlegungen bezüglich der repräsentationalen Architektur der Volition und des akinetischen Mutismus vgl. T. Metzinger, »Conscious Volition and Mental Representation: Towards a More Fine-Grained Analysis«, in: Natalie Sebanz u. Wolfgang Prinz (Hg.), *Disorders of Volition*, Cambridge, Mass., 2006.

12 Die Details der Argumentation finden sich in Blanke & Metzinger 2009, neuere Überlegungen in T. Metzinger, »Why are dreams interesting for philosophers? The example of minimal phenomenal selfhood, plus an agenda for future research«, *Front. Psychol.* 4 (2013):746. Frei verfügbar im Internet, doi: 10 3389/fpsyg.2013.00 746. Eine längere Erläuterung findet sich in „First-order embodiment, second-order embodiment, third-order embodiment: From spatiotemporal self-location to minimal phenomenal selfhood", in: Lawrence Shapiro (Hg.), *The Routledge Handbook of Embodied Cognition*, London (2014).

13 S. Kremer u. a., Brief an den Herausgeber, »The Cingulate Hidden Hand«, *Jour. Neurology, Neurosurgery, and Psychiatry* 70 (2001), S. 264–265; vgl. auch eine klassische Studie von I. Fried u. a., »Functional Organization of Human Supplementary Motor Cortex Studied by Electrical Stimulation«, *Jour. Neurosci.* 11 (1991), S. 3656–3666. In dieser Studie berichteten Probanden, die mit elektrischen Strömen unterschiedlicher Stärke stimuliert wurden, über die bewusste Trugwahrnehmung gerade ablaufender Bewegungen oder die geistige Vorwegnahme von Bewegungen oder auch den »Drang«, eine Bewegung auszuführen, alles in Abwesenheit jeglicher äußerlich erkennbaren motorischen Aktivität.

14 D. M. Wegner u. T. Wheatley, »Apparent Mental Causation: Sources of the Experience of Will«, *Amer. Psychol.* 54 (7) (1999), S. 480–492.

15 Wegner u. Wheatley, »Apparent Mental Causation« (1999), S. 488.

16 Ebenda, S. 483.

17 Vgl. zum Beispiel P. Haggard, »Conscious Awareness of Intention and of Action«, in: J. Rössler u. N. Eilan (Hg.), *Agency and Self-Awareness. Issues in Philosophy and Psychology*, Oxford 2003. Eine gute aktuelle Überblicksdarstellung ist P. Haggard, »Human Volition: Towards a Neuroscience of Will«, *Nat. Rev. Neurosci.* 9 (2008), S. 934–946.

18 Zwar existiert tatsächlich Unbestimmtheit auf der subatomaren Ebene, aber der bewusste Geist kann sich gewiss nicht durch unbestimmte Quantenprozesse irgendwie in die physikalische Welt einschleichen. Das wäre auch eine Verkennung des Beweisziels für den Verteidiger der Willensfreiheit, denn Zufall ist sicher auch nicht das, was wir wollen: Philosophisch gesehen, wäre Zufälligkeit im Gehirn genauso schlecht wie totale Determination. »Rationale Autonomie« dagegen ist die begrifflich richtige Zielvorstellung. Quantentheorien der Willensfreiheit sind aber auch bereits *empirisch* falsch: Irgendwo im Weltall mag es andere Formen von Gehirnen geben, aber in menschlichen Gehirnen findet das Feuern von Neuronen in einer makroskopischen Größenordnung statt. Für so riesige Gebilde wie die Nervenzellen des globalen neuronalen Korrelats von Bewusstsein (vgl. hierzu das Einleitungskapitel) bei 37 Grad Körpertemperatur spielen Quantenereignisse schlichtweg keine Rolle.

19 Die willentliche Unterbrechung willentlicher Handlungen scheint überwiegend von unbewussten Ereignissen im anterioren medianen Kortex bestimmt zu werden. Vgl. M. Brass u. P. Haggard, »To Do or Not To Do: The Neural Signature of Self-Control«, *J. Neurosci.* 27 (2007), S. 9141–9145 und E. Filevich u. a., »There Is No Free Won't: Antecedent Brain Activity Predicts Decisions to Inhibit« PLoS ONE, 8:2(2013), e53 053. Neuere Überlegungen zum Begriff der »Veto-Autonomie« und seiner Bedeutung für die Ethik der Neurotechnologie und unserem Verständnis von geistiger Autonomie finden sich in T. Metzinger, »Two principles for robot ethics«, in: E. Hilgendorf & J.-P. Günther (Hg.), *Robotik und Gesetzgebung*, Baden-Baden (2013), S. 247–286, und in T. Metzinger, »The Myth of Cognitive Agency: Subpersonal thinking as a cyclically recurring loss of mental autonomy«, *Front. Psychol.* 4 (2013): 619. Frei verfügbar im Internet, doi:10.3389/fpsyg.2013.00931

20 Siehe dazu auch T. Metzinger, »The Forbidden Fruit Intuition«, The *Edge* Annual Question – 2006: Was ist Ihre gefährliche Idee? www.edge.org/q2006/q06_7.html#metzinger. Wiederabgedruckt in J. Brockman (Hg.), *What Is Your Dangerous Idea? Today's Leading Thinkers on the Unthinkable*, New York 2007, S. 153–155.

21 Fünf auch für philosophisch interessierte Leser relevante Studien sind

R. F. Baumeister u. a., »Prosocial benefits of feeling free: disbelief in free will increases aggression and reduces helpfulness«, Personality and Social Psychology Bulletin 35:2 (2009), S. 260–268. D. Rigoni u. a … »Inducing disbelief in free will alters brain correlates of preconscious motor preparation the brain minds whether we believe in free will or not«, Psychological Science 22:5 (2011), S. 613–618. D. Rigoni u. a … »Reducing self-control by weakening belief in free will«, Consciousness and Cognition 21:3 (2012), S. 1482–1490. D. Rigoni u. a … »When errors do not matter: Weakening belief in intentional control impairs cognitive reaction to errors«, Cognition, 127:2 (2013), S. 264–269. K. D. Vohs & J. W. Schooler, J. W., »The value of believing in free will encouraging a belief in determinism increases cheating«, Psychological Science 19:1 (2008), S. 49–54.

22 Das wäre kein neuer Gedanke in der Philosophiegeschichte. Vasubandhu, ein buddhistischer Gelehrter aus dem 4. Jahrhundert n. Chr. und eine der bedeutendsten Gestalten in der Entwicklung des Mahayana-Buddhismus in Indien, berichtet: *Buddha sprach: »O Brüder! Handlungen existieren und auch ihre Folgen (Ansehen und Entehrung), aber der Handelnde existiert nicht. Es gibt niemanden, der diese Menge von Elementen wegwirft, und niemanden, der eine neue Menge davon annimmt. (Es gibt kein Individuum), es ist nur ein konventioneller Name, der (einer Menge von) Elementen gegeben wird.«* Anhang zu Kapitel VIII von Vasubandhus Werk *Abhidharmakosha*, §9: 100.b.7; zitiert nach T. Stcherbatsky, »The Soul Theory of the Buddhists«, *Bull. Acad. Sci. Russ.* 845 (1919).

Kapitel 5
PHILOSOPHISCHE PSYCHONAUTIK
Was können wir aus dem luziden Traum lernen?

1 Die zweite Frage ist natürlich eine Variante derjenigen, die Descartes in seiner ersten Meditation stellte, als er erkannte, dass er alles, was er jemals für gewiss gehalten hatte – einschließlich seines Eindrucks, in seinem Wintermantel am Kaminfeuer zu sitzen und das Blatt Papier in seinen Händen eingehend zu prüfen –, genauso gut geträumt haben könnte. Was das Problem des Traum-Skeptizismus so verzwickt macht, ist die Tatsache, dass es selbst in einem »bestmöglichen Szenario« der Sinneswahrnehmung offenbar keine zuverlässige, hundertprozentig sichere Methode gibt, um den Wach- vom Traumzustand zu unterscheiden. Dem Traum-Skeptizismus zufolge könnten buchstäblich all unsere Erlebnisse im Wachzustand lediglich ein Traum sein, und wir sind grundsätzlich nicht imstande, diese Frage jemals mit Gewissheit zu entscheiden. Der wichtigste Einstiegspunkt für Leser, die sich für die moderne Philosophie und Kognitionswissenschaft des Träumens interessieren ist das Stan-

dardwerk von Jennifer Windt: *Dreaming*, Cambridge, Mass. 2014. Für eine detaillierte Diskussion des Problems des Traum-Skeptizismus vgl. zum Beispiel B. Stroud, *The Significance of Philosophical Scepticism*, New York 1984 und T. Metzinger, »Why are dreams interesting for philosophers? The example of minimal phenomenal selfhood, plus an agenda for future research«, *Front. Psychol.* 4 (2013):746. Frei verfügbar im Internet, doi: 10 3389/fpsyg.2013.00 746. Was den Status des phänomenalen und epistemischen Subjekts im Traumzustand angeht, vgl. J. Windt u. T. Metzinger, »The Philosophy of Dreaming and Self-Consciousness: What Happens to the Experiential Subject During the Dream State?«, in: P. McNamara u. D. Barrett (Hg.), *The New Science of Dreaming*, Westport, CT, 2007. Siehe auch http://eprints.assc.caltech.edu/200/01/Dreams.pdf.

2 Vgl. J. A. Hobson u. a., »Dreaming and the Brain: Toward a Cognitive Neuroscience of Conscious States«, *Behavioral and Brain Sci.* 23 (2000), S. 793–842; und A. Revonsuo, *Inner Presence. Consciousness as a Biological Phenomenon*, Cambridge, Mass., 2006.

3 H. Keller, *The World I Live in*, New York 2003.

4 H. Bertolo u. a., »Visual Dream Content, Graphical Representation and EEG Alpha Activity in Congenitally Blind Subjects«, *Cog. Brain Res.* 15 (2003), S. 277–284.

5 Vgl. C. H. Schenck, »*Violent Moving Nightmares*«, *www.parasomniasrbd.com/*; E. J. Olson u. a., »Rapid Eye Movement Sleep Behaviour Disorder: Demographic, Clinical, and Laboratory Findings in 93 Cases«, *Brain* 123 (2000), S. 331–339; und C. H. Adler u. M. J. Thorpy, »Sleep Issues in Parkinson's Disease«, *Neurology* 64 (Beiheft 3) (2005), S. 12–20.

6 Vgl. Hobson u. a., »Dreaming and the Brain« (2000) für nähere Angaben.

7 F. van Eeden, »A Study of Dreams«, *Proc. Soc. Psychical Res.* 26 (1913), S. 431–461.

8 Oliver Fox, *Astral Projection*, New Hyde Park, NY, 1962. Auch zitiert in S. LaBerge u. J. Gackenbach, »Lucid Dreaming«, in: E. Cardeña u. a. (Hg.), *Varieties of Anomalous Experience. Examining the Scientific Evidence*, Washington, D. C., 2000.

9 Vgl. P. Tholey, *Schöpferisch träumen*, Niedernhausen 1987.

10 Vgl. S. LaBerge u. H. Rheingold, *Exploring the World of Lucid Dreaming*, New York 1990.

11 S. LaBerge u. a., »Lucid Dreaming Verified by Volitional Communication During REM Sleep«, *Perceptual and Motor Skills* 52 (1981), S. 727–732; und S. LaBerge u. a., »Psychophysiological Correlates of the Initiation of Lucid Dreaming«, *Sleep Res.* 10 (1981), S. 149.

12 Für Näheres siehe P. Garfield, »Psychological Concomitants of the Lucid Dream State«, *Sleep Res.* 4 (1975), S. 183; S. LaBerge, »Induction of Lucid Dreams«, *Sleep Res.* 9 (1980), S. 138; S. LaBerge, »Lucid Dreaming as a Learnable Skill: A Case Study«, *Perceptual and Motor Skills* 51 (1980),

S. 1039–41; LaBerge u. Rheingold, *Exploring the World of Lucid Dreaming* (1990); und G. S. Sparrow, »Effects of Meditation on Dreams«, *Sundance Comm. Dream Jour.* 1 (1976), S. 48–49.

13 Hobson u. a., »Dreaming and the Brain« (2000), S. 837. Für Näheres über den Zusammenhang zwischen dem DLPFC und reflexivem Denken vgl. A. Muzur u. a., »The Prefrontal Cortex in Sleep«, *Trends Cog. Sci.* 6 (2002), S. 475–481.

14 Vgl. M. Dresler, »Imaging transitions in consciousness«, Poster auf der 13. Konferenz der Association for the Scientific Study of Consciousness in Berlin 2009; M. Dresler u. a., »Neural correlates of consciousness – insights from sleep imaging«, *Neuroforum* 15 (S1; 2009): T24-3C; M. Dresler u. a., »Dream imaging – how to read the sleeping brain«, *Journal of Sleep Research* 17 (S1): P003 (2008). Zwei wichtige neuere Studien sind M. Dresler u. a., »Neural correlates of dream lucidity obtained from contrasting lucid versus non-lucid REM sleep: A combined EEG/fMRI case study«, *Sleep* 35.7 (2012), S. 1017 und U. Voss u. a., »Lucid dreaming: a state of consciousness with features of both waking and non-lucid dreaming«, *Sleep* 32.9 (2009), S. 1191. Die umfassende Synthese der neueren Forschung ist J. M. Windt, *Dreaming*, Cambridge, Mass., 2014.

15 Vgl. P. Tholey u. K. Utecht, *Schöpferisch träumen*, Niedernhausen 1987, S. 97.

16 Der Ausdruck »Spandrillen« bezieht sich auf einen berühmten Essay von Stephen Jay Gould und Richard C. Lewontin, der 1979 unter dem Titel »The Spandrels of San Marco and the Panglossian Paradigm« erschien (*Proc. Royal Soc. London, Ser. B., Biol. Sci* (1934–1990) 205 (1161), S. 581–598, September 1979). Die Spandrille ist eine Metapher für ein Organ oder Merkmal, das wie eine Anpassungsleistung aussieht, aber in Wirklichkeit nur die zufällige Begleiterscheinung einer solchen ist. Spandrillen sind »Bogenzwickel« (die Fläche zwischen einem Bogen und seiner rechteckigen Umrahmung), die von dem Winkel herrühren, in dem gewölbte gotische Decken gebaut wurden, um Dächer zu stützen. Es ist unmöglich, einen Bogen oder eine Kuppel zu entwerfen, ohne nebenbei dreieckige Mauerflächen zu produzieren – eben die Spandrillen. Die architektonische Metapher soll veranschaulichen, wie auch bestimmte biologische Phänomene Exaptationen sein können, das heißt eine Funktion besitzen, »für die« sie ursprünglich nicht evolviert sind – sozusagen eine kreative Zweckentfremdung.

17 »Emergenz« kann man mit Blick auf die Beziehung zwischen Gehirn und Bewusstsein durch drei Thesen charakterisieren. Die erste These ist der ontologische Physikalismus: Die Gesamtheit der konkreten Realität erschöpft sich in den von der Physik postulierten Elementarteilchen und in Aggregaten dieser Elementarteilchen. Die zweite These ist die Emergenz von Makroeigenschaften: Ab einer gewissen Ebene struktureller

Komplexität entstehen aus Mengen von Mikroeigenschaften *genuin neue*, emergente Makroeigenschaften. Drittens sind diese Makroeigenschaften aber irreduzibel, denn sie sind real und kausal wirksam: Die Eigenschaften des Ganzen wirken wieder auf Eigenschaften der Teile zurück (»abwärtsgerichtete Kausalität«). Makroeigenschaften sind nicht auf Mikroeigenschaften reduzierbar, insbesondere sind sie nicht aus der Kenntnis solcher Eigenschaften heraus zu prognostizieren. Trotzdem existieren nomologische Korrelationen, die den Geist mit dem Körper verbinden (»psychophysische Brückengesetze«).

18 Die Idee des eliminativen Materialismus ist, dass man mentale Phänomene weder reduktiv erklären noch auf begrifflicher Ebene mit physischen Phänomenen identifizieren kann, weil sie überhaupt nicht existieren. Mentale Zustände existieren genauso wenig wie Gespenster oder Hexen und ihr wissenschaftstheoretischer Status ist der von »altmodischen theoretischen Entitäten«, die aus einer längst falsifizierten Theorie stammen. Diese Theorie ist die Alltagspsychologie.

Kapitel 6
DAS EMPATHISCHE EGO

1 Für Näheres vgl. G. Rizzolatti u. a., »From Mirror Neurons to Imitation: Facts and Speculations«, in A. N. Meltzoff u. W. Prinz (Hg.), *The Imitative Mind. Development, Evolution, and Brain Bases*, Cambridge 2002; und G. Rizzolatti u. M. Gentilucci, »Motor and Visual-Motor Function of the Premotor Cortex«, in: P. Rakic u. W. Singer (Hg.), *Neurobiology of Neocortex*, New York 1988. Eine hervorragende neuere Überblickdarstellung ist G. Rizzolatti u. C. Sinigaglia, *Mirrors in the Brain. How Our Minds Share Actions and Emotions*, Oxford 2008. Deutsch: *Empathie und Spiegelneurone. Die biologische Basis des Mitgefühls*, Frankfurt a. M. 2008.

2 Es kann zu Störungen des Spiegelneuronensystems kommen. Patienten, die an einem seltenen, aber recht gut erforschten neurologischen Syndrom namens *Echopraxie* leiden, spüren einen übermächtigen Drang, jedes Verhalten, das sie bei anderen Menschen beobachten, nachzuahmen. Bei diesen Patienten ist das Spiegelneuronensystem wahrscheinlich wegen unzureichender präfrontaler Hemmung versehentlich mit dem motorischen System gekoppelt. Die Spiegelneuronen gehen sozusagen *online* und verlieren ihren gewöhnlichen Status als reine *Offline*-Simulatoren. Aus diesem Grund werden die Betroffenen buchstäblich von den Handlungen angetrieben, die sie bei anderen Menschen sehen.

3 Vgl. V. Gallese u. A. Goldman, »Mirror Neurons and the Simulation Theory of Mind-Reading«, *Trends Cog. Sci.* 2 (1998), S. 493–501; M. Iacoboni u. a., »Cortical Mechanisms of Imitation«, *Science* 268 (1999), S. 2526–2528;

und V. Gallese, »The ›Shared Manifold‹ Hypothesis: From Mirror Neurons to Empathy«, *Jour. Consciousness Studies* 8 (2001), S. 33–50.

4 Vgl. T. Metzinger u. V. Gallese, »The Emergence of a Shared Action Ontology: Building Blocks for a Theory«, in: G. Knoblich u. a. (Hg.), *Self and Action.* Sonderheft von *Consciousness & Cognition* 12 (4) (2003), S. 549–571.

5 V. Gallese, »Intentional Attunement: A Neurophysiological Perspective on Social Cognition and Its Disruption in Autism«, *Brain Res.* 1079 (2006), S. 15–24; F. de Vignemont u. T. Singer, »The Empathic Brain: How, When, and Why?«, *Trends Cog. Sci.* 10 (2006), S. 435–441.

6 L. Carr u. a., »Neural Mechanisms of Empathy in Humans: A Relay from Neural Systems for Imitation to Limbic Areas«, *Proc. Nat. Acad. Sci. USA* 100 (9) (2003), S. 5497–5502; siehe auch A. Goldman u. C. S. Sripada, »Simulationist Models of Face-Based Emotion Recognition«, *Cognition* 94 (2005), S. 193–213.

7 A. D. Lawrence u. a., »Selective Disruption of the Recognition of Facial Expressions of Anger«, *NeuroReport* 13 (6) (2002), S. 881–884.

8 I. Morrison u. a., »Vicarious Responses to Pain in Anterior Cingulate Cortex: Is Empathy a Multisensory Issue?«, *Cog. Affec. & Behav. Neuroscience* 4 (2004), S. 270–278; P. L. Jackson u. a., »How Do We Perceive the Pain of Others: A Window into the Neural Processes Involved in Empathy«, *NeuroImage* 24 (2005), S. 771–779; M. Botvinick u. a., »Viewing Facial Expressions of Pain Engages Cortical Areas Involved in the Direct Experience of Pain«, *NeuroImage* 25 (2005), S. 315–319.

9 Es war der Schritt von dem, was ich *Verkörperung zweiter Ordnung* nenne, zur *Verkörperung dritter Ordnung.* Um der semantischen Entleerung des Begriffs »Verkörperung« entgegenzuwirken, habe ich die Begriffe »Verkörperung erster Ordnung« (die *Bottom-up*-Selbstorganisation intelligenten Verhaltens, die ohne explizite Berechnungsvorgänge auskommt und sich nur auf physikalische Eigenschaften des Systems stützt), »Verkörperung zweiter Ordnung« (die intelligentes Verhalten mit Hilfe einer einheitlichen Repräsentation des Körpers als einer Ganzheit erzeugt, also durch die innere Repräsentation des eigenen Selbst *als* verkörpert) und »Verkörperung dritter Ordnung« eingeführt (die funktionale Anhebung der Verkörperung zweiter Ordnung auf die Ebene globaler Verfügbarkeit, das heißt: das *bewusste Erleben* von Leiblichkeit). Im Traumzustand oder während einer außerkörperlichen Erfahrung zum Beispiel haben wir Verkörperung dritter Ordnung *ohne* Verkörperung erster Ordnung, da es kein beobachtbares Makroverhalten des physischen Körpers gibt. In der sozialen Kognition mit Hilfe des unbewussten Selbstmodells spielt überwiegend die zweite Ordnung des »Embodiment« eine Rolle; nur die Endergebnisse – das Erlebnis der gelungenen Einfühlung – tauchen auf der Ebene des bewussten körperlichen Selbstmodells auf. Eine kurze Zu-

sammenfassung findet sich in *Scholarpedia* 2 (10) (2007), S. 4174, auf www.scholarpedia.org/article/Self_Models.

10 V. Gallese, »Embodied Simulation: From Neurons to Phenomenal Experience«, *Phen. Cog. Sci.* 4 (2005), S. 23–38.

11 Gallese nennt diesen spezifischen phänomenalen Zustand »intentionale Abstimmung« – die besondere erlebnismäßige Qualität der Vertrautheit mit anderen Individuen, die sich der Tatsache verdankt, dass wir ihre Intentionen ständig unausgesprochen mit Vorgängen abgleichen, die in unseren eigenen Gehirnen ablaufen, wenn wir selbst solche Intentionen bilden. Das englische »attunement« bezieht sich auch auf einen Vorgang, bei dem sich zwei Personen in eine harmonische und verantwortungsvolle Beziehung bringen.

12 Vgl. T. Metzinger, »Self Models«, *Scholarpedia* 2 (10) (2007), S. 4174, unter www.scholarpedia.org/article/Self_Models; und Metzinger, »Empirische Perspektiven aus Sicht der Selbstmodell-Theorie der Subjektivität: Eine Kurzdarstellung mit Beispielen« in S. Schütz-Bosbach & W. G. Schmidt (Hg.), *Körperbilder in Kunst und Wissenschaft*, Berlin, 2014.

13 Vgl. W. B. Carpenter, *Principles of Mental Physiology*, London 1875. Eine klassische Übersicht in deutscher Sprache ist H. Richter, »Zum Problem der ideomotorischen Phänomene«, *Zeit. für Psychologie* 71 (1957), S. 161–254.

14 T. Lipps, »Einfühlung, innere Nachahmung und Organempfindung«, *Arch. der Psychologie* 1 (1903), S. 185–204. Auf Seite 188 schreibt Lipps außerdem über die Einfühlung: »Sie ist die Tatsache, daß der Gegensatz zwischen mir und dem Gegenstand verschwindet, oder, richtiger gesagt, *noch nicht besteht.*«

15 Vgl. G. Rizzolatti u. L. Craighero, »The Mirror-Neuron System«, *Ann. Rev. Neurosci.* 27 (2004), S. 169–192; der klassische Aufsatz ist Rizzolatti u. M. A. Arbib, »Language Within Our Grasp«, *Trends Neurosci.* 21 (1998), S. 188–194. Für einen kurzen ersten Überblick siehe Rizzolatti u. Destro, »Mirror Neurons«, *Scholarpedia* 3 (1) (2008), S. 2055.

16 Vgl. Rizzolatti u. Destro, »Mirror Neurons«; www.scholarpedia.org/article/Mirror_neurons.

17 Vgl. Gallese, »The ›Shared Manifold‹ Hypothesis« (2001), für eine weitergehende Diskussion siehe S. 248 ff. dieses Buchs.

18 Vgl. J. S. Bruner, »Acts of Meaning«, Cambridge, Mass, S. 40 (1990).

Kapitel 7
KÜNSTLICHE EGO-MASCHINEN

1 http://technology.newscientist.com/article.ns?id=mg19926696100&print=true.

2 A. Cleermans, »Computational Correlates of Consciousness«, *Prog. Brain*

Res. 150 (2005), S. 81–98. Vgl. auch sein »Consciousness: The Radical Plasticity Thesis«, *Prog. Brain Res.* 168 (2008), S. 19–33. Deutsch: »Bewusstsein: Die These der radikalen Plastizität«, in M. Jung u. J.-C. Heilinger (Hg.), *Die Funktionalität der Erlebens. Neue Perspektiven des qualitativen Bewusstseins*, Berlin/New York 2009.

3 J. Bongard u. a., »Resilient Machines Through Continuous Self-Modeling«, *Science* 314 (2006), S. 1118–1121.

4 Vgl. auch Thomas Metzinger,»Empirische Perspektiven aus Sicht der Selbstmodell-Theorie der Subjektivität: Eine Kurzdarstellung mit Beispielen« in S. Schütz-Bosbach & W. G. Schmidt (Hg.), *Körperbilder in Kunst und Wissenschaft*, Berlin, 2014. DOI: 10.1016/Soo79-6123(07)68018-2. Ein elektronischer Sonderdruck ist direkt vom Autor erhältlich.

5 Ebenda. Vgl. insbesondere auch das kostenlos zugängliche Begleitmaterial unter www.sciencemag.org/cgi/content/full/314/5802/1118/DC1. Siehe www.ccsl.mae.cornell.edu/research/selfmodels/morepictures.htm für zusätzliches Online-Material.

6 K. R. Popper und J. C. Eccles, *Das Ich und sein Gehirn*, München 1982, S. 257.

7 Interessanterweise ist der vielleicht größte theoretische »blinde Fleck« der gegenwärtigen Philosophie des Geistes das bewusste Leiden. Tausende von wissenschaftlichen Aufsätzen wurden über Farb-Qualia und Zombies geschrieben, aber kaum eine theoretische Arbeit befasst sich mit so allgegenwärtigen phänomenalen Zuständen wie dem körperlichen Schmerz, Langeweile oder der gewöhnlichen Alltagstraurigkeit, die wissenschaftlich als »subklinische Depression« bezeichnet wird. Das Gleiche gilt für Panik, Verzweiflung, Scham, das Bewusstsein der eigenen Sterblichkeit und die Phänomenologie des Verlusts der eigenen Würde. Weshalb werden diese Typen von Bewusstseinsinhalten im Allgemeinen auch von den besten Philosophen des Geistes unserer Zeit ignoriert? Ist es bloßes Karrieredenken (»Niemand möchte allzu viel über Leiden lesen, ganz gleich wie einsichtsreich und bedeutungsvoll die Argumente sind«), oder gibt es tiefere, evolutionäre Gründe für diesen kognitiven Gesichtsfeldausfall, diesen vielleicht eklatantesten »blinden Fleck« der Gegenwartsphilosophie? Wenn man die aktuell gegebene Phänomenologie biologischer Systeme auf unserem Planeten in ihrer Gesamtheit betrachtet, ist die Vielfalt bewussten Leidens *mindestens* genauso dominant wie etwa die Phänomenologie des Farbensehens oder die Fähigkeit zum bewussten Denken. Die Fähigkeit, Farben bewusst zu erleben, entstand erst in der jüngsten evolutionsbiologischen Vergangenheit, und die Fähigkeit, bewusst abstrakte Gedanken in einer komplexen und geordneten Form zu denken, kam sogar erst mit dem Menschen auf. Schmerz, Panik, Neid, Verzweiflung und Todesangst traten dagegen Millionen von Jahren früher und bei einer viel größeren Anzahl von Arten auf.

Kapitel 8
BEWUSSTSEINSTECHNOLOGIEN UND DAS NEUE BILD DES MENSCHEN

1 Man kann das Selbstmodell als ein generatives Modell verstehen, das ständig eine Hypothese darüber erzeugt, was die nächste Wahrnehmung sein wird und dann immer wieder den Fehler minimiert, der sich aus der Hypothese ergibt. Vgl. hierzu etwa K. Friston, »The free-energy principle: a unified brain theory?«, *Nature Reviews Neuroscience* 11:2 (2010), S. 127–138; J. Limanowski, & F. Blankenburg, »Minimal self-models and the free energy principle«, *Frontiers in Human Neuroscience*, 7 (2012). doi:10 3389/fnhum.2013.00 547 und auch A. K. Seth, »Interoceptive inference, emotion, and the embodied self«, *Trends in Cognitive Sciences* 17:11 (2013), S. 565–573. Eine gute philosophische Monographie zum »*predictive coding*« ist J. Howhy, *The Predictive Mind*, Oxford, 2013.

2 Unsere so ausgeprägte Fähigkeit, fest an die Existenz unsichtbarer Personen zu glauben, mag weitere Wurzeln in der Tatsache haben, dass unsere sehr stark entwickelten Module für soziale Kognition – das heißt für den Aufbau geistiger Modelle *anderer* Personen – manchmal auch in »Offline-Situationen« einfach von selbst anspringen können. Eine Reihe von Autoren haben darauf hingewiesen, dass es unter evolutionären Gesichtspunkten sinnvoll gewesen wäre, wenn solche Module »hyperaktiv« sind, denn es ist (vereinfacht gesagt) besser, zehn Mal einen virtuellen Agenten zu halluzinieren, als nur ein einziges Mal einen möglichen Angreifer nicht zu entdecken. Zur Theorie solcher »hyperaktiven Agentenentdeckungsmodule« vgl. D. Barrett, »Exploring the Natural Foundations of Religion«, *Trends Cog. Sci.* 4 (2000), S. 29–34. Bezüglich der Bedeutung von Ahnenkulten in diesem Zusammenhang vgl. D. C. Dennett, *Breaking the Spell. Religion as a Natural Phenomenon*, New York 2006, insbesondere S. 109 ff.; und T. Metzinger, *Being No One. The Self-Model Theory of Subjectivity*, Cambridge, Mass., 2003, S. 371 ff. Auch außerkörperliche Erfahrungen dürften zu dem festen Glauben der frühen Menschheit an die Existenz unsichtbarer Personen und subtilerer Realitätsebenen beigetragen haben. Vgl. T. Metzinger, »Out-of-Body Experiences as the Origin of the Concept of a Soul«, *Mind and Matter* 3 (1) (2005), S. 57–84.

Kapitel 9
EINE NEUE ART VON ETHIK

1 Y. Kamitami u. S. Shimojo, »Manifestation of Scotomas Created by Transcranial Magnetic Stimulation of Human Visual Cortex«, *Nature Neuroscience* 2 (1999), S. 767–771.

2 H. Crane u. T.P. Piantanida, »On seeing reddish Green and yellowish Blue«, *Science* 221 (1983), S. 1078–1080.

3 B.-P. Bejjani u. a., »Transient Acute Depression Induced by High-Frequency Deep-Brain Stimulation«, *N.E. Jour. Med.* 340 (1999), S. 1476–1480. Hier einige Ausschnitte aus dem Bericht der Patientin über ihre bewussten Erlebnisse: »Ich falle in meinen Kopf nach unten, ich will nicht mehr leben, ich will nichts mehr sehen, hören oder fühlen.« Die Autoren berichten, sie habe auf die Frage, warum sie weine und ob sie Schmerzen habe, geantwortet: »Nein, ich habe das Leben satt. Ich habe genug. ... Ich will nicht mehr leben, das Leben widert mich an. ... Alles ist sinnlos, alles erscheint mir wertlos, diese Welt macht mir Angst.« Auf die Frage, warum sie traurig sei, antwortete sie: »Ich bin müde. Ich möchte mich in einer Ecke verstecken. ... Natürlich weine ich über mich selbst. ... Es ist hoffnungslos mit mir. Weshalb belästige ich Sie.« Man beachte, dass die tiefe Hirnstimulation auch genau die *entgegengesetzte* Wirkung haben kann, nämlich die Besserung einer schweren, behandlungsresistenten Depression. Hier ein Bericht: »Alle Patienten berichteten spontan von sofortigen Wirkungen wie ›plötzlicher Ruhe oder Heiterkeit‹, ›Verschwinden des Gefühls der Leere‹, ›erhöhte Achtsamkeit‹, ›Verbundenheit‹ und plötzliches Aufhellen des Raums einschließlich einer deutlicheren Wahrnehmung visueller Details und einer Intensivierung von Farben als Reaktion auf die Stimulation.« Vgl. H. Mayberg, »Clinical Study: Deep Brain Stimulation for Treatment-Resistant Depression«, *Neuron* 45 (2005), S. 651–660.

4 C.M. Cook u. M.A. Persinger, »Experimental Induction of the ›Sensed Presence‹ in Normal Subjects and an Exceptional Subject«, *Percept. Mot. Skills* 85 (1997), S. 683–693. Für eine kritische Bewertung und einen Selbsterfahrungsbericht vgl. J. Horgan, *Rational Mysticism. Dispatches from the Border Between Science and Spirituality*, New York 2003.

5 Vgl. M.A. Persinger, »Religious and Mystical Experiences as Artifacts of Temporal Lobe Function: A General Hypothesis«, *Perc. Mot. Skills* 57 (1983), S. 1255–1262. Kliniker beobachten schon seit langem eine Vertiefung der Emotionalität und die Entwicklung einer ausgeprägten, strengen ethischen und spirituellen Einstellung bei gewissen Patienten mit chronischer mesialer Temporallappen-Epilepsie. Ob dies als Beleg für eine bestimmte Art von »Persönlichkeitssyndrom« betrachtet werden kann, ist strittig. Vgl. O. Devinsky u. S. Najjar, »Evidence Against the Existence of a Temporal Lobe Epilepsy Personality Syndrome«, *Neurology* 53 (1999), S. 13–25; D. Blume, »Evidence Supporting the Temporal Lobe Epilepsy Personality Syndrome«, *Neurology* 53 (1999), S. S9-S12. Eine interessante neuere Fallstudie ist F. Picard, »State of belief, subjective certainty and bliss as a product of cortical dysfunction«, *Cortex* 49 (2012), S. 2492–2500.

6 Für weitere Informationen über die Neuroethik in Deutschland empfehle ich das Webportal, das meine Mitarbeiter Hannes Boelsen, Carsten Grie-

sel und Elisabeth Hildt an der Johannes-Gutenberg-Universität aufgebaut haben: https://teamweb.uni-mainz.de/fb05/Neuroethics/. Ein im Internet fei verfügbarer Überblicksartikel ist T. Metzinger, »Zehn Jahre Neuroethik des pharmazeutischen kognitiven Enhancements – Aktuelle Probleme und Handlungsrichtlinien für die Praxis«, *Fortschritte der Neurologie und Psychiatrie* 80 (2012), S. 36–43.

7 B. Maher, »Poll Results: Look Who's Doping«, *Nature* 452 (2008), S. 674–675. Vgl. auch B. Sakhanian u. S. Morein-Zamir, »Professor's Little Helper«, *Nature* 450 (2007), S. 1157–1159.

8 M. J. Farah u. a., »Neurocognitive Enhancement: What Can We Do and What Should We Do?«, *Nature Reviews Neuroscience* 5 (2004), S. 421–425. Vier Jahre später kommen führende Neuroethiker nach einer sorgfältigen Analyse des Für und Wider – und vielleicht überraschend für viele – zu dem Schluss: »Wir sollten neue Methoden zur Verbesserung unserer Hirnfunktion begrüßen. In einer Welt, in der die menschliche Lebensarbeitszeit und Lebenserwartung steigen, werden Instrumente zur kognitiven Leistungssteigerung – einschließlich pharmakologischer – für eine verbesserte Lebensqualität und eine verlängerte Arbeitsproduktivität, aber auch zur Abwendung eines normalen und pathologisch beschleunigten kognitiven Leistungsabbaus immer mehr an Bedeutung gewinnen. Sichere und wirksame Nootropika werden sowohl dem Einzelnen als auch der Gesellschaft nützen.« Vgl. H. Greely u. a., »Towards Responsible Use of Cognitive-Enhancing Drugs by the Healthy«, *Nature* 456 (2008), S. 702–705.

9 Für eine erste, gründliche Diskussion dieser wichtigen Frage vgl. T. Douglas, »Moral Enhancement«, *J. Appl. Phil.* 25 (2008), S. 228–245. Eine leicht verständliche deutsche Diskussion ist T. Metzinger, »Neurotechnologie: Mit Moraldoping zum besseren Menschen?« SPIEGEL*ONLINE*, 9. 6. 2009. http://www.spiegel.de/wissenschaft/mensch/0,1518,627 199,00.html. Ein im Internet fei verfügbarer Überblicksartikel ist T. Metzinger, »Zehn Jahre Neuroethik des pharmazeutischen kognitiven Enhancements – Aktuelle Probleme und Handlungsrichtlinien für die Praxis«, *Fortschritte der Neurologie und Psychiatrie* 80 (2012), S. 36–43.

10 Alexander Shulgin und Ann Shulgin, *PiHKAL: A Chemical Love Story*, 1991; und Alexander Shulgin, *TiHKAL: The Continuation*, 1997.

11 W. N. Pahnke u. W. A. Richards, »Implications of LSD and Experimental Mysticism«, *Jour. Religion & Health* 5 (1966), S. 179.

12 R. R. Griffiths u. a., »Psilocybin Can Occasion Mystical-Type Experiences Having Substantial and Sustained Personal Meaning and Spiritual Significance«, *Psychopharm.* 187 (2006), S. 268–283.

13 R. R. Griffiths u. a., »Mystical-Type Experiences Occasioned by Psilobycin Mediate the Attribution of Personal Meaning and Spiritual Significance 14 Months Later«, *Jour. Psychopharm.* 22 (2008), S. 621–632.

Lesern, die sich für die molekularen Mechanismen und die phänomenologische Dimension der »ozeanischen Selbstentgrenzung« interessieren, empfehle ich Franz Vollenweider, »Brain mechanisms of hallucinogens and entactogens«, *Dial. Clin. Neuro* 3 (2001), S. 265–279, und M. Geyer u. F. Vollenweider, »Serotonin research: contributions to understanding psychoses«, *Trends Pharmacol. Sci.* 29 (2008), S. 445–453. Ein aktueller Überblick in deutscher Sprache ist F. Vollenweider, »Neurobiologie der Halluzinogenerfahrung«, in: H. Jungaberle, P. Gasser, J. Weingold und R. Verres (Hg.), *Therapie mit psychoaktiven Substanzen*, Bern 2008, S. 111–129.

14 N. Malleson, »Acute Adverse Reactions to LSD in Clinical and Experimental Use in the United Kingdom«, *Br. Jour. Psychiatry* 118 (1971), S. 229–230.

15 S. Cohen, »Lysergic Acid Diethylamide: Side Effects and Complications«, *Jour. Nerv. Ment. Dis.* 130 (1960), S. 30–40.

16 Vgl. R.J. Strassman, »Adverse Reactions to Psychedelic Drugs: A Review of the Literature«, *Jour. Nerv. Men. Dis.* 172 (1984), S. 577–595; J.H. Halpern u. H.G. Pope, »Do Hallucinogens Cause Residual Neuropsychological Toxicity?«, *Drug Alcohol Depend.* 53 (1999), S. 247–256; M.W. Johnson u.a., »Human Hallucinogen Research: Guidelines for Safety«, *Jour. Psychopharm.* 22 (2008), S. 603–620. In der aktuellsten und umfassendsten Überblicksdarstellung über die wissenschaftliche Literatur stellen die Autoren folgende interessante (und vielleicht gewagte) Behauptung auf: »Die Häufigkeit von psychotischen Reaktionen, Suizidversuchen und Suiziden während der Behandlung mit LSD […] scheint vergleichbar zu sein mit der Häufigkeit von Komplikationen während einer herkömmlichen Psychotherapie.« Vgl. Torsten Passie u.a., »The Pharmacology of Lysergic Acid Diethylamide: A Review«, *CNS Neuroscience & Therapeutics* 14 (2008), S. 295–314.

17 B. Vastag, »Poised to Challenge Need for Sleep, ›Wakefulness Enhancer‹ Rouses Concerns«, *Jour. Amer. Medic. Assoc.* 291 (2) (2004), S. 167.

18 Eine auch für Laien gut lesbare, deutsche Einführung in dieses Thema stammt von S. Schleim: *Gedankenlesen. Pionierarbeit der Hirnforschung*, Hannover 2008.

19 Vgl. J. Illes, *Neuroethics: Defining the Issues in Theory, Practice, and Policy*, New York 2005; P.R. Wolpe u.a., »Emerging Neurotechnologies for Lie-Detection: Promises and Perils«, *Amer. Jour. Bioethics* 5 (2) (2005), S. 39–49; oder T. Metzinger, »*Brain Fingerprinting* – Gedankenleser im Kreuzverhör«, *Gehirn & Geist* 3 (2008), S. 37–41. Nachgedruckt in C. Könneker (Hg.), »*Wer erklärt den Menschen? Hirnforscher, Psychologen und Philosophen im Dialog*«, Frankfurt a. M. 2006, und in C. Könneker (Hg.), »Die Zukunft des Gehirns – Wie Forscher den Menschen neu erfinden«, *Gehirn & Geist* Dossier, 1 (2008), S. 50–54, Heidelberg.

20 Vgl. dazu O. Cohen u. a., »MRI-based robotic embodiment: A pilot study«, *IEEE International Conference on Biomedical Robotics and Biomechatronics* (2012), June 24–27, Roma, Italy.

21 An anderer Stelle habe ich die ethischen Implikationen dieser historisch neuartigen Handlungsformen untersucht und den Begriff einer »PSM-action« eingeführt, einer Handlung, bei der ein menschlicher Akteur Teile seines Selbstmodells zu *offline*-Simulationen benutzt, die dann unter Umgehung des proximalen, nicht-neuronalen *embodiments* zu Konsequenzen in der Welt außerhalb des biologischen Körpers führt. Es ist aus verschiedenen Gründen denkbar, dass die Handlungsautonomie – und damit auch die ethische Verantwortlichkeit – des Akteurs im Sinne von Impulskontrolle und Abbruchsmöglichkeiten in solchen Situationen eingeschränkt ist. Vgl. Metzinger, 2013a.

22 Siehe dazu (2013d). Two principles for robot ethics. In E. Hilgendorf & J.-P. Günther (Hrsg.), *Robotik und Gesetzgebung*. Baden-Baden: Nomos. S. 263–302.

23 Zwei Beispiele sollen genügen: Erstens könnte ein Anti-Naturalist immer dann, wenn ich in diesem Buch von »Autonomie« gesprochen habe – zum Beispiel wenn ich dafür argumentiert habe, das pure ideologische Ressentiment und eine rein defensive Haltung zu überwinden und die Erkenntnisse der Neurowissenschaft auch auf kreative und konstruktive Weise zur »Autonomieerhöhung« zu verwenden, darauf hinweisen, dass ich nur noch einen sehr schwachen Autonomiebegriff voraussetze, der mit Flexibilität und Kontextsensitivität zu tun hat, aber nicht mehr mit einer starken Form von Willensfreiheit. Zweitens gibt es natürlich die wesentlich tiefere Frage, wie man vor einem naturalistischen Hintergrund *überhaupt* noch sagen könnte, dass es so etwas wie Werte gibt, dass das »Gutsein« einer Handlung oder eines Bewusstseinszustands eine objektive Tatsache ist – und nicht nur etwas, das die Evolution in unser subjektives Wirklichkeitsmodell eingebaut hat, weil es sich als erfolgreich erwiesen hat. Anders gefragt: Drücken Sätze wie »Wir sollten bewusstes Leiden bei allen leidensfähigen Wesen minimieren!« überhaupt eine *Erkenntnis* über die Wirklichkeit aus, oder sind sie im Grunde weder wahr noch falsch?

24 Siehe dazu: Anmerkung 7 in Kapitel 7 »Künstliche Ego-Maschinen«, S. 433.

25 H. Harari, »Democracy May Be on Its Way Out«, 2006, www.edge.org/q2006/q06_2.html#harari.

Nachwort
SPIRITUALITÄT UND INTELLEKTUELLE REDLICHKEIT

1 Ich bin Dr. Jennifer Windt und Dr. Ulrich Schnabel für Ihre Kommentare und hilfreiche Kritik an früheren Versionen dieses Textes zu großem Dank verpflichtet, sowie Christa Winkler, Sophie Burkhardt, Birgit Jordan, Wanja Wiese, Yann Wilhelm und Iuliia Pliushch für gestalterische, technische und redaktionelle Hilfe bei der Erstellung des ursprünglichen Manuskripts. Eine der im Text erwähnten Videoaufzeichnungen des ursprünglichen Vortrags findet sich unter: http://www.youtube.com/watch?v=N1MBG7FaZKM.

2 Ein guter Ausgangspunkt ist Solignac, A. (1995). »Spiritualität«, in Joachim Ritter/Karlfried Gründer (Hrsg.): *Historisches Wörterbuch der Philosophie* (Bd. 9). Basel: Schwabe; S. 1415–1422.

3 Die Achtsamkeitsbasierte Stressreduktion (*mindfulness-based stress reduction* – MBSR) ist ein von dem Molekularbiologen Jon Kabat-Zinn in den USA entwickeltes System zur Stressbewältigung durch gezielte Lenkung von Aufmerksamkeit und durch die Entwicklung, Einübung und Stabilisierung einer erweiterten Achtsamkeit. Teile des Programms werden auch im Rahmen verschiedener verhaltenstherapeutischer und psychotherapeutischer Methoden eingesetzt.

4 Einen guten Überblick bieten das von Lawrence Shapiro herausgegebene Kompendium *The Routledge Handbook of Embodied Cognition* (2014; London: Routledge) sowie die von Philip Robbins und Murat Aydede zusammengestellte Sammlung von Texten unter dem Titel *The Cambridge Handbook of Situated Cognition* (2009; Cambridge: Cambridge University Press).

5 Eine kurze und ausgezeichnete phänomenologische Analyse ist Fasching, W. (2008), »Consciousness, self-consciousness, and meditation«. *Phenomenology and Cognitive Science* 7: 463–83. Eine neuere philosophische Textsammlung zum Thema phänomenologisch nicht-subjektiver Bewusstseinszustände ist E. Thompson, M. Siderits & D. Zahavi (eds.), *Self, No Self?* (2011; Oxford: Oxford University Press).

6 Die folgende Passage aus dem fünften Vortrag in Madras vom 1. Februar 1956 kann vielleicht einen ersten Eindruck vermitteln: »Sicher muss das, was spirituell ist, zeitlos sein. Aber der Geist ist das Ergebnis der Zeit, von unzähligen Einflüssen, Vorstellungen, Belastungen. Er ist das Produkt der Vergangenheit, die zeitlicher Natur ist. Und kann ein solcher Geist jemals das wahrnehmen, was zeitlos ist? Offensichtlich nicht. Er kann spekulieren, er kann vergebens suchend herumtasten oder Erfahrungen wiederholen, die andere möglicherweise gehabt haben, aber als Ergebnis der Vergangenheit kann der Geist niemals das finden, was jenseits der Zeit liegt. Also besteht alles, was der Geist tun kann, darin, vollkommen still zu sein,

ohne jede Bewegung des Denkens, und nur dann gibt es die Möglichkeit, dass ein Zustand entsteht, der zeitlos ist. Dann ist der Geist selbst zeitlos. Zeremonien sind also nichts Spirituelles, und auch nicht Dogmen, Glaubenssysteme, oder eine an einem bestimmten System orientierte Meditationspraxis – weil all diese Dinge Ergebnis eines Geistes sind, der Sicherheit sucht. Der Zustand der Spiritualität kann nur durch einen Geist erfahren werden, der kein Motiv hat, einen Geist, der nicht mehr sucht, denn jede Suche beruht auf einem Motiv. Der Geist, der die Fähigkeit besitzt, nicht zu fragen, nicht zu suchen, vollständig nichts zu sein – nur ein solcher Geist kann das verstehen, was zeitlos ist.« (Deutsche Übersetzung Thomas Metzinger, vgl. *Collected Works*, Vol. 9, 1955–1956: Conversation 532, S. 218; 1991; Dubuque: Kendall/Hunt)

7 Deutsche Übersetzung des Zitats und der Bildunterschrift Thomas Metzinger, nach der Fassung des englischen Originaltexts in »Appendix A: *The Dissolution of the Order of the* Star«, in Luis S. R. Vas (ed.), *The Mind of J. Krishnamurti* (1971; Bombay: Jaico Publishing House, S. 293 und 296 f.).

8 Das Zitat im Text stammt aus dem Vorwort zum *Tractatus logico-philosophicus* (1922; London: Routledge & Kegan Paul). Die Bildunterschrift ist der Satz 6.52 aus dem *Tractatus*.

9 Ein guter Ausgangspunkt ist Greco, John and Turri, John, »Virtue Epistemology«, *The Stanford Encyclopedia of Philosophy* (Winter 2011 Edition; ed. Edward N. Zalta), forthcoming URL = <http://plato.stanford.edu/archives/win2013/entries/epistemology-virtue/>.

10 Wer an einer auf empirische Daten gestütztem philosophischen Argumentation für die drei Thesen interessiert ist, dass das bewusste Denken in der weit überwiegenden Mehrheit der Fälle ein *subpersonaler* Vorgang ist, dass wir während zwei Dritteln unsere bewussten Lebens keine autonomen geistigen Subjekte sind, und dass das eigentliche Ziel der klassischen Achtsamkeitsmeditation genau die *Erhöhung* von geistiger Autonomie ist, den verweise ich auf den folgenden, frei im Internet verfügbaren Text: T. Metzinger, »The Myth of Cognitive Agency: Subpersonal thinking as a cyclically recurring loss of mental autonomy«, *Front. Psychol.* **4** (2013): 619.

11 *Versuch über den menschlichen Verstand* (1872/3 [1690]). Viertes Buch, Kap. XVII, § 24.

12 Kant macht den Punkt aus der Negation heraus, indem er über die »Unlauterkeit (*impuritas, improbitas*) des menschlichen Herzens« spricht. Vgl. *Die Religion innerhalb der Grenzen der bloßen Vernunft* (1793; Band II, 1. Stück: 30). Die Idee, dass durch die im Text erwähnte »Lauterkeit« sich die Idee des »Sittlichguten in seiner ganzen Reinigkeit« realisieren und gegen die »Verderbtheit, welche in allen Menschen liegt« einsetzen lässt, findet sich im 2. Stück (S. 83). Der zweite Gedanke – die Verpflichtung zu Wahrheit sich selbst gegenüber – stammt aus der *Metaphysik der Sitten* (1797; II. Metaphysische Anfangsgründe der Tugendlehre, Zweites Hauptstück,

§ 9: *Die Pflicht des Menschen gegen sich selbst, bloß als einem moralischen Wesen*). Dort findet sich auch der Begriff »innere Lüge«.

13 Weil es bei Meditation und spiritueller Praxis ganz klar um die richtige Form von Bewusstheit geht und bei intellektueller Redlichkeit um eine spezielle Form von Gewissenhaftigkeit, möchte ich kurz auf zwei Punkte hinweisen, die auch in der aktuellen akademischen Philosophie fast völlig vergessen worden sind. Das deutsche Wort »Gewissen« ist eine Lehnübersetzung des lateinischen Begriffs *conscientia*, der ursprünglich »Mitwissen«, »Bewusstsein« und »Gewissen« bedeutete.

Der erste Punkt besteht nun darin, dass Bewusstsein im allerlängsten Teil der westlichen Philosophiegeschichte immer sehr viel mit Gewissen zu tun hatte (erst Descartes trennte im siebzehnten Jahrhundert das Gewissen von der Bewusstheit und konstituierte den modernen Bewusstseinsbegriff). Vor der Neuzeit war Unbewusstheit auch Gewissenlosigkeit. Das lateinische Wort *conscientia* ist wiederum eine Übersetzung des griechischen Terminus *syneidesis*, d. i. »moralisches Gewissen«, »Mitwissen des eigenen schlechten Verhaltens«, »inneres Bewusstsein«, »begleitendes Bewusstsein«, »beunruhigendes inneres Bewusstsein« – es ging für die frühen Denker immer auch um die *Reinheit* des Bewusstseins; um eine normative Stellungnahme und vor allem das Vorhandensein eines inneren Zeugen. Schon Demokrit und Epikur haben über das schlechte Gewissen philosophiert, und Cicero hat dann den unnachahmlichen Begriff der *morderi conscientiae*, der Gewissensbisse, geprägt. Schon vor der christlichen Philosophie gab es also die Idee, dass das Gewissen eine Form der inneren Gewaltanwendung ist, etwas, womit man sich selbst ständig weh tut. Interessant ist jetzt, dass sich viele Begriffe der frühen Philosophen plötzlich ganz anders anhören, wenn man sie einmal nicht aus der Perspektive einer später hinzugekommenen christlichen Metaphysik des Schuldigseins liest, sondern ganz frisch und unbefangen vor dem Hintergrund der Suche nach einer säkularen Spiritualität oder auch der asiatischen Tradition einer formalen Achtsamkeitspraxis. »Zeugenbewusstsein«, zum Beispiel, kann auch etwas ganz anderes bedeuten als innere Anklage, als Beunruhigung und Selbstverurteilung, als einen durch christliche Erziehung erlernten Mechanismus der inneren Selbstbestrafung. Es könnte sogar etwas mit Nächstenliebe zu tun haben, mit Sanftheit und Präzision, einem nicht-urteilenden Mitgefühl für sich selbst und eben gerade nicht mit der Erzeugung eines inneren Konflikts.

Ein weiterer interessanter Gedanke bei vielen frühen Philosophen ist, dass der Handelnde sein Wissen mit einem idealen Beobachter teilt. Wofür es aber niemals ein überzeugendes Argument gibt, ist, dass diese ideale Beobachtung durch eine *Person* oder ein wie auch immer geartetes *Selbst* durchgeführt werden muss. Zusammenfassend kann man das Folgende aus vielen frühen Schriften der abendländischen Philosophie extrahieren:

Bewusstsein, *conscientia,* ist ein Teil des bewussten Menschen als innerer Raum, in den die Sinneswahrnehmung nicht vordringen kann; ein Rückzugsort, in dem man schon vor dem Tod mit Gott zusammen sein kann, der verborgenes Wissen über die eigenen Taten enthält und privates Wissen über die Inhalte des eigenen Geistes; es ist also der Berührungspunkt zwischen dem idealen und dem tatsächlichen Menschen, und diese Berührung entsteht in der christlichen Philosophie durch das Bezeugen der eigenen Sünden. »Be-Zeugen« könnte aber etwas ganz anderes bedeuten, wenn man es als einen Prozess versteht, der nicht durch ein Person oder ein Selbst durchgeführt wird und sich durch die eben erwähnte Qualität eines nicht-urteilenden Mitgefühls auszeichnet. Bewusstheit in diesem Sinne ist klarerweise auch etwas, das wir nur manchmal besitzen, etwas, das man immer wieder verlieren kann.

Für den Philosophen Christian Wolff, bei dem das Wort Bewusstsein erstmals in deutscher Sprache auftritt, geht es um eine bestimmte *Fähigkeit,* die nichts mit dem Denken selbst zu tun hat, sondern mit innerer Aufmerksamkeit; die Fähigkeit, überhaupt erst einmal wahrzunehmen, dass gerade »Veränderungen der Seele« stattfinden, also überhaupt zu erkennen, dass man gerade denkt. 1719 formulierte Wolff dies folgendermaßen: »*Solchergestalt setzen wir das Bewust seyn, als ein Merckmahl, daraus wir erkennen, dass wir gedencken.*« Was also ist Bewusstheit? Es ist genau das, wodurch man erkennt, dass man jetzt gerade denkt; und auch das liest sich aus der Perspektive nicht nur der modernen kognitionswissenschaftlichen Forschung zum Phänomen des unbewussten *mind wandering* wieder ganz anders. Jeder Meditierende weiß nämlich sehr genau, was es heißt zu denken und nicht zu erkennen, dass man gerade denkt. Der zweite in im Kontext dieses Essays relevante Punkt ist also, dass es auch in der westlichen Philosophietradition nicht nur vielfältige und tiefe Verbindungen zwischen dem moralischen Gewissen und der Bewusstheit, sondern auch zwischen der präreflexiven Achtsamkeit und der Bewusstheit als solcher gibt. Dabei geht es eben gerade nicht um eine bestimmte *kognitive* Fähigkeit, nicht bloß um eine Form des höherstufigen Denkens, eine durch Begriffe vermittelte Form der Metakognition, sondern um etwas wesentlich Subtileres, nämliche das »Achthaben auf die Veränderungen der Seele« – eine Form von innerer Aufmerksamkeit, die uns dann auch unmittelbar mit der Welt verbindet. Erneut wird dies schon bei Wolff deutlich: »*Ich habe schon oben erinnert, was das erste ist, so wir von unserer Seele wahrnehmen, wenn wir auf sie acht haben, nehmlich, dass wir uns vieler Dinge als ausser uns bewust sind.*« Vgl. $ 195 und $ 194 von Wolff's 1720 in Halle erschienenem Werk »*Vernünftige Gedanken von Gott, der Welt und der Seele des Menschen, auch allen Dingen überhaupt*«. Ein guter Einstieg in die moderne Forschung zum *mind wandering* (also zum Verlust der inneren Autonomie durch Verlust der Bewusstheit im gerade eben beschriebenen Sinne) ist Jonathan

Schooler et al. (2012). »Meta-awareness, perceptual decoupling and the wandering mind«, *Trends in Cognitive Sciences* 15(7): 319–326

14 Friedrich Nietzsche sprach auch von »intellektueller Sauberkeit« und von dem »intellektuellen Gewissen«. Viele weiterführende Literaturverweise finden sich in Grau, G.-G. (1992). »Redlichkeit«, in Joachim Ritter/Karlfried Gründer (Hrsg.): *Historisches Wörterbuch der Philosophie* (Bd. 8). Basel: Schwabe, S. 365–369.

15 Vgl. Clifford, W.K. (1999 [1877]), »The ethics of belief«, in T. Madigan (ed.), *The ethics of belief and other essays*, Amherst, MA: Prometheus, 70–96. Ein guter Ausgangspunkt für weiterführende Untersuchungen ist: Chignell, Andrew, »The Ethics of Belief«, *The Stanford Encyclopedia of Philosophy (Fall 2010 Edition)*, Edward N. Zalta (ed.), URL = <http://plato.stanford.edu/archives/fall2010/entries/ethics-belief>. Deutsche Übersetzung der Zitate von Thomas Metzinger.

16 Natürlich gibt es auch hier eine fachliche Debatte. Als Einstiegspunkt empfehle ich interessierten Leserinnen oder Lesern den folgenden Lexikonartikel: Cox, Damian, La Caze, Marguerite and Levine, Michael, »Integrity«, *The Stanford Encyclopedia of Philosophy (Spring 2012 Edition)*, Edward N. Zalta (ed.), URL = <http://plato.stanford.edu/archives/spr2012/entries/integrity/>. Interessanterweise kontrastiert zum Beispiel Bertrand Russell das Ideal der intellektuellen Integrität ganz explizit mit organisierten Religionen, insbesondere dem Christentum. Für Russell sind alle Religionen im Kern dogmatisch; das, was Christen (und auch Kommunisten) von Wissenschaftlern unterscheidet ist nicht die Doktrin selbst, sondern die innere Einstellung, die man zu dieser Doktrin hat. Im Falle der Anhänger von Religionen, so Russell, wird diese nämlich so vertreten, als sei sie unbezweifelbar und unabhängig von empirischen Evidenzen. Es geht also auch hier um intellektuelle Integrität im Sinne einer inneren Grundhaltung. Könnte aber nicht das unhinterfragte Festhalten etwa an der christlichen Glaubensdoktrin dennoch nützlich sein, beispielsweise um tugendhaftes Verhalten zu fördern? Für Russell ist die Antwort eindeutig: »Ich glaube selbst nicht, dass Moral auch nur annähernd so stark von Religion abhängt, wie viele religiöse Menschen dies behaupten. Ich glaube sogar, dass einige sehr wichtige Tugenden eher bei denen gefunden werden, die religiöse Dogmen ablehnen als bei jenen, die sie akzeptieren. Ich glaube dies trifft insbesondere auf die Tugend der Wahrhaftigkeit oder der intellektuellen Integrität zu. Mit intellektueller Integrität meine ich die Gewohnheit, unangenehme Fragen in Übereinstimmung mit der Beweislage zu entscheiden, oder sie offen zu lassen, wo die Beweislage nicht ausreicht. Diese Tugend, obwohl sie von fast allen Anhängern irgendeines dogmatischen Systems unterschätzt wird, ist meines Erachtens von größter sozialer Bedeutung und von größerem Nutzen für die Welt als das Christentum oder irgendein anderes System organisierten Glaubens.«

(Deutsche Übersetzung Jennifer Windt). Aus dem Aufsatz »Can Religion Cure our Troubles?« In Robert E. Egner & Lester E. Denonn (eds.), *The Basic Writings of Bertrand Russell*, (2010; London & New York: Routledge).

17 Natürlich gibt es auch weiterhin technische Debatten in der Religionsphilosophie und der analytischen Metaphysik; und natürlich gibt es erstklassige Philosophen, die eine ganz andere Meinung vertreten würden. Was es nicht gibt, ist ein Konsens unter den Fachleuten, der auch nur annähernd in die von Vielen erhoffte Richtung zeigt. Leserinnen oder Lesern, die einen Einstieg in die professionelle, akademische Diskussion um mögliche Beweise für die Existenz Gottes suchen, empfehle ich das von Joachim Bromand und Guido Kreis herausgegebene Buch *Gottesbeweise von Anselm bis Gödel* (2011; Berlin: Suhrkamp), sowie C. Jäger (Hrsg.), *Analytische Religionsphilosophie* (1998; Paderborn: Schöningh); M. Michael (ed.), *The Cambridge Companion to Atheism* (2007; Cambridge: Cambridge University Press) und J. H. Sobel *Logic and Theism. Arguments for and against Beliefs in God* (2004; Cambridge: Cambridge University Press).

18 Leicht verständlich deutsche Einführungen sind: R. Vaas & M. Blume: *Gott, Gene und Gehirn – Warum Glaube nützt*: *Die Evolution der Religiosität* (2009; Stuttgart: Hirzel) und E. Voland, Die Evolution der Religiosität, in J. Oehler, *Der Mensch – Evolution, Natur und Kultur* (2010; Berlin: Springer). Vgl. dazu auch E. Voland & W. Schiefenhövel (eds.), *The Biological Evolution of Religious Mind and Behaviour*, (2009; Berlin: Springer). Zentrale englische Texte sind: McKay, R. & Dennett, D. C. (2009). The evolution of misbelief. *Behavioral and Brain Sciences* 32: 493–561. Atran, S. (2002). *In Gods We Trust: The Evolutionary Landscape of Religion*. New York: Oxford University Press. Boyer, P. (2001) *Religion Explained; The Evolutionary Origins of Religious Thought*. New York: Basic Books (Deutsch: *Und Mensch schuf Gott*; ³2011; Stuttgart: Klett-Cotta). Dawkins, R. (2007): *Der Gotteswahn*. Berlin: Ullstein. Dennett, D. C. (2006). *Breaking the Spell*. New York: Viking (Deutsch: *Den Bann brechen: Religion als natürliches Phänomen* (2008; Frankfurt am Main: Verlag der Weltreligionen).

19 Eine klassische Annahme ist zum Beispiel, dass organisierte kulturelle Glaubenssysteme die menschliche Fähigkeit zur *Selbstkontrolle* verbessern, was dann seinerseits bestimmte individuelle Verhaltensformen und Handlungsdispositionen begünstigt, die für die Evolution von Großgesellschaften vorteilhaft waren. Solche Verhaltensweisen könnten die Zusammenarbeit zwischen nicht biologisch miteinander verwandten Menschen in den frühen, immer größer werdenden menschlichen Gesellschaften entscheidend verbessert haben. Ein Beispiel für eine neuere empirische Studie, die einen kausalen Zusammenhang demonstriert zwischen Religiosität und der Fähigkeit, die erschöpfte Fähigkeit zur Selbstkontrolle immer wieder aufzufrischen, ist Rounding, K., Lee, A., Jacobson, J. A. & Ji, L.-J. (2012).

»Religion replenishes self-control« *Psychological Science* 23(6): 635–642. Meine eigene Theorie ist in diesem Zusammenhang, dass das, was wir heute »Frömmigkeit« nennen, zu mehreren entscheidenden Veränderungen im Selbstmodell der frühen Menschen geführt hat. Wenn mehrere menschliche Gruppen im Wettbewerb um knappe Ressourcen miteinander gestanden haben, dann sind Gruppengröße in Kombination mit Gruppenkohärenz und die Verstärkung von wahrnehmbaren *In-group/Out-group*-Merkmalen für den Fortpflanzungserfolg entscheidend. Dabei entsteht aber das Problem, »Trittbrettfahrer« und andere nicht-kooperierende Normenübertreter in diesen immer größer werdenden Gruppen effizient zu erkennen, und zwar auch dann, wenn die einzelnen Gruppenmitglieder sich nicht mehr oder nur selten sinnlich wahrnehmen können. Was wäre die effizienteste, auch für die Gruppe »kostengünstigste« Antwort? Ich denke, die Lösung besteht darin, einen »idealen Beobachter« zu installieren, aber *auf der Ebene der mentalen Repräsentation*. Das bedeutet, dass es in enger funktionaler Verbindung mit dem Selbstmodell jedes Gruppenmitglieds eine *internalisierte* Institution zu Normenüberwachung gibt, optimalerweise das Modell einer sehr mächtigen, überall gleichzeitig anwesenden, aber unsichtbaren Person, die »alles sieht«. Wenn dieser mental repräsentierte Richter die biologischen Interessen der Gruppe gut darstellt, dann wird dies die Kooperation und Solidarität verbessern und zum Erfolg der Gruppe beitragen, weil jedes Individuum diese funktionale Instanz sozusagen »in seinem Gehirn« mit sich trägt und ihr nicht entgehen kann. Empirische Studien zeigen, dass der Glaube an strafende Götter mit der Gruppengröße und mit der Komplexität der sozialen Kooperation innerhalb der Gruppe ansteigt. Vgl. etwa Johnson, D. D. P. (2009).The error of god: error management theory, religion, and the evolution of cooperation, in S. A. Levin (ed.), *Games, Groups, and the Global Good*, Springer Series in Game Theory (2009; Berlin: Springer, S. 169–180) oder die Diskussion in Anschluss an Jeffrey P. Schloss & Michael J. Murray (2011): Evolutionary accounts of belief in supernatural punishment: a critical review. *Religion, Brain & Behavior* 1(1): 46–99.

20 Eine deutschsprachige Diskussion des Problems, die psychologische mit philosophischen Aspekten verbindet, ist: Sturm, T. (2009). »Selbsttäuschung: Wer ist hier (ir)rational und warum?« *Studia Philosophica*, 68: 229–254. Ein guter Start in die psychologische Literatur ist: Paulhus, D. & Buckels, E. (2012). »Classic self-deception revisited«, in S. Vazire & T. Wilson (eds.), *Handbook of Self-Knowledge*, pp. 363–378. New York: Guilford Publications. Ein Ausgangspunkt für die rein innerphilosophische Debatte ist Bach, K. (2009). Self-Deception. In B. P. McLaughlin, A. Beckermann, & S. Walter (eds.), *The Oxford Handbook of Philosophy of Mind* (Vol. 1, pp. 781–796). Oxford: Oxford University Press. Wer die wichtigsten neuen Gesichtspunkte der aktuellen Debatte verstehen will, sollte be-

ginnen mit Von Hippel, B. & Trivers, R. (2011). The evolution and psychology of self-deception. *Behavioral and Brain Sciences,* 34: 1–56.

21 Eine Reihe von Literaturverweisen findet sich in Eichbach, R. P. & Mock, S. E. (2011). »Idealizing parenthood to rationalize parental investments.« *Psychological Science* 22: 203–208. Sie schreiben u. a.: »Parents experience lower emotional well-being (McLanahan & Adams, 1989), less frequent positive emotions (Simon & Nath, 2004), more frequent negative emotions (Ross & Van Willigen, 1996), lower marital satisfaction (Somers, 1993), and greater depression (Evenson & Simon, 2005) than nonparents«.

22 Alicke, M. D. & Sedikides, C. (2009). »Self-enhancement and self-protection: What they are and what they do«. *European Review of Social Psychology* 20: 1–48. Ein klassischer Text zur Entstehung des unrealistischen Optimismus ist N. D. Weinstein (1980). »Unrealistic optimism about future life events«. *Journal of Personality and Social Psychology,* 39: 806–820; ein Beispiel für eine neuere neurowissenschaftliche Studie ist Sharot, T., Korn, C. W. & Dolan, R. J. (2011). »How unrealistic optimism is maintained in the face of reality«. *Nature Neuroscience* 14 (11): 1475–1479.

23 Dieser wichtige neue Gesichtspunkt findet sich in Von Hippel, B. & Trivers, R. (2011). The evolution and psychology of self-deception. *Behavioral and Brain Sciences,* 34: 1–56. Eine erste populäre Einführung findet sich in Robert Trivers, *Betrug und Selbstbetrug: Wie wir uns selbst und andere erfolgreich belügen* (2013; Berlin: Ullstein).

24 Was es bedeuten könnte, dass uns etwas subjektiv als »intuitiv plausibel« erscheint, habe ich kurz dargestellt in T. Metzinger, *The No-Self-Alternative* (Chapter 11), in S. Gallagher (ed.), *The Oxford Handbook of the Self.* Oxford, UK: Oxford University Press, Seite 287 ff. Der alltagspsychologische Begriff einer Intuition deckt sich nicht mit dem technischen philosophischen Konzept. In der Gegenwartsphilosophie gibt es seit einigen Jahren eine neue Bewegung, die unter der Überschrift »Experimental Philosophy« die mehr als problematische Rolle aufdeckt, die Intuitionen seit langem gerade auch in der akademischen Philosophie spielen. Ein guter erster Ausgangspunkt ist Pust, Joel, »Intuition«. *The Stanford Encyclopedia of Philosophy* (Winter 2012 Edition), Edward N. Zalta (ed.), URL = <http://plato.stanford.edu/archives/win2012/entries/intuition/>.

25 Ein klassischer Text ist Nisbett, R. E., & Wilson, T. D. (1977b). »Telling more than we can know: Verbal reports on mental processes«. *Psychological Review* 84: 231–259. Ein neuerer Ausgangspunkt ist Pronin, E. (2009). The introspection illusion. In M. P. Zanna (ed.), *Advances in Experimental Social Psychology* 41: 1–67. Burlington: Academic Press.

26 Solange man mögliche Angsterfahrungen auf der Ebene der Identifikation mit einem ideologischen Wahnsystem und durch die innere Stabilisierung des Selbstwert-Gefühls erfolgreich abwehren kann, muss man auch den eigentlich zugrunde liegenden existentiellen Konflikt nicht bewusst

wahrnehmen. Die *terror management*-Theorie ist mittlerweile empirisch gut bestätigt, ein guter Überblickartikel ist Solomon, S., Greenberg, J., & Pyszczynski, T. (2004). »The cultural animal. Twenty years of terror management theory and research« in J. Greenberg, S. L. Koole & T. Pyszczynski (eds.), *Handbook of Experimental Existential Psychology* (pp. 13–34). New York: Guilford Press. Siehe dazu auch: Solomon, S., Greenberg, J., & Pyszczynski, T. (1991). »A terror management theory of social behavior: the psychological functions of self-esteem and cultural worldviews«. *Advances in Experimental Social Psychology* 24: 93–159. Greenberg, J., Solomon, S., Pyszczynski, T. (1992). »Why do people need self-esteem? Converging evidence that self-esteem serves an anxiety-buffering function«. *Journal of Personality and Social Psychology*, 63(6): 9, 913–922.

27 Das Selbstwert-Gefühl, welches durch die Wirklichkeitsmodelle der organisierten Religionen systematisch gestärkt wird, ist also sozusagen die zweite Ebene des im Text erwähnten Angstpuffers: Genau wie die äußere Ideologie, mit der wir uns identifizieren, ist auch das Selbstwert-Gefühl letztlich eine Repräsentation des Selbsterhaltungstriebs, sozusagen ein inneres Symbol für den Willen zum Dasein. Wir schützen, stärken und stabilisieren es mit allen Mitteln, weil es uns hilft, die Einsicht in unsere Verletzlichkeit und Sterblichkeit abzuwehren. Was könnte das Selbstwert-Gefühl besser stabilisieren als die Annahme, dass die eigene geistige Existenz den Körper transzendiert und dass man von einem allmächtigen Wesen kontinuierlich und bedingungslos geliebt wird?

28 Ein Überblick mit vielen weiterführenden Literaturverweisen findet sich T. Metzinger, *Grundkurs Philosophie des Geistes. Band 2: Das Leib-Seele-Problem* (2007; Paderborn: mentis). Ich selbst habe die spekulative Hypothese vertreten, dass außerkörperliche Erfahrungen (auch als OBEs oder *out-of-body experiences* bezeichnet), über die wir Berichte in allen Kulturen und historischen Epochen finden, eine der wichtigsten Wurzeln des philosophischen Substanzdualismus und des Glaubens an eine unsterbliche Seele sind, die den Körper im Traum, bei Ohnmachten und im Tod verlassen kann. Ich denke, dass es genau diese Klasse von Bewusstseinszuständen und insbesondere ihre dann durch religiöse Mythen überformten alltagsphänomenologischen Beschreibungen sind, welche die allerersten geschichtlichen Vorläufer des Begriffs der »Seele« und auch der frühen philosophischen Prototheorien des »Geistes« sind. Vgl. dazu T. Metzinger (2005). Out-of-body experiences as the origin of the concept of a »soul«. *Mind and Matter* 3(1): 57–84.

29 Ein guter Ausgangspunkt ist die Webseite der *Association for the Scientific Study of Consciousness*:www.theassc.org. Ein Überblick über die philosophische Fachdebatte mit vielen weiterführenden Literaturverweisen findet sich T. Metzinger, *Grundkurs Philosophie des Geistes. Band 1: Phänomenales Bewusstsein* ([2]2009; Paderborn: mentis).

30 Siehe dazu T. Metzinger (ed.), *Neural Correlates of Consciousness: Empirical and Conceptual Questions.* (2000, Cambridge, MA: MIT Press) und die im Serviceteil von Modul B-15 angegebene Literatur in T. Metzinger, *Grundkurs Philosophie des Geistes. Band 1: Phänomenales Bewusstsein* (^{2}2009; Paderborn: mentis), S. 528 f.

31 Einen ersten Überblick in deutscher Sprache gibt Ulrich Ott in *Meditation für Skeptiker* (2010; München: O. W. Barth).

32 Vgl. *Die offene Gesellschaft und ihre Feinde* (1958; München: Francke Verlag, ^{6}1980, Band II: 281f). Auf Seite 75f schreibt Popper: »*Wir müssen lernen, daß die intellektuelle Redlichkeit allem, was uns teuer ist, zugrunde liegt.*«

33 Der Text der Bildunterschrift findet sich in Platons *Apologie des Sokrates* (Erste Rede, 21b); in der Passage 21a-22a finde sich auch der oft falsch wiedergegebene Satz, in dem Sokrates über einen Athener Staatsmann das Folgende sagt: »*Dieser meint irgendetwas zu wissen, obwohl er es nicht weiß, aber ich, wie ich es nun nicht weiß, glaube es auch nicht.*«

34 Siehe dazu auch Endnote 13.

REGISTER

C

D

Q

R